Ossietzky

TABUS DER BUNDESDEUTSCHEN GESCHICHTE

HERAUSGEGEBEN VON ECKART SPOO
UNTER MITWIRKUNG VON ARNO KLÖNNE

Tabus der bundesdeutschen Geschichte

Herausgegeben von Eckart Spoo
unter Mitwirkung von Arno Klönne

Ossietzky

Verlag Ossietzky GmbH

Weidendamm 30 B | 30167 Hannover | ossietzky@interdruck.net

2. Auflage 2007

Gesamtherstellung   Interdruck Berger + Herrmann GmbH Hannover

Textverarbeitung & Gestaltung | Dagmar Vosmer, Katrin Herrmann

Druck | Lothar Hentschke

Buchbindearbeiten | Nebi Meram

Gedruckt auf Munken Print cream 15, 90 g | Umschlag auf Summertime 240 g

ISBN 978-39808137-4-7 | Preis 15 Euro

Inhalt

I Selbstentnazifizierung
**Einige Kapitel aus der Geschichte eines Staates, der sich
gern als Rechtsstaat darstellt**

Heinrich Hannover 9
Verschwiegene Geschichte
Otto Köhler 24
Selbstentnazifizierung – Das Beispiel des obersten Richters
Norman Paech 33
Nürnberg 1945-1949 – Alles verdrängt und vergessen?
Reinhard Strecker 44
Makulierte Aufklärung
Helmut Kramer 47
Verweigerte Selbstaufklärung der Justiz

II Und andere Kontinuitäten
Geschichten von Wissenschaftlern, Politikern, Polizisten und Geheimdienstlern

Julia Schulze Wessel 55
Schuld und Verleugnung – Über Funktion und Erscheinungsformen
des Antisemitismus in der deutschen Nachkriegsgesellschaft
Ludwig Elm 64
Geschichtsvergessene Staatsgründer
Rüdiger Hachtmann 73
Wie die deutsche Wissenschaftselite ihre Vergangenheit bearbeitete
Kurt Franke 84
Die Integration der medizinischen NS-Eliten
Erich Schmidt-Eenboom 88
Es gab nicht nur die Stasi – Personelle und operative Kontinuitäten
deutscher Nachrichtendienste
Jörg Wollenberg 97
Vergebliche Heimkehr – Der Umgang mit Emigranten
Georg Fülberth 108
Neuordnung oder Erhard? Nichts von beidem?

III Opposition unerwünscht
Erfahrungen aus der Adenauer-Ära

Arno Klönne 113
Außerparlamentarische Opposition begann nicht erst 1968
Ernst Schumacher 116
Anfänge

Marianne Wilke **119**
Mit der Picasso-Taube nach Helgoland
Horst Bethge **122**
Meine Oppositionserfahrungen
Gisela Notz **126**
Alles verklemmt – Frau und Familie in der Nachkriegspolitik
Horst Bethge **134**
Reeducation? – Gescheiterte Bildungsreform
Peter Scherer **138**
Niederlagen und doch: Praktischer Antikapitalismus – Politische
Arbeiterbewegung und Gewerkschaften in Westdeutschland
Gregor Kritidis **145**
Freie Geister im antikommunistischen Treibhaus –
Sozialisten in Westdeutschland zwischen Luftbrücke und Mauerbau

IV Teile und herrsche
Machtpolitik mit Feindbildern

Heiner Halberstadt **163**
Von wegen Einheit der Linken
Arno Klönne **168**
Die Geschichte des einen Staates ist ohne die des anderen nicht zu verstehen
Klaus Körner **172**
Wie die deutsch-deutsche Politik von der CIA beeinflußt wurde
Günter Judick **179**
Wie aus Antifaschisten und Aufbauhelfern wieder
die Staatsfeinde Nr.1 wurden
Günther Wilke **186**
Pressefreiheit: nicht für jeden – Wie ich in zwei Jahren mit
54 Strafverfahren überzogen wurde
Friedrich-Martin Balzer **189**
Der Düsseldorfer Prozeß und die Kriminalisierung der westdeutschen
Friedensbewegung 1959/1960
Wolfgang Wippermann **198**
Feindbild Osten
Kurt Pätzold **219**
Über die Produktion von Geschichtsbildern

Eckart Spoo **227**
Ein neues Deutschland sollte es sein – Was ist daraus geworden?
Nachbemerkungen zu diesem Buch

Die Autoren **239**

Selbstentnazifizierung

Einige Kapitel aus der Geschichte eines Staates, der sich gern als Rechtsstaat darstellt

Heinrich Hannover

Verschwiegene Geschichte

Bei Gesprächen mit jungen Menschen ist mir immer wieder aufgefallen, daß nur geringe Kenntnisse über die historische Entwicklung nach dem Ende des 2. Weltkrieges vorhanden sind. Bezeichnend für diese Wissenslücke sind die in einer Sondernummer der *Zeit* (April 2005) veröffentlichten Antworten junger Autoren, die für ein vom Landestheater Tübingen veranstaltetes Festival Stücke über das Ende des 2. Weltkriegs geschrieben hatten, also über ein gewisses Maß von Geschichtskenntnissen verfügen sollten. Der eine sagte: »Nach 1945 kommt für mich ganz schnell der Mauerbau. Dazwischen ist wenig…« Oder ein anderer: »Ich denke bei 1945 auch sofort an 1968, weil mein Blick aufs ›Dritte Reich‹ extrem geprägt ist durch die 68er-Generation, vor allem durch unsere Lehrer. Zwischen heute und 1945 ist dann vielleicht nur noch der Mauerfall. So verdichtet sich für mich deutsche Geschichte.«

Also Mauerbau und Mauerfall als herausragende Ereignisse zwischen 1945 und 2005, das ist ein bißchen wenig. Es reicht nicht aus, um zu verstehen, wie es zu der meist als »Studentenbewegung« bezeichneten sozialrevolutionären Bewegung der 60er Jahre kommen konnte, die mit der Erschießung von Benno Ohnesorg am 2. Juni 1967 einen Höhepunkt staatlichen Terrors erreichte. Und es reicht erst recht nicht aus, um zu verstehen, daß wir heute in einem Deutschland leben, von dessen Boden wieder Krieg ausgehen kann.

Die Jahre nach dem Ende des 2. Weltkriegs waren eine Zeit, die mit großen Hoffnungen begann. »Nie wieder Krieg! Nie wieder Faschismus!« Das war die Erkenntnis, die sich in der ersten Nachkriegszeit bildete. Die Menschen hatten die Realität des Krieges unmittelbar erlebt, viele hatten Angehörige verloren, lebten in zerstörten Städten und hatten die Nase voll vom Krieg und seinen Machern. Damals erhielten Menschen das Wort, die die Zeit des Hitler-Faschismus in der Emigration oder in Konzentrationslagern und Gefängnissen überlebt hatten. Und es entsprach einer damals mehrheitsfähigen Kollektivmeinung, wenn nicht nur Kommunisten, sondern auch Sprecher der SPD und CDU das kapitalistische Wirtschaftssystem für Faschismus und Krieg verantwortlich machten und für die Abschaffung der kapitalistischen Ausbeutung und die Überführung der Produktionsmittel in gesellschaftliches Eigentum plädierten.

Kurt Schumacher, Vorsitzender der SPD, sagte 1945 bei einer Rede in Kiel: »Auf der Tagesordnung steht heute als der entscheidende Punkt die Abschaffung der kapitalistischen Ausbeutung und die Überführung der Produktionsmittel aus der Hand der großen Besitzenden in gesellschaftliches Eigentum, die Lenkung der gesamten Wirtschaft nicht nach privaten Profitinteressen, sondern nach Grundsätzen volkswirtschaftlich notwendiger Planung. Und in einem Aufsatz schrieb Schumacher damals auch diese Wahrheit nieder: Solange es in Deutschland möglich ist, daß sich große Vermögen in der Hand verantwortungsloser Privater sammeln, ist die Demokratie in Deutschland nicht gesichert... Kapitalismus und Demokratie (können) in diesem Lande nicht nebeneinander existieren.«

Selbst in der rheinischen CDU, deren Vorsitzender damals Konrad Adenauer war, dämmerte die Erkenntnis, daß eine Welt ohne Krieg nur möglich ist, wenn die Profiteure der Rüstungsindustrie entmachtet werden. Ich zitiere aus dem Ahlener Parteiprogramm von 1947: »Das kapitalistische Wirtschaftssystem ist den staatlichen und sozialen Lebensinteressen des deutschen Volkes nicht gerecht geworden. Nach dem furchtbaren politischen, wirtschaftlichen und sozialen Zusammenbruch als Folge einer verbrecherischen Machtpolitik kann nur eine Neuordnung von Grund auf erfolgen. – Inhalt und Ziel dieser sozialen und wirtschaftlichen Neuordnung kann nicht mehr das kapitalistische Gewinn- und Machtstreben, sondern nur das Wohlergehen unseres Volkes sein. Durch eine gemeinschaftliche Ordnung soll das deutsche Volk eine Wirtschafts- und Sozialverfassung erhalten, die dem Recht und der Würde des Menschen entspricht, dem geistigen und materiellen Aufbau unseres Volkes dient und den inneren und äußeren Frieden sichert.«

Dieser damals in der Bevölkerung herrschenden Stimmung entsprach es, daß mehrere Länderparlamente, sogar solche, in denen CDU und FDP die Mehrheit bildeten, Sozialisierungsartikel in die Landesverfassungen aufnahmen. Selbst das Grundgesetz für die Bundesrepublik Deutschland von 1949 erhielt noch einen Sozialisierungsartikel, den heute fast vergessenen Artikel 15, der da lautet: »Grund und Boden, Naturschätze und Produktionsmittel können zum Zwecke der Vergesellschaftung durch ein Gesetz, das Art und Ausmaß der Entschädigung regelt, in Gemeineigentum oder in andere Formen der Gemeinwirtschaft überführt werden.«

Aber schon bald wehte der Wind wieder aus anderer Richtung. Der Wind kam aus den USA, deren Rüstungsinteressenten den bisherigen Verbündeten, die sozialistische Sowjetunion, die ungeheure Menschenopfer bei der Niederringung des Hitler-Faschismus hatte bringen müssen, als neuen Feind ausgemacht hatten. Und so wurde die deutsche Wiedervereinigung auf die lange Bank geschoben und 1949 ein deutscher Teilstaat unter dem Namen Bundesrepublik Deutschland gegründet, der, wie einst das gerade eingegangene Hitler-Reich, die Rolle eines Bollwerks der kapitalistisch organisierten Welt gegen den Bolschewismus zu spielen hatte – nachdem schon 1948 eine eigene Währung, die berühmte D-Mark, eingeführt worden war und die deutsche Teilung vertieft hatte.

Die Sowjetregierung war gezwungen, im Gegenzug ebenfalls einen selbständigen deutschen Teilstaat aus der Taufe zu heben, der, wie konnte es anders sein, ein sozialistisches Gesicht bekommen sollte. Das war ein schwieriges Unternehmen in einem Land, dessen Bevölkerung bis zum bitteren Ende ihrem »Führer« und dessen Propagandaminister Goebbels zugejubelt hatte. Kommunisten, die in der Weimarer Republik eine Massenpartei gebildet hatten, waren von Hitlers und Stalins Schergen bis auf kümmerliche Reste ausgerottet worden. Auch Stalin muß gewußt haben, daß, wie Rosa Luxemburg gesagt hat, »Sozialismus sich seiner Natur nach nicht oktroyieren läßt«. Aber die Westmächte ließen ihm keine andere Wahl. Und so stand an der Wiege der DDR nicht eine revolutionäre Bewegung einer von kapitalistischer Herrschaft unterdrückten und ausgebeuteten Klasse, sondern das Dekret einer Militärregierung, das gegen eine widerstrebende Bevölkerung durchgesetzt werden mußte.

Man muß es einer seit Jahrzehnten desinformierten Öffentlichkeit, die über die geistige Unfreiheit, die politische Justiz, das Überwachungssystem, die Wahlfälschungen und das Grenzsystem der DDR Krokodilstränen geweint hat, sehr deutlich sagen: Diesen Staat hat es nur gegeben, weil die damals von angeblich christlichen Demokraten angeführten Westdeutschen die historische Chance einer Neutralitätspolitik ausgeschlagen und stattdessen die in den US-amerikanischen Denkfabriken entwickelte Strategie zur militärischen Vernichtung der Sowjetunion mitgemacht haben, obwohl diese, wenn es zum Ausbruch des Atomkrieges gekommen wäre, auch die Vernichtung Deutschlands zur Folge gehabt hätte.

Der Koreakrieg von 1950, dessen Anfang als Überfall des kommunistischen Nordkoreas auf das friedliebende nichtkommunistische Südkorea dargestellt wurde – eine längst widerlegte, aber immer noch kolportierte Geschichtsfälschung –, war der Funken, an dem sich die antikommunistische Psychose in der Bundesrepublik erneut entzünden ließ. Der Koreakrieg, in dem die USA kräftig mitmischten, wurde den Deutschen als Beweis dafür in die Hirne gehämmert, daß der Kommunismus eine militärische Gefahr sei, vor der wir mit Waffengewalt beschützt werden müßten. Damals wurde die erste große in nordamerikanischem Denkfabriken erfundene Bedrohungslegende in die Welt gesetzt, die den kalten Krieg und den Rüstungswettlauf zwischen den beiden Großmächten USA und Sowjetunion begründete. Damit wurden die relativ wenigen deutschen Kommunisten, die KZ und staatlichen Massenmord überlebt hatten und in der ersten Nachkriegszeit, als vorzeigbare Widerstandskämpfer gern gesehen, in den Parlamenten und Verwaltungen verdienstvolle Wiederaufbauarbeit geleistet hatten, erneut zu Feinden erklärt.

Es begann mit dem Verbot von Organisationen, die als »kommunistische Tarnorganisationen« diffamiert wurden. Das betraf zum Beispiel die Freie Deutsche Jugend (FDJ) und auch die Vereinigung der Verfolgten des Naziregimes (VVN), in der Kommunisten, wie es nicht anders sein konnte, die Mehrheit bildeten. Das Verbot der VVN auf Bundesebene scheiterte allerdings beim Bundesverwaltungsgericht, das die Sache vertagte, ohne neuen Termin anzuberaumen, nachdem sich herausgestellt hatte, daß der Vorsitzende des zuständigen Senats ein ehemaliges Mitglied der SA und der NSDAP war. Schon 1950, als ich nach bestandenem 2. Staatsexamen in Bremen

Gerichtsreferendar werden wollte, um die Voraussetzungen für die Anwaltszulassung zu erfüllen, mußte ich unterschreiben, daß ich weder der VVN noch einer anderen »kommunistischen Tarnorganisation« angehöre.

Zu dieser Zeit war die Kommunistische Partei Deutschlands (KPD) noch als legale Partei im Bundestag und in einigen Landesparlamenten vertreten. Da das Grundgesetz für Parteiverbote ein umständliches Verfahren vor dem Bundesverfassungsgericht vorschreibt, stellte die von dem christlich-demokratischen Bundeskanzler Konrad Adenauer geführte Bundesregierung beim Bundesverfassungsgericht den Antrag, die KPD als verfassungswidrig zu verbieten. Das geschah im gleichen Jahr 1951, in dem der Bundestag das sogenannte 131er-Gesetz beschloß, das den von den Besatzungsmächten wegen ihrer Nazibelastung aus dem öffentlichen Dienst entfernten Beamten einen Rechtsanspruch auf Wiedereinstellung verlieh. In einem Zuge wurden also auf der einen Seite Kommunisten erneut illegalisiert, während zu gleicher Zeit die alten Nazis in ihre Ämter zurückgeholt wurden.

Da kamen nicht nur die Leute wieder, die den Massenmord an den Juden und anderen mißliebigen Bevölkerungsgruppen möglich gemacht hatten, die die Transporte nach Auschwitz und anderen Vernichtungslagern organisiert und die enteigneten Vermögenswerte und das den Leichen entnommene Zahngold verwaltet hatten, sondern auch Richter und Staatsanwälte, die im Dienste des Hitler-Staats Unrecht gesprochen und Tausende von Menschen wegen Widerstands oder auch nur Widerspruchs gegen das staatliche Unrecht zu hohen Freiheitsstrafen oder zum Tode verurteilt hatten. Diese Justizschande hat die westdeutsche Öffentlichkeit kaum berührt. Obwohl es schon mitunter Aufsehen erregte, daß die bundesdeutsche Justiz Massenmörder des Nazi-Regimes, insbesondere auch die Blutrichter der Sondergerichte und des Volksgerichtshofs freisprach oder gar nicht erst anklagte. Aber die Gesinnungsjustiz gegen Kommunisten und andere Gegner der Remilitarisierung und Restauration fiel nicht weiter auf, weil sie in das von den Propagandisten des kalten Krieges erzeugte Bild von der Welt des Bösen paßte, gegen die man sich schützen müsse. Und so konnte mir mein ehemaliger Kollege Gerhard Schröder, als ich ihn im Jahr 1999 daran erinnerte, daß es höchste Zeit wäre, die damals Verurteilten zu rehabilitieren, durch einen Ministerialbeamten antworten lassen, daß bei uns alles rechtsstaatlich zugegangen sei. Er weiß es besser, denn er war selbst als Verteidiger in politischen Strafverfahren und in Berufsverbotssachen tätig. Und deshalb habe ich ihm ausrichten lassen, daß er sich schämen möge. Die Korrespondenz ist auf meiner Webseite nachzulesen.

Zu einer Zeit, als die US-amerikanische Regierung noch das Ziel verfolgte, den Faschismus in Deutschland auszurotten, hatte es 1947 den sogenannten Juristenprozeß gegen 16 hohe Funktionäre der Nazi-Justiz gegeben. Zwei Staatssekretäre und zwei Sonderrichter waren zu lebenslangem Zuchthaus, weitere Angeklagte zu hohen Freiheitsstrafen verurteilt worden, vier wurden freigesprochen. Schon 1951 waren alle Verurteilten wieder auf freiem Fuß, bis auf einen, der bis 1956 büßen mußte. Der zu lebenslangem Zuchthaus verurteilte Staatssekretär Schlegelberger erhielt, sobald die Sache in deutscher Zuständigkeit war, eine Pensionsnachzahlung von 160.000 DM und eine monatliche Pension von 2.894 DM – zu einer Zeit, als ein Facharbeiter etwa 4oo DM verdiente. Er war nur einer der vielen Justizverbrecher, die auf Kosten des deutschen Steuerzahlers bis zu ihrem Lebensende hohe Pensionen verzehren durften. Das war alles rechtsstaatlich, nicht wahr, Herr Schröder?

Auch die Wirtschaftsbosse, von denen einige wegen ihrer Unterstützung von Hitlers Kriegswirtschaft, wegen der Lieferung von Giftgas für den Judenmord und wegen Ausbeutung von Zwangsarbeitern vorübergehend in den Wartestand versetzt oder gar angeklagt worden waren, saßen längst wieder in ihren Chefsesseln. Die Wiederherstellung der alten Machtverhältnisse in der Zeit des christlich-demokratischen Bundeskanzlers Dr. Konrad Adenauer, die unter dem Namen Restauration in die Geschichte eingegangen ist, hat bei der Bevölkerungsmehrheit, die sich in einer mit amerikanischem Geld aufgepäppelten Wohlstandsgesellschaft eingerichtet hatte, kaum kritischen Widerhall gefunden.

Es kamen auch die an den Verbrechen der Hitler-Wehrmacht beteiligten Generäle wieder, auch solche, die in der ersten Nachkriegszeit von Militärgerichten der Alliierten zu hohen Freiheitsstrafen verurteilt worden waren. Schon Anfang der 50er Jahre wurden diese Herren auf Betreiben der Adenauer-Regierung aus der Haft entlassen, weil sie für die Wiederaufrüstung gegen den neuen alten Weltfeind Sowjetunion gebraucht wurden. Adenauer hatte schon 1948 den Generalleutnant a.D. Dr. Hans Speidel um eine Denkschrift zur Frage der äußeren Sicherheit der Bundesrepublik gebeten, die dieser zusammen mit dem General a.D. Hermann Foertsch und dem Generalleutnant a.D. Adolf Heusinger verfaßte. Es war nur das Vorspiel zu weiteren Aufträgen an Generäle und Admirale der Hitler-Wehrmacht, die zu der »Himmeroder Denkschrift« vom Oktober 1950 führten, in der die Voraussetzungen für die Aufstellung »eines deutschen Kontingents im Rahmen einer übernationalen Streitmacht zur Verteidigung Westeuropas« aufgelistet wurden. Darunter die Forderung: »Rehabilitierung des deutschen Soldaten« und »Freilassung der als ,Kriegsverbrecher' verurteilten Deutschen«.

Als im Juni 1955 der Stahlhelm, eine einst mit den Nazis verbündete reaktionäre Organisation, eine Veranstaltung in Goslar durchführte, auf der ein von einem englischen Militärgericht zum Tode verurteilter, später zu lebenslanger Haft begnadigter und im Zuge der Remilitarisierung aus der Haft entlassener Generalfeldmarschall der Hitler-Wehrmacht sprechen sollte, organisierte der Deutsche Gewerkschaftsbund eine Gegendemonstration. Die Polizei schützte, wie man das bis in unsere Tage kennt, die Stahlhelmer und ging mit Schlagstöcken gegen die Gewerkschafter vor, die den militaristischen Mummenschanz durch Zwischenrufe gestört hatten. Ich hatte drei von ihnen vor Gericht zu verteidigen, denen vorgeworfen wurde, daß sie in der Absicht, eine nicht verbotene Versammlung zu verhindern oder zu sprengen, grobe Störungen verursacht hätten. Vergeblich berief ich mich für meine Mandanten auf die im Grundgesetz garantierte Meinungs- und Versammlungsfreiheit. Nach Ansicht der Richter stand diese nur den in Goslar versammelten Militaristen und dem von ihnen hofierten Hitler-General zu. Der Schoß, aus dem das kroch, wird nun schon seit 50 Jahren polizeilich und gerichtlich geschützt. Aber es gibt geschichtsblinde Politiker und Publizisten, die ernstlich fragen, woher die neofaschistischen Kriegsflaggenträger kommen.

Eine der Konsequenzen der Neubelebung des alten antikommunistischen Feindbildes in der Bundesrepublik auf juristischem Sektor war das 1. Strafrechtsänderungsgesetz von 1951, das zur Grundlage der strafrechtlichen Verfolgung von Kommunisten in den 50er und 60er Jahren wurde. Das alte Justizpersonal des Hitler-Staates war wieder in seinem Element und durfte guten Gewissens wiederholen, was es schon unter Hitler gegen Kommunisten und andere Kriegsgegner getan hatte. Diese Richter und Staatsanwälte sahen sich auch durch die legale Existenz der KPD nicht gehindert, deren Funktionäre nach den Paragraphen des politischen Strafrechts zu verurteilen. Gleich mein allererstes Mandat nach meiner 1954 erfolgten Anwaltszulassung betraf einen Kommunisten, dem ich als Pflichtverteidiger beigeordnet worden war. Was dazu führte, daß auch ich schon als junger Anwalt als »Kommunistenverteidiger« verschrien und zum Haßobjekt der herrschenden Öffentlichkeit wurde.

Die nach bewährten Methoden funktionierende Lenkung der öffentlichen Meinung brachte es zustande, daß die nach dem Zusammenbruch des Nazi-Reichs vorherrschende Antikriegsstimmung sich in wenigen Jahren in ihr Gegenteil verkehrte. Unter dem Einfluß der von Adenauer und seiner CDU betriebenen, an alte Muster der Vorkriegszeit anknüpfenden antikommunistischen Propaganda, die von den vorwiegend wieder von Konservativen geleiteten Medien bereitwillig verbreitet wurde, wandelte sich die öffentliche Meinung. Aus dem »Nie wieder Krieg!« der ersten Nachkriegszeit wurde wieder die Bereitschaft zum als »Verteidigung der Freiheit« dekorierten Krieg, mit dem das bolschewistische Ungeheuer im Osten aufgehalten werden sollte. Auch die SPD, die ursprünglich die Opposition gegen die Remilitarisierung jedenfalls teilweise mitgetragen und der Kampagne »Kampf dem Atomtod« eine Massenbasis verschafft hatte, schwenkte eines Tages auf Unterstützung der Adenauer'schen »Politik der Stärke« um, weil ihr damaliger Chefideologe Herbert Wehner der Parteiführung zu suggerieren wußte, nur so könne man an die Macht kommen. Und die war der Parteiführung wichtiger als die konsequente Bewahrung der Lehren, die man aus Faschismus und Krieg einst gezogen hatte.

Entschiedenste Gegner der Remilitarisierung und der Reaktivierung alter Nazis waren von Anfang an die Kommunisten gewesen, mit denen die Sozialdemokraten auf keinen Fall verwechselt werden wollten. Denn Kommunismus wurde in den Medien und Politikerreden mit stalinistischer Terrorherrschaft gleichgesetzt. Daß es gerade in den kommunistischen Parteien die entschiedensten Stalingegner gegeben hat, hätte eine kritische Öffentlichkeit schon aus der allbekannten Tatsache entnehmen können, daß Stalins Agenten und Justizmörder vor allem unter Kommunisten Angst und Schrecken verbreitet und ein millionenfaches Blutbad angerichtet haben. Und es wird auch bewußt klein geschrieben, daß es Kommunisten waren, die nach Nikita Chruschtschows Rede auf dem 20. Parteitag der KPdSU im Jahre 1956 Stalins Verbrechen zur Sprache gebracht und versucht haben, eine Änderung dieser entsetzlichen Fehlentwicklung des Sozialismus herbeizuführen. Auch deutsche Sozialisten, die für geschichtskundige Menschen noch heute als Hoffnungsträger für eine menschlichere Welt gelten, standen in Opposition zum stalinistischen Terror und wurden zum großen Teil zu dessen Opfern. Aber an dieser wichtigen Unterscheidung war gerade die Sozialdemokratie noch nie interessiert. Sie hat der üblichen antikommunistischen Gleichsetzung von Stalinisten und Stalingegnern seit jeher Vorschub geleistet. Und darum gibt es immer noch viele, die nicht begriffen haben, daß die Tausende, die alljährlich am 15. Januar der Ermordung von Rosa Luxemburg und Karl Liebknecht durch von der damaligen SPD gedeckte Offiziere gedenken, nicht dem Stalinismus huldigen, wenn sie an den Gräbern der Ermordeten Blumen niederlegen, sondern um revolutionäre Kämpfer für eine menschlichere Gesellschaft trauern, die wir heute mehr denn je nötig hätten.

Wenn es um Ehrungen von Widerstandskämpfern gegen das Hitler-Regime geht, werden gern die Namen der Offiziere genannt, die das Attentat vom 20. Juli 1944 unternommen haben. Aber die große Öffentlichkeit weiß wenig davon, daß es in erster Linie Kommunisten und linke Sozialdemokraten waren, die gegen Hitler Widerstand geleistet und massenhaft in Konzentrationslagern und anderen Hinrichtungsstätten des faschistischen Staates einen gewaltsamen Tod erlitten haben. Sie hatten, anders als die Offiziersattentäter vom 20. Juli 1944, zu keiner Zeit an den Kriegsverbrechen des Hitler-Regimes mitgewirkt.

Kommunistischer Widerstand blieb in dem vom konservativen Establishment gepflegten öffentlichen Geschichtsbewußtsein als Landes- oder Hochverrat strafbare Auflehnung gegen die faschistische Staatsgewalt und deren Gesetze. So veröffentlichte die weitverbreitete Illustrierte *Stern* im Jahr 1951 eine neunteilige Serie unter dem Titel »Rote Agenten unter uns«, in der die Mitglieder der von der Gestapo als »Rote Kapelle« bezeichneten Gruppe Schulze-Boysen/Harnack nicht als Widerstandskämpfer gegen das NS-Regime gewürdigt, sondern als Landesverräter moralisch verurteilt wurden. Eine Sichtweise, für die der berüchtigte faschistische Ankläger und Richter Manfred Roeder nicht nur im *Stern*, sondern auch in der *FAZ* und in einem Buch des konservativen Historikers Gerhard Ritter als maßgebend zitiert wurde. Roeder, ein Sadist in Robe, den Überlebende des faschistischen Justizterrors als »wenig intelligent, dafür aber sehr infam in seinen Methoden« beschreiben und mit seinem Ausspruch zitieren, es sei ihm gelungen, »mancher Akademikerin den Kopf vor die Füße zu legen«, ist wegen der von ihm erwirkten Justizmorde nie verurteilt worden. Im Gegenteil, Mitte der 50er Jahre wurde er in einem Ermittlungsverfahren in Lüneburg auf Veranlassung des Oberbundesanwalts sogar als Experte zu Fragen kommunistischer Spionagetätigkeit angehört. Sein Antikommunismus war immer noch gefragt. (Zu Roeder: Heinrich Grosse in *Kritische Justiz*, Heft 1/2005, S.43.)

Daß vor allem Kommunisten die Widerstandskämpfer der ersten Stunde waren, daß Hitler die 81 noch im März 1933 in den Reichstag gewählten kommunistischen Abgeordneten verhaften ließ, um eine Mehrheit für sein Ermächtigungsgesetz zustande zu bringen, daß Kommunisten zu Tausenden eingesperrt, gefoltert und getötet worden sind, wird im öffentlichen Bewußtsein seit Jahrzehnten unterdrückt, weil es nicht in eine Landschaft paßt, in der die antikommunistische Kreuzzugsmentalität der Hitlerzeit mit neuer Etikettierung überleben konnte.

Als im Berliner Reichstagsgebäude Mitte der 80er Jahre eine Gedenktafel für die von den Nazis ermordeten Reichstagsabgeordneten angebracht werden sollte, wollte der damalige Hausherr, Bundestagspräsident Philipp Jenninger (CDU), verhindern, daß die Parteizugehörigkeit der Ermordeten angegeben wurde. Es sollte nicht daran erinnert werden, daß von den 83 ermordeten Reichstagsabgeordneten 40 Kommunisten und 33 Sozialdemokraten waren. Ähnliches spielte sich in Hamburg ab. Auch hier wollte man auf der im Rathaus angebrachten Ehrentafel die Parteizugehörigkeit und sogar die Namen der von den Nazis ermordeten Bürgerschaftsabgeordneten verschweigen.

Hier sind sie:
Dr. Max Eichholz (Deutsche Staatspartei)
Dr. Kurt Adams (SPD)
Adolf Biedermann (SPD)
Dr. Theodor Haubach (SPD)
Otto Schumann (SPD)
Etkar André (KPD)
Bernhard Bästlein (KPD)
Gustav Brandt (KPD)
Hugo Eickhoff (KPD)
Hermann Hoefer (KPD)
Franz Jacobs (KPD)
Fritz Lux (KPD)
Adolf Panzner (KPD)
August Schmidt (KPD)
Theodor Skorzisko (KPD)
Hans Westermann (KPD) und
Ernst Thälmann (KPD).

Nur ein paar Namen von vielen tausend ermordeten Widerstandskämpfern, die auf keinem Gedenkstein eingemeißelt und in keiner Feierstunde genannt werden. Denn in einer vom Kapital beherrschten Welt darf es kein kollektives Gedächtnis der Lohnab-hängigen, keine Arbeiterbewegung geben. Es hätte dazu beitragen können, das von der Hitlerbande vernichtete kollektive Klassenbewußtsein, das die Lohnabhängigen zur Arbeiterklasse machte, wiedererstehen zu lassen.

Auch die KPD wurde nach der Kapitulation des Hitler-Staates von der herrschen-den Klasse nur widerwillig und für kurze Zeit geduldet. 1956 war das Rad der Geschichte so weit zurück gedreht, daß die Remilitarisierung mit der Wiedereinfüh-rung der allgemeinen Wehrpflicht gekrönt werden konnte. Das Bundesverfassungsge-richt, das jahrelang gezögert hatte, dem Antrag auf Verbot der KPD zu entsprechen, widersetzte sich nicht länger. Mit dem am 17. August 1956 verkündeten KPD-Verbot war der Weg frei für die Kriminalisierung jeder Fundamentalopposition. Der Wieder-herstellung der alten Machtverhältnisse in Politik, Wirtschaft und Staatsgewalt konnte nur noch zaghaft widersprochen werden, wenn man nicht riskieren wollte, als Partei-gänger einer verbotenen Partei verdächtigt und bestraft zu werden. Die angebliche Verfassungsfeindlichkeit der KPD bildete den Hintergrund, auf dem sich alle Aktivi-täten gegen Wiederbewaffnung und neue Kriegsvorbereitung als verfassungsfeindlich und strafbar definieren ließen. Und immer wieder erwies sich die noch jahrelang von alten Nazis majorisierte Justiz als getreue Parteigängerin der im christlich-demokrati-schen Gewande reaktivierten militaristischen Tradition.

Kaum jemand kennt noch die ungeheuren Lügen über militärische Angriffsabsich-ten der Sowjetunion, mit der in Adenauers Regierungszeit die deutsche Bevölkerung wieder in Angst und Schrecken vor der Welt des Bösen versetzt wurde. Noch heute ist die systematische Erfindung und Verbreitung von Bedrohungslegenden durch die Denkfabriken der US-amerikanischen Administration, die von den deutschen Mei-nungsmachern beflissen übernommen wurden, nur einer Minderheit der deutschen Öffentlichkeit bekannt. Wer weiß denn, daß es schon seit 1945 konkrete amerikanische Planungen zur Vernichtung der Sowjetunion durch präventive Atombombenschläge gegen deren Industrie- und Regierungszentren gab, Pläne, die man vor der Weltöffent-lichkeit verheimlichte, aber bewußt der Sowjetregierung zuspielte, um sie zu Rüstungs-anstrengungen zu veranlassen, die die Wirtschaftskraft dieses von Hitlers Wehrmacht überfallenen und weitgehend zerstörten Landes überfordern mußten. Ich habe diese verbrecherischen Planungen an anderer Stelle ausführlich mit Fundstellen zitiert (Son-derdruck der Zeitschrift *Ossietzky*, März 2004). Der Weltöffentlichkeit wußte man zu suggerieren, daß es eine kriegslüsterne Sowjetunion gebe, auf deren Angriff man sich durch kostspielige Nachrüstung vorbereiten müsse. Und in Deutschland ist mit dieser Lüge ein halbes Jahrhundert lang Politik und Profit gemacht worden.

Als erster deutscher Autor hat wohl Karl Heinz Roth 1985 über die amerikanischen Atomkriegspläne der USA gegen die Sowjetunion berichtet. Seine Veröffentlichung hat nur eine geringe Verbreitung erfahren und ist heute nur noch schwer zugänglich.

Aber sie ist von anderen Historikern ausgewertet und erweitert worden. Lesen Sie das Buch »Der Kalte Krieg oder: Die Totrüstung der Sowjetunion« des als Professor für Politische Wissenschaft an einer amerikanischen Universität lehrenden deutschen Journalisten Jürgen Bruhn, der die gegen die Sowjetunion entwickelten Atomkriegsszenarien mit genauen Quellenangaben dargestellt hat. Sein Fazit lautet verkürzt (S.25): »Sie (die Sowjetunion) wurde gezwungen nachzurüsten, immer wieder und wieder, bis zu ihrem Ableben. Durch ihre enormen Rüstungsanstrengungen gelang es ihr zwar, einen amerikanischen atomaren Präventivschlag zu verhindern; aber sie konnte so ihre zerstörte Wirtschaft nicht schnell genug wieder aufbauen...«

Man werde die Sowjetunion totrüsten, hat ein amerikanischer Präsident verkündet. Und dieses Ziel hat man denn ja auch erreicht. Und nicht versäumt, über die Gründe des Zusammenbruchs der Sowjetunion und anderer nichtkapitalistisch organisierter Länder neue Lügen zu verbreiten.

Als ich 1959/60 zusammen mit den Kollegen Diether Posser, Friedrich Karl Kaul und Walther Ammann vor dem Landgericht Düsseldorf führende Persönlichkeiten des Westdeutschen Friedenskomitees gegen den Anklagevorwurf zu verteidigen hatte, sie seien Rädelsführer einer verfassungsfeindlichen Vereinigung, kannten wir erst einen kleinen Teil der barbarischen Realität amerikanischen Präventivkriegsterrors. Aber die Richter glaubten vom ersten Verhandlungstag an zu wissen, daß die Friedensarbeit unserer Mandanten nur dem Ziel dienen konnte, die Deutschen der aus dem Osten drohenden Gefahr wehrlos auszuliefern. Und so lehnten sie es – unter Bruch der bis dahin gültigen Regeln der Strafprozeßordnung, aber mit nachträglicher Billigung durch den Bundesgerichtshof – ab, die von uns Verteidigern in mehreren Beweisanträgen vorgelegten etwa 600 Dokumente, in denen die wirklichen Kriegstreiber und deren politische Aktivitäten benannt waren, auch nur zur Kenntnis zu nehmen. In den Augen der Düsseldorfer Richter konnten die von uns vorgebrachten Fakten und Beweismittel nur kommunistische Propaganda sein, mit der man sich nicht auseinanderzusetzen brauchte. Die westdeutsche Öffentlichkeit hat von diesem fünf Monate dauernden Verfahren, in dem zahlreiche prominente Zeugen aus aller Welt – darunter Gustav Heinemann und Martin Niemöller – vernommen wurden und dem Anklagevorwurf widersprachen, so gut wie nichts erfahren. Das Schweigen der Presse funktionierte auch ohne Anweisung aus einem Propagandaministerium.

Ähnliche Erfahrungen machte ich 1963 bei der Verteidigung von Lorenz Knorr, einem kämpferischen Sozialisten, der dem jugend- und kulturpolitischen Ausschuß des Bundesvorstands der SPD angehört hatte, aber 1960 aus Protest gegen den Kurswechsel der SPD aus der Partei ausgetreten war. Er hatte in einer Rede bestimmte namentlich benannte Generale der Bundeswehr als »Nazi-Generale« und »Massenmörder« bezeichnet. Die Herren hatten sich beleidigt gefühlt und ebenso wie der damalige Verteidigungsminister Franz Josef Strauß Strafanzeige erstattet. Der CSU-

Politiker Franz Josef Strauß war bekanntlich nationalsozialistischer Führungsoffizier gewesen, hatte also zu einer Garde von besonders eifrigen Nazi-Offizieren gehört, die das Kanonenfutter für Hitlers Krieg ideologisch zu trimmen hatten. Die Anklage wurde von einem Staatsanwalt erhoben, der an faschistischer Terrorjustiz beteiligt gewesen war – zwei von ihm erwirkte Todesurteile des Sondergerichts Prag gegen tschechische Staatsangehörige, die ihrer Gegnerschaft gegen Hitlers Krieg Ausdruck gegeben hatten, sind erhalten. Vorsitzender des Schöffengerichts, vor dem die Sache in erster Instanz verhandelt wurde, war ein Richter, der unter Hitler als Ankläger am Sondergericht Wuppertal gewirkt hatte. Auch hier interessierten sich das Gericht und die Presseöffentlichkeit nicht für die von dem Angeklagten in monatelanger Archivarbeit zusammengetragene Dokumentation über die von den als Massenmörder bezeichneten Generalen begangenen Kriegsverbrechen und lehnte alle Beweisanträge ab. Ahnungsvoll hatte Knorr in seiner Rede gesagt: Wenn diesen Hitler-Generalen unsere Jugend anvertraut werde, dann könne einem um die deutsche Zukunft bange werden.

Mit den Paragraphen, die den Verstoß gegen ein Parteiverbot mit Strafe bedrohten und damit einen uferlosen Tatbestand zur Verfügung stellten, bekam die Justiz ein besonders bequemes Handwerkzeug, um kritische Meinungsäußerungen und politische Aktivitäten von Sozialisten zu kriminalisieren. Das funktionierte nach der aus dem Amerika der McCarthy-Ära bekannten Kontaktschuldmethode, die jeden als Staatsfeind verdächtig machte, der Kontakt zu Kommunisten hatte, oder nach der Konsensmethode, die inhaltliche Übereinstimmungen mit kommunistischen Forderungen brandmarkte.

Im Jahr 1963 hatte ich einen auch bei politischen Gegnern hochangesehenen Kommunisten, den Bremer Bürgerschaftsabgeordneten Willi Meyer-Buer, gegen den Anklagevorwurf zu verteidigen, gegen das KPD-Verbot verstoßen zu haben. Meyer-Buer hatte sich bei der Bundestagswahl 1961 als unabhängiger Kandidat um ein Mandat beworben und in Reden und Flugblättern nicht verschwiegen, daß er seiner kommunistischen Überzeugung treu geblieben war. Die von einem schon im Hitler-Reich bewährten Staatsanwalt verfaßte Anklage warf dem Angeklagten vor, in Flugblättern und Reden politische Forderungen erhoben zu haben, die mit Parolen der SED oder der illegalen KPD Ähnlichkeit gehabt hätten. Ein als Zeuge vernommener Beamter des Bundeskriminalamtes zählte Übereinstimmungen zwischen der illegalen KPD und dem Angeklagten auf wie z.B.: »Keine Stimme der CDU/CSU!« oder »Schluß mit der Atomrüstung!« Das genügte, um ihn des Verstoßes gegen das KPD-Verbot schuldig zu sprechen. Während die Kommunistenprozesse der 50er und 60er Jahre in der Regel nur wenig öffentliches Interesse fanden, stand hier ein Mann vor Gericht, den die Bremer Bevölkerung als brillanten Redner und aufrechten Kämpfer für die Rechte der Arbeiter und Unterprivilegierten kannte. Man wußte auch, daß er schon im Hitler-Staat als kommunistischer Widerstandskämpfer viele Jahre in Zuchthäusern und Konzentrationslagern hatte zubringen müssen. Prominente Sozialdemokraten, die ihn aus jahrelanger parlamentarischer Zusammenarbeit kannten, brachten als Zeugen ihr Bedauern zum Ausdruck, daß dieser Mann nach dem KPD-Verbot aus dem Bremer Landesparlament habe ausscheiden müssen. Einer kennzeichnete ihn als einen Kommunisten, der sich von Stalinisten deutlich unterschieden habe. Ein sozialdemokratischer Bundestagsabgeordneter kannte ihn aus gemeinsamer Haftzeit im Nazi-Staat und rühmte seinen Mut und seine solidarische Haltung gegenüber den Haftgenossen. Ein der FDP angehörender Senator formulierte als Zeuge: »Wenn Herr Meyer-Buer nicht Kommunist wäre, wäre er eine Zierde der Demokratie.« Macht nichts, der Kommunist wurde verurteilt. In diesem Fall hat ausnahmsweise wenigstens die Lokalpresse berichtet, und zwar nicht unkritisch. Aber über die Grenzen Bremens hinaus wurde auch dieser skandalöse Prozeß kaum zur Kenntnis genommen.

Ein besonders schändliches Kapitel ist die Aberkennung von Wiedergutmachungsleistungen, die den Kommunisten für jahrelange Freiheitsentziehung während der Nazi-Zeit zustanden. Nach dem noch heute gültigen § 6 des Bundesentschädigungsgesetz führte die Verurteilung nach den Paragraphen des politischen Strafrechts dazu, daß nicht nur die den Verfolgten zustehenden Renten entfielen, sondern auch enorme Rückzahlungen eingefordert wurden. Auch dieses einer breiten Öffentlichkeit unbekannte gesetzliche Unrecht hielt Bundeskanzler Gerhard Schröder für rechtsstaatlich.

Während auf der einen Seite in altbewährter Justiztradition gesetzliches Unrecht an Menschen verübt wurde, die in Opposition zur Restauration der alten Machtverhältnisse, zur Vorbereitung künftiger Kriege und zur Abschaffung der Demokratie durch sogenannte Notstandsgesetze standen, wurden auf der anderen Seite Naziverbrecher und deren Gesinnungsnachfolger in geradezu schamloser Weise vor gerechter Strafe geschützt. Der Freispruch des Volksgerichtshofsrichters Hans-Joachim Rehse im Jahre 1968 war eine der spektakulärsten Fehlleistungen bundesdeutscher Nachkriegsjustiz. Kein einziger von Hitlers Justizmördern ist je rechtskräftig verurteilt worden. Der deutsche Steuerzahler durfte ihnen Pensionen zahlen, die weit über den schäbigen Renten lagen, die den überlebenden Justizopfern und den Angehörigen der Hingerichteten oft erst nach zermürbenden Prozessen gezahlt oder gar verweigert wurden. Lesen Sie den auf authentischem Material beruhenden Roman »Mein Jahr als Mörder« von Friedrich Christian Delius.

Einem Richter, der 1942 als Richter am Sondergericht Bremen das Todesurteil gegen den zum »Volksschädling« erklärten 16-jährigen polnischen Zwangsarbeiter Walerjan Wrobel mitunterschrieben hat, bin ich Anfang der 50er Jahre als junger Referendar noch begegnet. Er amtierte als Vorsitzender einer Zivilkammer des Bremer Landgerichts und wurde Mitte der 60er Jahre anläßlich seines 80.Geburtstages vom Senat der Freien Hansestadt mit Ehrungen bedacht, bei denen seine Rolle als Nazi-Richter taktvoll verschwiegen wurde. Ein an demselben Verfahren beteiligter Staatsanwalt brachte es sogar zum Justizsenator in Bremen. Die Angehörigen des hingerichteten Jungen haben nie einen Pfennig Entschädigung erhalten. Auch von den Almosen, die an die relativ wenigen noch lebenden Zwangsarbeiter verteilt worden sind, haben sie nichts bekommen. Denn der Junge lebte ja nicht mehr. Die Todesurteile des faschistischen Terrorstaats blieben auch für seinen Rechtsnachfolger die billigste Form gesetzlichen Unrechts.

In den 80er Jahren wurde ich als Nebenklagevertreter für die Tochter des im KZ Buchenwald auf Befehl Hitlers ermordeten Reichstagsabgeordneten und Vorsitzenden der KPD Ernst Thälmann tätig. Nachdem ich in einem langwierigen Verfahren mit 40-jähriger Verspätung eine Anklage gegen einen der noch lebenden Täter, den SS-Funktionär Wolfgang Otto, erzwungen hatte, kam es zu einem Prozeß, der schließlich, wie fast alle Prozesse gegen Nazi-Gewaltverbrecher, mit Freispruch endete. Den Freispruch verdankte der Angeklagte den Richtern des Bundesgerichtshofs, die unter Mißachtung der für das Revisionsverfahren geltenden Regeln in die Beweiswürdigung des Landgerichts Krefeld eingriffen, das entgegen der herrschenden Tendenz in bundesdeutschen Gerichtssälen den Naziverbrecher Wolfgang Otto schuldig gesprochen hatte. Ich will hier nicht die Einzelheiten dieses empörenden Verfahrens ausbreiten, über das ich ebenso wie über viele andere von mir miterlebte Justizfälle in meinem Buch »Die Republik vor Gericht« ausführlich berichtet habe, sondern nur den Umstand erwähnen, daß der Angeklagte in den 50er Jahren mit Erfolg seine Einstellung in den Schuldienst des Landes Nordrhein-Westfalen hatte betreiben können, obwohl er nicht verschwiegen hatte, an der Ermordung von 8000 wehrlosen sowjetischen Kriegsgefangenen im KZ Buchenwald beteiligt gewesen zu sein. Er wurde Lehrer für Religion und Geschichte an einem katholischen Gymnasium in Geldern und erhielt sogar Beamtenstatus, der ihm eine lebenslängliche Pension sicherte. Welches Geschichtsbild mag dieser Mann seinen Schülern vermittelt haben? Vielleicht sind bei ihm oder seinesgleichen auch die Juristen zur Schule gegangen, die noch im Jahre 2005 verkünden konnten, daß die von Neonazis propagierte Grußformel »Ruhm und Ehre der Waffen-SS« nicht strafbar sei, weil sie mit dem Wahlspruch der SS »Unsere Ehre heißt Treue« und anderen Nazi-Parolen nicht verwechselt werden könne.

Die in den 50er und 60er Jahren nachwachsende junge Generation begriff nach und nach, daß die Haltung der Elterngeneration zum Hitler-Faschismus – der sich selbst den durchaus irreführenden Namen Nationalsozialismus gegeben hatte – und die Reaktivierung alter Nazis in allen Staatsgewalten und Manageretagen die Gegenwart der Bundesrepublik prägten, und sie begannen, die immer wieder feierlich beschworenen Parolen von Freiheit, Demokratie und christlicher Ethik als Heuchelei zu entlarven. Vor allem die ideologische und materielle Einbindung in das transatlantische Militärbündnis gegen den neuen alten Weltfeind Kommunismus und die vom militär-industriellen Komplex der USA im Interesse der Rüstungsindustrie angezettelten Kriege fanden in der jüngeren Generation kritische Gegner, die sich in Hörsälen der Universitäten und auf der Straße, diesem einzigen allgemein zugänglichen Medium, Gehör verschafften.

Daß die von der Adenauer-Regierung durchgesetzte gegen den erklärten Feind im Osten gerichtete militärische Westbindung die Sowjets dazu gezwungen hatte, das ungeliebte Kind DDR zu etablieren und aufzurüsten, und daß sie die Wiedervereinigung Deutschlands für lange Zeit unmöglich machte, war nur einer Minderheit der Deutschen bewußt – obwohl das Beispiel Österreich, das sich von Anfang an zur Neutralität bekannte, ohne von den Sowjets überfallen zu werden und ohne eine der deutschen Teilung vergleichbare Problematik zu bekommen, Denkanstöße hätte geben können. Sogar um Atomwaffen für die Bundeswehr bemühten sich Herr Adenauer und seine Gefolgsleute, aber sie kriegten nur Atomwaffen, über deren Einsatz der amerikanische Generalstab zu entscheiden hatte. Es müsse ein Gleichgewicht des Schreckens hergestellt werden, um den Krieg zu verhindern, lautete die Parole, mit der dieser verbrecherische Wahnsinn gerechtfertigt wurde.

Vergessen ist, daß es eine Zeit gegeben hat, in der die SPD in richtiger Erkenntnis der Gefahr eines Atomkrieges auf deutschem Boden sich zum Wortführer einer Entspannungspolitik gemacht hat, die einen Abzug der Fremdtruppen der Nato und des Warschauer Paktes aus beiden deutschen Staaten forderte (Deutschlandplan der SPD vom März 1959). Aber die systematisch geschürte Angst vor einer Bedrohung aus dem Osten hatte Ende der 50er Jahre das kollektive Bewußtsein der Westdeutschen schon so vereinnahmt, daß Stimmen der Vernunft, selbst wenn sie von der SPD kamen, nicht mehr mehrheitsfähig waren. Und so war von diesem Deutschlandplan schon bald nicht mehr die Rede. Auch Gustav Heinemanns Versuch, die Deutschen für die von ihm gegründete Gesamtdeutsche Volkspartei und eine Politik der Entspannung zu mobilisieren, scheiterte an der üblichen über die herrschenden Medien verbreiteten Diffamierungskampagne, die jede gegen Adenauers Politik gerichtete Opposition in den Verdacht der kommunistischen Komplizenschaft brachte.

Auch was 1950 in Korea geschehen war, hatten die von den offiziellen Pressestellen bedienten Medien noch verschleiern und als Kampf für die vom Kommunismus bedrohte Freiheit verkaufen können. Erst die Informationen über den Krieg in Vietnam und die dort verübten entsetzlichen Kriegsverbrechen drangen bis zu den kritisch denkenden Menschen auch in unserem Lande durch und entzündeten den öffentlichen Protest. Nach und nach wurden die USA, die wir 1945 als Befreier von Diktatur und Krieg begrüßt hatten, als eine vom militär-industriellen Komplex und dessen Denkfabriken beherrschte Macht demaskiert, für die Rüstung und Rüstungsverbrauch geradezu lebensnotwendig ist.

Die meist zur Studentenbewegung verkleinerte Unruhe der 60er Jahre entwickelt sich über die Köpfe einer informierten Bevölkerungsminderheit, und die war in der

Tat an den Universitäten konzentriert. Wie schwer gesellschafts- und herrschaftskritische Erkenntnisse über die Köpfe zu vermitteln sind, wußten schon Karl Marx und Friedrich Engels. Ende der 60er Jahre haben die von den intellektuellen Wortführern der Außerparlamentarischen Opposition entwickelten, auf revolutionäre Veränderung der gesellschaftlichen Machtverhältnisse gerichteten Ideen die Massen nicht ergriffen, so daß sie nicht zur materiellen Gewalt wurden. Was nicht nur an der von den herrschenden Medien angerichteten Volksverdummung, sondern auch daran gelegen haben dürfte, daß die Bevölkerungsschichten, in deren Interesse die Veränderung durchgesetzt werden sollte, an einer Änderung der Verhältnisse materiell nicht interessiert waren. Solange sich ihre Lage dank der wirtschaftlichen Konjunktur von Jahr zu Jahr verbesserte, fühlten sie sich relativ sicher und erlagen Illusionen über den wahren Charakter des Kapitalismus.

Während die DDR an die Sowjetunion für die von Hitlers Wehrmacht angerichteten Verwüstungen enorme Reparationsleistungen hatte erbringen müssen, war die mithilfe amerikanischer Kredite zum Wirtschaftswunderland aufgeblühte Bundesrepublik für DDR-Bürger, insbesondere für die gut ausgebildeten Facharbeiter, Ärzte und Wissenschaftler der DDR, so attraktiv, daß sich dieser Staat durch Reisebeschränkungen, Mauer und Grenzbefestigungen gegen deren massenhafte Flucht glaubte schützen zu müssen. Zwei Mal, nämlich 1952 und 1954, sind Angebote der Sowjetregierung, die DDR zugunsten eines militärisch neutralen Gesamtdeutschlands zu liquidieren, hohnlachend zurückgewiesen worden. Die sowjetischen Noten wurden von Adenauer als »ein Fetzen Papier« bezeichnet. Ein Akt der Volksverdummung, der davon ablenkte, daß es für die Sowjetunion ein existenzielles Interesse gab, sich vor einer neuen unter deutscher Beteiligung drohenden Aggression zu schützen, und daß ihr dieses Ziel wichtiger war als der unter Prestigegesichtspunkten durchaus riskante Versuch, aus der DDR einen sozialistischen Staat zu machen.

Nun haben wir also das wiedervereinigte Deutschland zu kapitalistischen Bedingungen erhalten. Ich nenne nur die Stichworte Treuhand, Privatisierung und Ausplünderung des Volkseigentums, Arbeitslosigkeit und Kolonialherrschaft, um das ungeheure Ausmaß des Unrechts anzudeuten, das mit dieser feindlichen Übernahme für die Bevölkerung der DDR verbunden war. Aber auch für die Westdeutschen ist die Zeit vorbei, in der sie angesichts einer realsozialistischen Alternative mit sozialen Wohltaten korrumpiert werden mußten. Ich denke, in Erwartung der mit der kapitalistischen Globalisierung verbundenen Verarmung großer Bevölkerungsschichten sollten wir auf die nächste revolutionäre Situation intellektuell und organisatorisch vorbereitet sein.

Otto Köhler

Selbstentnazifizierung
Das Beispiel des obersten Richters

»Für uns beide, Höpker-Aschoff und mich, war es ein sehr bewegender Augenblick, als vor bald zweieinhalb Jahren er in meine Hand, die Hand des vertrauten Freundes, die neue Verpflichtung als oberster Verfassungsrichter der Bundesrepublik ablegte.«

So sprach am Grab des Freundes der Mann, dessen Hand sich 1933 im Reichstag gehoben hatte, um Adolf Hitler zu ermächtigen: Theodor Heuss, der erste Präsident der Bundesrepublik Deutschland. Er und der Freund Hermann Höpker-Aschoff (1883-1954), der so ernannte erste Präsident des Bundesverfassungsgerichts, sie müssen die neue Verpflichtung schon etwas merkwürdig gefunden haben, denn so erinnerte sich Heuss: »Wir überdachten die seltsamen Fügungen des Schicksals, die zu dieser Begegnung hinleiteten. Nun stand nicht mehr bloß Mensch neben Mensch, sondern Amt neben Amt, versachlichte Rechtsgegebenheiten...«

Versachlichte Rechtsgegebenheiten. Ein Jahrzehnt zuvor sprach Höpker-Aschoff in einer Leitersitzung der Haupttreuhandstelle Ost über die finanzpolitische Notwendigkeit, zwei Millionen Zwangsarbeiter nach Deutschland zu importieren: »Wenn die Zahlungsbilanz des Gouvernements« – Generalgouvernement hieß im Nazijargon das nicht ans Reich angeschlossene Restpolen – »nicht in Ordnung ist, muß eben weniger eingeführt und mehr ausgeführt werden. Und da man drüben keine Waren hat, die man ausführen kann, bleibt eben nichts anderes übrig als Arbeitskräfte. Das war auch der ursprüngliche Plan, daß das Gouvernement etwa zwei Millionen Arbeitskräfte für das Großdeutsche Reich zur Verfügung stellen sollte. Aus diesem Plan ist leider nie etwas geworden, und ob in Zukunft etwas daraus werden wird, weiß niemand.«

Es wurde im damaligen Staat doch noch viel aus dem Plan, Millionen Zwangsarbeiter aus dem Osten zu importieren, und viel wurde in unserem Staat aus dem Mann, der diesen Vorschlag gemacht hat.

Der erste Präsident unseres Bundesverfassungsgerichts ist bis heute völlig unbescholten. Hermann Höpker-Aschoff, der Freund von Theodor Heuss, gab für das Biographische Nachschlagewerk »Wer ist wer« von 1951 an: »1925-1931 Pr. Finanzminister im Kabinett Braun, danach schriftst. Tätigk., ab Okt.1945 Lehrbeauftragter...«

Sein offizieller Lebenslauf in den Publikationen des Bundesverfassungsgerichts vermerkt für jene Zeit nur dies: »Zog sich unter dem nationalsozialistischen Regime völlig aus dem politischen Leben zurück und verbrachte diese Zeit als Privatmann in seiner westfälischen Heimat.«

Auch Walter Henkels, Nazijournalist und später stets wohlinformierter Bonner Chronist der *Frankfurter Allgemeine Zeitung für Deutschland*, recherchierte Höpker-Aschoffs damaligen Lebenslauf mit der gewohnten Sorgfalt und wußte daraufhin mitzuteilen: »Von 1933 bis 1945 privatisierte er in seiner Heimatstadt Herford, pflanzte Tomaten, züchtete Rosen und okulierte Obstbäume.«

Und jetzt ganz neu: Uwe Wesel, bekannt als aufrechter linker Rechtsprofessor, der im Herbst 2005 mit der Blüte, nein den Blüten unserer Wirtschaft den ganzseitigen Zeitungsaufruf für Schröders Agenda 2010, also auch für Hartz IV, unterschrieb, fand in seiner kürzlich erschienenen Monographie über das Bundesverfassungsgericht (»Der Gang nach Karlsruhe«) alles heraus »über den großen schlanken Mann mit den Narben eines Verbindungsstudenten im schmalen Gesicht«, den Mann »von überlegener ruhiger Art, großer Urteilskraft und vorbildlicher Haltung«, der »sich 1933 aus der Politik zurück(zog) in das Privatleben« und nach dem Krieg Gründungsmitglied der FDP wurde.

Privat kommt – wie auch Wesel weiß – aus dem Lateinischen. Privare heißt rauben. Und tatsächlich verstand unser erster höchster Richter sehr viel von dem Thema Raub. Aus seinem ureigenen Erfahrungsschatz.

Sein Lebenslauf allerdings, so wie ihn die Nachschlagewerke verbreiten, wie ihn das Bundesverfassungsgericht darstellt, wie ihn Wesels allerneueste Literatur angibt, verrät das nicht.

Dieser Lebenslauf ist gefälscht. Vor einem Jahrzehnt stieß ich durch Zufall darauf. Für mein Buch »Die große Enteignung – Wie die Treuhand eine Volkswirtschaft liquidierte« recherchierte ich im Koblenzer Bundesarchiv. Ich wollte mehr wissen über die Vorgängerin von Birgit Breuels Treuhandanstalt, die das Industrievermögen der DDR liquidierte. Es gab doch schon einmal eine Haupttreuhandstelle Ost, gegründet am 12. November 1939 in Berlin, kurz nach dem deutschen Überfall auf Polen. Die Anregung war 1938 auf jener berühmten Konferenz gegeben worden, die ein verzweifelter Hermann Göring – »Mir wäre es lieber, ihr hättet zweihundert Juden erschlagen und hättet nicht solche Werte vernichtet« – unmittelbar nach der Reichspogromnacht vom 9. November abhielt. In seinem Luftfahrtministerium, das später zum Tatort von Birgit Breuels Treuhand wurde und heute das Bundesfinanzministerium beherbergt.

1938 war es ein Direktor Hans Fischböck aus Wien, vom Creditanstalt-Bankverein, damit auch von der Deutschen Bank, der Göring die Treuhand-Idee präsentierte. Er legte die Pläne vor, die man in Wien zur Schließung der jüdischen Handwerks- und Einzelhandelsbetriebe ausgearbeitet hatte, und erläuterte, daß man für die Betriebe, die nicht gleich geschlossen oder an arische Geschäftsleute verkauft würden, die Übernahme durch eine Treuhandstelle vorgesehen habe. Fischböck: »Auf diese Weise können wir bis Ende des Jahres die gesamte nach außen sichtbare jüdische Geschäftswelt beseitigt haben.« Göring freute sich wie ein Kind unterm Christbaum: »Ich muß sagen: Der Vorschlag ist wunderbar. Dann würde in Wien, einer der Hauptjudenstädte sozusagen, bis Weihnachten oder Ende des Jahres diese ganze Geschichte wirklich ausgeräumt sein.«

Die 1939 in Berlin gegründete Hauptreuhandstelle Ost diente vor allem der »Verwaltung des Vermögens des ehemaligen polnischen Staates« und der »Erfassung und Verwaltung von Vermögen der Angehörigen des ehemaligen polnischen Staates«, insbesondere der jüdischen Polen.

Die Hauptreuhandstelle Ost unterstand Göring und seiner Vierjahresplanbehörde. Leiter wurde Bürgermeister a. D. Max Winkler, ein ehemaliges Mitglied des Preußischen Landtags (Deutsche Demokratische Partei). Winkler war unter achtzehn Reichskanzlern Reichstreuhänder für den geheimen Ostlandfonds gewesen, aus dem er Grenzlandzeitungen subventionierte. Der neunzehnte, dem er diente, hieß dann Führer, und der zwanzigste, dem er schließlich auch noch zuarbeitete, war Bundeskanzler. Für den neunzehnten war Winkler der erste Treuhänder beim Plündern des Gewerkschaftsvermögens.

Winklers Stellvertreter in der Hauptreuhandstelle Ost, der Mann, der für den so vielfach beschäftigten Bürgermeister a. D. die Haupt- und Schmutzarbeit machte, war ein Rechtsanwalt Bruno Pfennig, der, wenn er gut aufgelegt war, jüdische Namen erfand wie »Simon Aftergeruch« und nach 1945 als Briefpartner eines dritten Mittäters wieder in Erscheinung trat.

In den Sitzungsprotokollen der Treuhandstelle, die ich 1994 in Koblenz durchforschte, tauchte zu meiner Überraschung der Name des Dritten auf, der beim sorgfältigen Plündern polnischen und jüdischen Eigentums mitgewirkt hatte: Hermann Höpker-Aschoff. Der Mann, der doch eigentlich – nach seinen Angaben als Präsident des Bundesverfassungsgerichts – zu jener Zeit sich dem Privatleben in Herford gewidmet hatte, führte tatsächlich damals ein Leben als staatsangestellter Räuber in der Reichshauptstadt. Der spätere Präsident des Bundesverfassungsgerichts äußerte sich einst durchaus öffentlich zu seiner Tätigkeit. Im *Bankarchiv*«, der »Zeitschrift für Bank und Börsenwesen«, schrieb er im September 1941: »Die Geschichte lehrt uns, daß das Deutschtum sich auf die Dauer nur dort behauptet hat, wo der Grund und Boden und das sogenannte Realkapital, Wohnhäuser und wirtschaftliche Anlagen in die deutschen Hände überführt werden.« Und das sei bereits durch die »Beschlagnahme des polnischen Vermögens« vorbereitet, schrieb Höpker-Aschoff 1941. Zu jener Zeit leitete er in der Hauptreuhandstelle Ost die Abteilung IV »Vermögensverwaltung des ehemaligen polnischen Staates«, zu der bald auch noch die Abteilung V dazukam, die sich insbesondere mit der Plünderung der polnischen Banken beschäftige.

Als Realkapitalüberführer – wie man die Raubtätigkeit des ersten Chefhüters unserer Verfassung nennen könnte – ließ Höpker-Aschoff keinerlei Zweifel, daß er fest auf der nationalsozialistischen Grundordnung stand.

Etwas später, am 28. September 1951, trat Hermann Höpker-Aschoff, ein Vater des Grundgesetzes, im Bewußtsein seiner Verantwortung vor Gott und den Menschen das Amt des höchsten Richters in dem Staat an, der damals allen Deutschen das Angebot machte, die Einheit und Freiheit Deutschlands in freier Selbstbestimmung zu vollenden. Der Mann mit der roten Robe trat vor und sprach: »Uns ist der Staat nicht das kälteste aller kalten Ungeheuer, wie Nietzsche sagt, auch nicht nur ein Apparat von Beamten und Soldaten im Sinne Machiavellis, sondern die durch das Recht geordnete Gemeinschaft unseres Volkes, höchste menschliche Gemeinschaft überhaupt!«

Weiland in der ersten deutschen Republik war Professor Dr. Hermann Höpker-Aschoff nicht nur Landtagsabgeordneter der Deutschen Demokratischen Partei, sondern dann auch noch Reichstagsabgeordneter gewesen.

Theodor Heuss, der erste Bundespräsident der neuen Republik, bezeugte dem alten Freund und liberalen Kampfgenossen aus Weimarer Tagen, wie schwer ihm die »Untätigkeit« im Dritten Reich gefallen sein mußte: »Da, von den Pflichten des Tages gerissen, begann er, um das Leben auszufüllen, um es vielleicht auch zu erfüllen, die Wendung zur Wissenschaft.« Und erst 1945 wurde er, »nachdem auch von ihm die Verfemung weggerissen war«, so unterstrich Heuss, für die jungen Menschen im Hörsaal »Übermittler von Einsicht und Erfahrung«.

Die Einsicht und Erfahrung des Mannes, der da 1951 als erster den Talar eines Präsidenten des Bundesverfassungsgerichtes anlegte, war die eines hochrangigen Mitarbeiters der Leichenfledderer und Plünderungsspezialisten. In der Bundesrepublik Deutschland war Höpker-Aschoff nach dem Bundespräsidenten, dem Bundestagspräsidenten, dem Bundeskanzler und dem Bundesratspräsidenten vom Range her der fünfthöchste Mann im Rechtsstaat. 1883 geboren, war er von 1925 bis 1931 preußischer Finanzminister. Als er 1930 für die DDP zum Reichstag kandidierte, war mit seiner Hilfe die Partei schon kaputtgemacht. Denn er war maßgebend an den Geheimverhandlungen mit dem nationalistischen und antisemitischen Jungdeutschen Orden und der volksnationalen Reichsvereinigung beteiligt gewesen, die 1930 zur gemeinsamen Gründung der Deutschen Staatspartei führten, bei der allerdings der demokratische Flügel der DDP nicht mehr mitmachte. Höpker-Aschoff aber und Heuss gingen zur Staatspartei, die für »deutsche Rüstungsfreiheit« eintrat und im Osten einen »Raum ohne Volk« erkannte – das wies in die Zukunft.

Und auch dies: Der Vater des Grundgesetzes von 1949 und Hüter der bundesdeutschen Verfassung erklärte am 28. August 1931 in einer vertraulichen Sitzung des Parteivorstands: »Die parlamentarisch-demokratische Regierungsform muß ein Volk und einen Staat in das Unglück hineinführen.« Später, 1949, rühmte Theodor Heuss den Parteifreund im Parlamentarischen Rat für seine unentbehrliche Mitarbeit am Grundgesetz: »In welche Situation wären wir so oft gekommen – verzeihen Sie –, wenn nicht ein Mann wie Höpker-Aschoff zur Verfügung gestellt gewesen wäre.«

Siebzehn Monate, nachdem infolge der militärischen Niederschlagung des Deutschen Reiches die Haupttreuhandstelle Ost aufgelöst war, bekam Rechtsanwalt Pfennig, der schon erwähnte antisemitische Witzbold, den bitteren Brief seines alten Kollegen: »Ihr Glückwunsch war verfrüht. Denn Sie werden inzwischen gelesen haben, daß die Militärregierung den Vorschlag, mich zum Finanzminister zu ernennen, abgelehnt hat. Die Ablehnung hängt mit meiner Tätigkeit bei der Haupttreuhandstelle Ost zusammen und war für mich insofern überraschend, als ich der Militärregierung schon im vorigen Herbst einen ausführlichen Bericht über meine Arbeit bei der HTO gemacht und die Militärregierung daraufhin meiner Bestellung zum Generalreferenten für Finanzen zugestimmt hatte.« Pfennig kenne doch, schrieb Höpker-Aschoff ihm am 31. Oktober 1946, seine politische Haltung gut genug, denn »wir haben während unserer Tätigkeit bei der HTO viele politische Gespräche miteinander geführt«. Und dann schrieb Höpker-Aschoff seinem ehemaligen Chef ganz genau auf, wie das damals in den Räumen der HTO zugegangen war: »Ich habe Ihnen dabei meine Überzeugung rückhaltlos darlegen können, weil auch Sie trotz Ihrer Zugehörigkeit zur Partei die Methoden der Nazis aufs Schärfste verurteilten…«

Ein Musterbeispiel für die nun einsetzende Entnazifizierung. So bestätigte fleißig ein jeder Treuhandmitarbeiter, der das Plündern des polnischen Staates gesund überlebt hatte, dem andern Widerstand und demokratische Gesinnung. Man hielt zusammen, und das war damals nicht eine Frage der Farbe von Socken oder Schnürsenkel, sondern der inneren Haltung. Klaus Kurt Bernhardt von der – damals ehemaligen – Deutschen Bank in Wesermünde tat es in seinem Brief vom 14. Oktober 1946 an Kollegen Höpker-Aschoff leid, zu eilig – genau wie Pfennig – zum Ministerposten im neuesten Staat gratuliert zu haben. Seine HTO-Zugehörigkeit wolle er »nicht gerade herausstellen«, schrieb Bernhardt, lieferte aber sogleich die angeforderte Erklärung über den antifaschistischen Kampf in der Haupttreuhandstelle Ost: »Ich habe Herrn Dr. Höpker-Aschoff im Jahre 1941 kennengelernt und bin bis Dezember 1943 fast täglich mit ihm zusammengekommen… Gleich mir lehnte Herr Dr. Höpker-Aschoff das Nazi-Regime auf das Entschiedenste ab und verurteilte schärfstens die von ihm stets als Verbrechen bezeichnete Politik.« Höpker-Aschoff habe »seelisch außerordentlich unter dem Zwang jener Zeit gelitten« und »der Befreiung vom nationalsozialistischen Joch mit Ungeduld entgegengesehen«.

Und habe – nicht zu vergessen – alles sehr ordentlich gemacht: »Aus seiner ganzen Haltung resultierte auch sein ständiges Bestreben, die im Rahmen seiner Tätigkeit bei der Treuhandstelle Ost zugewiesene Aufgabe der Mitarbeit an der Verwaltung in sauberer und korrekter Weise durchgeführt zu sehen, die Abwicklung auf eine anständige Basis zu stellen.« Hatte Höpker-Aschoff beim Plündern nie etwas in die eigene Tasche gesteckt?

Auch Dr. Robert Rother aus Neubeckum schickte am 12. Oktober 1946 dem hochverehrten Herrn Minister beiliegend »die besprochene Bescheinigung« und hoffte, »daß sie Ihren Wünschen entspricht«. Aber er war auch gern bereit, ihm jeden anderen Lebenslauf zu bescheinigen: »Sollte sie aus irgendwelchen Gründen nicht recht sein, so bitte ich, mir das mitzuteilen. Ich werde dann umgehend eine andere abgeänderte Bescheinigung übersenden.« Doch Höpker-Aschoff muß wohl zufrieden gewesen sein. Rothers unabgeänderte Ehrenerklärung lautete: »Von Juli 1940 bis Januar 1945 war ich in der Abwicklung der ehemals polnischen Kreditinstitute im Gau Oberschlesien und zwar von Januar 1942 ab als Leiter der Rechtsabteilung und Stellvertreter des Generalabwicklers tätig. In dieser Eigenschaft hatte ich dienstlich viel mit Herrn Staatsminister a.D. Dr. Höpker-Aschoff zu tun und lernte ihn auch in seinem Privatleben kennen.« Und dabei konnte Rother feststellen, daß Herr Dr. Höpker-Aschoff »ständig seiner antifaschistischen und demokratischen Gesinnung Ausdruck gegeben hat«.

Dr. Noffke wiederum, der selbst noch Ärger mit der Spruchkammer hatte, bat den ständigen Antifaschisten um »Einzelheiten und besondere Tatsachen, die mich entlasten könnten«, und schlug vor: »Vielleicht könnten Sie auch etwas näher ausführen, daß Sie selbst niemals Bedenken gehabt haben, mir gegenüber das Dritte Reich mit größter Offenheit schärfstens abzulehnen, weil Sie mir trotz meiner Parteizugehörigkeit das nötige Vertrauen entgegenbrachten.«

Höpker-Aschoff antwortete sogleich mit der gewünschten Erklärung: »Herr Noffke hat sich in der damaligen Zeit niemals in irgendeiner Form für den Nationalsozialismus betätigt... Herr Noffke verurteilte die politischen Methoden des Nationalsozialismus genauso wie ich, und er betrachtete den Krieg als ein Verbrechen.«

Kollege Paul Halart aus Berlin-Zehlendorf gratulierte am 25. August 1946 ebenfalls voreilig zur neuen Ministerwürde: »Wenngleich es für mich von vornherein feststand, daß für dieses bedeutungsvolle Amt in fachlicher Beziehung nur Ihre Persönlichkeit in Frage kommen konnte, so erfüllt es mich darüber hinaus doch mit besonderer Freude, daß die Zügel eines deutschen Landes wieder in den Händen eines Mannes liegen, der auch in charakterlicher Beziehung den höchsten Anforderungen gerecht wird. Und ich maße mir an, dies beurteilen zu können, weil ich das Glück hatte, über drei Jahre hinaus unter Ihrer Leitung tätig sein zu dürfen.«

Dieser Absender war im Beruf geblieben. Zu diesem Zeitpunkt war er schon »Finanzsachbearbeiter bei der hiesigen Militärregierung (OMGUS)«. Und er tauschte sich mit alten Kollegen aus: »Oft und gern spreche ich mit Herrn Kroppler, den ich erst jetzt wiedergetroffen habe, von unserem gemeinsamen Wirken in der HTO, das eine besondere Prägung durch unsere stets unerschütterliche Abwehrfront gegen den nationalsozialistischen Ungeist erhielt.«

Und auch dieser Martin Kroppler aus Berlin-Waidmannslust schrieb ganz wie gewünscht: »Aufgrund Ihrer Zeilen vom 3.9.46 schicke ich Ihnen gern die von Ihnen gewünschte Erklärung über Ihre Tätigkeit bei der Haupttreuhandstelle Ost. Ich bin jederzeit bereit, diese Erklärung zu ergänzen und durch eine mündliche Aussage vor den zuständigen Stellen der britischen Militärregierung zu erhärten. Bei dieser Gelegenheit möchte ich die in meinem Brief vom 20.8. ausgesprochene Bitte wiederholen, mir gegebenenfalls Ihre Vorschläge zur finanziellen Reorganisation Deutschlands zu übermitteln, damit ich sie bei den zuständigen Stellen des amerikanischen Hauptquartiers selbstverständlich unter Hinweis auf Sie als Verfasser vorlegen kann.«

Gestern Polen geplündert, heute der US-Besatzungsmacht Vorschläge zur finanziellen Reorganisation Deutschlands gemacht. Ein neues Deutschland erwachte aus den Ruinen. Kropplers Vorschlag für die Militärregierung: »Da ihm [Höpker-Aschoff] bei seiner demokratischen Vergangenheit jede Verweigerung der Mitarbeit als Sabotage ausgelegt worden wäre, hatte er sich der an ihn ergangenen Aufforderung nicht entziehen können, doch hat er es verstanden, seine Mitarbeit auf ein kleines Finanzreferat zu beschränken. Innerhalb dieses an sich unpolitischen Arbeitsgebietes war er stets um Recht und Gerechtigkeit mit Erfolg bemüht. Bei dem Gewicht seiner Persönlichkeit ging sein Einfluß allerdings weit über die Grenzen ... Daß er jahrelang den Nationalsozialismus mit einer Offenheit bekämpfen konnte, die mich oft um seine Sicherheit besorgt machte, ist lediglich dem Umstand zuzuschreiben, daß auch seine politischen Gegner sein hohes Ethos, seinen lauteren Charakter und seine fromme Menschlichkeit achteten.«

1946 noch ließ die britische Militärregierung den Mann, der an führender Stelle einer gigantischen Raub- und Plünderungsmaschinerie zur treuen Hand angehört hatte und zwei Millionen Menschen zwecks Devisenausgleich zu Sklavenarbeitern machen wollte, nicht Minister werden. Doch als die Bundesrepublik entstand, war alles vergessen. Der neue deutsche Staat kannte gegen Höpker-Aschoff keine Birthler-Behörde, keine Rosenholzdatei – er ließ den Mann von der Haupttreuhandstelle Ost Universitätsprofessor, Mitglied des Bundestages und schließlich Präsident des Bundesverfassungsgerichtes werden. Und wo immer seither sein Lebenslauf veröffentlicht wurde, da gähnte ein auffällig tiefes Loch in den Jahren zwischen 33 und 45.

Seine offizielle Biographie in den Publikationen des Bundesverfassungsgerichts behauptet nicht nur – wie schon zitiert –, daß sich Hermann Höpker-Aschoff in der gesamten Nazizeit als Privatmann in seine westfälische Heimat zurückgezogen habe. Das Bundesverfassungsgericht verhilft ihm auch – ganz exklusiv als Wiedergutmachung für Besatzerunrecht – auf dem Papier zu der Stellung, die ihm immerhin von den Briten verwehrt war: »1946 als Finanzminister Mitglied der Regierung von Nordrhein-Westfalen.«

Sein Verfassungsrichterkollege Theo Ritterspach machte ihn ebenfalls in einer umfangreichen Würdigung im »Jahrbuch des Öffentlichen Rechts der Gegenwart« zum Minister von Nordrhein-Westfalen und bescheinigte ihm für die Zeit von 1932

(Rücktritt als pr. Finanzminister) bis 1945: »Fortan blieb dem Fünfzigjährigen das politische Wirken versagt; er lebte zurückgezogen in seiner westfälischen Heimat.« Der Verfassungsrichter nannte es ein »Jahrzehnt der vita contemplativa«, in dem der hohe Kollege »zu voller Lebensreife und Bildungshöhe« gelangte. Das schrieb der Kollege Ritterspach 1983.

Und 1988 triumphierte wieder einmal die wissenschaftliche Neugier und bekannte Recherchierkunst von Mitarbeitern des Instituts für Zeitgeschichte. Das von ihnen erarbeitete und von Wolfgang Benz herausgegebene »Biographische Lexikon zur Weimarer Republik« vermerkt, daß Höpker-Aschoffs Nachlaß im Bundesarchiv Koblenz liege (tatsächlich habe ich die hier zitierten Briefe und Protokolle über seine Treuhandtätigkeit dort eingesehen). Doch über die bewußten zwölf Jahre wissen die Herren der Zeitgeschichte nur zehn falsche Worte: »1933-1945 lebte er in Bielefeld und trieb private Studien.«

Was denn auch in dem landläufigen Sinn des Wortes »privat« irgendwie richtig sein könnte. Jedenfalls findet sich unter Archivmaterialien, die von Höpker-Aschoffs räuberischer Tätigkeit künden, auch eine Mappe mit handschriftlichen »Weltanschaulichen Aufzeichnungen«. Darin ein selbstgemachtes Gedicht:

Dies alles war mir zugedacht
Der helle Tag, die dunkle Nacht
Die Dämmerung, das Abendrot
Des Tages Müh, der Tage Brot
Ein guter Freund, ein guter Wein
Die Sommernacht, der Sonnenschein
Der Duft des Kornes reif und schwer
Der Kuckucksruf vom Walde her
Ein Wiesenhang von Blumen bunt
Ein Lächeln und ein roter Mund

»Das Denken der Trauer wird eins mit dem Danken der Treue«, verabschiedete sich Bundespräsident Heuss am Grab des Freundes.

Treue um Treue. Stillschweigend. Der verblichene, aber unvergessene erste Präsident unseres Bundesverfassungsgerichts war schließlich mit dem Wissen des obersten SS-Führers Heinrich Himmler in seine des Reiches Wohl mehrende Funktion bei der Treuhandstelle Ost berufen worden.

Nur Ernst Nolte, der im Gegensatz zu seinen ostdeutschen Kollegen niemals abgewickelte Geschichtsprofessor an der Westberliner Freien Universität, eben der Nolte, der den Historikerstreit auslöste, als er Stalin zum Erfinder von Auschwitz machte und in Adolf Hitler die deutsche Antwort auf die bolschewistische Revolution von 1917 (auf diesen »bis dahin gewaltigsten Vorstoß der ‚Ewigen Linken'«) entdeckte, er erfaßte einen mächtigen Zipfel der Wahrheit, als er am 22. Februar 1992 in der *Frankfurter Allgemeinen Zeitung für Deutschland* in einer Bilanz der neuesten westdeutschen Ostpolitik schrieb: »Zeigt sich nicht, daß sogar Hitlers Vorstellung vom ‚Lebensraum' keine bloße Phantasie war, da doch ganz Osteuropa heute der Tätigkeit der deutschen Wirtschaft offenzustehen scheint? Residiert nicht im ehemaligen Luftfahrtministerium Görings eine ‚Treuhandstelle', deren Name an die ‚Treuhandstelle Ost' von einst erinnert?«

Adolf Hitlers Phantasien, Ernst Noltes realistische Einsichten. Höpker-Aschoffs Wirken als loyaler Räuberhauptmann des Führers mit anschließender Karriere als oberster Verfassungsrichter gehört zu den bestgehüteten Tabus unseres Staates.

*

Unser Staat? Unser Land? 1998 sollte Daniela Dahn in Brandenburg eine von den drei Verfassungsrichtern werden, für die jene juristische Ausbildung nicht vorgeschrieben ist, wie sie ohne jeden Zweifel Höpker-Aschoff besaß.

Sie wurde es nicht. Die Sozialdemokraten im Landtag stimmten entschieden gegen sie: Sie, die Stimme des Ostens, habe gesagt, dieses Land sei nicht ihr Land. Daniela Dahn erläuterte, daß sie diesen Satz in einem einzigen und eindeutigen Zusammenhang geschrieben habe. Sie hatte den damaligen Bundesbildungsminister Rüttgers zitiert – heute ist er Ministerpräsident von Nordrhein-Westfalen –, der im Oktober 1997 auf dem CDU-Parteitag seine Devise zur Verbesserung der Bildungschancen verkündet hatte: »Nicht jedem das Gleiche, sondern jedem das Seine.«

Jedem das Seine. Wenn angesichts dieser Parole, die über den KZs der Nazis stand, »kein Aufschrei durch das Land« ging, dann, so Daniela Dahn, »weiß ich, hier bin ich falsch, dies kann nicht mein Land sein«.

Jedem das Seine. Die Sozialdemokraten blieben unversöhnlich: Daniela Dahn durfte nicht brandenburgische Verfassungsrichterin werden in jenem Staat, dessen erster oberster Verfassungsrichter der bis heute hochangesehene Freidemokrat Höpker-Aschoff war.

Jedem das Seine. Damals den Polen die Zwangsarbeit. Heute den Hartz-IV-Untertanen der Parasiten-Status. Jedem das Seine.

Norman Paech

Nürnberg 1945-49 – alles verdrängt und vergessen?

In der Bundesrepublik zieht man gewöhnlich ein positives Fazit der Bemühungen der Justiz um die Aufarbeitung der NS-Verbrechen. Ob Faschismusforscher Martin Broszat oder Adalbert Rückerl, der frühere Chef der Zentralstelle zur Verfolgung von NS-Verbrechen in Ludwigsburg, eine ganze Phalanx von Wissenschaftlern und Juristen bekundet ihren Respekt vor den Leistungen der bundesdeutschen Justiz. Und ich füge ein Zitat von Günter Wieland, ehemaliger DDR-Staatsanwalt, aus dem Jahre 1996 hinzu: »In den letzten dreieinhalb Jahrzehnten hat die bundesdeutsche Justiz immense Anstrengungen zur Aufklärung der NS-Straftaten im Allgemeinen und der Okkupationsverbrechen im Besonderen unternommen.«

Dieser Befund ist allerdings nach wie vor heftiger Kritik ausgesetzt. Einer der prominentesten Kritiker, Ralph Giordano, hat die Nichtaufarbeitung der NS-Verbrechen als »zweite Schuld« bezeichnet: »Der Rechtsstaat wird hier als Synonym für Täterbegünstigung benutzt.« Wer darüber hinaus Ingo Müllers Buch »Furchtbare Juristen« liest, muß zu einem ganz anderen Urteil als der landläufigen Hochschätzung kommen.

Ich beschränke mich in diesem Beitrag auf einen Bereich, der wenig bekannt ist. Mit den Namen Lidice und Oradour verbindet vielleicht mancher Ältere noch das Wissen von schaurigen Verbrechen der SS und der Wehrmacht. Wenn ich jedoch in den letzten Jahren meine Studierenden mit diesen Namen konfrontierte, mußte ich sicher sein, daß von Hundert höchstens zwei etwas davon wußten.

Wer aber kennt die Namen in Italien: Marzabotto, Cuneo, Caiazzo? Wer kennt die Namen in Griechenland: Kalavryta, Klissoura, Kommeno, Kephalonia oder Distomo? Oder in Weißrußland: Chatyn und fast tausend andere niedergebrannte Orte? Oder in Serbien: Kragujevac? Diese Industriestadt wurde vor einigen Jahren deswegen gelegentlich erwähnt, weil die NATO sie 1999 bombardierte und deutsche Soldaten wieder dabei waren. Getroffen wurde dort auch die Gedenkstätte für die Opfer des größten Massakers deutscher Truppen im Zweiten Weltkrieg auf dem Balkan.

Alle diese Namen stehen nur beispielhaft für furchtbare Massenverbrechen der SS und der Wehrmacht. Und, um es vorwegzunehmen, alle – ohne Ausnahme – sind ungesühnt! Es gibt keine einzige Verurteilung der Täter durch ein Gericht der BRD.

Dabei hatte alles mit dem großen Nürnberger Prozeß und seinen zwölf Nachfolgeprozessen, die von den Amerikanern ohne Beteiligung der Sowjets, Franzosen und Engländer geführt wurden, vielversprechend angefangen.

Ich greife einen heraus, den sogenannten Fall Nummer 7. Angeklagt waren die Süd-Ost-Generäle, die von Jugoslawien bis hin nach Griechenland an der Besetzung und am Terror gegen die Zivilbevölkerung beteiligt gewesen sind. Man spricht auch von Geiselmordprozessen, weil dies das militärische und juristische Thema war. Es ging um die Massenmorde in Kalavryta, Kommeno, Distomo und Klissoura und weiteren Orten. Zwölf Generäle wurden angeklagt, acht wurden verurteilt.

Die geringe Anzahl der Angeklagten verweist auf das Prinzip der Alliierten schon im ersten großen Prozeß gegen Göring & Co. Die Verfahren sollten nicht alle Täter erfassen, sondern sie sollten gleichsam Pilotprozesse für die zukünftige demokratische Justiz in Deutschland sein – Lehrbeispiele für weitere, von Deutschen zu führende Verfahren.

Im Fall Nummer 7 wurden 1949 als Hauptangeklagte Wilhelm Speidel, oberster Militärbefehlshaber in Griechenland, zu 20 Jahren und Helmut Felmy, Fliegergeneral und Befehlshaber für Südgriechenland, zu 15 Jahren Haft wegen Massakern an der Zivilbevölkerung verurteilt, die sie zur »Sühne« für Partisanenkampf befohlen hatten.

Die zentrale juristische Frage lautete: »Ist die Erschießung von Zivilisten in Dörfern gerechtfertigt als Vergeltung für Partisanenkämpfe, bei denen deutsche Soldaten getötet worden sind«? Bekanntlich gab es den Befehl des Oberkommandierenden Keitel vom 16.9.1941: »Für einen Soldaten sind 100 kommunistische Geiseln zu erschießen, für einen Soldaten, der verwundet wird, 50 Geiseln.« Die Zahlen schwankten, man hielt sich nie genau daran. Aber deutsche Tote im Partisanenkampf galten allgemein als hinreichender Grund, Zivilisten zu töten, ob sie am Partisanenkampf teilgenommen hatten oder nicht.

Dies war auch das zentrale juristische Problem für Richter Charles Wennerström, nachdem der US-amerikanische Ankläger folgende Argumentation vorgetragen hatte: »Da sowohl der Krieg gegen Jugoslawien, Serbien wie auch gegen Griechenland ein Angriffskrieg und daher völkerrechtswidrig war, war auch jegliche Besatzung und Besatzungshandlung völkerrechtswidrig. Deswegen kann auch eine Erschießung von Zivilisten nie rechtmäßig sein.« Dem wollte sich Richter Wennerström damals nicht anschließen. Er argumentierte: »Es gibt nach der Haager Landkriegsordnung keinen Unterschied zwischen rechtlich zulässiger und nicht gerechtfertigter, nicht rechtlicher Besatzung. Für alle gilt die Haager Landkriegsordnung.« Und weiter: »Die Erschießung von Geiseln ist unter bestimmten Voraussetzungen als allerletztes Mittel erlaubt.« Seiner Meinung nach standen die Partisanen, da sie keine Kombattanten gewesen seien, nicht in jedem Falle unter dem Schutz der Haager Konventionen. Eine völkerrechtlich sehr umstrittene Position.

Dennoch verurteilte der Richter die Generäle mit folgender Begründung: »Diese Leute können sich auf den Rechtfertigungsgrund der Vergeltung für illegale Partisanenbekämpfung nicht berufen, weil sie im Exzeß gehandelt haben.« Und weiter: »Das Ausmaß, in dem diese Praxis von den Deutschen angewendet wurde, übersteigt die elementarsten Auffassungen von Menschlichkeit und Gerechtigkeit. Sie berufen sich auf militärische Notwendigkeit, die Deutschen, die sie mit Zweckmäßigkeit und strategischem Interesse verwechseln. (…) Das, was in Griechenland geschehen ist, war ›plain murder‹ – reiner Mord.«

Die Generäle konnten sich nicht exkulpieren und nicht rechtfertigen, sie wurden verurteilt. Allerdings ging das Verfahren dann so aus wie die meisten gegen Nazi-Verbrecher: Die Angeklagten wurden zwar verurteilt, aber nach der Amnestierung durch John McCloy, den US-Hochkommissar, hat keiner der acht Verurteilten seine Strafe abgesessen. Alle im Fall 7 Verurteilten wurden spätestens 1951, also nach zwei Jahren, freigelassen.

Diese Amnestierung – nicht die Verurteilung – war für die deutsche Justiz später das Muster, an das sie sich hielt, um nicht das Maß an Akribie und staatsanwaltschaftlichem Bemühen an den Tag zu legen, das notwendig gewesen wäre, um weitere Verbrechen zu sühnen.

Das war jedoch nur das eine Element des Versagens der westdeutschen Justiz, das justizinterne. Es gab noch ein zweites, ein externes Element, das man die Renazifizierung der Justiz in der Bundesrepublik genannt hat. Dieses Wort stammt von Paul Pagel, seinerzeit CDU-Innenminister in Schleswig-Holstein, der die Personalpolitik der Justiz unumwunden nach ihren Ergebnissen qualifizierte: »Das, was wir erlebt haben, ist eine Renazifizierung.« Nur ein Beispiel unter vielen: Der Leitende Oberstaatsanwalt der Zentralstelle für die Bearbeitung von NS-Massenverbrechen bei der Staatsanwaltschaft Dortmund war ein ehemaliges NSDAP-Mitglied. Wer konnte schon erwarten, daß Staatsanwälte mit dieser Vergangenheit ihre alten »Parteigenossen« vor Gericht brachten? Es gab zwar den Prozeß gegen die Einsatzgruppen in Litauen, es gab auch den Auschwitzprozeß, aber die gewöhnlichen Massenverbrechen der Wehrmacht wurden nahezu ignoriert.

Zu beachten ist der zeitgeschichtliche Hintergrund. Es ging damals um die militärische Integration der BRD in die NATO. Sie hätte nicht reibungslos vollzogen werden können, wenn man gleichzeitig die alte Wehrmacht vor die Gerichte gezerrt hätte und wenn all die Massenverbrechen öffentlich geworden wären.

Das waren kurz genannt die Hauptgründe dafür, daß keines dieser Massenverbrechen vor Gericht gesühnt und keiner der Verbrecher verurteilt wurde.

Solcherart Nachlässigkeit war jedoch nicht nur ein deutsches Phänomen. In Griechenland, wo mehr als 500.000 Menschen unter der deutschen Besatzung zu Tode gekommen sind, wurden nur vier Kriegsverbrecher zu nennenswerten Strafen verurteilt, drei Todesurteile wurden vollstreckt; der vierte Angeklagte, General André, wurde zu viermal lebenslanger Haft verurteilt, aber schon 1951 auf Drängen der bundesdeutschen Botschaft entlassen und in die BRD gebracht.

Anders ist die geringe Zahl der Verurteilungen in Griechenland nicht erklärbar: Dahinter stand vor allem der Druck der Adenauer-Regierung. Die Bundesrepublik hatte damals ihr Versprechen, für die Verbrechen der Wehrmacht Entschädigung zu leisten, davon abhängig gemacht, daß die Griechen ein Amnestiegesetz erließen. Am 3. November 1959 wurde in Athen das gewünschte Gesetz verabschiedet, und vier Monate später, am 7. März 1960, bekam Griechenland 115 Millionen DM an Wiedergutmachung. Der gleiche Vorgang wiederholte sich bei den Italienern.

Und wie ging die bundesdeutsche Justiz mit dieser Vergangenheit um? Die Richtung wurde vorgegeben durch das erste und einzige Verfahren, welches dokumentiert ist – ich weiß von keinem anderen. Es wurde 1951 vor dem Landgericht Augsburg eröffnet[1] und betraf die willkürliche Erschießung von sechs gefangengenommenen, unbewaffneten Zivilisten – wiederum als Vergeltung für Partisanenaktionen. Es endete mit einem Freispruch, und zwar wegen völkerrechtlicher Notwehr beziehungsweise völkerrechtlichen Notstands, den das Gericht unterstellte. Ich zitiere aus dem Urteil: »Wenn der Partisanentätigkeit verdächtige Personen, die sich im Vorfeld der deutschen Hauptkampflinien aufhielten und nicht sofort als harmlos zu erkennen waren, ohne Standgerichtsurteil von Offizieren erschossen werden, ist dieses gerechtfertigt, weil nämlich das Gebiet partisanenverseucht eine Gefährdung für die Deutschen darstellt.«

Da der Partisan in der Haager Landkriegsordnung nicht definiert war, entschloß sich das Gericht, alle Personen, welche der Begehung feindseliger Handlungen gegen Personen und Sachgüter der deutschen Kriegsmacht auch nur in etwa verdächtig waren, als Partisanen zu definieren. Diese Definition hätte auch von dem Oberkommandierenden des Abschnitts Griechenland der Wehrmacht stammen können.

Es gab einen »Bandenbefehl« Hitlers, der vorschrieb, wie man mit Partisanen umzugehen habe. Dort heißt es: »Wenn dieser Kampf gegen die Banden«, also gegen die Partisanen, »sowohl im Osten wie auf dem Balkan nicht mit den allerbrutalsten Mitteln geführt wird, so reichen in absehbarer Zeit die verfügbaren Mittel nicht mehr aus, um dieser Pest Herr zu werden. Die Truppe ist daher berechtigt und verpflichtet, in diesem Kampf auch gegen Frauen und Kinder jedes Mittel anzuwenden, wenn es nur zum Erfolg führt.«

Dem freisprechenden Augsburger Urteil lag folgender Tatbestand zugrunde: Die Besatzung der sogenannten Festung Kreta, wo sich die in die Defensive geratenen deutschen Truppen zurückgezogen und verschanzt hatten, bestand aus rund 17.000 Mann. Sie waren ohne Rückzugsmöglichkeit, völlig auf sich selbst gestellt und auf verhältnismäßig engem Raum zusammengedrängt. Das Gericht folgerte daraus: »Die Überwältigung durch die griechischen Partisanen, die nach Lage der Dinge nicht außerhalb dem (sic) Bereich der Möglichkeit lag, hätte nach den Erfahrungen mit der Kampfesweise der kretischen Bevölkerung heraus gesehen nicht nur die Gefangen-

---

[1] Abgedruckt bei Rüter-Ehlermann u.a., Justiz und NS-Verbrechen, Bd. VIII, Amsterdam 1972, S. 661 f.

nahme der deutschen Einheiten, sondern im größten Umfange die völkerrechtswidrige Tötung deutscher Soldaten zur Folge gehabt.« Das Gericht meinte also, nicht der Widerstand sei völkerrechtsmäßig gewesen, sondern die Besatzung. Den Widerstand sah es als völkerrechtswidrig an.

Weiter heißt es in dem Urteil: »Um von einem allgemeinen Angriff der Zivilbevölkerung auf die deutschen Einheiten abzuhalten, gab es nur den Weg rücksichtsloser Strenge... Die bloße Internierung der ergriffenen Zivilisten war bei der Einstellung des kämpfenden Teiles der Zivilbevölkerung keineswegs geeignet, abschreckend zu wirken. Das erwähnte Vorgehen der deutschen Einheiten ist somit nach Lage der Sache ein Akt völkerrechtlichen Notstandes gewesen, da die Maßnahmen zur Abwendung der zuvor geschilderten gegenwärtigen, weil unmittelbar drohenden Gefahr notwendig waren, überdies die getroffenen Maßnahmen durchaus in einem entsprechenden Verhältnis zu der drohenden Gefahr standen.«

Man muß anmerken: Es ging nicht um diejenigen, die die »Festung Kreta« angegriffen hatten, sondern um Zivilisten, die das Pech hatten, dort zu wohnen. »Im übrigen«, schrieb das Gericht zur Begründung des Freispruchs, »sind wohl auch die Voraussetzungen der völkerrechtlichen Notwehr gegeben, da die Kampftätigkeit der Zivilbevölkerung ein rechtswidriger Angriff war, der Griechenland mittelbar als völkerrechtliches Delikt zuzurechnen sein dürfte [das überfallene Griechenland als Völkerrechtsdelinquent! N.P]. Die griechische Staatsgewalt hat es nämlich in den ihr unterstehenden Teilen der Insel unterlassen, die Kampftätigkeit der Zivilisten durch geeignete Maßnahmen zu unterbinden. Es handelt sich um eine schuldhafte Unterlassung. Insoweit stellt sich das Vorgehen der deutschen Einheiten als erforderliche Verteidigung gegen einen gegenwärtigen rechtswidrigen Angriff dar.«

Ich habe so ausführlich zitiert, um die juristische Ungeheuerlichkeit dieser Argumentation aufzuzeigen. Nicht den Aggressionskrieg gegen Griechenland und die Besatzung, sondern den Widerstand dagegen für rechtswidrig zu erklären – das war eine Perversion juristischen Denkens, die bis heute weiterwirkt.

Man muß sich auch einmal in Zahlen vorstellen, was da geschehen war: 91.000 Griechen wurden Opfer von Geiselerschießungen – meistens Zivilisten: Kinder, Frauen, alte Männer. 30.000 wurden Opfer anderer Strafaktionen. Die Zahl der Opfer beträgt also mehr als 120.000. Und 1.600 Dörfer und Ortschaften wurden völlig zerstört.

Die Zentralstelle führte 392 Ermittlungsverfahren durch. Die Staatsanwaltschaften in der Bundesrepublik ermittelten insgesamt gegen 1.269 Wehrmachts-, SS- und Polizeiangehörige. Kein einziger Täter ist von einem deutschen Gericht verurteilt worden.

Drei Beispiele sollen verdeutlichen, wie die Justiz das gemacht hat.

Das erste Beispiel ist das Massaker von Kalavryta. Der Nordosten des Peloponnes war im Sommer 1943 zu einem Zentrum der Partisanenbewegung geworden. Damals wurde das erste Bataillon eines deutschen Jägerregiments, allerdings unzureichend ausgerüstet, zur Aufklärung im Raum Kalavryta losgeschickt. 78 Soldaten dieses Cordons wurden im Oktober 1943 von Partisanen gefangen genommen. Griechen und Deutsche verhandelten über einen Gefangenenaustausch, wobei die Deutschen darauf beharrten, 1 : 1 auszutauschen – je ein Partisan gegen einen Deutschen. Die Verhandlungen zogen sich lange hin, und auf griechischer Seite kam der Verdacht auf, daß die Deutschen darauf aus waren, sich militärisch wieder zu formieren, um einen Überfall zu unternehmen; und so kam es dann auch. 3.000 Mann traten im November zu einer großen Vergeltungsaktion an. Bei ihrem Herannahen töteten die Partisanen alle gefangenen Deutschen. Am Tage darauf kam der deutsche Befehl, die Orte Masaika und Kalavryta dem Erdboden gleichzumachen.

Das Generalkommando der Wehrmacht berichtete von 695 Toten, im Nürnberger Prozeß ging man von 758 Toten aus, alles Zivilisten. Richter Wennerström urteilte: Dies war »plain murder«, durch nichts zu rechtfertigen. Die Staatsanwaltschaft Bochum aber stellte das Verfahren ein,[2] und zwar aus zwei Gründen. Der erste: Die Zerstörung von Ortschaften und von Hab und Gut war im Jahre 1969 nach über zwanzig Jahren verjährt. Der zweite Grund: Die Ermordung der Zivilisten als Repressalie wurde entsprechend dem Urteil von Augsburg 1951 als notwendig und gerechtfertigt angesehen. Auch hier taucht der Begriff auf, das ganze Gebiet um Kalavryta sei »partisanenverseucht« gewesen.

In dem Einstellungsbeschluß heißt es: »Die Partisanen haben gegen die Grundregel des Völkerrechts verstoßen, nach welcher jedem Kombattanten eine faire und ritterliche Behandlung zuteil werden muß. Weitere ähnliche erhebliche Völkerrechtsverletzungen lagen schon vor und waren auch für die Zukunft zu erwarten. In dieser Situation waren Repressalien notwendig und auch zulässige, völkerrechtsmäßige Mittel, um die Gegner, die Partisanen, zur Einhaltung des Völkerrechts zu zwingen. Da somit die von dem verstorbenen General von Lyswiel angeordneten und durchgeführten Repressalien nach dem geltenden Recht nicht als völkerrechtswidrig angesehen werden können, mithin auch strafrechtlich nicht rechtswidrig waren, ist auch die Teilnahme an ihnen, in welcher Form auch immer, nicht rechtswidrig.«

Es gab in diesem Einstellungsbeschluß keine Prüfung, ob die Zivilisten in Kalavryta irgendeine Verbindung zu den Partisanen gehabt, ob sie diese aktiv unterstützt oder

---

2 Ermittlungsverfahren gegen den Kampfgruppenführer Oberleutnant Franz Juppe, Landgericht Bochum, Einstellungsverfügung (AZ 33 Js 655/72). Zitiert nach Eberhard Rondholz, »Schärfste Maßnahmen gegen die Banden sind notwendig...« Partisanenbekämpfung und Kriegsverbrechen in Griechenland. Aspekte der deutschen Okkupationspolitik 1941 – 1944. In: Ahlrich Meyer (Hrsg.), Repression und Kriegsverbrechen. Die Bekämpfung von Widerstands- und Partisanenbewegungen gegen die deutsche Besatzung in West- und Südeuropa, Göttingen, Berlin 1997, S. 130 ff.

ihnen geholfen hatten. Es gab auch keine Auseinandersetzung mit dem Nürnberger Urteil im Geiselmordprozeß – obwohl das Massaker von Kalavryta dort schon erörtert worden war und zur Verurteilung des Generals Felmy geführt hatte. Die Bochumer Einstellungsverfügung liest sich so, als hätte der Prozeß von 1949 zum »Fall Nummer 7« nie stattgefunden.

Ein zweites Verfahren betraf Kommeno, ein bei Arta in Westgriechenland gelegenes Dorf, das am 16. August 1943 umstellt, mit Handgranaten erobert und zerstört wurde. Es war ein barbarischer Überfall, den auch die Staatsanwaltschaft München als solchen ansah, denn in ihrer Einstellungsverfügung[3] heißt es zunächst zum Tatbestand: »Diese in ihren Einzelheiten zwar teilweise sehr widersprüchlichen, in ihrem Kern zumeist aber übereinstimmenden Bekundungen der Zeugen weisen darauf hin, daß die Aktion in Kommeno in einer Weise durchgeführt worden ist, daß die Bezeichnung Massaker nicht übertrieben zu sein scheint... Die insoweit übereinstimmenden Aussagen dieser Zeugen gehen dahin, daß sie zunächst glaubten, im Rahmen einer Kampfhandlung verwendet zu werden, jedoch in der Ortschaft erkannten, daß bei dem Einsatz lediglich wehrlose Zivilisten, darunter auch Frauen und Kinder, getötet wurden. Die Aussagen dieser Zeugen lassen erkennen, daß es hierbei zu einem fürchterlichen Gemetzel gekommen sein muß. Die überwiegende Mehrzahl der aussagewilligen Zeugen bekundet, daß es seitens der Griechen zu keiner Gegenwehr gekommen sei. Vielmehr sei Befehl gegeben worden, alles niederzumachen.« Man muß hinzufügen: Die Zeugen waren die an dem Massaker beteiligten Soldaten.

Das Verfahren gegen den Einsatzleiter Klebe wurde mit der Begründung eingestellt, ihm sei nicht nachzuweisen, daß er den Befehl gegeben habe. Es gab also keinen Mittäter, der ausgesagt hätte, daß Klebe den Befehl gegeben hatte. Als wären sie eine Horde Affen, die aus irgendeinem unerklärlichen Grund plötzlich ein Dorf überfallen, ohne Befehl.

Der Obergefreite Anton Z., der zugegeben hatte, an dem Massaker aktiv beteiligt gewesen zu sein, wurde wegen »Befehlsnotstandes« außer Verfolgung gestellt, weil man ihm glaubte, er sei mit vorgehaltener Maschinenpistole zu den Erschießungen gezwungen worden. Ein »Befehlsnotstand«, obwohl man nicht wußte, wer den Befehl gegeben hatte. Zudem war nach zahllosen anderen Gerichtsverfahren längst erwiesen, daß es solche Formen des Befehlsnotstandes in der Wehrmacht so gut wie nie gegeben hat.

Auch die übrigen 162 tatbeteiligten Beschuldigten wurden außer Verfolgung gesetzt, weil die einzelnen Tatbeiträge nicht nachweisbar waren – anders als im Fall des geständigen Obergefreiten. Ein kollektiver Blutrausch also, in dem jeder irgendwie mordete, ohne daß später noch hätte nachgewiesen werden können, wer wen ermordet hat. In dem Einstellungsbeschluß heißt es: »Es wäre nämlich erforderlich, den Tat-

---

[3] Landgericht München I, 117Js 49-50/68, 117 Js 5-6/72 (ZSt, 508 AR 1462/68). Zitiert nach Rondholz (Anm. 2), S. 139.

beitrag eines jeden einzelnen Einheitsangehörigen mit einer zur Verurteilung ausreichenden Sicherheit festzustellen. Da jedoch nach dem Ergebnis der Ermittlung nicht auszuschließen ist, daß es sich im weiteren Verlauf der Aktion entweder um Exzeß-handlungen einzelner Gruppen der Einheit oder einzelner Einheitsangehöriger handelte, ist es nicht möglich, die einzelnen Tatbeiträge, die jeweils verschiedenen Einheitsangehörigen anzurechnen wären, allen Beteiligten nach den Grundsätzen der Mittäterschaft anzulasten.«

Der Tatbestand ist klar. Man weiß, wer gemordet hat. Man kennt die Toten. Nichts ist ohne Beweis geblieben, aber man stellt sich juristisch außer Lage, ein Verfahren zu eröffnen und ein Urteil zu fällen. (Was der bundesdeutschen Justiz angesichts von Nazi-Verbrechen unmöglich erschien, nämlich Beschuldigte wegen offensichtlicher Beteiligung an schweren Verbrechen oder bloßer Mitgliedschaft in einer verbrecheri-schen Vereinigung wie der SS anzuklagen und zu verurteilen, praktizierte sie später in den sogenannten Terroristen-Prozessen um so freizügiger.)

Der dritte Fall, den ich hier schildern will, ereignete sich an dem Tag, an dem auch Oradour in Frankreich überfallen und dem Erdboden gleichgemacht wurde: am 10. Juni 1944 – in einem Nachbarort von Delphi. Jeder gebildete Deutsche kennt Delphi, aber nicht Distomo. Von dem Massaker ist auch nicht die Rede, wenn sich alljährlich die Veteranen der in Distomo eingesetzten 4. SS-Polizei-Panzergrenadier-Division in Marktheidenfeld zusammenrotten. Sie gedenken zwar ihrer toten Kameraden, nicht aber der Opfer ihrer Schlächtereien.

An jenem 10. Juni 1944 waren bei einem Gefecht im Dorf Stiri nahe der Ortschaft Distomo sechs SS-Männer getötet worden. Der SS-Hauptsturmführer Lautenbach beschloß eine Vergeltungsaktion gegen Distomo. Fast alle Bewohner, insgesamt 218 Zivilisten, wurden massakriert.

Die Staatsanwaltschaft in München[4] war sich der Brutalität und Grausamkeit durchaus bewußt: »Zeugen berichten, daß die Deutschen in Distomo eine Vergel-tungsaktion durchgeführt und dabei über 200 Bewohner beiderlei Geschlechts und jugendlichen Alters auf zum Teil grausame Weise getötet haben. Sie hätten schwange-ren Frauen den Bauch aufgeschnitten, Säuglinge zerschmettert oder deren Kopf mit Stiefeln eingetreten. Einer stillenden Frau hätten sie das Kind von der Brust weggeris-sen und getötet. Mehrere Einwohner seien in brennende Häuser geworfen worden und lebendig verbrannt. Alles das ist unstrittig, aber nicht genug, um die Täter zu ver-folgen.«

---

[4] Landgericht München I, Einstellungsverfügung vom 27. 11. 1972, AZ 117 Js 5-33/69. Zitiert nach Eberhard Rondholz, Rechtsfindung oder Täterschutz? Die deutsche Justiz und die ,Bewältigung' des Besatzungsterrors in Griechenland. In: Loukia Droulia, Hagen Fleischer (Hrsg.) Von Lidice bis Kalavryta Widerstand und Besatzungster-ror, Berlin 1999, S. 225 ff. 261.

Dieses waren nach dem Nürnberger Urteil eindeutig Morde – »plain murder«, zu deren Aburteilung man nicht einmal die Nürnberger Prinzipien, also »Kriegsverbrechen« oder »Verbrechen gegen die Menschlichkeit«, brauchte. Diese Verbrechen waren nach dem Bürgerlichen Strafgesetzbuch zu verurteilen. Dennoch stellte die Staatsanwaltschaft das Verfahren ein, und zwar wegen Verjährung.

Ich will mich bei dieser juristischen Finte nicht lange aufhalten. Nur so viel: Es gab damals die Möglichkeit, die Verjährung, die jede Straftat einmal um des Rechtsfriedens willen außer Verfolgung setzt, zu unterbrechen. Die Frist für die Verjährung wäre dann nicht, wie üblich, vom Tatzeitpunkt an gelaufen, sondern erst vom Ende des Krieges, also Mai 1945, an, wenn man davon ausgehen konnte, daß die Taten vorher durch Einwirkung der Behörden nicht verfolgbar gewesen waren. Diesen Grundsatz hatte der Bundesgerichtshof an einem makabren Fall in der Ukraine schon vorher entwickelt. Liest man den Bandenbefehl Hitlers vom Dezember 1942 nämlich zu Ende, so findet man darin auch den Satz: »Kein in der Bandenbekämpfung eingesetzter Deutscher darf wegen seines Verhaltens im Kampf gegen die Banden und ihre Mitläufer disziplinarisch oder kriegsgerichtlich zur Rechenschaft gezogen werden.« Also war belegt, daß bis 1945 keine Strafverfolgung möglich war.

Dennoch ließ im Fall Distomo die Münchener Staatsanwaltschaft die Verjährungsfrist vom Zeitpunkt des Überfalles an laufen. Es nutzte nichts mehr, daß der Bundestag Mitte der sechziger Jahre, als die Verjährung der Mordtaten des Nazi-Regimes bevorstand, beschloß, die Berechnung der Verjährungsfristen erst 1950 beginnen zu lassen, daß er 1968 die Frist für die Verjährung von Mord verlängerte und später mit der 9. Strafrechtsänderung den Mord vollkommen außer Verjährung setzte. Der Beschluß, die Verbrecher von Distomo außer Verfolgung zu setzen, erging im November 1972.

Jede Tragödie hat auch ein Satyrspiel. Und dieses dauert an. Denn Distomo beschäftigt die Gerichte noch heute. Aber nicht die Straf-, nur die Zivilgerichte: wegen Entschädigungsforderungen einzelner Überlebender oder ihrer Nachfahren.

Der Ingenieur Argyris Sfountouris, damals fünf Jahre alt, klagte vor einigen Jahren vor dem Landgericht Bonn wegen des Verlustes nicht nur seiner Familie, sondern des ganzen Hofs, des Viehs und aller Habe. Das Gericht wies die Klage ab[5]. In dem Urteil führte es aus, daß das deutsche Recht für solche Fälle keine Vorschriften enthalte. Auch das Oberlandesgericht Köln[6] fand im deutschen Recht keine einschlägigen Vorschriften und wies die Berufung zurück, desgleichen der Bundesgerichtshof[7] im Jahre 2003, Anfang 2006 auch das Bundesverfassungsgericht..

---

[5] Urteil des Landgerichts Bonn v. 23. 6 1997, Az: 1 o 358/95
[6] Urteil des OLG Köln v. 27. 8 1998, Az: 7 U 167/97
[7] Urteil des Bundesgerichtshofs v. 26. 6. 2003, Az: III ZR 245/98.

Es gab eine weitere Klage von Bürgern Griechenlands in Griechenland selbst. In Livadia, dem Provinzgericht von Böotien,[8] erstritten sie 1997 ein Urteil, welches die Bundesrepublik wegen des Massakers von Distomo zu 60 Millionen DM Schadensersatz verpflichtet. Der Areopag[9], das höchste griechische Gericht, bestätigte im Revisionsverfahren das Urteil drei Jahre später. Doch nun ist der Kampf um die Vollstreckung des Urteils entbrannt. Der Versuch, in das Goethe-Institut in Athen zu vollstrecken, scheiterte daran, daß nach dem griechischen Zwangsvollstreckungsgesetz die Zustimmung des Justizministers zur Vollstreckung notwendig ist, die dieser jedoch verweigerte. Der diplomatische Druck aus Bonn ist offensichtlich so groß, daß der griechische Justizminister bis heute nicht wagt, seine Zustimmung zur Vollstreckung an deutschem Vermögen in Griechenland zu geben.

Also versuchen die Kläger, ihr Urteil in Deutschland zu vollstrecken zu lassen oder eventuell in Belgien, Österreich und aktuell in Italien, wo es reichlich deutsches Staatsvermögen zu pfänden gibt.

In diesen Verfahren nun bietet die Bundesregierung renommierte Völkerrechtler auf, wie den Berliner Professor Tomuschat, der gemeinsam mit einem US-amerikanischen Kollegen in einem umfangreichen Gutachten zu dem Ergebnis kommt, das vom Areopag bestätigte Urteil von Livadia sei völkerrechtswidrig, da nach den völkerrechtlichen Immunitätsgrundsätzen ein ausländisches Gericht einen Staat nicht verurteilen kann.

Das sehen viele Gerichte, auch in Italien, ganz anders. Vor dem Appellationsgericht in Florenz streiten sich jetzt die Gutachter, ob die klassische Staatenimmunität noch als Hindernis für eine Vollstreckung eines ausländischen Urteils gilt. Vielleicht wird es demnächst auch in Deutschland zu einem Verfahren um die Vollstreckung ausländischer Ansprüche kommen. Man achte dann auf den Namen Distomo.

Erfolgreich hat sich die Bundesrepublik durch ein Urteil des Bundesverfassungsgerichts[10] vor den Ansprüchen einer anderen, ebenfalls vergessenen Opfergruppe schützen können. Es handelt sich um die italienischen Militärinternierten, die erst mit ihrer Klage auf Entschädigung wieder in das Bewußtsein der deutschen Öffentlichkeit getreten sind.

Nach dem Kriegsaustritt Italiens, der Kapitulation 1943, wurden über 730.000 Italiener nach Deutschland verschleppt. Meistens waren es Kriegsgefangene, die zur Zwangsarbeit herangezogen wurden, bei der etwa 50.000 umkamen. Nun haben Überlebende oder Nachkommen dieser Zwangsarbeiter in Deutschland den Anspruch

---

8 Urteil des Landgerichts Livadia v. 25. 9. 1997, Az: 137/1997. Vgl. Norman Paech, Wehrmachtsverbrechen in Griechenland. In: Kritische Justiz 3/1999, S. 380 ff.
9 Urteil des Areopag Athen v. 13. April 2000, Nr. 11/2000.
10 Urteil des Bundesverfassungsgerichts v. 28. 6. 2004, Az: 2BVR 1379/01.

erhoben, am Fonds der Stiftung »Erinnerung, Verantwortung und Zukunft« beteiligt zu werden. Bei dessen langwieriger und konfliktreicher Gründung waren sie nicht berücksichtigt worden.

Die Bundesregierung lehnt Ansprüche dieser Opfergruppe ab. Formal, weil man in den Verhandlungen über den Fonds übereingekommen war, ihn nicht für Kriegsgefangene zu öffnen. Nun waren die Militärinternierten ursprünglich überwiegend Kriegsgefangene, aber sie wurden in Deutschland 1944 offiziell in einen Zivilstatus überführt. Noch im August 2000 entschied der Bundestag, daß Anspruch auf Entschädigung auch alle jene Kriegsgefangenen haben, die zwangsweise von den Nationalsozialisten in den Zivilstatus überführt worden waren. Die Bundesregierung jedoch legte wiederum ein Gutachten von Professor Tomuschat vor, der auf die originelle Idee kam, daß die Überführung von Kriegsgefangenen in den Zivilstatus seinerzeit gegen die Haager Konvention verstoßen habe, also rechtswidrig war. Weil also die Nazis damals rechtswidrig gehandelt hätten, könnten heute die italienischen internierten Zwangsarbeiter keine Ansprüche geltend machen. Leider hat sich das Bundesverfassungsgericht mit dieser Frage nicht beschäftigt und den Ausschluß von Kriegsgefangenen aus dem Fonds akzeptiert, so daß diese Militärinternierten, soweit sie noch am Leben sind, ohne Entschädigung bleiben.

Das Resümee ist bedrückend. Es gibt für diese Verbrechen keine Sühne, es gibt auch keine Entschädigung. Und für mich als Juristen ist es besonders bitter, daß es Juristen waren, die an diesen Entscheidungen in den 50er und 60er Jahren mitgewirkt und die entscheidenden legitimatorischen Begründungen geliefert haben, desgleichen in den 90er Jahren. Und jetzt, im neuen Jahrhundert, sind es wieder Juristen, die die Verweigerung materieller Entschädigung für nicht zu leugnenden Massenmord rechtfertigen.

60 Jahre nach der bedingungslosen Kapitulation Deutschlands hat die Verweigerung der Ehrung alter Nazis im Auswärtigen Amt zu einem Sturm der Entrüstung dort geführt. Aber nie haben sich die Beamten und Diplomaten im Auswärtigen Amt ähnlich vernehmbar darüber empört, daß den Opfern schwerster Kriegsverbrechen – an denen das Auswärtige Amt seinerzeit gewiß nicht unbeteiligt war – jede Entschädigung verweigert wird. Diplomaten, die auf der Ehrung alter Nazis bestehen, werden wohl keine Skrupel haben, gegenüber Griechenland, Italien und Serbien die Entscheidungen über die Verweigerung von Entschädigung an die Opfer der Nazis nachdrücklich zu vertreten.

Auch dies gehört zu den beschämenden Kapiteln deutscher Nachkriegsgeschichte. Und was noch schlimmer ist: Dieses Kapitel wir mit gleicher Tendenz fortgesetzt.

Reinhard Strecker

Makulierte Vergangenheit

Die Bundesrepublik Deutschland hat bis heute keines der vor ausländischen Gerichten geführten Verfahren zur Aufklärung von NS-Verbrechen und keines der Urteile anerkannt – mit der Folge, daß die Angeklagten für die deutsche Justiz unbescholtene Ehrenmänner blieben. Diese Tatsache hatte verhängnisvollen Einfluß auf die Entwicklung der Bundesrepublik.

Allerdings mußte die Bundesregierung unterschreiben, daß die deutsche Justiz die Nürnberger Verfahren nicht wieder aufrollen könne. Schon damals war nämlich über die niedrigen Strafen, wenn nicht Freisprüche spekuliert worden, die die Nürnberger Angeklagten vor deutschen Gerichten erwarten dürften.

Der Hauptkriegsverbrecherprozeß wurde vom Internationalen Militärtribunal (IMT) am 18. Oktober 1945 im Gebäude des Berliner Kammergerichts eröffnet, wo der Alliierte Kontrollrat – der provisorische Nachfolger der Reichsregierung – und das IMT ihren Sitz hatten. Dieses Verfahren wurde dann in Nürnberg fortgesetzt. Ein weiterer IMT-Prozeß kam wegen des beginnenden Kalten Krieges nicht mehr zustande.

Anklageschriften, Protokolle, Urteile und Dokumente dieses Verfahrens gegen »Göring und Konsorten« wurden in vier Sprachen in jeweils 42 Bänden veröffentlicht. Diese Blaue Serie war seinerzeit allgemein zugänglich, zum Beispiel in jedem Amerika-Haus und, soweit ich weiß, in jedem britischen Informationszentrum »Die Brücke«. Bei Schließung dieser Institutionen wurde die Blaue Serie den deutschen Stadt- oder Universitäts-Bibliotheken übergeben, die sie vielfach umgehend an Papiermühlen zum Makulieren weiterreichten. Meine nicht mehr ganz vollständige blaue Serie stammt aus solchen Papiermühlen.

Für das dann rein Amerikanische Militärtribunal (AMT) in Nürnberg hatten die Amerikaner ursprünglich 24 Folgeprozesse vorgesehen und dafür Dokumente zusammengetragen. Diese 24 Prozesse hätten Hinweise für die deutsche Justiz sein sollen, in welchen Bereichen sie würde weiterarbeiten müssen. Doch als Folge des beginnenden Kalten Krieges wurde die Zahl der Verfahren von 24 nach und nach auf zwölf reduziert. Einige der späteren Prozesse litten zudem darunter, daß die Richter unter starken Druck aus den Vereinigten Staaten gerieten, wo man eine Wendung in der Deutschlandpolitik beschlossen hatte. Doch nicht alle Richter gaben diesem Druck nach – wie Stanley Kramers 1961 frei nach authentischen Dokumenten gedrehter Spielfilm »Judgement at Nuremberg« (deutsch: »Urteil von Nürnberg«) mit Spencer Tracy und Marlene Dietrich eindrucksvoll zeigt.

Anders als nach dem IMT-Prozeß, der in den 42 Bänden gründlich dokumentiert ist, wurden aus den zwölf AMT-Folgeprozessen nur geringe Auszüge publiziert, insgesamt 15 Bände, die Grüne Serie, und nur auf Englisch. Die druckfertige deutschsprachige Ausgabe ist auf Wunsch der bundesdeutschen Regierung nie erschienen. Ebenso wenig ist die britische Rote Serie – »The Belsen Trial«, »The Velpke Trial« und andere – je auf Deutsch herausgekommen, gleichfalls nicht die niederländische Blaue Serie oder die französischen, norwegischen, dänischen, polnischen, tschechischen, russischen, griechischen und anderen Verfahren. Selbst die fremdsprachigen Originale dieser Bände oder Kopien unpublizierter Akten sind nirgendwo in Deutschland gezielt gesammelt und erst recht nicht der Allgemeinheit zugänglich gemacht worden.

Die Dokumente, die für die anfänglich vorgesehenen, dann aber unterlassenen zwölf weiteren Folgeverfahren in Nürnberg zusammengetragen worden waren, wurden dann, teils fertig für die Anklage – etwa für den Reichsbahn-Prozeß –, den deutschen Justizbehörden übergeben. Aus all diesen Materialien entstand jedoch nur noch ein Verfahren gegen eine Einzelperson: Der Autor Michael Mansfeld erzwang mit Zeitungsartikeln und Rundfunkvorträgen schließlich den Rademacher-Prozeß. Rademacher, Polizei-Referent im Auswärtigen Amt, war ein so überzeugter Nazi, daß er seine Spesenquittungen etwa mit »für Judenliquidationen Serbien« zu unterschreiben pflegte (eine undiplomatische Sprache, die der leitende Beamte des AA, Staatssekretär Ernst von Weizsäcker, gar nicht schätzte). Mansfeld erreichte damals auch, daß der Untersuchungsausschuß 47 zur Überprüfung der Personalpolitik des Auswärtigen Amtes eingesetzt wurde, der trotz seiner Milde zahlreiche AA-Angehörige für untragbar hielt. Doch schon der nächste Bundestag setzte sich über diese Urteile hinweg. Für einen der für untragbar gehaltenen Männer schuf der Bundestag per Gesetz die im Haushaltsplan nicht vorgesehene Stelle eines Unterstaatssekretärs.

Andere alliierte NS-Verbrechensverfahren in Deutschland, etwa die vor dem AMT in Landsberg, sind meines Wissens nie in Buchform herausgegeben worden, mit einer Ausnahme: dem Berlinski-Prozeß, dem sowjetischen Sachsenhausen-Verfahren 1947. Auch die in der DDR erschienene Serie mit kommentierten Exzerpten aus den Nürnberger AMT-Verfahren und der musterhaft als Mikrofiche-Edition von Klaus Dörner und Angelika Ebbinghaus aufbereitete AMT-Ärzte-Prozeß ändern nichts an der Feststellung: Dem weit überwiegenden Teil der deutschen Bevölkerung sind die vor ausländischen Gerichten aufgerollten und nachgewiesenen NS-Verbrechen höchstens ein vager Begriff. Deutscherseits sind die Akten dieser Verfahren nicht umfassend gesammelt und schon gar nicht der Allgemeinheit zugänglich gemacht worden.[1]

Während des Ärzte-Prozesses vor dem AMT hatten die ärztlichen Standesorganisationen zwar auf starken amerikanischen Druck zwei Kollegen als Beobachter nach Nürnberg geschickt: Mitscherlich und Mielke. Sie blockierten dann aber die Verbreitung des Mitscherlich/Mielke-Berichtes, soweit es ihnen möglich war. Erst viele Jahre später konnte das Fischer-Taschenbuch »Medizin ohne Menschlichkeit« erscheinen. Und die Herausgabe der Mikrofiche-Edition wurde nicht vom Staat oder den medizinischen Standesorganisationen organisiert. Rund 8000 Ärzte spendeten 1.432.015 Mark, um diese Aufarbeitung zu ermöglichen. Der Begleitband mit dem Titel »Vernichten und Heilen – Der Nürnberger Ärzteprozeß und seine Folgen« erschien 2001 in Berlin.

---

[1] Deswegen forderte der Kongreß »Tabus der bundesdeutschen Geschichte« am 21. bis 23. Oktober 2005 in Hamburg die Errichtung eines umfassenden und allgemein zugänglichen Archivs 1) zur Sammlung wenigstens der wichtigeren alliierten NS-Verbrechensverfahren sowie der Prozesse, die von der Justiz der annektiert oder besetzt gewesenen Länder (etwa Luxemburg), Regionen und Völker geführt worden sind (hierfür besteht, wie auf dem Kongreß bekannt wurde, neuerdings ein erster Ansatz: eine Forschungsstelle in Marburg an der Lahn); 2) für eine möglichst vollständige Sammlung der Einstellungsbescheide deutscher Gerichte oder Staatsanwaltschaften samt Begründungen einschließlich der diesen Bescheiden zugrundeliegenden, meist aus dem Ausland eingereichten Strafanzeigen wegen NS-Verbrechen inklusive Akten und Literatur über diese Straftaten (etwa die Geiselmorde in Griechenland oder Italien); 3) zur Aufstellung einer Liste jener NS-Massenmorde samt der dazugehörigen Literatur, bei denen es deutscherseits nicht einmal zur Ablehnung einer Verfahrenseröffnung reichte, die also juristisch nie aufgearbeitet wurden. (Zum Beispiel die Verbrechen im Gebiet von Zamosc südöstlich Lublin, das als Himmlerstadt eingedeutscht wurde. Die Deportation der dortigen Bevölkerung in Zwangsarbeit oder ihre Ermordung begann in Skierbieszow, eingedeutscht als Heidenstein, am einen Ortsende, während am anderen die deutschen Neusiedler eintrafen, darunter die Eltern des Bundespräsidenten Horst Köhler, der dann in Heidenstein geboren wurde. Den Eltern Köhler kann allerdings kein Vorwurf gemacht werden. Als sogenannte Volksdeutsche waren sie Himmler in dessen Funktion als Reichskommissar zur Festigung Deutschen Volkstums auf Gedeih und Verderb ausgeliefert.) Außerdem stimmte der Kongreß dem vom Autor vorgetragenen Verlangen nach Finanzierung eines Forschungsprojekts zu, das einen Vergleich ermöglicht zwischen der Höhe der für »Wiedergutmachung« aufgewendeten öffentlichen Mittel (wann wieviel wofür?) und den Summen, die NS-Verbrechern, NS-Kollaborateuren und NS-Profiteuren nach Mai 1945 bis an ihr Lebensende ausgezahlt wurden (Spätheimkehrer-Entschädigungen, nachgezahlte Gehälter, anschließende fortlaufende Bezüge sowie spätere Pensionen oder Renten).

Helmut Kramer

Verweigerte Selbstaufklärung der Justiz

Tabus der Geschichte der bundesdeutschen Justiz? Wieso Tabus, könnte jemand fragen. Was ist denn noch nicht aufgearbeitet? Personelle Kontinuitäten? Das jahrzehntelange Schweigen darüber war schon in den 1980er Jahren nicht mehr aufrechtzuerhalten. Inzwischen gibt es darüber eine Fülle von zum Teil sehr informativer Literatur, auch über die Sabotage der Aufarbeitung von Verbrechen der NS-Justiz. Sogar die Richter dürfen sich in ihrer Fortbildungstagung gelegentlich mit dem Thema der NS-Justiz beschäftigen.

Gewiß: Toleriert wird nur die Beschäftigung mit solchen Zeitabschnitten, die so weit von uns entfernt sind, daß nicht die Gefahr besteht, man könne die erörterten Ereignisse auch auf die Justiz von heute beziehen. Aber insgesamt sind wir in der historischen Forschung und in der Information der Öffentlichkeit über die NS-Justiz und die nach 1945 versäumte Aufarbeitung doch ein gutes Stück weitergekommen.

Etwas anders sieht es aus, wenn man die Frage nach der Nutzanwendung stellt. Dazu gehört auch die Diskussion der inneren Ursachen der NS-Justiz. Wenn man also nach Vorbedingungen, Denkhaltungen, Verhaltensmustern fragt, nach einer Juristenmentalität, die das Ausscheiden der NS-Juristen überdauert hat und vielleicht noch heute fortwirkt.

Deshalb soll der Schwerpunkt meines Beitrags bei den strukturellen und mentalitätsgeschichtlichen Kontinuitäten liegen. Erst die Strukturen ermöglichen ja eine Verfestigung ideologischer Kontinuitäten.

Mit der Mentalität der Juristen hat sich auch die kritische Öffentlichkeit bislang viel zu wenig beschäftigt. Die Frage nach der Funktion des Juristen, insbesondere nach dem richterlichen Berufsverständnis, wird nicht gestellt. Eben davon sei hier die Rede.

*

Nach traditionellem Berufsverständnis ist die richterliche Entscheidung das von jeglichem politisch-weltanschaulichen Vorverständnis und damit auch eigener Wertung unbeeinflußte Ergebnis einer rein logischen Operation. Zu diesem die Justiz bis heute beherrschenden Selbstbild – wonach der Richter nichts anderes braucht als das erlernte methodische Handwerkszeug – steht die Justizpraxis in krassem Gegensatz. Welche Rolle Juristen traditionell in der Rechtswirklichkeit spielen, hat vor 150 Jahren schon der französische Soziologe Alexis de Tocqueville anschaulich beschrieben. Er hat das innige, oft komplizenhafte Verhältnis zwischen Juristen und Staatsmacht (heute sind weitere mächtige Gruppen hinzugekommen) auf den Begriff gebracht:

»In allen zivilisierten Ländern findet sich neben einem Despoten, der befiehlt, fast immer ein Rechtsgelehrter, der dessen willkürliche und unzusammenhängende Willensakte in eine Ordnung und Übereinstimmung bringt. Die allgemeine und unbestimmte Liebe zur Macht (…) ergänzen sie [die Rechtsgelehrten; *H.K.*] durch die Freude an der Methode, über die sie selbstverständlich verfügen. Die einen liefern die Macht, die anderen das Recht. Jene gelangen durch Willkür zur höchsten Macht, diese durch Legalität. Wer nur an den Fürsten denkt, nicht an den Juristen, kennt nur die eine Seite der Tyrannei. Um das Ganze zu erfassen, muß man aber beide zugleich im Auge haben.«

Angesprochen ist damit die den Juristen von oben zugedachte Funktion der Legalitätsbeschaffung. Am Beispiel der NS-Justiz läßt sich das besonders gut veranschaulichen: Die Richter des Dritten Reiches sind zu ihren furchtbaren Ergebnissen nicht *trotz* ihrer rechtstechnisch soliden Ausbildung, sondern *mit Hilfe* der erlernten Rechtstechniken gekommen. Sie waren unkritische Diener der Macht. Unter dem Einsatz ihres reichhaltigen juristischen Methodeninstrumentariums verrechtlichten sie das Unrecht, errichteten vor dem Terror eine Legalitätsfassade. Und: Indem sie ihre Entscheidungen mit dem Schein juristischer Korrektheit versahen, unterstützten sie die Machthaber weitaus wirksamer als mit einer offensichtlich von oben gesteuerten Entscheidungspraxis.

Solche Funktionszusammenhänge aus den Jahren 1933-1945 darf man heute sogar unter Mainstream-Juristen thematisieren und nach den Ursachen dafür fragen, daß Juristen mit einer oftmals hervorragenden Ausbildung ab 1933 zu Mördern in der Robe wurden. Unangenehm wird es freilich dann, wenn man versucht, die Sprache auf die Gegenwart zu bringen oder auch nur nach Parallelen in der Justizgeschichte der Bundesrepublik zu fragen.

Natürlich begibt man sich hier auf ein schwieriges Terrain. Nicht jedes Urteil, das in einem politisch sensiblen Bereich ergeht, läßt sich von vornherein in den Verdacht bringen, daß sich die Richter allzu willfährig im Dienst politischer Interessen hätten instrumentalisieren lassen. Auch hier bietet aber die jüngere Justizgeschichte – nämlich die Justizgeschichte der Bundesrepublik – anschauliche Beispiele.

Besonders signifikant ist die Rechtsprechung des Bundesgerichtshofs zu den NS-Gewaltverbrechen. Indem der BGH die Verfolgung insbesondere der Wehrmachtsverbrechen schwer behinderte, flankierte er die auf Wiederaufrüstung gerichtete Politik der Adenauer-Ära. Diese war nämlich bei großen Teilen der Bevölkerung nur unter Amnestierung der Kriegsverbrecher durchsetzbar. Noch im Jahre 1964 sprachen die Bundesrichter den Hinterbliebenen eines von der Wehrmachtsjustiz zum Tode verurteilten Kriegsdienstverweigerers jegliche Wiedergutmachungsansprüche mit der Begründung ab, er hätte die Beteiligung an dem Angriffskrieg gegen die Sowjetunion nicht verweigern dürfen. Für den einflußreichen ersten BGH-Präsidenten Hermann

Weinkauff war Widerstand, falls er nicht von den Inhabern hochrangiger Positionen getragen wurde, ein Fremdwort. Und die Grundlagen jeder demokratischen Ordnung, eine pluralistische Gesellschaft und der Pluralismus der Weltanschauungen, waren für ihn »Dinge, bei denen die Sache ebenso bedrohlich wie die Bezeichnung widerwärtig ist«.

Auch später hat sich der Bundesgerichtshof in Konflikten zwischen regierungsamtlichen Rüstungsbefürwortern und der Friedensbewegung stets auf die Seite der Militärpolitiker geschlagen. Kriminalisiert, und zwar allein wegen kritischer Meinungsäußerungen oder gewaltfreier Demonstrationen, wurden ausschließlich Pazifisten – dagegen kein einziger Offizier der nationalsozialistischen Wehrmacht, mochte er sich an noch so schweren Gewaltakten nach dem Überfall auf die Sowjetunion beteiligt haben. In einem von politischen Erwägungen angeblich völlig unbeeinflußten Urteil vom 8. Mai 1988 befürchtete der Bundesgerichtshof für den Fall einer strafrechtlichen Duldung von Sitzdemonstrationen sogar die Öffnung aller »Schleusen der inneren Sicherheit«. Erst das Bundesverfassungsgericht bereitete im Jahre 1995 dieser einem autoritären Staatsverständnis verpflichteten Rechtsprechung ein Ende. Ich muß ergänzen: ein nur vorläufiges Ende. Denn inzwischen hat der BGH mit einer neuen, akrobatischen Auslegungskonstruktion die Tür zur Verurteilung von Sitzdemonstranten wieder geöffnet. Es handelt sich um die »zweite Reihe-Judikatur«. Danach darf der Demonstrant ein Fahrzeug anhalten. Wenn sich aber hinter dem ersten Fahrzeug weitere Fahrzeuge stauen, muß er den Weg freigeben.

Ob in den Strafprozessen gegen Kritiker der Wiederbewaffnung oder – wie schon erwähnt – gegen die Teilnehmer an Sitzdemonstrationen gegen die Stationierung der Atomraketen aufgrund des sogenannten NATO-Doppelbeschlusses, stets hielt der Bundesgerichtshof es mit der herrschenden Militärpolitik. So lehnte auch der Generalbundesanwalt im Februar 2005 mit einer hergesuchten Rechtskonstruktion die Einleitung eines Ermittlungsverfahrens gegen den US-Verteidigungsminister Donald Rumsfield ab. Damit verweigerte er den Opfern der im Irak-Krieg von US-Soldaten verübten Folterverbrechen den Rechtsschutz. Vor allem wenn es um die Legitimierung völkerrechtswidriger Angriffskriege ging, waren die Juristen um interpretatorische Kunststücke nicht verlegen. So erfanden sie den Begriff »humanitäre Intervention«, wohlgemerkt für Bombardements und andere militärische Einsätze, denen Zehntausende allein an Toten in der Zivilbevölkerung zum Opfer fielen.

Liest man die in solchen Entscheidungsbegründungen angewandte juristische Methode gegen den Strich, dann bleibt meist nur ein Argumentationsstrang übrig, der weniger eine Rechtsfigur als ein politisches Petitum ist; als entscheidendes Argument soll einfach »der Staat« gelten oder »die Landesverteidigung«.

Beliebt sind auch Begriffe wie »die Funktionsfähigkeit des Strafverfahrens«. Mit einer derartigen Begründung sind immer wieder Schutz- und Verteidigungsrechte von Angeklagten beschnitten worden.

Mit solchen Auslegungskonstruktionen haben Juristen es sogar geschafft, ihr Tun vor kritischen Einblicken durch Nichtjuristen abzuschotten. Nach wie vor ist es für Nichtjuristen verboten, andere Bürger in Rechtsdingen zu beraten. Wenn ein Bürger etwa wegen Mitwirkung an einer bürgerrechtlichen Aktion polizeilich oder strafrechtlich belangt wird, darf er sich nur durch einen Rechtsanwalt beraten lassen. Selbst völlig altruistische, kostenlose Beratung durch einen noch so rechtserfahrenen anderen Bürger ist ihm verwehrt. Wie sehr Juristen hier in eigener Sache entscheiden, wird besonders deutlich, wenn man daran erinnert, daß das Rechtsberatungsgesetz mit dem Verbot der altruistischen Rechtsberatung aus dem Jahre 1935 stammt und einzigartig in der gesamten Welt ist. Interessant ist die Begründung für das Verbot: Es bezwecke den Schutz des Bürgers vor unqualifizierter Rechtsberatung. Und vor allem: Es diene der »Sicherung einer reibungslosen Rechtspflege«. In der Tat: In einer autoritär strukturierten Justiz und aus der Sicht der an ungestörten Machtstrukturen in Staat und Wirtschaft Interessierten wäre Bürgerbeteiligung nur ein Störfaktor, selbst dann, wenn sie sich auf eine bloße Beratung außerhalb des Gerichtssaals beschränkt.

Ein demokratischer, die Grundrechte mit Leben erfüllender Jurist muß bereit und in der Lage sein, das methodische Instrumentarium kritisch und selbstkritisch zu hinterfragen. Was die seit mehr als hundert Jahren unveränderte Juristenausbildung den meisten Juristen aber gerade nicht vermittelt, ist – neben moralischer Intelligenz und einem Quantum an Zivilcourage – die Befähigung, die sozialen, politischen und wirtschaftlichen Hintergründe des Rechts zu erkennen und die Funktion des Juristen in der Gesellschaft kritisch zu reflektieren. Auch ein Bewußtsein dafür zu entwickeln, daß technische Berufsqualitäten ins Gegenteil umschlagen können.

Um zu dem Wort von Alexis de Tocqueville zurückzukehren: An reflektierten, sich der Gefahren ihres Berufes bewußten Juristen sind die an den Schaltstellen der Macht Sitzenden nicht interessiert. Im Sinne der Machtpolitik funktioniert Recht als Rahmen und Mittel moderner Herrschaft nämlich nur so lange, als die Juristen die ihrer Praxis zugrunde liegenden Mechanismen nicht durchschauen. Hier liegt wohl auch der Grund dafür, daß die meisten Juristen ihr Selbstbild eines unpolitischen Expertentums nicht in Frage stellen lassen wollen. Und hier haben wir auch eine Erklärung dafür, daß Rechtsgeschichte, Rechtsphilosophie und Sozialwissenschaften in den letzten Jahren noch stärker als früher aus der Juristenausbildung verbannt sind.

Es gibt Juristen, die nicht im Mainstream schwimmen. Sie haben es nicht leicht, aber mitunter machen sie sich doch bemerkbar, auch innerhalb der Richterschaft. Wir sollten sie nicht in einen Topf mit den Mehrheitsjuristen werfen. In den Köpfen der meisten Richter aber ist der Glaube an die absolute politische Neutralität der juristischen

Methode noch immer fest verankert. Nach den Worten von Gustav Radbruch handelt es sich um nichts anderes als um die »Lebenslüge des Obrigkeitsstaates«.

*

Versäumte oder verweigerte Selbstaufklärung der Justiz hat Kontinuitäten zur Folge, die ich abschließend mit einem krassen Fall illustrieren möchte. Was die Richter des Bundesverfassungsgerichts angeht, ist er wohl einzigartig. Immerhin ist er ein Beispiel dafür, was sich hohe Repräsentanten unseres Staates heute schon wieder getrauen und anderen zumuten: Bundesverfassungsrichter Udo Di Fabio bemüht sich mit großem Einsatz, die Bedeutung der Jahre 1933-1945 zu relativieren. In seinem Buch »Die Kultur der Feiheit« versucht er, »die Identität der Deutschen im Bann ihrer Geschichte« neu herzustellen. An die Stelle der »Kanonisierung von Schuld« im Nationalsozialismus will er die »Unterscheidung von Schuld, Unvermögen und Tragik« setzen. Ursächlich und schuldig waren dann nur die in der Führungsspitze, genauer: Hitler allein.

Aber Hitler war kein Deutscher, schreibt Di Fabio: »Er war nur ein verkleideter Deutscher.« Der Nationalsozialismus sei etwas Undeutsches gewesen. Die Deutschen seien von dem Dämon mit allen Mitteln der modernen Propaganda »verführt und belogen« worden ... wie »eine zu verführende Frau, die man mit Komplimenten, schönen Versprechungen und dem betörenden Bild von bürgerlicher Idylle lockt«.

Die Deutschen waren also nicht Täter, sondern Opfer. Und mit dem Hauptargument »Hitler war kein Deutscher, ... nur ein verkleideter Deutscher« suggeriert Di Fabio, daß all die in den Jahren 1933-1945 begangenen Verbrechen und der riesige Kulturbruch den Deutschen wesensfremd seien. Mit einer solchen Vorstellung erspart man sich eine Auseinandersetzung mit den vielleicht fortwirkenden Ursachen und Gefahren. Deshalb braucht Di Fabio auch nicht mehr zu fragen, warum Richter und Staatsanwälte mit einer gediegenen juristischen Ausbildung und einer meist noch vor 1933 absolvierten beruflichen juristischen Sozialisation an diesen Verbrechen mitwirken konnten. Solche Fragen liegen diesem Bundesverfassungsrichter anscheinend ganz fern.

Nach Di Fabio haben die Deutschen im Dritten Reich eigentlich nichts Böses gewollt, sie hatten nur ihr Häuschen besitzen, nur als gute Bürger leben wollen; sie wurden aber »durch perfide Täuschung« dazu gebracht, »für das krankhaft wuchernde Böse zu arbeiten«. Die schwachen Eliten der Weimarer Republik hätten das Volk einem »Dilettanten« ausgeliefert – der, wie gesagt, kein Deutscher gewesen sei: »Nicht etwa weil er österreichischer Herkunft war, sondern weil er kein Jota vom Anstand des preußischen Staatsdieners, weder Heimatgefühl noch Lebensfreude des bayrischen Katholizismus besaß, keinerlei Neigung für Fleiß und harte Arbeit, keinen Sinn für deutsche Lebensart, bürgerliche Vorlieben und christliche Traditionen.«

Udo Di Fabio strebt ersichtlich zurück hinter den aufklärerischen Diskurs, der in den 1960er und 1970er Jahren begonnen hat. Es handelt sich um einen Richter, der zurück will in die verklärte Welt der fünfziger Jahre, die vermeintliche Idylle der Nachkriegszeit.

Nochmals zu Udo Di Fabios Geschichtsdeutung: Hitler war nur »ein verkleideter Deutscher, ein entwurzelter Gaukler aus der Gosse, der alle Energien des Volkes und dessen kulturelles Vermögen aufsog und gleichgültig die Vernichtung der ihm Ausgelieferten hinnahm ... Hitler war die tödliche Krankheit am anfälligen Organismus – nicht aber die Konsequenz deutscher Geschichte.« In dieser Lesart erlitten die Deutschen im 20. Jahrhundert vor allem ein tragisches Schicksal. Sie waren von ihren Eliten einem größenwahnsinnigen Dilettanten ausgeliefert und »in weiten Teilen mit allen Mitteln moderner Propaganda verführt und belogen (...). Was man ihnen vorwerfen muß und woraus sie zu lernen haben, ist der Umstand, daß sie sich haben verführen und belügen lassen.«

Micha Brumlik sagt dazu: »Die millionenfache Schuld, die in der aktiven Teilnahme an arbeitsteiliger Täterschaft bei der Ermordung von 6 Millionen Juden und – um nur noch diese Zahl zu nennen – von 20 Millionen Sowjetbürgern bestand, reduziert sich hier auf einen läppischen, durch Verführung motivierten moralischen Verbotsirrtum.« Was aber sagen die anderen Richter? Wer von ihnen wagt überhaupt etwas dazu zu sagen?

II

Und andere Kontinuitäten

Geschichten von Wissenschaftlern, Politikern,
Polizisten und Geheimdienstlern

Julia Schulze Wessel

Schuld und Verleugnung

Über Funktion und Erscheinungsformen des Antisemitismus in der deutschen Nachkriegsgesellschaft

Die Frage nach der Funktion und den Erscheinungsformen des Antisemitismus in der deutschen Nachkriegsgesellschaft mag im ersten Moment unverständlich wirken. Wie sollte es einen Antisemitismus nach den Bildern aus den befreiten Konzentrationslagern, nach den durch die Städte getriebenen Menschen der Todesmärsche, nach Auschwitz noch geben? Hatte er sich nicht hier in seiner ganzen unmenschlichen und mörderischen Konsequenz gezeigt? Hätten diese Bilder nicht jede antisemitische Regung im Keim ersticken müssen? Wie virulent der Antisemitismus in der deutschen Nachkriegsgesellschaft noch war, wie er sich ausdrückte, welche Formen er annahm und welchen Veränderungen er unterworfen war, läßt sich ausschnitthaft am Verhältnis zwischen nicht-jüdischen Deutschen und den zumeist aus Osteuropa stammenden Überlebenden des Holocausts unter den Displaced Persons zeigen. Denn paradoxerweise wurde nach der Befreiung der Konzentrations- und Vernichtungslager genau *das* Land zur sicheren Zufluchtsstätte für Juden, das sie zuvor geächtet, ihrer Rechte beraubt, sie vertrieben, deportiert und die meisten von ihnen ermordet hatte.

Nach dem Ende des Zweiten Weltkrieges befanden sich rund sieben Millionen sogenannter Displaced Persons auf deutschem Boden. Diese »DPs« waren nicht-deutsche Zivilpersonen, die aus Gründen des Krieges hierhergeraten waren und nicht in ihr Land zurückkehren wollten oder die eine neue Heimat finden wollten, aber dabei auf Hilfestellung angewiesen waren. Das betraf insbesondere ehemalige Zwangsarbeiter, Zwangsverschleppte, Kriegsgefangene und ehemalige Konzentrationslagerhäftlinge.[1] In der US-amerikanischen Besatzungszone gab es rein jüdische DP-Lager. So wurde die amerikanische Besatzungszone zur neuen Zufluchtsstätte auch für viele zunächst in ihre Heimatländer zurückgekehrte Juden. Vor allem polnische Juden, die in ihrer Heimat keinen ihrer Angehörigen mehr finden konnten oder die vor den antisemitischen Pogromen in Polen flüchteten, nutzten die Rückkehrmöglichkeit nach Deutschland. Die Zahl der in der amerikanischen Besatzungszone registrierten jüdischen DPs stieg infolge der Flucht aus Osteuropa von knapp 40.000 auf 145.000 an. Ausgerech-

---

1 Jacobmeyer, Wolfgang: Vom Zwangsarbeiter zum heimatlosen Ausländer. Die Displaced Persons in Westdeutschland 1945-1951. Göttingen 1985.

net das besiegte Deutschland sollte ihnen den größten Schutz bieten, und hier warteten sie mit den anderen jüdischen DPs auf die Einreise nach Palästina oder in die USA. Die jüdischen DPs distanzierten sich von der deutschen Gesellschaft und bauten ihr eigenes Leben in den Lagern auf. Die restriktiven Bedingungen der Migration in die USA, nach Kanada oder Palästina führten dazu, daß sich viele überlebende Juden noch Jahre nach Ende des Zweiten Weltkrieges auf deutschem Boden befanden. Sie sahen Deutschland nur als Übergangsstation an. In diesen Jahren des Wartens entstand in den Lagern eine eigene kleine Gesellschaft, die Politik und Kultur, eine eigene Verwaltung, eine DP-Polizei, Gerichtsbarkeit, Erziehung, Berufsausbildung und Presse umfaßte.[2]

Die jüdischen DPs waren oftmals antisemitischen Angriffen durch die deutsche Bevölkerung und durch deutsche Institutionen ausgesetzt. Den zumeist osteuropäisch-jüdischen DPs begegnete die deutsche Bevölkerung oftmals mit Mißtrauen, während sie sich deutschen Juden gegenüber nach 1945 eher philosemitisch präsentierte. Die folgende Darstellung basiert in erster Linie auf Akten der deutschen Polizei aus Stuttgart und Frankfurt a.M. aus den Jahren 1945-1948. In beiden Städten gab es DP-Lager, in Stuttgart in der Reinsburgstraße und in Frankfurt im Stadtteil Zeilsheim.

Bereits zwei Monate nachdem die Reinsburgstraße in Stuttgart zu einem DP-Lager umfunktioniert worden war, berichtete die deutsche Polizei von stetigen Protesten der deutschen Bevölkerung gegen den Zuzug von »minderwertige[n] ausländische[n] Elemente[n] [...]. Es werden immer mehr Befürchtungen laut, daß im Winter bei zunehmender Dunkelheit die Sicherheitsverhältnisse in der Stadt bedrohlich werden könnten. Die Bevölkerung zieht solche Folgerungen aus der Tatsache, daß im Stadtgebiet – wie bereits in der Reinsburgstraße – [...] Wohnblocks mit ausländischen Elementen zweifelhafter Herkunft, darunter auch wohl kriminellen, belegt werden und daß vielfach [...] Diebstähle, Plünderung, Überfälle in der näheren und weiteren Umgebung solcher Wohnblocks vorgekommen sind.«[3]

Gegen die jüdischen DPs wurden viele Vorwürfe laut, die sich zum größten Teil aus dem Arsenal tradierter antisemitischer Vorurteile speisten. So wurden Jüdinnen als Prostituierte diffamiert (»bisherige Bewohner der oberen Reinsburgstraße berichten, ihre Häuser seien nun die reinsten Freudenhäuser«[4]), die DP-Lager zu Schwarzmarktzentren stilisiert, Juden wurden nach wie vor verbal aus der menschlichen Gemein-

---

[2] Siehe ausführlicher zu der Situation der jüdischen Displaced Persons: Königeder, Angelika; Wetzel, Juliane: Lebensmut im Wartesaal. Die jüdischen DPs (Displaced Persons) im Nachkriegsdeutschland. Frankfurt a.M. 1994.
[3] Wochenbericht des Chefs der deutschen Polizei der Stadt Stuttgart an die Dienststelle des CIC (Counter Intelligence Corps) am 2.11.1945, StAS (Stadtarchiv Stuttgart), HA 14, 49.
[4] Brief vom 10.10.1945, ohne Absender und Adressat, StAS, HA Gr. 4, Fürsorge für Ausländer, Betreuung von Ausländern und Staatenlosen.

schaft ausgeschlossen. Das Bild vom mauschelnden, betrügerischen jüdischen Händler kursierte weiterhin. Die Vorwürfe machten auch vor dem uralten Stereotyp nicht halt, die Juden würden nicht arbeiten[5] – ein Vorwurf, der die Vorgeschichte der jüdischen DPs ignorierte. Warum hätten die Opfer der nationalsozialistischen Großraumpolitik sich am Wiederaufbau des Landes beteiligen sollen, von dem die Verbrechen ausgegangen waren? Die jüdischen DPs bauten zudem ihr eigenes Leben innerhalb der Lager auf. Dieser geschichtslose Blick auf die jüdischen DPs offenbart die Gleichgültigkeit, mit der man allgemein dem Schicksal der Überlebenden begegnete.

Der Antisemitismus war jedoch nicht nur bloßes Überbleibsel einer vergangenen Epoche der deutschen Geschichte. Er erfüllte für bestimmte Institutionen auch einen durchaus aktuellen strategischen Nutzen. Es gehört zur langen Geschichte des Antisemitismus, daß es auch immer wieder Nutznießer des Judenhasses, der Pogrome und Ausschreitungen gegen diese Bevölkerungsgruppe gab. Sei es, daß der eigene Machtbereich ausgebaut, der eigene Reichtum vermehrt oder die eigene Verantwortung für Not und Leid auf andere abgewälzt werden konnte. In der deutschen Nachkriegszeit nutzte die deutsche Polizei die antisemitischen Ressentiments für ihre eigenen Zwecke, schürte sie teilweise, um ihren Wiederaufbau zu beschleunigen.

Die Strukturen der deutschen Polizei hatten sich beim Einmarsch der Alliierten bereits zu großen Teilen aufgelöst. Außer dem Verbot von nazistischen Polizeiformationen und den allgemeinen Richtlinien für den Aufbau einer deutschen Verwaltung gab es keine konkreten alliierten Beschlüsse über den Neuaufbau polizeilicher Strukturen. So lag die Aufgabe der Reorganisation der deutschen Polizei in den Händen der einzelnen Militärregierungen in den jeweiligen Besatzungszonen.[6]

In Stuttgart hatte die Polizei zunächst keinerlei eigenständige Befugnisse. Der Polizeichef nahm von der Besatzungsbehörde die jeweiligen Befehle entgegen und wurde anfangs insbesondere mit der Aufgabe betraut, Angehörige von Nazi-Organisationen zu verhaften.[7] Die zunächst nur mit Holzknüppeln ausgestattete deutsche Polizei wurde ausschließlich gegen die deutsche Bevölkerung eingesetzt; DPs und Angehörige der Besatzungsmacht gehörten nicht zu ihrem Zuständigkeitsbereich.[8] Die DPs waren somit den deutschen Zugriffsmöglichkeiten entzogen. Sowohl diese Einschränkung

[5] Siehe ausführlicher: Dietrich, Susanne/Schulze Wessel, Julia: Zwischen Selbstorganisation und Stigmatisierung. Die Lebenswirklichkeit jüdischer Displaced Persons und die neue Gestalt des Antisemitismus in der deutschen Nachkriegsgesellschaft. Veröffentlichungen des Archivs der Stadt Stuttgart. Band 75. Herausgegeben von Roland Müller. Stuttgart 1998.

[6] Werkentin, Falco: Die Restauration der deutschen Polizei. Innere Rüstung von 1945 bis zur Notstandsgesetzgebung. Frankfurt a.M./New York 1984.

[7] Neff, Erwin (Angestellter beim Kulturamt der Stadt Stuttgart): Die polizeiliche Lage in Stuttgart nach der Kapitulation und in der Folgezeit, Oktober 1954, StAS, Kc 569, S.3.

[8] Vietzen, Hermann: Chronik der Stadt Stuttgart, 1945-1948, Stuttgart 1972, S.548

des Zuständigkeitsbereichs als auch das Verbot, Waffen zu tragen, stieß schon kurz nach der Kapitulation Deutschlands auf immer massivere Kritik nicht nur bei der Polizei selbst, sondern auch bei anderen deutschen Behörden. Die deutsche Polizei machte von Beginn ihrer Tätigkeit an immer wieder Eingaben an die amerikanische Militärregierung, in denen sie eigens auf Fälle von Delikten der DPs hinwies. Diese Eingaben hatten den Zweck, die polizeilichen Zugriffsmöglichkeiten auf die DPs zu erweitern. Ende des Jahres 1945 wurde die deutsche Polizei wieder mit Schußwaffen ausgerüstet und ihr die Befugnis übertragen, DPs außerhalb des Lagers festnehmen zu dürfen.

Eine Konsequenz daraus war, daß die deutsche Polizei nun bewaffnet vor den DP-Lagern patrouillierte. Schon bald wurden Beschwerden laut[9], daß sie härter und brutaler bei Verhaftungen von DPs vorgehe als bei der Verhaftung von Deutschen.[10]

Ein für die gesamte deutsche Polizei der amerikanischen Besatzungszone folgenreicher Zwischenfall ereignete sich am 29. März 1946 in dem jüdischen DP-Lager in der Stuttgarter Reinsburgstraße. Nachdem die deutsche Polizei im Dezember 1945 das Recht zugesprochen bekommen hatte, in Begleitung von Militärpolizei die Lager zu betreten, reichte die Stuttgarter Polizei ein Gesuch an die amerikanischen Behörden, das Lager Reinsburgstraße nach Schwarzhandelsware durchsuchen zu dürfen. 120 bewaffnete deutsche Polizisten rückten in Begleitung von acht amerikanischen Soldaten mit Lautsprecherwagen in das Lager ein. Sie forderten die Bewohner auf, aus ihren Häusern zu kommen. Einige DPs weigerten sich, der Anordnung Folge zu leisten, sie versuchten, der Polizei den Zutritt zu ihren Wohnungen zu verweigern, und griffen, nach Berichten der deutschen Polizei, die Polizisten tätlich an. Der Leiter der Schutzpolizei gab den Befehl, mit Warnschüssen die DPs dazu zu bringen, den Anordnungen Folge zu leisten. Daraufhin tötete ein Schuß den jüdischen DP Szmul Dancyger. Der 34-jährige Auschwitz-Überlebende war einen Tag zuvor nach Stuttgart gekommen, wo er seine Frau und seine zwei Kinder wiedergetroffen hatte.

Nach dieser Razzia schränkten die Amerikaner die Rechte der deutschen Polizei massiv ein. Jüdische DP-Lager durften nur noch von höchstens zwei unbewaffneten deutschen Polizisten betreten werden, die von Militärpolizei begleitet sein mußten und nur noch als Zeugen und zur Identifizierung von Verdächtigen zugelassen waren.[11]

Deutschen Befehlen nicht Folge geleistet zu haben, konnte für die zuständige Stuttgarter Behörde nur eines heißen: daß die DPs in der Tat etwas zu verbergen hätten: »In Wirklichkeit ist nach der Überzeugung der deutschen Polizei, die sie auf Grund ihrer

---

[9] Z.B. von Seiten der UNRRA (United Nations Relief and Rehabilitation Administration).

[10] Jacobmeyer: Vom Zwangsarbeiter..., S. 207.

[11] Ebd. S. 205f.

Beobachtungen an Ort und Stelle gewonnen hat, der Grund zur Organisierung des allgemeinen Widerstandes der gewesen, daß zahlreiche Polen daran interessiert waren, unter allen Umständen die Durchführung der Hausdurchsuchungen zu verhindern, weil sie dabei als einwandfreie Schleichhändler, teilweise als Kriminelle überführt und ihnen ihr umfangreiches Schwarzhandelsgut abgenommen worden wäre.«[12] Die jüdischen Überlebenden hingegen empörten sich über das Verhalten der deutschen Polizei, in ihren Ohren waren deutsche Befehle nach den Erfahrungen in den Konzentrationslagern unerträglich.[13]

Auch die deutsche Bevölkerung konnte, Berichten der deutschen Polizei zufolge, kein Verständnis für das Verhalten der jüdischen DPs aufbringen: »Man versteht bei der Bevölkerung absolut nicht, wie ein im Verhältnis zur Einwohnerschaft Stuttgarts so kleiner Personenkreis sich anmaßt, gegen eine durchaus berechtigte, von der Militärregierung genehmigte polizeiliche Anordnung Widerstand zu leisten.«[14] Hier offenbart sich eine Gleichgültigkeit in der deutschen Bevölkerung gegenüber der erlittenen Geschichte der überlebenden Juden, die viele, die nach Deutschland zurückkehrten, bitter zu spüren bekamen.

Die deutsche Nachkriegszeit war geprägt von Klagen über das eigene Leid, über die Bombenangriffe, die prekären Wohnverhältnisse, den Hunger. Das Schicksal der jüdischen DPs wurde demonstrativ übergangen. Die Weigerung, die Geschichte der DPs wahrzunehmen und von dort aus deren Gegenwart zu beurteilen, ging einher mit ressentimentgeladenen Beschwerden über die überlebenden Juden und ließ das Verhalten der DPs im schlechtesten Lichte erscheinen. Die deutsche Polizei nutzte die negativ aufgeheizte Stimmung der deutschen Bevölkerung dazu, ihre verlorenen Kompetenzen zurückzufordern. Ihre ständigen Verweise auf die DP-Kriminalität und die damit verbundenen Versuche, mehr Unabhängigkeit von den amerikanischen Militärpolizei zu erlangen, rissen nicht ab.

Sowenig die Aggressivität gegenüber den jüdischen DPs jedoch allein überlieferten Gefühlen entsprang, so wenig kann sie nur als Instrumentalisierung von Problemen für eigene Interessen der Polizei erklärt werden. In der Einstellung gegenüber den jüdischen DPs manifestierte sich das grundlegende Verhältnis der Deutschen zu ihrer Geschichte. Das stereotype, durchweg negative Urteil über die zumeist osteuropäischen Juden entsprang der für die Nachkriegszeit so kennzeichnenden Flucht vor der Verantwortung für die eigene Geschichte, der Leugnung eigener Schuld.

---

12 Unkorrigierter Entwurf eines Berichts des Polizeipräsidiums Stuttgart an die amerikanische Militärregierung der Stadt Stuttgart am 1.4.1946, StAS, HA Gr.1, 110-2

13 Über die Empörung der jüdischen DPs wird vielfach berichtet. Siehe beispielsweise: A Heim, Wochenzeitung des jüdischen DP-Lagers Leipheim, 4.4.1946; Dos Fraje Wort, Zeitung aus dem DP-Lager Feldafing, 5.4.1946.

14 Situationsbericht des Chefs der deutschen Polizei der Stadt Stuttgart an die Dienststelle des CIC am 1.4.1946, StAS, HA 14, 49.

Das zeigte sich schon in dem Versuch, die Ursache des fortbestehenden Antisemitismus bei den Juden selbst zu suchen. Angesichts des Schwarzmarktes, für den die DPs in erster Linie verantwortlich gemacht wurden, müsse man sich fragen: »Das soll Demokratie sein? So etwas wäre im Dritten Reich doch nicht möglich gewesen! Und bezüglich der jüdischen ›DP‹s kommt es zwangsläufig zu einem Anwachsen des Antisemitismus, den man doch beseitigen möchte.«[15] Die angebliche Ordnung des Dritten Reiches, die hier so positiv beschworen wurde, bedeutete für Millionen von Menschen Tod und Vernichtung. Das eigene Erleben wurde zum Ausgangspunkt der Weltbetrachtung, andere Schicksale wurden ausgeblendet. Man gab hier vor, Gegner des Antisemitismus zu sein, und schürte ihn doch zugleich. Das Fehlverhalten Einzelner wurde einem Kollektiv zur Last gelegt. Der Antisemitismus wurde zum Problem der Juden gemacht, seine Fortexistenz den Juden zur Last gelegt.

Den angeblich rundweg kriminellen DPs wurde eine scheinbar friedliche deutsche Bevölkerung gegenübergestellt. Wenn Deutsche Gesetze brachen, fanden sie immer als Individuen Erwähnung in den Polizeiberichten für die Alliierten, die DPs hingegen galten undifferenziert insgesamt als kriminelles Kollektiv. In vielen Polizeiberichten wird über die Bedrohung der ordnungsliebenden deutschen Bevölkerung durch die kriminellen DPs geklagt, die Polizei warnte immer wieder vor potentiellen kriminellen Übergriffen auf die deutsche Bevölkerung. Drohte jedoch von Deutschen Gewalt auszugehen, stieß dies auf solidarisches Verständnis. Selbst ein möglicher Pogrom gegen die jüdischen DPs wurde diesen selbst angelastet: »Die Bevölkerung ertrage die Zustände im Zeilsheimer Lager nur zu einem gewissen Grade, dann komme es zu einem Blutbad«, hieß im Protokoll einer Sitzung beim Oberbürgermeister Walter Kolb (SPD) der Stadt Frankfurt.[16] Etwaige Ausschreitungen der deutschen Bevölkerung gegen die jüdischen Überlebenden wurden so gedeutet, als werde damit verständlicherweise auf ein real existierendes Problem reagiert.

Diese Sichtweise machte aus den Opfern der Vernichtungspolitik die Täter der Nachkriegsgesellschaft. Es blieb bei der Aufspaltung in das gute »Wir« und das schlechte »Andere«. Die Bevölkerung griff, so ist Polizeiberichten zu entnehmen, auf altbewährte Stereotypen zurück, wenn sich bestimmte Menschengruppen nicht nach ihren Vorstellungen verhielten. Schon bald nach der Razzia in der Stuttgarter Reinsburgstraße wurden Forderungen nach baldiger Abschiebung der DPs laut. Im bekann-

---

[15] Stellungnahme des Prüfungsleiters Dieterich vom Ernährungsamt Stuttgart zur Bekämpfung des Schwarzhandels vom 3.7.1947, StAS, HA Gr.1, 135-5.

[16] Protokoll über die Sitzung beim Oberbürgermeister Frankfurt/Main am 19.10.1946. StaF (Stadtarchiv Frankfurt), Stadtkanzlei, Akten Nr. 7047/6, Band 1.

[17] Situationsbericht des Chefs der deutschen Polizei der Stadt Stuttgart an die Dienststelle des CIC vom 1.4.1946, StAS, HA 14, 49.

ten Bürokratendeutsch berichtete die deutsche Polizei den amerikanischen Behörden: »Unterschiedslos wird von der gesamten Bevölkerung die Erwartung ausgesprochen, daß die amerikanische Militärregierung [...] alle Schritte einleiten möge[...], um im Interesse der Erhaltung der öffentlichen Ruhe und Sicherheit in Stuttgart eine umgehende Wegverbringung der Polen durchzuführen.«[17] Die Heimat der DPs war zerstört, ihre Verwandten waren ermordet, in Polen grassierte der Antisemitismus – wohin also hätten sie »wegverbracht« werden sollen?

Schon allein die Tatsache, daß sich die DPs so lange Zeit auf deutschem Boden befanden, gab Anlaß zu Spekulationen über ihren kriminellen Charakter. Den Widerwillen der jüdischen DPs gegen eine Rückkehr nach Polen erklärte sich die deutsche Bevölkerung nicht mit den dortigen antisemitischen Pogromen, nicht mit der Auslöschung ganzer Familien und der unerträglichen Erinnerung an die Zerstörung des gesamten früheren Lebensumfeldes durch das nationalsozialistische Deutschland: »In der Bevölkerung wird auch viel darüber gesprochen, daß es um so unverständlicher sei, dem Treiben der Polen zuzusehen, als diese, wenn sie auch verfolgt worden seien, doch kein sauberes Brusttuch haben könnten, weil sie sich sonst nicht weigern würden, in ihre Heimat zurückzukehren.«[18]

Die Vorwürfe gegen die jüdischen DPs schlugen bis in die Perfidie um, ihnen eine Zusammenarbeit mit den Nationalsozialisten zu unterstellen: »Die Bevölkerung ist allgemein der Ansicht, daß diejenigen Polen, die von der Möglichkeit der Rückkehr in ihr Heimatland jetzt keinen Gebrauch gemacht haben, sich in Zukunft nicht mehr als zwangsverschleppte Personen bezeichnen dürfen. Es ist vielmehr so, daß viele Polen bei einer Rückkehr in das polnische Staatsgebiet von ihrer Regierung sofort wegen Zusammenarbeit mit der SS, dem SD usw. in Haft genommen werden. [...] Von den in der oberen Reinsburgstraße untergebrachten Polen wurde auch schon offen zugegeben, daß sie bei einer Rückkehr nach Polen um ihr Leben Befürchtung haben müßten. Es wurde schon erklärt: ›Wir sind beinahe durch Hitler ums Leben gekommen. Nachdem wir glücklich das Nazireich überstanden haben, wollen wir jetzt uns nicht durch eine Rückkehr nach Polen derselben Gefahr noch einmal aussetzen.‹«[19]

Daß sich Juden nicht noch einmal in Polen derselben Gefahr wie im Nationalsozialismus aussetzen wollten, bezog sich aber auf den dort offen grassierenden Antisemitismus. Die Gefahr für rückkehrende Juden in Polen auf eine angebliche »Zusammenarbeit« zu schieben, die es ohnehin aufgrund der entrechteten Position der Juden im Nationalsozialismus gar nicht hatte geben können, weist abermals auf die Geschichtsverleugnung im Nachkriegsdeutschland hin.

---

[18] Unkorrigierter Entwurf eines Berichts des Polizeipräsidiums Stuttgart an die Militärregierung der Stadt Stuttgart am 1.4.1946. StAS, HA Gr. 1, 110-2.

[19] Situationsbericht des Chefs der deutschen Polizei der Stadt Stuttgart an die Dienststelle des CIC am 1.4.1946, HA 14, 49.

Der damalige Antisemitismus erhielt seine spezifische Prägung vor allem durch die Haltung großer Teile der deutschen Bevölkerung zu dem Geschehen im Nationalsozialismus. Die Verbrechen der NS-Zeit formten das Verhältnis zwischen Nicht-Juden und Juden. Der damalige Umgang der Deutschen mit ihrer Geschichte – sowohl in den westlichen Besatzungszonen als auch in der sowjetischen – machte es möglich, daß sich die deutsche Bevölkerung schnell in den jeweiligen Systemen einrichten und sich bar jeder Schuld und Verantwortung wähnen konnte. In den westlichen Zonen schlug die anfänglich mit dem Willen zur Aufklärung der Verbrechen erfüllte Stimmung aufgrund des Kalten Krieges schnell um, so daß selbst hohe Nazifunktionäre rehabilitiert wurden und einflußreiche öffentliche Positionen besetzen konnten. Im Osten Deutschlands wurden zwar bestimmte Berufszweige konsequenter entnazifiziert als im Westen (vor allem die der Lehrer und Juristen), aber auch hier wurden der Bevölkerung nach Kriegsende Interpretationsangebote geliefert, durch die sie sich frei von jeder Schuld fühlen konnte. Die reduzierte Faschismusanalyse, der zufolge das Großkapital mit Hilfe einer kleinen Clique Herrschender die Verbrechen zu verantworten habe, ließ im Nachhinein die meisten Deutschen als Verführte und letztlich selbst als Opfer erscheinen. Damit entfiel eine wichtige Dimension in der Auseinandersetzung mit der Geschichte der NS-Verbrechen und der Vernichtung der europäischen Juden: die persönliche Auseinandersetzung jedes Einzelnen mit seiner persönlichen Verantwortung und Schuld.[20]

Das allgemeine Verhalten in Deutschland, die ständig wiederkehrenden Versuche, die Schuld bei den anderen zu suchen, sich selbst reinzuwaschen, die allgemeine Gleichgültigkeit gegenüber dem Leid anderer Menschen und die Ignoranz der eigenen schuldhaften Verstrickungen stießen auf Empörung und Entsetzen von Befreiern, Überlebenden und Remigranten. Ob sie, wie Lee Miller oder Martha Gellhorn als Kriegsreporterinnen, wie Primo Levi, Jean Améry oder Ruth Klüger als Überlebende der Vernichtungslager oder wie Hannah Arendt und Theodor W. Adorno als ehemals Geflohene zurück nach Deutschland kamen – sie alle waren entsetzt von der Eintönigkeit der Aussagen, von den formelhaften Sätzen über die Vergangenheit, über die Teilnahmslosigkeit den Opfern der Verbrechen gegenüber. In Anlehnung an Ralph Giordanos Begriff der »Zweiten Schuld« kann hier von einem zweiten Schock gesprochen werden, der dem ersten, dem Bekanntwerden der Vernichtungslager, folgte.

Damit erweist sich auch die in der Antisemitismusforschung zum Teil vertretene These, daß der Antisemitismus der Nachkriegszeit ein privater Antisemitismus gewesen sei, als falsch. Er trat nicht mehr in der Aggressivität und Offenheit auf wie zu Zei-

---

[20] Groehler, Olaf: Der Holocaust in der Geschichtsschreibung der DDR. In: Ders./Herbert, Ulrich: Zweierlei Bewältigung. Vier Beiträge über den Umgang mit der NS-Vergangenheit in den beiden deutschen Staaten. Hamburg 1992.

ten des Nationalsozialismus, er kleidete sich in ein demokratisches Mäntelchen, äußerte sich subtiler, versteckter und, oberflächlich betrachtet, differenzierter. Aber er war nicht abgedrängt in den Raum des Privaten, der Antisemitismus war und blieb öffentlich. In der deutschen Nachkriegsgesellschaft erfüllten die antisemitischen Vorwürfe eine ganz bestimmte Funktion für die deutsche Bevölkerung, die sich so etwaigen Schuldgefühlen, ihrer Verantwortung und der Erinnerung an den Nationalsozialismus entziehen konnte. So kann auch die eingangs aufgeworfene Frage, ob es denn einen Antisemitismus trotz Auschwitz noch geben könne, in der Form nicht beantwortet werden. Denn der Nachkriegsantisemitismus existierte nicht trotz, sondern gerade wegen Auschwitz.

Ludwig Elm

Geschichtsvergessene Staatsgründer

Der Beitrag ist dem Antifaschisten Friedrich Rische, Abgeordneter der KPD im ersten Deutschen Bundestag, in seinem 91. Lebensjahr gewidmet. Trotz seiner Wortmeldungen bis in die letzten Jahre hinein wurde Fritz Rische von der Redaktion der Wochenzeitung ›Das Parlament‹ stets übersehen, wenn sie nach den wenigen noch lebenden Abgeordneten der ersten Wahlperioden Ausschau hielt oder runder Geburtstage von Parlamentariern gedachte.

Anfang 2005 erschien »Das Buch Hitler«, ein 1948/49 für Stalin angefertigtes und ihm Ende 1949 übergebenes Geheimdossier in deutscher Sprache. Es basiert wesentlich auf Aussagen zweier kriegsgefangener SS-Offiziere aus dem ehemaligen engsten Umfeld des faschistischen Diktators. Die Herausgeber bezeichnen es in ihrem Nachwort als »empörend, daß die Vernehmer des NKWD keinerlei Anstrengungen unternahmen, die Ursachen für die Ermordung der Juden im deutschen Machtbereich aufzuklären«.[1] Der Rezensent der führenden deutschen Wochenzeitung *Die Zeit* hob diese Empörung der Herausgeber hervor und bemerkte seinerseits anklagend: »Von dem Jahrhundertverbrechen der nationalsozialistischen Judenvernichtung ist überhaupt keine Rede.«[2]

Der Anlaß zur Kritik ist kaum zu bestreiten. Hier geht es um einen anderen Aspekt solcher selbstgerechten Anmerkungen bundesdeutscher Historiker und Publizisten: In eben jenen Wochen und Monaten, als das erwähnte und heute als so unzulänglich beurteilte Manuskript in Moskau abgeschlossen wurde, fand die Konstituierung der Bundesrepublik Deutschland statt. Wie wurde dabei mit den Geschehnissen und Erfahrungen der jüngsten Geschichte seit 1933 umgegangen? Und wie mit dem genannten »Jahrhundertverbrechen« und dessen Ursachen?

Nach der Verkündung des Grundgesetzes am 23. Mai 1949 und der ersten Bundestagswahl am 14. August 1949 konstituierte sich der Bundestag im September und wählte Konrad Adenauer zum ersten Bundeskanzler, der mit CDU, CSU, FDP und Deutscher Partei (DP) eine bürgerliche Mitte-Rechts-Regierung bildete. Die parteipolitischen Vertreter der Hauptströme des antifaschistischen Widerstands – KPD und SPD – blieben aus der Regierungsverantwortung und damit aus Schlüsselpositionen

---

[1] Henrik Eberle und Matthias Uhl (Hg.): Das Buch Hitler. Geheimdossier des NKWD für Josef W. Stalin, zusammengestellt aufgrund der Verhörprotokolle des Persönlichen Adjudanten Hitlers, Otto Günsche, und des Kammerdieners Heinz Linge, Moskau 1948/49. Aus dem Russischen von Helmut Ettinger. Mit einem Vorwort von Prof. Dr. Dr. h. c. Horst Möller, Direktor des Instituts für Zeitgeschichte, Bergisch Gladbach 2005, S. 510
[2] Klaus Hildebrand: Mit den Augen des Diktators, in: Die Zeit, Nr. 16, 14. April 2005

der Formierung des politischen und gesellschaftlichen Systems der Bundesrepublik ausgeschlossen. Die Restauration ist hier als wesentliche Komponente der deutschen Spaltung zu benennen und zu erörtern. Sie setzte ihrerseits voraus, daß die jüngste Geschichte verdrängt und möglichst rasch vergessen wird.

Am 20. September 1949 erfolgte die Vereidigung des Kanzlers und der Bundesminister. Anschließend gab Adenauer seine Regierungserklärung ab. »Von dem Jahrhundertverbrechen der nationalsozialistischen Judenvernichtung« war darin, um an das einleitende Zitat anzuknüpfen, »überhaupt keine Rede«. Kein Wort fiel über die Aggressionen gegen zahlreiche europäische Länder, über deren jahrelange Okkupation, über die Massaker an der dortigen Bevölkerung sowie die Millionen Opfer in Konzentrations- und Kriegsgefangenenlagern; kein Wort auch über das Schicksal von Millionen Zwangsarbeitern und von Tausenden Opfern politischer Verfolgung seit dem 30. Januar 1933. Keiner Erwähnung wert erschienen weiterhin dem vermeintlich größten Deutschen aller Zeiten (lt. großinszenierter Umfrage im *Zweiten Deutschen Fernsehen*) die Emigration, der antifaschistische Widerstand sowie die weltgeschichtliche Leistung der Antihitlerkoalition. Da von unvergleichlichen Verbrechen sowie riesigen und vielgestaltigen Opfergruppen keine Rede war, gab es für den frisch gekürten Kanzler der »zweiten deutschen Demokratie« keinen Anlaß, über Schuld und Sühne, über Wiedergutmachung und Rehabilitierung, über unverzügliche und schonungslose Geschichtsaufarbeitung auch nur ein Wort zu verlieren.[3]

Politiker wie Adenauer, Fritz Schäffer, Theodor Heuss und andere, die sich 1932/33 für die Einbeziehung der NSDAP in die preußische und die Reichsregierung eingesetzt oder für das Ermächtigungsgesetz für Hitler gestimmt hatten oder für andere folgenschwere Entscheidungen oder Unterlassungen in jener Phase mitverantwortlich waren, traten in der ersten Reihe der Staatsgründer und -Repräsentanten nach Hitler an. Sie ließen kein Bemühen erkennen, den Umständen und Ursachen der katastro-

---

[3] Private Äußerungen Adenauers belegen sein Wissen um die Art und die Dimension der NS-Verbrechen. Am 23. Februar 1946 hatte er an Pastor Bernhard Custodis zu einem ihm übersandten Manuskript geschrieben: »Das deutsche Volk, auch Bischöfe und Klerus zum großen Teil, sind auf die nationalsozialistische Agitation eingegangen. Es hat sich fast widerstandslos, ja zum Teil mit Begeisterung auf all den in dem Aufsatz gekennzeichneten Gebieten gleichschalten lassen. Darin liegt seine Schuld. Im übrigen hat man aber auch gewußt – wenn man auch die Vorgänge in den Lagern nicht in ihrem ganzen Ausmaß gekannt hat –, daß die persönliche Freiheit, alle Rechtsgrundsätze, mit Füßen getreten wurden, daß in den Konzentrationslagern große Grausamkeiten verübt wurden, daß die Gestapo, unsere SS und zum Teil auch unsere Truppen in Polen und Rußland mit beispiellosen Grausamkeiten gegen die Zivilbevölkerung vorgingen. Die Judenpogrome 1933 und 1938 geschahen in aller Öffentlichkeit. Die Geiselmorde in Frankreich wurden von uns offiziell bekanntgegeben. Man kann also wirklich nicht behaupten, daß die Öffentlichkeit nicht gewußt habe, daß die nationalsozialistische Regierung und die Heeresleitung ständig aus Grundsatz gegen das Naturrecht, gegen die Haager Konvention und gegen die einfachsten Gebote der Menschlichkeit verstießen.« (Adenauer. Briefe 1945-1947. Bearbeitet von Hans Peter Mensing, Berlin 1983, S. 172)

phalen Fehlentwicklungen in den letzten Jahren und Monaten der Weimarer Republik ernstlich nachzugehen, und äußerten sich nicht zum eigenen damaligen Versagen. Diese Verhaltensweisen wie auch viele andere Einzelheiten aus der Gründungs- und Frühgeschichte der Bundesrepublik sind seit dem 3. Oktober 1990 in neuer Weise bemerkenswert und für vergleichende Geschichtsbetrachtungen höchst aufschlußreich: aufschlußreich für Herkunft, Grundlagen und geistig-moralische Verfassung der bundesdeutschen Gesellschaft und ihre politische Kultur.

Was aber wurde im September 1949 thematisiert, weil für wesentlich gehalten? Dazu gehörten für Adenauer »die Frage der Pensionen der vertriebenen Beamten und der ehemaligen Militärpersonen«; die gesetzliche Regelung werde Letztere »so behandeln müssen, wie es recht und billig ist«. Er forderte die Beendigung gerichtlicher Verfahren »gegen diejenigen Deutschen, die in den alliierten Ländern wegen behaupteter Kriegsverbrechen zurückgehalten werden«. Das Potsdamer Abkommen erwähnte er lediglich in der Polemik gegen die Oder-Neiße-Grenze.

Die einzige in der Regierungserklärung Adenauers vom 20. September 1949 genannte Opfergruppe der vorangegangenen mehr als anderthalb Jahrzehnte waren die Vertriebenen, »die zu Millionen umgekommen sind (Zuruf in der Mitte: 5 Millionen!)«.

Vor allem durch die Deutsche Partei (DP), die insgesamt ebenfalls weit rechts befindliche FDP und den in der Union nunmehr rasch den stärksten Einfluß gewinnenden rechten Flügel war das nationalkonservative sowie alt- und neonazistische Potential der frühen bundesdeutschen Gesellschaft personell, ideologisch und programmatisch in der Regierungskoalition maßgeblich vertreten. Damit behaupte ich nicht eine Fortsetzung nazistischer Bestrebungen – die wäre rundum aussichtslos gewesen. Gemeint ist, daß diese Regierungskoalition Garant war für das künftig legale, praktisch unbehinderte Wirken faschistischer Organisationen, Verlage und Periodika, für die Zurückdrängung und Repression sozialistischer, linker, antifaschistischer und linksliberal-pazifistischer Richtungen und Gruppen, für eine Schlußstrichpolitik, die umgehend in Straffreiheits- und Amnestiegesetze und entsprechende Praktiken mündete, für eine weitreichende Rehabilitierung der Täter und Mitläufer des Dritten Reiches auf der Grundlage von Art. 131 GG sowie schließlich für eine rigorose Verdrängung der jüngsten Geschichte und der Probleme ihrer nachwirkenden Hinterlassenschaften in der Bundesrepublik. Rechtsgerichtete, also vorrangig militant antikommunistisch orientierte Versionen der Totalitarismuskonzeption wurden die dafür ebenso geeigneten wie wirksamen ideologischen Handreichungen zugunsten der restaurativen Politik.

Die Reden von Mitgliedern der Koalitionsparteien zur Regierungserklärung bestätigten das beschämende Bild vom Umgang der Repräsentanten der soeben entstehenden Bundesrepublik mit der jüngsten Geschichte und den sich daraus ergebenden Herausforderungen. Dabei handelte es sich vorrangig nicht um Unzulänglichkeiten oder Versehen. Vielmehr war diese geschichtspolitische Konzeption sowohl Voraussetzung als auch Wirkung der restaurativen gesellschaftspolitischen Strategie. Angesichts der Vorgeschichte seit 1870 und 1918/19 waren die erstrebten und schließlich realisierten sozialstrukturellen und machtpolitischen Kontinuitäten – einschließlich der Sicherung einer hinreichenden konservativ-nationalistischen und antisozialistischen Massen- und Wählerbasis – mit einer konsequent kritischen Aufarbeitung der jüngeren und jüngsten Geschichte nicht vereinbar. Das bestätigte sich auch in der Plenardebatte und sei diesem Rahmen nur exemplarisch veranschaulicht.

Vielleicht eher unfreiwillig sprach der Vorsitzende der Fraktion der CDU/CSU, Heinrich von Brentano, etwas Wesentliches zutreffend aus: »Zu jeder Zeit haben wir die Kontinuität des deutschen Staates betont. Wir sind hier, um einen neuen Staat zu organisieren, aber nicht um einen neuen Staat zu schaffen.« Der Fraktionsvorsitzende der FDP, Hermann Schäfer, äußerte: »Dieser neue Staat kommt zustande im Gefolge einer militärischen Auseinandersetzung und eines militärischen Zusammenbruchs, der die Grundlagen und die Grundordnung des gesamten staatlichen Lebens der Vergangenheit zerstört und zerrüttet hat« – und unterließ es gleichfalls, in diesem Zusammenhang die Nazidiktatur und ihre Verbrechen gegen die Menschheit auch nur zu erwähnen. Die Jahre 1933 bis 1945 wurden damit in das Verständnis einer staatlichen Kontinuität einbezogen, deren Fortsetzung nunmehr zum Leitmotiv eines Neubeginns erklärt wurde. In der deutschen Teilung – nicht etwa in Dutzenden von Millionen Opfern und in der Verwüstung des Kontinents – sah Schäfer »das Schlimmste, was die rasenden Machtstreber hinterlassen haben«. Unter Berufung auf den »Grundsatz der Rechtsgleichheit« forderte er, die Auseinandersetzungen mit den Tätern und Mitläufern des NS-Regimes – von wenigen Verbrechern abgesehen – einzustellen. Menschen, die »als Opfer erlogener Darstellungen sich geirrt haben« und »die innerlich sich keiner Schuld bewußt sind«, sollten nicht mehr als »Staatsbürger zweiter Klasse« behandelt werden. Unbelehrbarkeit und mangelndes Schuldbewußtsein von Tätern avancierten auf diese Weise zu Qualifikationen untadeliger Staatsbürger.

Der Redner einer weiteren Regierungspartei, Hans Ewers (DP), sprach von der sich konstituierenden Bundesrepublik als einem »Torso«, »Teilstaat«, »Rudiment« oder »Embryo« des zukünftigen Deutschlands »in den Grenzen des Jahres 1937«. Einschließlich der Farben schwarz-weiß-rot habe die DP »im Wahlkampf durchaus in derselben Linie wie die CDU, wie die FDP« gestanden, »denn man hat sich uns allseitig angenähert«.[4] Pauschal gegen jede antinazistische Personalpolitik polemisierend,

---

[4] Das Protokoll vermerkt dazu einen Wortwechsel mit dem Redner: »(Abg. Renner: Also Adenauers Fahne ist auch schwarz-weiß-rot?) Das wird sich finden! (Abg. Renner: Dann können wir bald wieder »Deutschland, Deutschland über alles« singen!) Das wollen wir auch bald wieder tun. (Hört! Hört! Links)«. Alle Textstellen aus der Regierungserklärung und der dazu geführten Plenardebatte sowie weitere Bezugnahmen basieren auf: Deutscher Bundestag. Stenografische Berichte, 5. bis 10. Sitzung, Bonn, 20. bis 29. September 1949

verstieg er sich in seiner Apologetik immerhin unter »schallender Heiterkeit« des Hauses dazu, den Bankier Hjalmar Schacht als »typischen Widerständler« zu stilisieren. Seine Partei lehne »die Nachäffung ausländischer demokratischer Formen« ab und wolle »eine Demokratie deutschen Wesens und deutschen Gepräges bilden«, sagte Ewers. Starke Unruhe und Zwischenrufe sowie eine Zurückweisung seitens des Bundestagspräsidenten löste er aus, als er die demokratischen Nationalfarben – die »nicht Angelegenheit deutscher Herzenswärme« seien – herabsetzend als »schwarz-rot-gelb« bezeichnete.

Den von Adenauer eröffneten selektiven Umgang mit Verbrechen und Opfern der unmittelbar vorangegangenen Jahre setzte Hans-Joachim von Merkatz (DP) fort: »In den Gebieten östlich der Oder-Neiße-Linie sind Dinge geschehen, die über jedes Maß hinaus so furchtbar sind (Abg. Rische: Meinen Sie Auschwitz?), daß kein Wort die Qual auszudrücken vermag, die tief in unsere Volksseele eingebrannt ist, unvergeßlich als eine Last schier unüberwindlicher Bedrückung. (Sehr gut! rechts.)«. Merkatz ließ keinen Zweifel daran, daß er ausschließlich die Umsiedlung ab 1945 der Erwähnung und der Trauer für wert hielt, als er fortfuhr: »Wurzellos und friedlos sind alle diejenigen, denen das ungeheure Unrecht der Verstümmelung unseres Vaterlandes angetan worden ist. Darüber ist nicht hinwegzukommen. Verstümmelt ist unser Land, verwüstet sind unsere Seelen, verödet und ausgebrannt alles das, was redlicher Fleiß in Jahrhunderten dort für Deutschland geschaffen hat. (Abg. Rische: Reden Sie doch einmal darüber, warum alles so gekommen ist!) Diese Frage möchte ich nicht mit Ihnen diskutieren.«[5] Vergessen – besser: nie wirklich wahrgenommen – waren die unvorstellbaren Opfer der faschistischen Barbarei in vielen Ländern, aber »unvergeßlich« sollte der Preis bleiben, der dafür im Verlauf und Ergebnis von Krieg und Vernichtungswahn auch von Deutschen zu zahlen war.

Die DP-Abgeordnete Margot Kalinke forderte namens ihrer Fraktion, sich »von dem oft so falsch verstandenen Grundsatz der Solidarität« abzuwenden und zu bemühen, »nicht jedem das Gleiche, sondern jedem das Seine zu geben«. Die »Folgen der Denazifizierung« sollten »bei der Wiedereingliederung befähigter Könner schnellstens beseitigt werden«. Nach ihrer Rede vermerkte das Protokoll: »(Abg. Renner: ‚Jedem das Seine!' stand über der Eingangstür des Lagers Buchenwald. Frau Abgeordnete der Deutschen Partei, wo haben Sie die Nazi-Terminologie her? Waren Sie Mitglied der Partei?)« Auch für den CDU-Politiker Linus Kather hatte das Unrecht »mit der Ausweisung von Millionen unschuldiger Menschen« begonnen. Er forderte »die Rückgabe unserer Ostprovinzen«, fernerhin, »daß das Sudetenland, das seit uralten Zeiten

---

[5] Gegen Ende seiner Rede bekräftigte H.-J. von Merkatz , später Bundesminister (1955-1962), und 1960 von der DP zur CDU gewechselt, sein nationalistisches Bekenntnis: »Wir richten unseren Blick auf das Leuchtende in unserer Geschichte und bekennen uns in Demut auch zu den Schatten unserer Vergangenheit, in dem heißen Bemühen, diese Gespenster zu überwinden. (Abg. Rische: Die leben noch, die Gespenster!)«

deutsch war, seinen deutschen Bewohnern zurückgegeben wird« sowie »Wiedergut-machung für unsere sudetendeutschen Freunde«.

Die Ehrenrettung des mit solchen Reden besudelten Parlaments erfolgte durch Redner der Opposition wie Kurt Schumacher und Carlo Schmid (beide SPD), Max Reimann und Walter Fisch (beide KPD) sowie Helene Wessel (Zentrum). Schumacher sprach von einem »Rechtsruck im deutschen Volk« und neuen Chancen des Rechtsra-dikalismus. Viele seien bereits wieder soweit, soziales Versagen »als Heizstoff für einen neuen Nationalismus und für einen Neofaschismus zu verwerten«. Er wandte sich gegen die Unterlassung Adenauers hinsichtlich der deutschen Kräfte des Widerstands und der deutschen Opfer des Faschismus: »Man kann nicht gegen den Nazismus sein, ohne der Opfer des Nazismus zu gedenken.« Es sei »die Pflicht jedes deutschen Patrio-ten«, die »furchtbare Tragödie der Juden im Dritten Reich« in den Vordergrund zu stellen: »Die Hitlerbarbarei hat das deutsche Volk durch die Ausrottung von sechs Mil-lionen jüdischer Menschen entehrt. An den Folgen dieser Entehrung werden wir unabsehbare Zeiten zu tragen haben.« Keine politische Richtung solle vergessen, daß jeder Nationalismus antisemitisch sei und jeder Antisemitismus nationalistisch wirke. Schumachers zutreffende, an das Regierungslager gerichtete Bemerkung »*Sie* waren doch zum großen Teil Nazis« führte zu Unruhe und zu einer Ermahnung des Bundes-tagspräsidenten Köhler an den Redner, »derartige Kennzeichnungen«, die »die Aus-sprache hier erschweren«, nicht zu wiederholen.[6]

Max Reimann (KPD) äußerte, »daß heute in Wirtschaft und Verwaltung dieselben Kräfte herrschen, die das Unglück für unser Volk herbeigeführt haben, und es werden auch Parallelen zwischen der Brüning- und Papen-Regierung und der heutigen Regie-rung Dr. Adenauers gezogen.« Er kritisierte die Ablehnung des Potsdamer Abkom-mens durch Adenauer. Reimanns Bekenntnis zur Oder-Neiße-Grenze rief andauernde nationalistische Angriffe und Tumulte hervor.

Bei aller Schwere der Aufgaben in Deutschland, sagte Helene Wessel (Z), dürfe man »doch nicht übersehen, was sich während des Hitlerkrieges jenseits der deutschen Grenzen abgespielt und was für grauenvolle Spuren auch dort der Krieg hinterlassen hat«. Sorgfältig – das verspreche sie dem Bundeskanzler – »werden wir darauf achten, welche Rolle die Steigbügelhalter des Naziregimes spielen werden«. Für die Diploma-tie und den Staatsapparat empfahl sie diejenigen, »die in den Nazijahren unfreiwillig ihre Auslandserfahrungen gesammelt haben«, sowie jene charakterfesten Beamten, »die auch im Hitlerstaat dem demokratischen Freiheitsideal die Treue gehalten

---

6 Dem ersten Bundestag gehörten 53 ehemalige Mitglieder der NSDAP an; das waren 13 Prozent der 402 Abge-ordneten. Dazu kamen diejenigen, die – teilweise als Mitglieder weiterer NS-Organisationen – in wirtschaftslei-tenden und staatlichen Funktionen der Diktatur gedient hatten. In den ab 1949 erschienenen offiziellen Handbü-chern des Deutschen Bundestages wurden die Zugehörigkeit zu NS-Organisationen und politisch belastende Tätigkeiten in der Regel unterschlagen oder nichtssagend umschrieben.

haben«. Sie forderte die Regierung auf, »gegenüber einem wiederaufkommenden Antisemitismus« klarzustellen, daß dieser sich als Fluch erwiesen habe sowie mit Recht und Gerechtigkeit unvereinbar sei.

Scharfe Kritik an außenpolitischen Aussagen und besonders an territorialen Forderungen in Reden von Vertretern der Regierungsparteien, die von Adenauer hingenommen wurden, äußerte Walter Fisch (KPD). »Ist eine solche Redeweise bei der Eröffnung dieses Parlaments nicht geradezu eine Herausforderung aller Völker, die unter der Besetzung des Naziregimes so Fürchterliches erduldet haben? Eine Herausforderung ist es, die alten, nazistischen Ansprüche wieder geltend zu machen und sie sich zu eigen zu machen.« Über deutsche »Leistungen« im Osten zu reden, verpflichte heute, an die der Jahre 1939 bis 1945 zu erinnern: »Das polnische Volk denkt bei Worten wie deutsche Leistungen an Lodz, an Auschwitz, an Warschau, an Lublin, und das tschechoslowakische Volk denkt bei diesen Formulierungen an den Namen Lidice (Zuruf in der Mitte: An Aussig!), der tief in die Herzen aller tschechoslowakischen Bürger eingeprägt ist. (Unruhe und Zuruf rechts: Unerhört!)«[7]

Carlo Schmid (SPD) war am 29. September 1949 vor den Schlußbemerkungen Adenauers der letzte Redner zur Regierungserklärung. Angesichts der Reden der Rechten zum Unrecht, »das nach Abschluß der Kämpfe den Deutschen im Osten und Westen zugefügt worden ist«, bemerkte er: »Aber das Recht, hier moralisch anzuklagen, haben doch wohl nur diejenigen, die sich seinerzeit über Sauckel, über die Austreibung und Ausrottung der Juden und Polen, über Lidice, über Auschwitz und über Oradour wenigstens geschämt haben! (Stürmischer Beifall bei der SPD und in der Mitte.)« Die folgende Entwicklung des restaurativen Klimas in der Bundesrepublik ging auch über Schmids damals unter dem Beifall der SPD geäußertes Bekenntnis hinweg, man wolle »kein Lied zur Nationalhymne haben, das dadurch entehrt worden ist, daß dieses Volk es zwölf Jahre lang zur ersten Strophe des Horst-Wessel-Liedes degradiert hat!«

---

[7] Fisch wandte sich gegen chauvinistische Töne und sagte: »Es kann einen nicht wundern, wenn als Sprecher einer solchen Politik Leute auftreten, die die deutsche Außenpolitik der Zukunft auf ihren Erfahrungen und Aspekten aus ihrer Tätigkeit während der Nazizeit aufbauen wollen. Wenn es hier im Hause Leute gibt, die sich während der Nazizeit damit beschäftigten, als Syndizi des IG-Farbenkonzerns Tausende von tschechischen Zwangsarbeitern anzuwerben und sie nach Auschwitz zu bringen, (Hört! Hört! bei der KPD) dann allerdings darf man sich nicht wundern, wenn manche Leute glauben, sie könnten die Theorien und Praktiken ihrer eigenen Vergangenheit heute als die moderne Außenpolitik dem deutschen Volke empfehlen. (Zuruf von der FDP: Namen nennen!) Die Herren der FDP-Fraktion sind genau informiert, wen ich meine. (Erneuter Zuruf von der FDP: Namen nennen!) Ich meine den Herrn Abgeordneten Euler.« Die einzige der vom 1908 geborenen und ab 1939 bei I.G. Farben als leitender Jurist tätigen August Euler für die Jahre 1933 bis 1945 genannte biografische Angabe lautete: »1936 Assessorexamen.« (Die Volksvertretung. Handbuch des Deutschen Bundestages. Hrsg. von Fritz Sänger, Stuttgart 1949, S. 135)

In seiner Antwort auf die Aussprache zur Regierungserklärung ging Adenauer auf die Kritik an fundamentalen historisch-politischen und ideell-moralischen Defiziten der von ihm und Vertretern der Koalitionsparteien vorgetragenen Positionen nicht ernsthaft ein. Verharmlosend und rechtfertigend sprach er davon, daß »einige romantische Ausführungen über Böhmen, Mähren, Österreich usw. gemacht worden« seien. Angesichts des andauernden Mißtrauens im Ausland appellierte er, öffentlich gesprochene Worte sorgfältig abzuwägen, damit sie »nicht zu Mißdeutungen Anlaß geben«. Wenn Sudetendeutsche verlangen, in ihre Heimat zurückkehren zu können, habe dies »mit Plänen, mit Gedanken und Gedankengängen, wie sie früher bei den Alldeutschen und später bei den Nationalsozialisten bestanden haben, gar nichts zu tun«. Das sei »lediglich ein Ausdruck der Liebe zur heimatlichen Scholle und weiter nichts«.

Mit solchen Reden wurden Forderungen bestärkt und Spannungen angeheizt, die noch nach dem Eintritt in das folgende Jahrhundert gutnachbarliche und vertrauensvolle Beziehungen in Ostmitteleuropa beeinträchtigen.

Bei der Betrachtung der konkreten Vorgänge, Bestrebungen und programmatischen Verlautbarungen im Verlauf der Konstituierung der Bundesrepublik im Sommer und Herbst 1949 wird man auf der Suche nach dem in Politik und Publizistik oft behaupteten »antitotalitären Gründungskonsens« der Bundesrepublik kaum fündig. Strategisches Leitmotiv Adenauers im Wahlkampf des Sommers 1949 war der nach rechts hin integrierende Bürgerblock. In der Zusammensetzung und Politik der von ihm geführten Regierung setzte er es folgerichtig um. Er selbst nannte in der Regierungserklärung das für ihn entscheidende Kriterium: »Eine Koalition zwischen den Parteien, die die Planwirtschaft verworfen, und denjenigen, die sie bejaht haben, würde dem Willen der Mehrheit der Wähler geradezu entgegengerichtet gewesen sein.«

Ein glaubwürdiger »antitotalitärer Konsens« im Deutschland des Jahres 1949 hätte wenigstens eine bestimmende antifaschistische Komponente aufweisen müssen. Doch davon ist in der damaligen Verfassungswirklichkeit, besonders der Zusammensetzung, Geisteshaltung und Politik der ersten Bundesregierungen, nichts zu erkennen. Von den vier Parteien der Koalition hatten zwei – CSU und DP – das Grundgesetz abgelehnt. DP, FDP und Teile der Union hatten den ersten Bundestagswahlkampf mit Forderungen nach Generalamnestie und Schlußstrich unter die Entnazifizierung geführt. Und bereits 1950 beginnt die offene Diskriminierung großer Gruppen linker Gegner und Opfer des Naziregimes.

Übrigens ist auch im Fiasko des damals gestifteten nationalen Gedenktages am 7. September – dem Tag des Zusammentritts des neugewählten Bundestages – ein Indiz dafür zu sehen, daß die Konstituierung der Bundesrepublik 1948/49 parteienübergreifender und von breitesten Kreisen getragener demokratisch-humanistischer Ideen und gesellschaftlicher Leitbilder entbehrte. Hier wurzelt ideologiegeschichtlich der offiziöse Haß auf den kämpferischen und kapitalismuskritischen Antifaschismus der deutschen Linken. Dieser Haß hat die Gesamtgeschichte der Bundesrepublik begleitet. Nach 1990 wurden aufwendige Kampagnen in den neuen Bundesländern inszeniert, um unter dem Vorwand der Überwindung des »verordneten Antifaschismus« die dem Establishment der alten Bundesrepublik fremden Traditionen und Leitbilder des kommunistischen und sozialistischen Widerstands sowie ihre Ausdrucksformen in der DDR zurückzudrängen und zu marginalisieren. Auch und gerade diese Traditionen waren mit den – im Namen der Enquete-Kommission des 13. Deutschen Bundestages formulierten – »Folgen der SED-Diktatur« gemeint, die überwunden werden sollen.

Anläßlich des sechzigjährigen Bestehens der CDU erschien eine Publikation, die alte und auch jüngere Tabus der bundesdeutschen Geschichte fortschreibt und noch im Sommer 2005 nicht einmal im Fall Globke über die Schatten der eigenen Herkunft und dunklen Erbschaften springt. Der Herausgeber äußert im Vorwort zur CDU: »Als neuartige Parteiformation hat sie auch stärker als die anderen Parteien, die 1945 wieder erstanden, den Gedanken der geistigen, sittlichen Erneuerung herausgestellt. Keine andere Partei ist so mit dem Anspruch angetreten, ›etwas Neues‹ zu sein und von Grund auf Neues zu schaffen.«[8] Falls darunter auch eine »sittliche Erneuerung« im politischen Denken und Handeln behauptet werden soll, kontrastiert die anmaßende These in grotesker Weise mit dem von der Union geprägten Staatsverständnis von 1949 und den Haupttendenzen der Politik in den folgenden Jahren.

---

[8] Günter Buchstab (Hrsg.): Brücke in eine neue Zeit. 60 Jahre CDU. Hrsg. i. A. der Konrad-Adenauer-Stiftung e. V., Freiburg-Basel-Wien 2005, S. 9

Rüdiger Hachtmann

Wie die deutsche Wissenschaftselite ihre Vergangenheit bearbeitete

Seit 1911 war die reichsdeutsche Wissenschaftselite in der Kaiser-Wilhelm-Gesellschaft (KWG) konzentriert, aus der 1946 bis 1948 die Max-Planck-Gesellschaft hervorging. Die dort über viele Jahrzehnte kultivierte Erinnerungspolitik sowie die dort gepflegten apologetischen Rhetoriken sind Gegenstand meines Beitrages.[1] Bevor ich jedoch auf die Vergangenheitsbearbeitung seit 1945 zu sprechen komme, kurz etwas zur Bedeutung und zur Erfolgsgeschichte der KWG bis 1945.

Die KWG expandierte vor allem seit 1936 in einem heute kaum vorstellbaren Ausmaß. Bis 1943 wuchs ihr Gesamtetat auf das Zweieinhalbfache. Das waren jährliche Steigerungsraten von mehr als 20 Prozent. Im Jahr 1943 lag der Etat um 66 Prozent über dem von 1929, dem Spitzenjahr in der Weimarer Republik. Auch institutionell expandierte die KWG besonders seit 1938, nicht zuletzt in den südosteuropäischen Raum hinein. Aus den 29 Instituten des Jahres 1933 wurden innerhalb eines Jahrzehnts 42. Die Pläne der KWG und ihrer Generalverwaltung gingen noch sehr viel weiter, ließen sich seit 1943 jedoch nicht mehr realisieren. Die Gesamtzahl der Beschäftigten der KWG stieg von 580 im Jahre 1923 und 1000 zu Beginn des NS-Regimes auf schließlich 1900 im letzten Kriegsjahr (ohne Aerodynamische Versuchsanstalt).

Der Hintergrund für diese Expansion war, daß in der KWG die sogenannte Grundlagenforschung der Natur- und Technikwissenschaften konzentriert war, die erhebliche kriegswissenschaftliche Bedeutung hatte. Auf eine These zugespitzt: Die Natur- und Technikwissenschaften, einschließlich Ersatzstoffforschung und Agrarwissenschaften, haben entscheidend dazu beigetragen, daß das »Dritte Reich« einige Weltkriegsjahre gegen weit überlegene ökonomische Potenzen der Kriegsgegner durchhalten konnte. Demgegenüber vernachlässigte das NS-Regime vor allem die geistes- und sozialwissenschaftlichen Disziplinen, seit 1937 zunehmend auch die medizinisch-biologischen Institute.

Ressourcen flossen der KWG nicht automatisch zu; sie mußten mobilisiert werden, und zu diesem Zweck waren erst einmal Beziehungsnetze aufzubauen. Ernst Telschow, seit 1937 Generalsekretär und neben dem Präsidenten entscheidender Mann der KWG, besaß bis in die höchsten Ränge sämtlicher Ministerien hinein und zu einer Reihe von NSDAP-Gauleitern sowie anderen Spitzenfunktionären des Regimes beste Kontakte. Ludwig Prandtl, Direktor des Instituts für Strömungsforschung sowie der

---

[1] Ausführlich zur Vergangenheitspolitik von KWG und MPG: Rüdiger Hachtmann, Wissenschaftsmanagment im »Dritten Reich«. Die Generalverwaltung der Kaiser-Wilhelm-Gesellschaft, Göttingen 2006 (besonders Kapitel 12).

Aerodynamischen Versuchsanstalt in Göttingen und überhaupt herausragende Figur der deutschen Strömungsforschung, war der entscheidende Mann für die Wissenschaften in Görings Luftfahrtimperium. Peter Adolf Thiessen war als Direktor des Kaiser-Wilhelm-Instituts (KWI) für physikalische und Elektrochemie ebenso wie Werner Köster als Leiter des KWI für Metallforschung auf das engste mit der Wehrmachtsforschung verbandelt, Ludwig Eitel als Direktor des KWI für Silikatforschung mit Fritz Todt als dem Generalinspekteur für den Straßenbau und so fort. Nicht minder eng war die biologisch-medizinische Sektion der KWG mit dem Hitler-Regime verbunden, dafür stehen Namen aus dem KWI für Anthropologie, menschliche Erblehre und Eugenik wie Eugen Fischer, Fritz Lenz und Ottmar Freiherr v. Verschuer.[2] Ernst Rüdin, Direktor der zur KWG gehörenden Deutschen Forschungsanstalt für Psychiatrie, war ebenfalls im Sinne der nationalsozialistischen Eugenik engagiert. Richard Kuhn, Direktor des KWI für medizinische Forschung, war maßgeblich an der Nervengasforschung des »Dritten Reiches« beteiligt.[3] Die Reihe ließe sich fortsetzen.

Diese Affinitäten hatten Tradition. Zunächst zu den kriegswissenschaftlichen Traditionen: Fritz Haber, der Entdecker der Ammoniaksynthese (Stickstoffdünger, Sprengstoffe) und Vater des Giftgaskrieges, leitete seit 1911 das KWI für physikalische und Elektrochemie, das seit 1914 zu einer riesigen kriegswissenschaftlichen Forschungseinrichtung mit mehr als tausend Mitarbeitern ausgebaut wurde.[4] Am Ende des Kaiserreiches brach diese Tradition einer engen Zusammenarbeit mit dem Militär nicht ab. Seit Mitte der zwanziger Jahre betrieben zahlreiche Institute der KWG in enger Kooperation mit der Reichswehr Rüstungsforschung, die nach den Bestimmungen des Versailler Vertrages strikt verboten war.

Zu den Kontinuitäten der politischen Mentalitäten vor und nach 1933: Die ersten beiden Präsidenten Harnack und Planck blieben zeit ihres Lebens »Herzensmonarchi-

---

[2] Ausführlich: Hans-Walter Schmuhl, Grenzüberschreitungen. Das Kaiser-Wilhelm-Institut für Anthropologie, menschliche Erblehre und Eugenik 1927-1945, Göttingen 2005 (sowie die dort genannte ältere Literatur).

[3] Zu Kuhn und zur Rolle seines KWI für die Kampfstoff-Forschung der NS-Diktatur vgl. Florian Schmaltz, Kampfstoff-Forschung im Nationalsozialismus. Zur Kooperation von Kaiser-Wilhelm-Instituten, Militär und Industrie, Göttingen 2005, S.357-586. Zu Rüdin vgl. Volker Roelcke, Psychiatrische Wissenschaft im Kontext nationalsozialistischer Politik und »Euthanasie«. Zur Rolle von Ernst Rüdin und der Deutschen Forschungsanstalt für Psychiatrie/Kaiser-Wilhelm-Institut, in: Doris Kaufmann (Hg.), Geschichte der Kaiser-Wilhelm-Gesellschaft im Nationalsozialismus, Bd.1, Göttingen 2000, S.112-150; ders., Programm und Praxis der psychiatrischen Genetik an der Deutschen Forschungsanstalt für Psychiatrie unter Ernst Rüdin. Zum Verhältnis von Wissenschaft, Politik und Rasse-Begriff vor und nach 1933, in: Hans-Walter Schmuhl (Hg.), Rassenforschung an Kaiser-Wilhelm-Instituten vor und nach 1933, Göttingen 2004, S.38-67.

[4] Haber und zahlreiche seiner Mitarbeiter mußten als »Juden« 1933 bzw. in den Folgejahren gehen und Deutschland verlassen, obwohl sie sich »um das Vaterland verdient gemacht hatten«. Nicht zuletzt dieser Aspekt, also die Vertreibung trotz »nationaler Verdienste« und einer konservativen Grundhaltung, erklärt im übrigen wesentlich die innerhalb der KWG bis Mitte der dreißiger Jahre hochschlagende Empörung über die antisemitische Entlassungspolitik des NS-Regimes. Vgl. Hachtmann, Wissenschaftsmanagement, Kapitel 7.

sten« und mit ihnen fast die gesamte Spitze der KWG. Sie mochten sich nach 1918 noch nicht einmal zu »Vernunftrepublikanern« bekehren. Friedrich Glum, als Generaldirektor der KWG vor allem unter dem Präsidenten Max Planck 1930 bis 1937 der eigentliche Macher, exponierte sich Anfang 1930 öffentlich in einer weithin beachteten Broschüre für den italienischen Faschismus. Im Herbst 1933 bejubelte Glum in Zeitungsartikeln Hitler als den größten deutschen »Revolutionär« seit Luther.[5] Albert Vögler, seit 1941 Präsident der KWG, jedoch bereits seit 1933 Graue Eminenz der Gesellschaft, gehörte vor 1918 zu den bekennenden Anhängern der Idee eines imperialistischen Siegfriedens. Nach 1918 war er im politischen Spektrum Weimars rechtsaußen exponiert, machte die Nazis 1932/33 in den Kreisen der alten Eliten salonfähig und gehörte seit Mitte der dreißiger Jahre zum engsten wirtschaftspolitischen Beraterstab Hitlers, trotz aller Konkurrenz auch zum Beraterumfeld Görings und anderer NS-Spitzenfunktionäre sowie der Wehrmacht. Im Februar 1942 hievte er Albert Speer in rüstungspolitische Spitzenpositionen und war seitdem dessen engster Berater. Zahlreiche weitere Namen aus den KWG-Spitzengremien – Krupp, Siemens, Röchling, Thyssen, Stauß und viele andere sowie zahlreiche kooptierte politische Entscheidungsträger des NS-Regimes (unter ihnen Darré, Milch, Krauch, Mentzel, Groß, Fiehler) – ließen sich anfügen.

Nun jedoch zum Thema Erinnerungspolitik und Vergangenheitsbearbeitung der KWG/MPG (also der Max-Planck-Gesellschaft als der Nachfolgeorganisation der KWG) acht Thesen:

1) Unabdingbare Prämisse erfolgreicher »Vergangenheitsbewältigung«: das Konstrukt des »echten Nationalsozialisten« und das Diktum von der politisch unschuldigen Grundlagenforschung

In den »Persilscheinen« der Nachkriegszeit, mit denen politisch häufig hochbelastete Einzelne ihre braunen Hemden weißwuschen, findet sich als rhetorische Grundfigur immer wieder die Gegenüberstellung von »echten Nationalsozialisten« meist kleinbürgerlicher oder plebejischer Herkunft auf der einen und »unpolitischen Fachleuten« auf der anderen Seite. Letztere, die Experten, hätten nur ihre »patriotische« Pflicht getan und seien eigentlich unpolitisch gewesen.[6] Das NS-Regime wurde zu einer Rabauken-Diktatur fanatisierter Nazis simplifiziert. Daß es »nicht die SA-Männer und Kneipenschläger waren, [die] die Welt erschütterten«,[7] blieb gezielt ausgeblendet,

[5] Ausführlich: Rüdiger Hachtmann, Eine Erfolgsgeschichte? Schlaglichter auf die Geschichte der Generalverwaltung der Kaiser-Wilhelm-Gesellschaft im »Dritten Reich«, Berlin 2004, S.24-30.

[6] Exemplarisch für diesen Argumentationstypus: Manfred Rasch, Über Albert Vögler und sein Verhältnis zur Politik, in: Mitteilungsblatt des Instituts für soziale Bewegungen, 2003, Heft 28, S.127-156, hier: S.143.

[7] Ulrich Herbert, Wer waren die Nationalsozialisten? Typologien des politischen Verhaltens im NS-Staat, in: Gerhard Hirschfeld/Tobias Jersak (Hg.), Karrieren im Nationalsozialismus. Funktionseliten zwischen Mitwirkung und Distanz, Frankfurt a.M./New York 2004, S.17-42, hier: S.23.

Zudem wurde nach 1945 suggeriert und kolportiert, daß das NS-Regime wissenschaftsfeindlich gewesen sei – obwohl selbst borniertesten Nazis bewußt war, daß sich moderne Kriege nur mit moderner Industrie, moderner Technologie und eben modernen Wissenschaften führen lassen. Zahllose Experten, gleichgültig ob Verwaltungsfachleute, Techniker oder Wissenschaftler, die der Diktatur eifrig zugearbeitet hatten, verschafften sich auf diese Weise ein Image »ideologiefreier Integrität«.[8]

Diese Persilschein-Rhetorik vom unpolitischen Technokraten ließ sich leicht auf Institutionen ausdehnen, nicht zuletzt auf Forschungseinrichtungen. Keine andere Institution konnte die exkulpierende Floskel von der ideologiefreien wissenschaftlichen Integrität überzeugender einsetzen als der Forschungsverbund der KWG, der fast alle deutschen Nobelpreisträger in seinen Reihen zählte. Der rhetorische Trick, der die Apologie der KWG so wirkungsvoll machte: Einem Politik-Begriff, der das NS-Regime auf eine braune Rabauken- und Ideologendiktatur reduzierte, in der nur Hitler, Streicher, Rosenberg, Goebbels, Ley und ihresgleichen den Ton angegeben hätten, wurde in einem zweiten Schritt ein schematischer Wissenschaftsbegriff gegenübergestellt, der Grundlagenforschung und angewandte Forschung strikt trennte und begrifflich ein enges Verständnis von Rüstungs- und Kriegswissenschaften pflegte.

Bis 1945 hatten zahlreiche Repräsentanten der KWG freimütig geäußert, daß angewandte Forschung und grundlegende Wissenschaften in der Praxis nicht zu trennen seien. Nach 1945 mußten sie, um sich selber zu entnazifizieren, mit dieser Einsicht brechen, jedenfalls der Öffentlichkeit gegenüber. So erklärte Max Planck bereits Ende Juni 1945 wider besseres Wissen, sämtliche Institute der KWG hätten »auch während des Krieges ihre eigentliche Aufgabe, die Grundlagenforschung zu fördern, unbeirrt von den Forderungen des Krieges« durchgeführt.[9]

Akzeptanz fand eine solche, auf die politische Unschuld der Grundlagenforschung abhebende Argumentation auch deshalb, weil der Weg von den Resultaten der Grundlagenforschung zur Anwendung häufig verschlungen ist und die hochgradige Arbeitsteilung moderner Industrie- und Wissensgesellschaften Behauptungen, man habe die Folgen der eigenen Tätigkeit nicht abschätzen können, glaubhaft erscheinen läßt.

2) Die Dehnbarkeit der Begriffe »Unabhängigkeit« und »Freiheit«

Nicht nur der Begriff »Politik« ließ sich nach Belieben verengen und zurechtbiegen. Auch Wörter wie »Unabhängigkeit« und »Freiheit« waren und sind bedeutungsoffen. Festzuhalten ist, daß das NS-Regime, das ja in vielerlei Hinsicht ausgesprochen pragmatisch agierte, der KWG die organisatorische Autonomie beließ; denn die bis 1933 bewährten institutionellen Strukturen der Wissenschaftsgesellschaft ließen auch für

[8] Begriff nach: Joachim Fest, Albert Speer. Eine Biographie, Frankfurt/Main 2001, S.307.
[9] Max Planck an die Alliierte Wissenschaftliche Kommission, vom 25. Juni 1945, in: Archiv der Max-Planck-Gesellschaft (MPG-Archiv), Abt. II, Rep.1A, Nr.1.

die Folgezeit wissenschaftliche Produktivität und Innovationen erwarten, auf die das NS-Regime angewiesen war. Nach 1945 wurde dieser Zusammenhang so umgedeutet, als hätten die Wissenschaftsorganisation und die Wissenschaften überhaupt erfolgreich ihre Unabhängigkeit gegen das NS-Regime verteidigt. Nominelle und substantielle Autonomie wurden kurzerhand gleichgesetzt und zusätzlich mit politischer Resistenz verknüpft. Die Wahrung einer nur formal-organisatorischen Unabhängigkeit der KWG mutierte zum »Widerstand gegen die Regierung des Dritten Reiches«.

3) Elite versus Plebs – Habitusdifferenz als Systemopposition

Bis 1933 hatte die in der KWG versammelte Wissenschaftselite gegenüber der »Masse« Distanz gewahrt. Sozialdemokraten und später die Kommunisten waren ihr als Verführer der scheinbar unkalkulierbaren proletarischen Massen verhaßt. Die Revolution von 1918/19 war für sie ein Schock. Von ganz wenigen Ausnahmen wie Albert Einstein abgesehen verabscheuten diese Wissenschaftler die Weimarer Republik als »Herrschaft des Pöbels«. Nach 1945 projizierten sie die Aversionen gegenüber der »Masse« auf das Konstrukt von den »wirklichen Nationalsozialisten«. Ähnlich wie »der Nationalsozialismus« auf das simple Stereotyp »wissenschaftsfeindlich« reduziert wurde – obwohl er keine homogene Ideologie, sondern ein diffuses Ideologienkonglomerat war –, wurde auch der Typus des »echten Nationalsozialisten« definitorisch eingeengt. Man schrieb ihm, neben besonders barbarischen Eigenschaften, dezidiert plebejische Attribute zu. Tatsächlich hatten bis zum Sommer 1934 respektlose, wild auftretende Funktionäre kleinbürgerlicher, proletarischer oder subproletarischer Herkunft aus den Reihen der SA oder der Nationalsozialistischen Betriebszellenorganisation (NSBO) manchen in Ehren ergrauten Wissenschaftler an den Kerninstituten der KWG in Berlin-Dahlem in Angst und Schrecken versetzt.

Daß nach dem »Röhm-Putsch« der Typus des SA- und NSBO-Nazis weitgehend von der politischen Bildfläche verschwand und daß seitdem der gepflegte, einem bürgerlichen Elternhaus entstammende Nazi in Dahlem die Machthaber des »Dritten Reiches« repräsentierte – ein Typus, mit dem die alten Eliten einschließlich der in der KWG konzentrierten Wissenschaftselite reibungslos kooperierten –, wurde nach 1945 verdrängt oder gezielt ignoriert.

Wie verkürzt und mitunter verlogen dieses vergangenheitspolitische Konstrukt einer Polarität zwischen dem zum Urbild des Nationalsozialisten stilisierten SA-Rabauken aus der Anfangszeit des Regimes und dem um Wissenschaft, Kultur und Vaterland besorgten Mitarbeiter der KWG war, läßt sich am Beispiel Georg Graue illustrieren. Graue, seit 1929 am KWI für Chemie, seit 1934 dann am KWI für physikalische und Elektrochemie tätig, war der maßgebliche NS-Dozentenbundführer für die universitätsunabhängigen Institute in Berlin. Er stieg allerdings erst nach dem »Röhm-Putsch« Ende Juni 1934 zum entscheidenden Funktionär in Dahlem auf.[10]

Nach 1945 stilisierte er sich zum Anti-Nazi, indem er die skizzierte habituelle Differenz sowie ihre konflikthafte Aufladung 1933/34 herausstrich und zugleich gegenwartsbezogen Ressentiments mobilisierte. Ausgerechnet im Jahre 1968 erklärte er mit dem Gestus des ehemaligen KWG-Angehörigen, der von den SA- und NSBO-Rabauken zutiefst angewidert gewesen sei und die hehre Wissenschaft habe retten wollen, »daß wir damals, wenn auch auf verschiedenen Wegen, den Versuch unternommen haben, nicht nur die Substanz der Wissenschaft, sondern mindestens ebenso bewußt das Wesentliche an unserer Kultur zu bewahren«. Seine Eloge auf die gute alte KWG, die in den dreißiger Jahren von den braunen Massen so böse angegriffen worden sei, krönte er mit der Bemerkung: »Ich hätte nicht gedacht, daß wir Alten noch einmal mit Sorge im Herzen erleben würden, daß [heute, 1968] grölende Horden durch die Straßen ziehen und alles gefährden, was mit so viel Mühe wieder aufgebaut ist.«[11] Der »Alte Kämpfer« und scharfe Antisemit Graue setzte die antiautoritäre bundesdeutsche Jugendbewegung der sechziger Jahre kurzerhand den 1933 allgegenwärtigen SA-Massen gleich und forderte so, nicht zuletzt für sich selbst, Elitensolidarität gegen Massenherrschaft ein.

Die Überhöhung einer sozialhabituell bedingten großbürgerlichen Distinktion gegenüber den Massen und deren Gleichsetzung mit »dem Nationalsozialismus« wird bei Graue zum rhetorischen Kunstgriff, um die eigene scharfmacherische Rolle im »Dritten Reich« vergessen zu machen. Indem der ehemalige NS-Dozentenbundführer und ähnlich auch andere Wissenschafter verbal auf die SA-Horden einprügelten, machten sie vergessen, daß es vor allem gutbürgerliche Nazis und ihre großbürgerlichen Bündnispartner in Verwaltung, Wirtschaft und Wissenschaft waren, die dem Hitler-Regime zu Stabilität und der Kraft verhalfen, die es dann vor allem im Krieg so destruktiv entfalten konnte.

4) Das Totalitarismus-Ideologem und seine vergangenheitspolitische Instrumentalisierung
Die Legende vom Kampf der KWG gegen die angebliche Wissenschaftsfeindlichkeit des Hitler-Regimes und gegen diktatorische Übergriffe wurde nicht zuletzt deshalb gern geglaubt, weil an der ablehnenden Haltung der seit 1945 in Göttingen residierenden KWG/MPG gegenüber der SED, der SBZ und später der DDR kein Zweifel sein konnte.

---

[10] Graue (1903-1993), Sohn eines ev. Pastors, 1936 bis 1945 NS-Dozentenbundführer für die universitätsunabhängigen Institute in Berlin, 1943 bis 1945 außerdem Leiter der einflußreichen Kriegswirtschaftsstelle im Reichsforschungsrat, war in den fünfziger und sechziger Jahren Chefchemiker des Werkes Ruhrort der Phoenix-Rheinrohr AG.
[11] Graue an Marianne Reinold (Chefsekretärin in der KWG-Generalverwaltung) am 16. April 1968, nach: Michael Schüring, Minervas verstoßene Kinder Vertreibung, Endschädigung und die Vergangenheitspolitik der Max-Planck-Gesellschaft, erscheint Berlin 2006 [Ms., S.181].

1945/46 hatte der Berliner, später der Ost-Berliner Magistrat versucht, die KWG in Berlin neu aufzubauen. Die alte Führung und ebenso die Direktoren und führenden Wissenschaftler der meisten KWG-Institute waren aber von Berlin nach Göttingen, also in die britische Zone, geflohen. Den 1948/49 endgültig gescheiterten Versuch, von Berlin aus die KWG neu erstehen zu lassen, leitete Robert Havemann, der 1932/33 kurzzeitig am KWI für physikalische und Elektrochemie tätig gewesen war. Er hatte sich frühzeitig dem Widerstand (»Neu Beginnen«) angeschlossen und war 1944 als Angehöriger der Widerstandsgruppe »Europäische Union« zum Tode verurteilt worden, hatte aber überlebt.

Der Konflikt mit Havemann und der Berliner KWG wurde von der Göttinger KWG, aus der dann die MPG hervorging, öffentlichkeitswirksam als entschiedener Kampf gegen Versuche gewertet, »der Wissenschaft« erneut diktatorisch Fesseln anzulegen. Die westzonale und später bundesdeutsche Öffentlichkeit honorierte es der Göttinger KWG und ihrem Generalsekretär Ernst Telschow – der seit 1937 die Geschäfte der KWG führte und viel braunen Dreck am Stecken hatte –, daß sie sich strikt jeglichem Kompromiß mit Havemann und dem Berliner Magistrat verweigert hatten. Denn in der Bundesrepublik der fünfziger Jahre wurde nicht nur eine im Totalitarismus-Begriff ideologisierte Wesensidentität von brauner Diktatur und SED-Staat behauptet; die meisten Westdeutschen hielten die DDR für weit schlimmer als das NS-Regime.[12]

Dieser apologetische Salto mortale mag uns heute unverständlich und geradezu irrwitzig erscheinen. Das ändert jedoch nichts an seiner Wirkung, zumal sich damals viele auf ähnliche Weise rechtfertigten. Das Totalitarismus-Ideologem ließ sich vergangenheitspolitisch vorzüglich instrumentalisieren.

5) Täterkreisverengung und symbolische Opferung »schwarzer Schafe«

Die Vergangenheitspolitik der Bundesrepublik seit Anfang der fünfziger Jahre ist wesentlich dadurch charakterisiert, daß man die Verantwortung für die barbarischen Verbrechen und ebenso die zahllosen kleinen Schandtaten während der NS-Zeit einer kleinen Clique von »Hauptkriegsverbrechern« um Hitler zuschob. Um dauerhaft glaubwürdig zu bleiben, reichte es freilich auch für die KWG/MPG nicht, den Kreis der Täter auf Hitler und die Riege der Paladine um den »Führer« zu verengen und alle Schuld auf sie zu schieben. Es mußten wenigstens einige exponierte und sichtbar belastete Wissenschaftler geopfert, also aus der MPG verdrängt werden, um glaubwürdig den Mythos von der unpolitischen Grundlagenforschung, der man in der KWG überwiegend nachgegangen sei, und von der »Autonomie« und »Freiheit«, die man während der NS-Zeit

---

[12] Vgl. Edgar Wolfrum, Geschichtspolitik in der Bundesrepublik Deutschland. Der Weg zur bundesrepublikanischen Erinnerung 1948-1990, Darmstadt 1999, S.78 f.

verteidigt habe, aufrecht erhalten zu können. Allzu offensichtliche »Verwicklungen« in die Machenschaften der NS-Diktatur wurden deshalb eingestanden.

In einigen Fällen war das leicht. Dies gilt namentlich für Peter Adolf Thiessen, den seit 1935 amtierenden Direktor des KWI für physikalische und Elektrochemie, dessen hohes wissenschaftliches Renommee von niemandem aus den Reihen der KWG bis 1945 angezweifelt worden war. Er blieb im Mai 1945 in der SBZ und ging im Sommer des Jahres in die Sowjetunion; Ende der fünfziger Jahren kehrte er in die DDR zurück und blieb dort als hochdekorierter Wissenschaftler. Ihn, der frühzeitig der NSDAP beigetreten und nach meinem Eindruck politisch tatsächlich ein Opportunist war, ließ die Göttinger Generalverwaltung mit Freuden fallen. Er wurde nun als übler Nazi dargestellt: Sein Institut sei die einzige wirklich nazifizierte Forschungseinrichtung gewesen.

Doch die symbolische Opferung Thiessens allein reichte nicht. Andere hochbelastete Wissenschaftler wollte man jedoch nicht fallen lassen – oder ließ sich nur sehr widerwillig dazu herbei. Die Versuche, den Doktorvater Josef Mengeles und Karin Magnussens[13], Otmar Freiherr v. Verschuer, seit 1927 Abteilungsleiter und seit 1942 Direktor des KWI für Anthropologie, menschliche Erblehre und Eugenik – der auch in der Bundesrepublik ein auf seinem Feld anerkannter Wissenschaftler war –, zunächst zu exkulpieren, dann jedoch aus den Reihen der MPG fernzuhalten, geben hierüber beredt Zeugnis. (Ernst Klee, Benno Müller-Hill, Carola Sachse, Hans-Walter Schmuhl und andere haben dies ausführlich dargestellt.)

6) Relativierung durch Vergleich

Häufig wurde apologetische Relativierung durch irreführenden Vergleich betrieben. Hugo Spatz, Direktor des KWI für Hirnforschung, verniedlichte noch 1949 die Konzentrationslager der NS-Diktatur mit dem Hinweis auf »die Mißhandlung von Buren in einem englischen KZ-Lager«.[14] Walter Bothe, Direktor des Instituts für Physik am KWI für medizinische Forschung in Heidelberg, glaubte, daß »die deutschen Konzentrationslager das reinste Kinderspiel« gewesen seien im Vergleich zu den amerikanischen Internierungslagern, in die nach 1945 des Nazismus verdächtige Deutsche eingesperrt wurden. Auch der US-amerikanische Atombombenabwurf auf Hiroshima[15] und Nagasaki mußte als Entlastungsargument herhalten. (Ähnlich hatte schon im Frühjahr 1933 der damalige KWG-Generaldirektor Friedrich Glum während eines Gesprächs mit hohen Repräsentanten der Rockefeller-Foundation, die die KWG während der Weimarer Republik mit großen Summen unterstützt hatte, dem Rassismus

---

13 Zu den wissenschaftlichen Tätigkeiten der beiden und der Rolle Verschuers in diesem Zusammenhang vgl. Schmuhl, Grenzüberschreitungen, S.470-502 (und die dort genannte ältere Literatur).

14 Hugo Spatz, KWI/MPI für Hirnforschung, in: Festschrift zum 70. Geburtstag für Otto Hahn (nicht publiziertes Manuskript, zusammengestellt am 8. März 1949), S.105-129, Zitate: S.119, in: MPG-Archiv, Abt. V.c., Rep.4, KWG 1.

15 Lise Meitner an James Franck, vom 19. Okt. 1949, nach: Schüring, Minervas verstoßene Kinder. [Ms., S.271].

und Antisemitismus des NS-Regimes die Schärfe zu nehmen versucht, indem er auf die viel ältere Diskriminierung der Schwarzen in den USA verwies.[16]

Ein weiteres Elemente des vergangenheitspolitischen Diskurses der KWG/MPG war die

7) Schlichte Leugnung

der Beteiligung an Verbrechen, zum Beispiel an der Ausplünderung von wissenschaftlichen Ressourcen in den vom NS-Regime besetzten osteuropäischen, aber auch westeuropäischen Gebieten – offenbar in der Hoffnung, daß die Alliierten und ebenso die kleine kritische Öffentlichkeit in der Bundesrepublik über die Vorgänge dort nicht informiert sein würden. Als Beispiel verweise ich nur auf zwei Fotos, die Max Planck als KWG-Präsidenten und Werner Köster als Direktor des KWI für Metallforschung anläßlich der Einweihung des neuen Institutsgebäudes zeigen. Dahinter steht eine Person in der Uniform des NS-Kraftfahrer-Korps. Auf dem ersten Foto, dem Original-Foto aus dem Jahre 1934, ist sie noch zu sehen, auf der zweiten Abbildung aus dem Jahre 1960 ist sie verschwunden. Diese in eine schicke NS-Uniform gekleidete Person war Carl Eduard Herzog von Sachsen-Coburg-Gotha. 1933 war er KWG-Senator geworden. 1934 rückte er in den Verwaltungsausschuß, den engsten Führungszirkel der KWG, auf. Er kannte Hitler bereits seit Anfang der zwanziger Jahre und empfing den »Führer« der NS-Bewegung des öfteren auf seiner Veste Coburg, wo auch der berühmt-berüchtigte Freikorpsführer Hermann Ehrhardt (Stichworte: Kapp-Putsch und Rathenau-Mord) gern zu Gast war. Von 1930 bis 1936 war Sachsen-Coburg-Gotha Vorsitzender des »Nationalen Klubs«, neben dem »Herrenklub« die entscheidende politische Stütze des Präsidialkabinetts Franz v. Papen und wichtiges Scharnier zwischen den alten Eliten und der NS-Bewegung. Außerdem amtierte er seit Ende der zwanziger Jahre als Präsident der »Gesellschaft zum Studium des [italienischen] Faschismus«, keine unpolitische Lesegesellschaft, sondern eine Organisation, in der sich Sympathisanten des Mussolini-Regimes zusammenfanden. Dieser Mann war der MPG so peinlich, daß sie ihn nach 1945 aus dem Bild einfach wegretuschieren ließ und glaubte, auf diese Weise die Vergangenheit leugnen zu können – bis kürzlich mein Kollege Helmut Maier beide Bilder wiederentdeckte.

8) Exzessiver Gebrauch von Naturmetaphern

sei hier als letzte Methode der Vergangenheitsbearbeitung vorgestellt. Mit manchmal recht phantasievollen Bildern vom Nazismus als einer Naturgewalt, der man nicht habe ausweichen können, wurde die apologetische Rede über die KWG im »Dritten Reich« abgerundet und individuelles Verhalten fatalistisch verklärt. So war zum Bei-

---

[16] Tagebucheintrag Warren Weavers vom 26. Mai 1933 (S.47), in: Rockefeller-Archiv. Ich danke Michael Schüring für den Hinweis auf diese Quelle.

spiel vom »Dritten Reich« als einer »Zeit, die wie eine ungeheure Flutwelle über uns hinwegging«,[17] die Rede. Dahlem mit seinen KWG-Instituten wurde als Fluchtburg dargestellt, die Schutz vor den Unbilden einer politisch-gesellschaftlichen Realität bot, der man sich angeblich hilflos ausgeliefert sah, als eine (wie der bereits erwähnte Otmar Freiherr v. Verschuer Ende 1945 wörtlich formulierte) »Insel der Seligen«, die aber 1945 mit dem Zusammenbruch des NS-Regimes »von dem Erdbeben dieses Jahres verschlungen worden« sei.[18] Verschuer liebte überhaupt Naturmetaphern. In einem anderen Brief erklärte er voller Unschuld, er habe sich während der NS-Zeit stets bemüht, »das Schiff meiner Wissenschaft durch alle Stürme hindurchzusteuern«. Zwar habe »fast ständig ein starker Sturm auf unseren Segeln« gelegen. Er habe jedoch »Stromschnellen und Wirbel vermieden, d.h. die strenge Trennung zwischen Wissenschaft und Politik immer betont«. Selbst in stürmischsten Zeiten sei es ihm gelungen, »das Schiff meiner Wissenschaft von dem Ballast, mit dem es beladen worden ist und der es in den Abgrund zu ziehen droht[e], wieder zu befreien, damit es wieder seetüchtig« wurde.[19] Das war angesichts der engen Beziehungen Verschuers zu Verbrechern vom Schlage Mengele eine makabre und dreiste Selbstrechtfertigung.

Eine besonders eindrucksvolle Metapher wird Max Planck, von 1930 bis 1937 und erneut 1945/46 Präsident der KWG, zugeschrieben. Planck bezeichnete im Frühjahr 1933 die NS-Herrschaft als »einen Gewittersturm, der über uns hinwegbraust«. Da »fallen ein paar Bäume um«. »Gegen ein Gewitter anzubrüllen«, habe jedoch »keinen Zweck«. Man müsse warten, bis »das Gewitter vorüber ist«. Dieses Bild suggeriert (mindestens) passive Resistenz der KWG. Man glaubt die leitenden Herren der Wissenschaftsgesellschaft förmlich zu sehen, wie sie die Regenschirme aufspannen, bange Blicke nach oben richten, ob ihnen da vielleicht ein Ast auf den Kopf fallen könnte – dicht aneinandergedrängt, hoffend, daß das böse Unwetter sich endlich verziehen möge.

Mit den tatsächlichen Konstellationen, mit der beispiellosen Erfolgsgeschichte der KWG hatte all das nichts zu tun. Diese Rhetoriken hatten die Funktion, der KWG das Image einer verfolgten Unschuld zu verschaffen. Daß sich die Apologien mit politischem Kalkül verbanden, wird deutlich, wenn man sich den Umgang Ernst Telschows – 1937 bis 1960 Generalsekretär der KWG beziehungsweise MPG und danach übrigens noch einflußreicher Manager der frühen Adenauerschen und Straußschen Atompolitik[20] – mit den Historikern anschaut: Während unbekannte Historiker von Telschow in den fünfziger und sechziger Jahren keiner Antwort gewürdigt wurden – von kritischen Historikern ganz zu schweigen –, versorgte er apologetische und rechte

---

17 Eva Baier, Vorwort und etwas mehr. Ernst Telschow zum 31. Okt. 1954, in: MPG-Archiv, Abt. III, Rep.83, Nr.14.
18 Verschuer an Butenandt, vom 16. Nov. 1945, in: MPG-Archiv, Abt. III, Rep.84/1, Nr.601.
19 Verschuer an den Direktor der Medizinischen Universitäts- und Poliklinik (Charité Berlin), H. Bennholdt, am 3. Dez. 1945, in: ebd.

Historiker gezielt mit Informationen und Dokumenten. Das gilt nicht nur für die bis an die Grenze der Naivität apologetischen Biographen von Carl Bosch, ehemaliger Vorstandsvorsitzender der IG Farben und von 1937 bis 1940 KWG-Präsident, und von Albert Vögler,[21] der von 1926 bis 1945 der Lenker der Vereinigten Stahlwerke, von 1941 bis zum Zusammenbruch der NS-Diktatur KWG-Präsident und überhaupt eine der politisch einflußreichsten Figuren auch während des »Dritten Reiches« war. Telschow unterhielt darüber hinaus Ende der sechziger Jahre einen sehr regen Briefwechsel mit dem inzwischen fast nur noch von Neonazis geschätzten Historiker David Irving, dem er auch Dokumente zur Atompolitik des »Dritten Reiches« zugänglich machte, natürlich nur solche Archivalien, die ein positives Licht auf die KWG warfen und den Mythos von der unpolitischen Forschung stützten.[22]

Tabus haben mitunter lange Halbwertzeiten. Dies gilt auch für die MPG. Erst nach einem halben Jahrhundert, in den neunziger Jahren begann die MPG von ihren vergangenheitspolitischen Tabus abzurücken und sich den Ergebnissen einer kritischen Historiographie zu öffnen.

---

[20] Telschow war in den fünfziger und sechziger Jahren neben seiner Tätigkeit als MPG-Generalsekretär (bis 1960) einer der wichtigsten bundesdeutschen Atommanager. Franz Josef Strauß erklärte in einem Schreiben vom 9. September 1956 in seiner Funktion als bundesdeutscher Atomminister, daß mit Telschow als Geschäftsführer der »Physikalischen Studiengesellschaft m.b.H.« »ein wertvoller Anfang zur Lösung der mir in meinem Ministerium übertragenen Aufgabe« gemacht worden sei. In: MPG-Archiv, Abt. II, Rep.1A, Personalakte Telschow, Nr.9.

[21] Karl Holdermann, Im Banne der Chemie: Carl Bosch. Leben und Werk Düsseldorf 1953; Gert v. Klass, Albert Vögler: einer der Großen des Ruhrreviers, Tübingen 1957.

[22] Schriftwechsel in: MPG-Archiv, Abt. III, Rep.83 [Nachlaß Telschow], Nr.250.

Kurt Franke

Die Integration der medizinischen NS-Eliten

Mediziner und Medizinwissenschaftler gelten weithin als unpolitisch. Tatsächlich sind sie allemal in gesellschaftliche Konflikte einbezogen, so oder so.

Der später berühmte Mediziner Rudolf Virchow mußte wegen seines Engagements für die bürgerliche Revolution von 1848 seinen Lehrstuhl in Berlin verlassen.

Georg Friedrich Nicolai, der als Professor an der Berliner Charité um 1908 das Elektrokardiogramm (EKG) propagierte und einige Jahre später, zu Beginn des Ersten Weltkrieges, gemeinsam mit dem Physiker Albert Einstein und dem Pädagogen Friedrich Wilhelm Foerster in einem »Aufruf an die Europäer« für den Frieden und gegen den deutschen Imperialismus eintrat, wurde deshalb nicht nur zu Kriegszeiten durch Degradierung zum einfachen Sanitätssoldaten bestraft. Nach Studentendemonstrationen gegen ihn als Juden und »Vaterlandsverräter« entzog ihm der Senat der Berliner Universität 1920 die venia legendi, was letzter Anlaß für seine Emigration nach Argentinien im Jahre 1922 wurde (2).

Mitglieder des Sozialistischen Ärztebundes aus der Weimarer Republik waren nach 1933 Repressionen der verschiedensten Art ausgesetzt und befanden sich dabei plötzlich in Gesellschaft von etwa 7.500 Kollegen im Deutschen Reich, die nur wegen ihrer jüdischen Herkunft immer schlimmere Diskriminierungen erfuhren (1, 2, 3, 4).

Aus eigenem Erleben sei auch an Hunderte von Ärzten und Schwestern erinnert, die aus leitenden Funktionen im DDR-Gesundheitswesen entlassen wurden, als man dieses bei Übernahme ihres Landes in die Strukturen der BRD überführte. Daß die Entlassung zahlreicher Spezialisten dem Nachwuchs das fachliche Weiterkommen ermöglicht, war in der deutschen Geschichte kein Novum. 1933 war es die unmittelbare Konsequenz der Vertreibung zahlreicher jüdischer Ärzte, nach 1990 wurden medizinische Fachkräfte verdrängt, weil sie sich für die DDR engagiert hatten. Die meisten Führungspositionen wurden dann aus den Reihen der zweiten oder gar dritten Garnitur der alten BRD besetzt.

*

Die Integration der medizinischen NS-Eliten in die alte Bundesrepublik hat eine Vorgeschichte, die ich rasch skizzieren will. In der Weimarer Republik hatten viele in leitenden Stellen tätige Ärzte ihre Abneigung gegen die Demokratie nicht verhehlt. Einige Ärzte kämpften in den Freikorps, nahmen 1923 an Hitlers Marsch zur Feldherrnhalle teil, viele traten spätestens 1933 der NSDAP oder einer ihrer Gliederungen bei, und etliche Medizinwissenschafter unterzeichneten das »Bekenntnis der Professoren an den deutschen Universitäten und Hochschulen zu Adolf Hitler und dem nationalsozialistischen Staat« vom 11.11.1933 (6). Während des sogenannten Dritten Reiches wiesen die Ärzte unter allen Berufsgruppen den höchsten Anteil von Mitgliedern der NSDAP oder ihrer Gliederungen auf, nämlich etwa 75 Prozent (2, 3, 4).

Im ersten Nürnberger Folgeprozeß nach den Verhandlungen gegen die Hauptkriegsverbrecher waren 20 Ärzte und drei hohe Medizinalbeamte des NS-Staates wegen Verbrechen gegen die Menschlichkeit angeklagt (1). Die Anklage betraf (pseudo)medizinische Versuche an KZ-Häftlingen und Kriegsgefangenen mit tödlichem Ausgang und die Ermordung geistesgestörter oder als erbkrank erklärter Kinder und Erwachsener. Das Verfahren fand vom 25.10.1946 bis zum 20.8.1947 statt. Die Todesurteile gegen vier Ärzte und drei Medizinalbeamte wurden am 2.6.1948 im Zuchthaushof von Landsberg am Lech vollstreckt. Alle zu lebenslangen oder hohen Freiheitsstrafen Verurteilten wurden nach wenigen Jahren begnadigt und zu weiterer ärztlicher Berufsausübung ermächtigt. Die ärztlichen Berichterstatter beim Prozeß (7) hingegen bekamen dann vielgestaltige Aversionen zu spüren.

Zwei prominenten Wegbereitern der Euthanasie gelang ein nahezu nahtloser beruflicher Übergang in die bundesdeutsche Nachkriegsgesellschaft (6): Der Würzburger Ordinarius für Psychiatrie Werner Heyde (1902-1964) floh 1947 aus der Untersuchungshaft und war seit 1950 als Dr. Fritz Sawade ein gefragter Gutachter von Entschädigungsämtern und Justiz in Flensburg, bis er 1959 verhaftet wurde und 1964 vor Beginn seines Prozesses Selbstmord beging. Der fachliche Weg des zweiten Protagonisten der »T 4-Aktion« (benannt nach der Berliner Adresse Tiergartenstraße 4) hatte ein für ihn günstigeres Ende, obwohl er nicht weniger inhuman gewirkt hatte als Heyde. Werner Catel (1894-1981) war am Anfang der akademischen Laufbahn Nutznießer des akademischen Antisemitismus, als ihn sein von Leipzig nach Berlin berufener Chef als einen von drei Oberärzten mitnehmen wollte: Dazu mußten drei jüdische Oberärzte die Charité-Kinderklinik verlassen (2). Im Oktober 1933 ging Catel dann als Ordinarius an die »judenfrei« gewordene Leipziger Kinderklinik, wo er zum Gestalter der Euthanasie wurde. Aus plausiblem Grund verließ er nach dem Ende des Zweiten Weltkrieges die sowjetisch besetzte Zone. Seit 1947 leitete er die Kinderheilstätte Mammolshöhe im Taunus, von wo er 1954 auf den Lehrstuhl seines Faches in Kiel berufen wurde, den er bis zu seiner Emeritierung im Jahre 1960 unbehelligt innehatte (6). Beinahe wäre er schon vor 1954 erneut in ein Lehramt gelangt, als er nämlich in Hamburg gemeinsam mit dem Euthanasie-erfahrenen Psychiater Werner Villinger (1887-1961) auf der Berufungsliste stand. In Hamburg hatten alle planmäßigen Professoren der medizinischen Fakultät im Oktober 1949 wieder die Ämter inne, die sie bis 1945 bekleidet hatten; mit Catel und Villinger »wäre aber der Fakultät ein Lehrkörper beschert worden, der in Sachen rassehygienischer Potenz die des Lehrkörpers in der Nazizeit bei weitem übertroffen hätte« (van dem Bussche, zitiert in 3).

Den Anatomen dagegen, welche die von der NS-Justiz Ermordeten zur »wissenschaftlichen Verwertung« erhalten hatten, haftete der Makel einer Beteiligung an Verbrechen gegen die Menschlichkeit nicht an. Trotz medizinethisch sehr dubiosen Verhaltens blieben sie im Amt oder erhielten neue Berufungen:

Von Hermann Stieve (1886-1952) wird zu Recht festgestellt (5, 6), daß er der »zentrale Leichenverwerter der NS-Justiz« war und den in Brandenburg und Plötzensee ermordeten »deutschen Widerstand zu Gewebeschnitten verarbeitet« habe. Als 1946 Medizinstudenten der Berliner Humboldt-Universität auf diese Fakten aufmerksam machten, bedeutete ihnen die Sowjetische Militär-Administration, daß man die Fakten kenne, Stieve aber noch als akademischen Lehrer brauche.

Hermann Voss (1894-1987) und sein Oberassistent Robert Herrlinger (1914-1968) »verwerteten« in Posen die Opfer der NS-Justiz. Letzterer profilierte sich akademisch mit Präparaten der Milz, die unmittelbar nach dem gewaltsamen Tod hergestellt wurden. Beide verfaßten nach 1945 ein »Taschenbuch der Anatomie«. Dieses wurde in Ost und West ein Bestseller, zumal der eine Autor (Voss) in Jena lehrte, während der jüngere erst nach Würzburg und dann nach Kiel ging, wo er Geschichte der Medizin lehrte.

Von Arbeitstagungen der beratenden Ärzte der Wehrmacht, auf denen über Menschenversuche (zu verschiedenen Problemen der Kriegschirurgie, zu Unterkühlung und Reaktionen in großer Höhe, bei Seenot und Winternot, zu Typhus, Ruhr, Malaria und Hungerödemen) berichtet wurde, sind die Teilnehmerlisten erhalten geblieben. Sie lesen sich wie das Who-is-Who aller Fächer der Hochschulmedizin in den Anfangsjahren der BRD. Keiner der Tagungsteilnehmer hatte gegen die Versuche protestiert, keiner war deswegen von seinem Posten zurückgetreten (5).

Ein Musterbeispiel für Kontinuität ist der Lebensweg von Carl Haedenkamp (1889-1955). Der Landarzt war seit 1929 führend in der Berufspolitik der deutschen Ärzteschaft tätig und wurde 1933 Geschäftsführer der ärztlichen Spitzenverbände. Diese forderten bereits im März 1933 den Rücktritt von Juden aus den Vorständen medizinischer Gesellschaften; ausscheiden sollten auch diejenigen Vorstandsmitglieder, »die sich der Neuordnung innerlich nicht anschließen« (2). Haedenkamp, maßgeblicher Initiator dieser Diskriminierung honoriger Ärzte, amtierte nach dem Ende des Zweiten Weltkrieges bis 1954 als Hauptgeschäftsführer der Arbeitsgemeinschaft westdeutscher Ärztekammern, der späteren Bundesärztekammer. Für die Kontinuität und Effektivität seines Wirkens erhielt er 1954 das Große Verdienstkreuz der Bundesrepublik Deutschland (6, 8).

Literatur:

1. Ebbinghaus, A., Dörner, K. (Hrsg.): Vernichten und Heilen. Der Nürnberger Ärzteprozeß; Aufbau, Berlin 2002

2. Franke, A. + K.: Jüdische Ärzte in Berlin; 3. Aufl., Helle Panke, Berlin 2005

3. Frei, N. (Hrsg.): Karrieren im Zwielicht; 2. Aufl., Campus Frankfurt/M. 2002

4. Kater, M.: Ärzte als Hitlers Helfer; Piper, München 2002

5. Klee, E.: Auschwitz. Die NS-Medizin und ihre Opfer; 2. Aufl., S. Fischer, Frankfurt/M. 1997

6. Klee, E.: Das Personenlexikon zum Dritten Reich; 2. Aufl., S. Fischer, Frankfurt/M. 2003

7. Mitscherlich, A., Mielke, F.: Das Diktat der Menschenverachtung; L. Schneider, Heidelberg 1947

8. Schwoch, R.: Die Rolle der Kassenärztlichen Vereinigungen Deutschlands, speziell der KV Berlin, im National-sozialismus; Vortrag 30.10.2002, Berlin

Erich Schmidt-Eenboom

Es gab nicht nur die Stasi
Personelle und operative Kontinuitäten
deutscher Nachrichtendienste

Die Zeit heilt alle Wunden. Und so nahm Marion Gräfin Dönhoff in der liberalen Wochenschrift gleichen Titels am 26. Juli 1963 den Bundesnachrichtendienst gegen den Vorwurf in Schutz, Kohorten von SS-Leuten zu beschäftigen: Nur etwa 40 ehemalige Kriminalkommissare und Polizeibeamte gebe es unter Gehlens 4.000 Mitarbeitern, nicht etwa »KZ-Kommandanten«, sondern Angehörige des Kriminaldienstes, die im Wege der bloßen »Rangangleichung« in die SS-Uniform gesteckt worden seien. Und an die halbfette Zwischenzeile »das eine Prozent« schloß sie die rhetorische Frage an, »ob man vielleicht sogar feststellen müßte, daß der Prozentsatz ehemaliger Nazis in anderen Behörden noch sehr viel höher ist«. Die von ihr verwendeten Zahlenangaben stammten aus einem Versuch der Ehrenrettung des BND in der *FAZ* vom Juli 1963 durch Adenauers Staatssekretär Hans Globke.

An Versuchen, in Pullach, Köln und Wiesbaden über Hunderte von Persilscheinen *Weiße Riesen* auferstehen zu lassen, hat es nicht gefehlt – stets konterkariert von nachrichtendienstlich gut unterfütterten Propaganda-Kampagnen der DDR, kritischen westdeutschen Wissenschaftlern und investigativem Journalismus, aber immer noch weit entfernt von umfassender Aussagefähigkeit.

So kann man den Aufbau der westdeutschen Sicherheitsbehörden durch den Rückgriff auf das einschlägige Fachpersonal des Dritten Reichs nur mosaikförmig nachbilden, nachdem schon viele Fakten aufgehäuft worden sind.

Die braunen Wurzeln des Bundeskriminalamtes, zumindest seiner oberen Diensträngen, hat Dieter Schenk erforscht: von dem ehemaligen SS-Untersturmführer und Kriminalkommissar Paul Dickopf, der über den Einstieg bei den US-Geheimdiensten ab 1953 im BKA Karriere bis an die Spitze des Amtes (1965-1971) machte, bis zum SS-Sturmbannführer und Kriminaldirektor im Reichskriminalamt Kurt Amend, der als Leiter der Fahndungsabteilung in Wiesbaden bis zu seiner Pensionierung im Januar 1965 reüssieren konnte.[1]

Die personellen Kontinuitäten beim Verfassungsschutz – dem Kölner Bundesamt und den parallel laufenden Landesbehörden – sind nur über biographische Zufallsfunde und Randnotizen identifizierbar. So hat Hansjoachim Tiedge, 1985 in die DDR

---

[1] Vgl. Schenk, Dieter: Auf dem rechten Auge blind. Die braunen Wurzeln des BKA, Köln 2001, S. 61ff, 84ff., 110ff., 115 ff., 211, 300 ff. und 222 ff.

übergewechselter BfV-Beamter, in seinen Memoiren einige der in den 1960er Jahren aus dem Amte gedrängten Kollegen namhaft gemacht, wie den SD-Mann Fritz Dörrenberg oder den Gestapochef von Paris, SS-Hauptsturmführer Erich Wenger.[2]

Selbst wenn ein ehemaliger Leiter eines Landesamts für Verfassungsschutz 2003 ein »Lexikon der Geheimdienste im 20. Jahrhundert« publiziert, finden die ersten Präsidenten der LfVs in den allermeisten Fällen keine Erwähnung.[3] Zu den ihm unbekannten Größen zählt Harald Spehr, ab 1951 an der Spitze der hessischen Behörde; ab 1944 hatte er als letzter Leiter des Wannsee-Instituts des SD gewirkt.[4] Beim 1950 errichteten bayerischen LfV setzt die lexikalische Gründlichkeit erst im November 2001 ein. Für die Gründungsphase des Münchner Geheimdienstes vermutet das Werk allerdings zu Recht, daß der SS-Sturmbannführer Joseph Schreieder, der aus der Organisation Gehlen (OG) kam, Leiter der Gegenspionage war.

Das braune Personalerbe des BND ist über eine Vielzahl verstreuter Informationen weitgehend feststellbar. Aus der einschlägigen Literatur bekannte Figuren sind zum Beispiel Michail Achmeteli, der als georgischer Emigrant im Wannsee-Institut des SD – Reinhard Heydrichs Sicherheitsdienst – gearbeitet hatte und ab 1946 in der OG verantwortlich für die Schaffung von Sondereinsatzkräften gegen osteuropäische Staaten war. SS-Hauptsturmführer im Wannsee-Institut war auch Emil Augsburg, der nach Kriegsende zunächst in der Karlsruher Filiale der OG, dann ab 1950 in der BND-Zentrale in Pullach bei München im Stab für Sondereinheiten zum Einsatz in Osteuropa tätig war.

Weniger genannt wurden andere wie der SD-Offizier Otto Somann, Jahrgang 1899, ab 1937 als SS-Hauptsturmführer im SD-Hauptamt, im Januar 1938 bereits Sturmbannführer und drei Jahre später als SS-Standartenführer Leiter des SD-Leitabschnitts Hamburg. Im Juni 1944 residierte der SS-Oberführer als Inspekteur der Sicherheitspolizei und des SD in Wiesbaden und war zugleich Befehlshaber der Sicherheitspolizei und des SD (BdS) für Lothringen-Saarpfalz in Metz. Am 8. April 1945 agierte er als Mitglied des Standgerichts im KZ Sachsenhausen zur Verurteilung von Hans von Dohnanyi. 1953 saß Somann dann unter dem Decknamen »Lange« in der Spitze der Generalvertretung der OG in Bremen.

---

2 Vgl. Tiedge, Hansjoachim: Der Überläufer, Berlin 1998, S. 130, 133

3 Vgl. Roewer, Helmut, Stefan Schäfer und Matthias Uhl: Lexikon der Geheimdienste im 20. Jahrhundert, München 2003, S. 479ff. Soweit nicht anders angegeben stammen die Personenangaben aus der Datenbank des Forschungsinstituts für Friedenspolitik e. V.: Nachrichtendienstlich relevante Personen in Deutschland seit ca. 1900 (ohne DDR).

4 Bei seinem Nachfolger Kurt Wolf – von 1960 bis 1967 LfV-Chef - waren sich nicht einmal die Verfasser des DDR-Braunbuchs sicher, ob er identisch mit dem gleichnamigen SS-Untersturmführer – geboren 20.12.1912 – ist, der 1944 als Hilfsreferent Verwaltung beim Befehlshaber der Sicherheitspolizei in Prag diente.

Eine Untergruppe der besonderen Art bilden jene SS-Offiziere im BND, die zugleich für den sowjetischen Geheimdienst tätig waren. Dazu zählen – ohne Anspruch auf Vollständigkeit – der im November 1961 als KGB-Spion verhaftete Regierungsrat Heinz Felfe, aus dem Schweizreferat des Reichssicherheitshauptamtes (RSHA) kommend, zuletzt Leiter des BND-Referats Gegenspionage Sowjetunion; sein Mittäter Hans Clemens, früher Leiter einer SD-Sondereinheit in Tschechien, 1951 als Rekrutierungsexperte Pullachs in Dienst gestellt; der Gestapo-Mann Ludwig Albert, 1955 führender Vertreter der OG in Hessen; nicht zuletzt Wilhelm Krichbaum, Hitlers Feldpolizeichef und von 1951 bis 1957 Gehlens wichtigster Agentenwerber.

Die Spitze des Eisbergs und einige Hundert tiefer liegende Schollen erlauben zumindest die Feststellung, daß die Anzahl ehemaliger Angehöriger des »Ordens unter dem Totenkopf« (Heinz Höhne) in Organisation Gehlen und BND deutlich näher an den von der DDR-Propaganda behaupteten 23 Prozent als an Gräfin Dönhoffs einem Prozent lag. Daraus den Schluß zu ziehen, immerhin drei Viertel der Gehlenmitarbeiter sei unbelastet gewesen, hieße die Vernehmer des von General Gehlen geleiteten Militärgeheimdienstes Fremde Heere Ost (FHO) in den Kriegsgefangenenvernichtungslagern oder die völkerrechtswidrig operierenden Kommandosoldaten der »Brandenburger« reinzuwaschen beziehungsweise die Geheimdienstler des Canaris-Apparats pauschal dem Widerstand zuzuschlagen.

Fachlich waren alle in der OG-Mannschaft durch ihre Tätigkeit im RSHA und seinen Ämtern und Außenposten in Deutschland und den besetzten Gebieten, im OKW-Amt Ausland/Abwehr und bei Fremde Heere Ost und West qualifiziert, mental durch ihren Antikommunismus. In welchem Maße bei ihnen faschistisches Gedankengut den Systemwechsel überdauerte, entzieht sich wissenschaftlicher Analyse. Die Tatsache, daß einige BND-Offiziere auch in den späten 1950er Jahren ihre Aktenstücke noch mit germanischen Runen zeichneten, ist nur ein Anhaltspunkt.[5]

Über die linearen Karrieren vom NS-Geheimdienstmann zu den BRD-Sicherheitsbehörden hinaus muß eine systematische Kontinuitätsforschung auch andere Kategorien makabre Revue passieren lassen und zunächst die Männer ins Auge fassen, die aus anderen Herrschaftsapparaten des Dritten Reichs den Weg nach Pullach fanden: zum Beispiel Ebrulf Zuber, der 1943 als SS-Obersturmführer in der Amtsgruppe D des SS-Hauptamts (Germanische Leitstelle) gewirkt hatte, 1946 zur OG, zehn Jahre später in den BND übernommen wurde und dort von 1981 bis 1987 als Unterabteilungsleiter für die gesamte Spionage gegen die Staaten des Warschauer Vertrags[6] fungierte.

---

[5] Ein weiterer: Der als Hauptgefreiter der Waffen-SS bei Prag in Kriegsverbrechen verwickelte Cornelis Hausleiter, der in der OG Unterschlupf gefunden hatte und im BND Ende der 1980er Jahre bis zum Referatsleiter Nah-Mittelost aufstieg, war im und außer Dienst als bekennender Fan von SS-Standartenführer Eugen Dollmann bekannt.
[6] Sein exemplarischer Kurzlebenslauf: Zuber, Ebrulf, geb. 28.3.1920 in Petersburg, NSDAP-Mitgliedsnr. 6435101, 1939 bis 1940 Reichsarbeitsdienst, 1940 SS-Junkerschule Braunschweig, am 7.7.1940 Eintritt in die Waffen-SS-

Als prominentester Vertreter der Hitler-Wehrmacht in der OG darf Generalleutnant Adolf Heusinger gelten, der von 1948 bis 1952 Leiter der BND-Auswertung war, bevor er zum ersten Generalinspekteur der Bundeswehr aufstieg. Daneben wäre Leo Hepp zu nennen, zunächst Oberst bei Fremde Heere Ost und ab August 1944 Chef des Stabes des Heeresnachrichtenwesens, der von 1948 bis 1956 die nachrichtendienstliche Technik des BND aufbaute und später als Bundeswehrgeneral an die Spitze der BND-Abteilung II zurückkehrte.

Nicht weniger interessant ist der Blick auf jene NS-Nachrichtendienstler, die nach 1945 in anderen Bereichen reüssierten und dann als »Sonderverbindungen« des BND von ihren alten Kameraden genutzt wurden.

Am besten dokumentiert ist der Kongruenzbereich von Politik, Geheimdiensten und Medien[7]; industrielle Zugänge für den Wirtschaftsverbindungsdienst des BND oder die stille Amtshilfe der Polizeibehörden sind nur sporadisch bekannt geworden.

Erst die Einbeziehung dieser Zuläufe aus dem NS-Herrschaftsapparat und seinen Geheimdiensten in einflußreiche Positionen würde das Bild der nachrichtendienstlichen Kontinuität komplett erschließen und zugleich eine Aussage über die Eindringtiefe des BND in die Zivilgesellschaft erlauben, was letztlich auf die Frage hinausläuft, ob wir es mit einer vertikalen Vernetzung zu tun hatten oder ob der Auslandsnachrichtendienst als Spinne im Netz fungierte.

Ein Paradebeispiel für die stummen Diener der belasteten Seilschaften in der Nachkriegszeit ist der FDP-Bundestagsabgeordnete Ernst Achenbach, der sich von Nord-

Leibstandarte Adolf Hitler, Verwendung im Ersatzbataillon 2. Kompanie, Rekrutenzeit in Berlin und Polen, am 13.8.1941 Unfall mit Handgranate auf Truppenübungsplatz Glauba bei Berlin, am 9.11.1943 SS-Obersturmführer, SS-Nr. 376935, ab 9.11. 1943 Einsatz beim SS-Hauptamt/Amtsgruppe D (Germanische Leitstelle), am 22.11.1943 Versetzung zur 11. Freiwilligen Panzergrenadierdivision Nordland – 23. Regiment, mit Wirkung vom 25.10.1944 vom SS-Hauptamt zum SS-Panzergrenadier-Ersatzbataillon 18 versetzt, ab 16.6.1944 ärztliche Behandlung im Reservelazarett Bad Tölz, ab 14.1.1945 Kompanieführer einer gemischten Einheit im Regiment 23, im Frühjahr 45 freiwillige Meldung zum Fronteinsatz, russische Gefangenschaft in der CSSR, Entlassung aus russischer Gefangenschaft, ab 2.5.1945 US-Gefangenschaft im CIC-Camp Nr. 74 in Ludwigsburg, zur Entlassung ins Kriegsgefangenen-Entlassungslager Heilbronn überstellt, Geständnis der SS-Zugehörigkeit, 11.12.1946 Verhaftung im Lager Heilbronn, bis 19.12.46 CIC-Camp Nr. 74 Ludwigsburg, ab 23.1.47 Kornwestheim, ab 7.7.1947 CIC-Camp Oberursel, laut CIC 1946 Eintritt in die Organisation Gehlen, 1956 Übernahme in den BND, Deckname »Ackermann«, zunächst Anbahner/Verbindungsführer in Berlin, Fallführer von Wollwebers Referenten Gramsch, Leiter der BND-Beschaffungsdienststelle in Augsburg, Oktober 1959 Anfrage der »Bundesvermögensverwaltung« (BND) in München beim Document Center Berlin, ob die von Zuber in einem Fragebogen angegebenen Daten seiner SS-Laufbahn stimmen, 15.1.1979 Anfrage der Staatsanwaltschaft unter Az 45 JS 29/75 beim Document Center nach der Adresse von Zuber, ab Juli 1971 stellvertretender Leiter der BND-Abteilung I, Ende der 1970er Jahre Leiter der BND-Unterabteilung I A (Nachrichtendienstliche Führung), 1981 Unterabteilungsleiter 12 (DDR), mit der Zusammenfassung von DDR und Warschauer Vertrags-Organisation in der Unterabteilung 12 1982/83 deren Leiter, ca. 1987 pensioniert.

[7] Vgl. Schmidt-Eenboom, Erich: Geheimdienst, Politik und Medien. Undercover, Berlin 2004, oder die Pionierleistung von Otto Köhler: Unheimliche Publizisten, München 1995

rhein-Westfalen aus – unterstützt von seinem Büroleiter, dem ehemaligen SS-General-leutnant Werner Best – erfolgreich für die Amnestierung von Kriegsverbrechern ein-setzte.[8] Worin neben der rechtsextremen Gesinnung sein Motiv bestand, liegt bis heute im Dunkeln. Einen Hinweis dafür gibt ein streng geheimes Konvolut des Geheimdien-stes der französischen Résistance von 1944, das den in Paris tätigen Botschaftssekretär Achenbach – Best leitete dort die Kriegsverwaltung – als Angehörigen des deutschen Nachrichtendienstes identifiziert.[9]

Der staatlicherseits herausgestellte Antifaschismus in der DDR hat bei manchem die Illusion geweckt, das damalige Ministerium für Staatssicherheit würde dieser Linie folgend weder seine schützende Hand über belastete NS-Geheimdienstler legen noch sie für die eigene Spionage einspannen. Henry Leide hat nun in seiner akribisch recherchierten Untersuchung über »Die geheime Vergangenheitspolitik der DDR«[10] in mehr als drei Dutzend Fällen nachgewiesen, daß diese Erwartung nicht berechtigt war. Gleichwohl darf man diese dokumentierten drei Dutzend DDR-Fälle nicht mit den Hundertschaften der Bonner Republik gleichsetzen, will man nicht Ausnahme und Regel über einen Leisten schlagen.

Die operativen Kontinuitäten deutscher Außenpolitik sind nur zum Teil – überwie-gend in der Kampfliteratur der DDR – dokumentiert, Bonner und Pullacher Geheim-archive sind uns nach wie vor verschlossen, so daß uns nur der Rückgriff auf exempla-rische Aktivitäten bleibt.

Wir klammern hier die vom tradierten Antikommunismus gespeiste Bekämpfung sozialistischer Kräfte aller Schattierungen aus,[11] desgleichen die nachrichtendienstli-che Konfrontation mit dem Sowjetblock, unser Focus liegt vielmehr auf der Bonner Emanzipation von den westlichen Siegermächten, die nach gängiger Lesart mit der Übernahme der OG zum 1. April 1956 einsetzte. Nachrichtendienstliche Naherholung von der amerikanischen Vormundschaft suchte der BND da zunächst bei den Nach-barn in der Schweiz und Österreich, aber auch in Franco-Spanien und der Türkei.

Geheime nachrichtendienstliche Operationen, die den wirtschaftlichen und politi-schen Wiederaufstieg Westdeutschlands sichern und dabei an traditionelle außenpo-

8 Vgl. Wildt, Michael: Generation des Unbedingten. Das Führungskorps des Reichssicherheithauptamtes, Hamburg 2002, S. 836 f. und Buschfort, Wolfgang: Geheime Hüter der Verfassung, Paderborn 2004, S. 245 ff.

9 Vgl. Présidence du Gouvernement provisoire de la République Francais/Deuxieme Bureau: Synthèse de l'orga-nisation des services spéciaux Allemands et de leurs activités sur la France 1940-1944, S. 1

10 Vgl. Leide, Henry: NS-Verbrecher und Staatssicherheit. Die geheime Vergangenheitspolitik der DDR, Göttingen 2005

11 Angemerkt sei nur, daß das KPD-Verbot 1956 auch mit den nachrichtendienstlichen Methoden erzielt wurde, die beim jüngsten NPD-Verbotsverfahren die Billigung des Bundesverfassungsgerichts nicht fanden: Unterwan-derung des Funktionärskörpers und darüber provokative Aktivitäten im Terrain der Partei.

litische Stoßrichtungen anknüpfen sollten, begannen jedoch schon lange vor der Übernahme der OG in den Bundesdienst.

»Es rommelt wieder«, zitierte *Der Spiegel* im April 1952 den britischen Oberbefehlshaber in der Suez-Kanal-Zone, Generalmajor Sir George Erskine, dessen Nachrichtendienst deutsche Militärberater in Ägypten ausfindig gemacht hatte – an ihrer Spitze den ehemaligen General Wilhelm Fahrmbacher mit etwa 60 ehemaligen Soldaten.

Mit dem Titel seiner Broschüre »Das schmähliche Zusammenwirken von Arabern und SS-Leuten zum Zweck einer ›Endlösung‹ im Nahen Osten« hatte der »Internationale Ausschuß der Sachverständigen für den Kampf gegen den Neo-Nazismus« in Brüssel im Juni 1970 das ägyptische Interesse daran umrissen. In erster Linie ging es um die Ausbildung der Armee in Ägypten durch kleinere und größere Wüstenfüchse – vielfach Generale und Obristen aus dem Deutschen Afrikakorps. Zugleich wurde der ägyptische Nachrichtendienst mit der Hilfe deutscher Experten aufgebaut, darunter der SS-Standartenführer und Befehlshaber der Sicherheitspolizei Prag, Erwin Weinmann, und Joachim Deumling, RSHA-Referatsleiter für das besetzte Polen und Führer eines Einsatzkommandos in Kroatien.[12]

In einer dritten Schiene ging es um die Beschaffung von Rüstungsgütern über das Amt Blank, den Vorläufer des Verteidigungsministeriums, von der Feldküche bis zur Munition für die ägyptische Armee – schon deshalb nicht verwunderlich, weil Wilhelm Voss, als SS-Geheimdienstgeneral im Zweiten Weltkrieg unter anderem Kontrolleur der Skoda-Fabriken in der Tschechoslowakei, schon Anfang der 1950er Jahre für die Rüstungsindustrie in Kairo tätig war. Im Februar 1951 hatte er eine Ausreisegenehmigung des Bundeswirtschaftsministeriums erhalten, die seinem Aufenthalt in Ägypten »dringende wirtschaftliche Interessen der Bundesrepublik« bescheinigte.[13]

Diese bundesdeutsche Außenwirtschaftspolitik lag – unter dem Gesichtspunkt der Konkurrenz auf den Weltmärkten und angesichts der feindseligen Haltung am Nil gegenüber den britischen Truppen – nicht im Interesse der Westalliierten. Daher dementierte Adenauer auch Protestnoten aus Washington und London, die unterstellten, daß die deutschen Militär- und Geheimdienstberater sowie Waffenimporteure in Kairo mit Duldung oder gar im Auftrag der Bundesregierung agierten.

Daß die israelische Polemik gegen solche »Nil-Abenteuer« und die deutschen Unschuldsbeteuerungen gleichermaßen undifferenziert waren, verdeutlich ein geheimes Aktenstück aus dem Nachrichtendienst des Amtes Blank, der Vorgängerbehörde des Bundesverteidigungsministeriuzms: die Meldung 1427 des Friedrich-Wilhelm-Heinz-Dienstes vom 27. September 1952. Sie konstatiert für Ägypten zwei konkurrierende Gruppen von deutschen Militärberatern: »nazistische Offiziere« überwiegend

---

12 Vgl. Wildt. Michael, a. a. O., S. 738 f.
13 Vgl. Der Spiegel 27/1954: Ägypten-Berater. Geheim, privat, persönlich

aus der SS und im Gegenlager Afrikakämpfer sowie »von Bonn zur Verfügung gestellte ›demokratische‹ deutsche Offiziere«.[14]

Die Akten der Münchner Außenstelle des FWH-Dienstes beweisen, daß das Kanzleramt hinter diesen Aktivitäten stand und illegale Rüstungsexporte steuerte, während es zugleich auf der offenen politischen Bühne auch in Konkurrenz zu Staaten des Ostblocks um zivile Aufträge aus Ägypten warb. Leiter der Münchner Dienststelle war Gerhard Schacht, Fallschirmjägermajor der Wehrmacht, nach Gründung der Bundeswehr Militärattaché in Spanien, dem Iran und der Türkei.

Jenseits der Geheimdienstaktivitäten – aber mindestens so verborgen – vollzog sich die deutsch-ägyptische Zusammenarbeit auf dem Luftfahrtsektor. Getrieben von dem Interesse, im Ausland den durch Besatzungsauflagen noch verbotenen Wiederaufbau von Lufthansa und Luftwaffe zu betreiben, leitete Adenauers Verkehrsminister Hans Christoph Seebohm vom rechten Flügel der Deutschen Partei diese nicht uneigennützige Aufbauhilfe für die ägyptischen Luftstreitkräfte ein, zunächst auf dem scheinbar unverdächtigen Gebiet der Luftfahrtmedizin. Der Teufel – wenn wir uns erlauben, Außenpolitik moralisch zu betrachten – steckt auch hier im Detail: Es ging 1952 um die Lieferung von fünf Unterdruckkammern, die in Göttingen unter Anleitung des SS-Arztes Dr. Siegfried Ruff gefertigt wurden, der mit solchen Kammern im KZ Dachau Menschenversuche gemacht hatte, sowie um 25 bis 30 weitere Fliegerärzte und die Entsendung deutscher Flugzeugkonstrukteure. Aufgezogen wurde Seebohms Projekt vom Wehrmachtsgeneral Karl Kreipe, Oberbefehlshaber auf der griechischen Insel Kreta, den eine britische Kommandoeinheit entführt hatte. Sein Sohn machte später im BND Karriere – doch das fällt in eine andere, generationenübergreifende Sparte personeller Kontinuitäten. Gekrönt war der Technologieexport Ende der 1950er Jahre durch die Entsendung deutscher Raketentechniker nach Ägypten, hinter der Adenauer und Franz Josef Strauß standen.

Der nächste Abschnitt in diesem zwangsläufig so stenographischen Protokoll der Kriminalgeschichte Adenauerscher Außenpolitik betrifft Algerien, genauer sein Nachbarland Tunesien, das der algerischen Befreiungsbewegung FLN als Basis diente. Gleich 1956 etablierte der BND dort eine Residentur unter dem ehemaligen Fremdenlegionär Richard Christmann, der schon im besetzten Paris eine Dienststelle des Amtes Ausland/Abwehr des Oberkommandos der Wehrmacht (OKW) zur Betreuung der frankreichfeindlichen nordafrikanischen Opposition geleitet hatte. Von Tunis aus, der einstigen nachrichtendienstlichen Basis des Afrikakorps, spähte Christmann nicht nur die Machtverhältnisse in Tunesien aus und spürte dem kommunistischen Einfluß in der Region nach, er leistete der FLN im beiderseits gnadenlos geführten

---

[14] Für die in Syrien tätigen deutschen Militärberater hatte der FWH-Dienst sogar die Arbeitsbedingungen und Gehälter ausgehandelt; vgl. FWH-Dienst, Salzburg 17.6.1951: Die deutschen Militärberater in Syrien

Algerienkrieg logistische Hilfe, verfaßte Flugblätter, die französische Legionäre zum Desertieren aufforderten, spielte eine führende Rolle bei einer Operation, die der FLN algerischstämmige Offiziere der Besatzungsstreitkräfte in Deutschland zuführte, und war über bevorstehende Terroranschläge der FLN in Frankreich unterrichtet. Der BND warnte den französischen Partnerdienst nicht. Um ihn allerdings über die deutsche Position zu täuschen, unterstützte er den französischen Auslandsnachrichtendienst DGSE bei einem Mordanschlag auf einen deutschen Waffenhändler in München, der die FLN mit Rüstungsgütern versorgt hatte. Von einem unabhängigen Algerien versprach sich die Bundesregierung wirtschaftliche Vorteile und eigenen geostrategischen Einfluß in Nordafrika. Christmann weigerte sich 1961, nach Algier zu übersiedeln, um nun seine algerischen Weggefährten nachrichtendienstlich zu bearbeiten, sondern quittierte den Dienst und wurde im November des Jahres durch den ehemaligen SS-Standartenführer Franz Wimmer-Lamquet ersetzt, der im Zweiten Weltkrieg ein Spionagenetz in Nordafrika aufgezogen und ein Sonderkommando aus Fremdenlegionären und Einheimischen geführt hatte.

Kaum ein anderes militärpolitisches Engagement der jetzigen Regierung hat so tiefe historische Wurzeln wie die fortgesetzte Präsenz deutscher Soldaten und Nachrichtendienstler in Afghanistan. Am Anfang stand »Kaiser Wilhelms Heiliger Krieg um die Macht im Orient« – so der Untertitel des 1996 erschienenen Buches von Peter Hopkirk »Östlich von Konstantinopel« –, gefolgt von den Vorstößen der NS-Nachrichtendienste, die durch die Mobilisierung nationalafghanischen Widerstands die Kriegsgegner Großbritannien und Sowjetunion schwächen wollten, und wieder aufgenommen durch die Gewährung erster deutscher Entwicklungshilfe 1956 – unter anderem mit dem Neubau des berüchtigten Kabuler Gefängniskomplexes. Seit die Polizeihilfe für ausländische Staaten ab 1961 von einem gemeinsamen Ausschuß von Bundesinnenministerium, BKA und BND abgestimmt wird, weist sie eine nachrichtendienstliche Komponente auf, die am Hindukusch Früchte trug, indem der BND über zahlreiche Regimewechsel hinweg Verbindungslinien zu afghanischen Spitzengeheimdienstlern bewahren konnte, obwohl er sich als Juniorpartner der US-Dienste ab 1980 an der Unterstützung der islamistischen Freischärler beteiligte. Ihren vorläufigen Höhepunkt bei der Besetzung geostrategisch interessanter Positionen hatte die deutsche Politik erreicht, als mit dem heute amtierenden Verteidigungsminister Mohamed Fahim, zuvor stellvertretender Geheimdienstchef Achmed Schah Masuds, und dem Außenminister Abdullah Abdullah zwei langjährige Partner des BND Führungspositionen in Kabul besetzen konnten.[15]

---

[15] Vgl. Schmidt-Eenboom, Erich: Operative Außenpolitik. Nachrichtendienste als Ursache oder Lösung der Problemen, in: Kröning, Volker, Lutz Unterseher und Günter Verheugen (Hrsg.): Hegemonie oder Stabilität. Alternativen zur Militarisierung der Politik, Bremen 2002

Die Hinweise zur nachrichtendienstlichen Fortsetzung deutscher Machtpolitik entlang alter Stoßlinien ließen sich vervielfachen, unter anderem ist an den Iran oder an Taiwan zu denken oder auch daran, daß der 1945 abgerissene Faden zu albanischen Islamisten in der SS-Division Handschar Anfang der 1990er Jahre vom BND in Kooperation mit der UCK wieder aufgenommen wurde.[16] Lauter Ansätze für notwendige weitere Forschungsarbeit.

[16] Ansätze dazu bei Elsässer, Jürgen: Wie der Dschihad nach Europa kam. Gotteskrieger und Geheimdienste auf dem Balkan, St. Pölten 2005, S. 29 ff. und Schmidt-Eenboom, Erich, Kosovo-Krieg und Interesse, in: Becker, Johannes M. und Gertrud Brücher (Hrsg.): Der Jugoslawienkrieg – Eine Zwischenbilanz, Münster 2001, S. 176 ff.

Jörg Wollenberg

Vergebliche Heimkehr
Der Umgang mit Emigranten

»Europa ist ein einziger Friedhof von betrogenen, verratenen und gemordeten Hoffnungen. Von der Strangulierung des Spanischen Bürgerkriegs, der Preisgabe der Widerstandsbewegung nach dem 2. Weltkrieg, der Verschacherung der westlichen Kommunistischen Parteien durch den Marshallplan bis zur Aufteilung in die Großmachtblöcke Ost und West wölbt der Dunghaufen Europa seine Fäulnis immer höher, stinkend zum Himmel.«[1]

Dieses Resümee zieht Peter Weiss am 31. März 1971 – zu einem Zeitpunkt, als die Politik des »Wandels durch Annäherung« zum Sturz von Walter Ulbricht führt, Willy Brandt zum Friedensnobelpreisträger ernannt wird und Pablo Neruda den Literatur-Nobelpreis erhält. Der in Bremen und Berlin aufgewachsene Dramatiker, Schriftsteller, Maler und Filmemacher Peter Weiss (1916-1982), der den Holocaust im schwedischen Exil überlebt hatte, sah sich damals erneut einer Lebensentscheidung ausgesetzt: Sollte der Weg des deutschen Emigranten, der »nirgendwo zuhause war« und es dennoch zu Weltruhm brachte, nach der ironischen Herablassung, mit der in der BRD behandelt wurde, und den politischen Angriffen in der DDR, besonders im Gefolge der vernichtenden Kritik an dem Trotzki-Stück von 1970, noch einmal in ein politisches Abseits führen, aus dem Weiss erst mit seinen literarischen Experimenten aufgebrochen war? »Daß der Emigrant und Jude sich jetzt wieder – und immer noch – damit befaßt, während die anderen, die alles entfacht haben, seelenruhig leben und gut schlafen«, hatte Weiss im März 1964 nach seinem Besuch des Frankfurter Auschwitz-Prozesses und kurz vor der Premiere seines »Marat« in Berlin in seinen Notizbüchern (S. 228) festgehalten. Sollte er zurückkehren zu jenem »Dritten Standpunkt«, den er mit dem Prosatext »Meine Ortschaft« (Auschwitz) – »für die ich bestimmt war und der ich entkam« – verlassen hatte? In Auschwitz holte ihn der perennierende Schuldkomplex des assimilierten Juden ein. Die Begegnung mit dem musealen Auschwitz im Jahre 1964 konfrontierte ihn mit der Schwierigkeit, das Vergangene zu vergegenwärtigen: »Ein Überlebender ist gekommen, und vor diesem Lebenden verschließt sich, was hier geschah.« Über ein Jahrzehnt angestrengter Arbeit lag hinter dem Versuch, »das aufzuzeichnen, was ich früher nicht sah... Ich lebte in den Jahren des schwedischen Exils in unmittelbarer Nähe derer, die im illegalen Kampf standen...« (u.a. Willy Brandt, Herbert Wehner, Fritz Bauer, Peter Blachstein, Bruno Kreisky, Max Tau, Max

---

1 Peter Weiss, Notizbücher 1960-71, Band 2, Frankfurt/M 1982, S. 851

Hodann, Wolfgang Steinitz, Max Seydewitz, Herbert Warnke, Karl Mewes; *J.W.*). »In diesen Jahren bahnte sich in Stockholm an, was sich jetzt in der Situation der beiden deutschen Staaten zeigt« (Streit und Scheitern des »Freien Deutschen Kulturbundes«, des letzten großen Volksfront-Bündnisses, im Februar 1945 nach der Konferenz von Jalta, die die deutsche Teilung in drei, später vier Besatzungszonen festlegte; *J.W.*). »Da die Gegenwart immer noch Nachwirkungen enthält von den Auseinandersetzungen in den Vorkriegsjahren, in den ersten Kriegsjahren, will ich etwas in Erfahrung bringen über die Bemühungen um eine einheitliche Strategie, um ein Zusammengehen der Arbeiterparteien, über die entstandenen Streitpunkte und den schließlichen Bruch, der zur Schaffung und zur Errichtung zweier entgegengesetzter Gesellschaftssysteme auf dem Boden des geschlagenen Deutschland führte.« (Notizbücher, 1981, S.50f).

Diese Erinnerungsarbeit in den Notizbüchern ist eine für Sozial- und Kulturwissenschaftler unentbehrliche, bislang kaum genutzte Quelle, eine Stoffsammlung und ein Rechenschaftsbericht über Begegnungen mit Kunstwerken, Figuren und Orten, die historisch belegbar sind, ein Weißbuch der Kämpfe im Spiegel von Gesprächen mit den Beteiligten, von unveröffentlichten Briefen, Tagebüchern und Dokumenten – auch und besonders über die jüdischen Intellektuellen und Schriftsteller, deren Reintegration in die Bundesrepublik nicht gelang und die auch von der westdeutschen Arbeiterbewegung vergessen wurden. Alfred Döblin hat diesen bis heute eher verdrängten Tatbestand in einem Satz zusammengefaßt: »Als ich wiederkam, da kam ich nicht wieder.« Oder mit Hermann Kesten formuliert, der im Mai 1949 nach 16 Jahren Exil das erste Mal deutschen Boden wieder betrat und sich in seiner Heimatstadt Nürnberg fragte: »Gibt es ein Wiedersehen oder eine Heimkehr?«[2]

Zu den überraschenden Phänomenen der deutschen Nachkriegspolitik gehört die Erkenntnis, daß die Westmächte gerade die Rückkehr der Emigranten erschwerten, die im Exil als linke Antifaschisten die alliierte Deutschlandpolitik mit vorbereiten halfen, ihre unzulängliche Anwendung jedoch nach 1945 kritisierten. Nach dem Leiter der Landesgruppe deutscher Gewerkschafter in Großbritannien, Hans Gottfurcht (1896-1982), waren lediglich 31 Repräsentanten des Exils von den Westalliierten Ende März 1945 ausgewählt worden, um aktive Gruppen des Widerstands in Deutschland beim Aufbau der »neuen deutschen Republik« zu unterstützen.[3] Folgt man der Studie von Jan Foitzik, dann kamen 1945 aus dem westlichen Exil 59 namentlich bekannte KPD-Mitglieder und 77 SPD-Mitglieder in die Westzonen.[4] Deutsche Emigranten – und unter ihnen vornehmlich jüdische Intellektuelle – gehörten zu den Beratern der Alli-

---

[2] vgl. Jörg Wollenberg (Hg.), Von der Hoffnung aller Deutschen. Wie die BRD entstand, Köln 1991, S.152-194 mit Beiträgen von Hermann Kesten und Hans-Albert Walter

[3] DGB-Archiv, NL Gottfurcht Mappe 37

[4] Jan Foitzik, Revolution und Demokratie : Zu den Sofort und Übergangsplanungen des sozialdemokratischen Exils für Deutschland 1943-1945.In: IWK 24 (1988) H. 3, S. 308ff.

ierten und standen teilweise im bezahlten Dienst der Militärregierung. Aber ihre Arbeit blieb im wesentlichen darauf beschränkt, die politische Situation in Deutschland nach der Befeiung einzuschätzen und der Militärregierung Vorschläge für die Demokratisierung Deutschlands vorzulegen, vor allem für die Umerziehung und Entnazifizierung.[5] Vergeblich warteten sie auf Angebote deutscher Einrichtungen. Und die wenigen Emigranten, denen 1945 die Rückkehr in die alte Heimat gestattet wurde, stießen in Westdeutschland auf so viel Ressentiment und Widerstand, daß sie verzweifelten. Am 27. Dezember 1949 schrieb zum Beispiel der völlig verarmte Gründer der Freien Akademie der Künste in Hamburg, Hans Henny Jahnn, an Alfred Döblin: »Ich habe wohl die Emigration überstanden und konnte durch sinnvolle Arbeit auch in den tragischen Jahren das Dasein meiner Familie sichern – jetzt aber bin ich ein hilfloser Mensch, für den es in Deutschland keinen Platz zu geben scheint«[6]. Selbst Thomas Mann, der international hochgeschätzte Repräsentant des deutschen Exils, wurde 1949 in Westdeutschland mit Protesten empfangen, als er das erste Mal nach 16 Jahren wieder deutschen Boden betrat; Ressentiment gegen den Emigranten verband sich mit antikommunistischer Propaganda, weil er im Goethejahr nicht allein in Frankfurt am Main, sondern auch in Weimar reden wollte. Nicht so viel, sondern so wenig Anfang war nie wie in der sogenannten Stunde Null, die keine war –, weshalb Thomas Manns ältester Sohn Klaus im Mai 1949 Selbstmord beging und dessen Bruder Golo 1945 als amerikanischer Kontrolloffizier im Frankfurter Rundfunk die aus dem Schweizer Exil heimgekehrten kommunistischen Redakteure Hans Mayer und Stephan Hermlin zensieren mußte. Diese zogen es bald vor, einen offiziellen Ruf aus der SBZ/DDR anzunehmen, während Theodor Plivier von Weimar nach München floh, Alfred Kantorowicz ein Wanderer zwischen »Ost und West« wurde und die US-Militärregierung den Buchenwald-Überlebenden Emil Carlebach aus der Redaktionsleitung der *Frankfurter Rundschau* entfernte, weil er Kommunist war.

»Rückkehr der Emigranten unerwünscht«, lautete die Parole, die besonders von den westdeutschen Hochschulen ausging. Die Repräsentanten der Universitäten waren in Westdeutschland aus eigener Kraft und Einsicht nicht in der Lage, wie der remigrierte bayerische Ministerpräsident Wilhelm Hoegner (SPD) am 16.12.1946 vor dem Landtag formulierte, »uns aus dem nationalsozialistischen Sumpf herauszuarbeiten... Statt sich mit den wirklichen Übeltätern und Helfershelfern aus dem Bereich von Wissenschaft und Kunst, von Industrie und Handel zu befassen, erstickten die Spruchkammern an der Überfülle dieser kleinen Fälle.«[7] Für die Alliierten, insbeson-

---

[5] vgl. u.a. Alfons Söllner(Hg.), Archäologie der Demokratie in Deutschland, Bd. I u. II, Frankfurt/ M. 1982/86; Ulrich Borsdorf/Lutz Niethammer (Hg.), Zwischen Befreiung und Besatzung, Weinheim 1995; Klaus-Dietmar Henke, Die amerikanische Besetzung Deutschlands, München 1995

[6] zitiert nach Peter Mertz, Und das wurde nicht ihr Staat, München 1985, S. 112

[7] Lutz Niethammer, Die Mitläuferfabrik, Berlin/Bonn 1982, S. 417f.

dere für die Entnazifizierungsbeauftragten der US-Militärregierung, hatte sich diese Entwicklung schon früh abgezeichnet. So schrieb der amerikanische Historiker und leitende Mitarbeiter des Geheimdienstes OSS, Walter L. Dorn, der Militärregierung bleibe »keine andere Wahl, als Deutschlands ›geschlossene Faschistenklicke‹, die Professorenschaft, zu sprengen«. Seinem Ratschlag folgend, befal deshalb General Clay, der Chef der US-Militärregierung, im Herbst 1946 eine zweite Entnazifizierungsaktion in allen Universitäten der US-Zone. Hunderte von Professoren wurden entlassen, und dennoch blieben noch immer zahlreiche Belastete[8].

Die Rückkehr jüdischer, sozialistischer oder kommunistischer Emigranten wurde erschwert, verzögert, ihre Einbürgerung hintertrieben. Die Verantwortlichen gingen davon aus, zunächst die Lehrstühle für die deutschen Wissenschaftler freihalten zu müssen, die Opfer der Vertreibung geworden waren, nachdem sie während des Krieges an den NS-Reichsuniversitäten in Dorpat, Königsberg, Lemberg, Posen, Breslau, Straßburg und Aarhus gelehrt hatten. Später gab es kaum noch Versuche, Wissenschaftler, die das Geistesleben der Weimarer Republik repräsentierten, aus dem Exil zurückzurufen. An sozialistisch oder linksliberal geprägten Emigranten wie Walter A. Berendsohn, Paul Tillich, Franz L. Neumann, Ernst Fraenkel, Leo Löwenthal, Herbert Marcuse, Otto Kirchheimer, Karl Korsch, Arthur und Hans Rosenberg, Gustav Mayer, Felix Gilbert, Hajo Holborn, Wolfgang Hallgarten oder Alfred Vagts bestand keinerlei Interesse, auch nicht auf Seiten der Gewerkschaften oder der SPD. Intellektuelle aus den Reihen der KPD hatten erst recht keine Chance. Unerwünscht waren auch die sozialistischen Schul- und Erwachsenenbildner aus den Reihen der Arbeiterbewegung – wie zum Beispiel Fritz Karsen, Walter Fabian, Franz Mockrauer, Paul Honigsheim und Anna Siemsen. Diese herausragende Reformpädagogin wartete zusammen mit Olga Essig vergeblich auf einen Ruf an die Hamburger Universität, die sich ebenfalls weigerte, prominente Emigranten wie Walter A. Berendsohn zurückzurufen, dafür aber auf die NS-Eliten zurückgriff.[9] Einigen der »entschiedenen Schulreformer« der Weimarer Republik um Heinrich Deiters und Paul Oestreich gelang es nach dem Scheitern ihres Kampfes um die Einheitsschule in Westberlin, Einfluß auf die Entwicklung in der SBZ zu nehmen und ein modernes Bildungssystem in der DDR mit aufzubauen.

Die deutsche Gesellschaft hatte nach 1933 auf die Herausforderungen von Pazifisten, Juden und Sozialisten wie Theodor Lessing oder Erich Mühsam mit Verfolgung und Ermordung reagiert. Jetzt folgte eine Unterdrückung von Person und Werk über

---

8 Walter L. Dorn, Inspektionsreisen durch Deutschland, Stuttgart 1973, S. 87f.

9 vgl. hierzu neben den Fällen Brunner und Schelsky u.a. Helmut Heiber, Universität unterm Hakenkreuz, Teil 1, München 1991, S. 365ff; Jörg Tröger (Hg.), Hochschule und Wissenschaft in Dritten Reich, Frankfurt/M. 1984; Walter H. Pehle/ Peter Sillem (Hg.), Wissenschaft im geteilten Deutschland. Restauration oder Neubeginn nach 1945?, Frankfurt/M. 1992

den Tod hinaus und schloß überlebende Angehörige ein. Vergeblich wartete zum Beispiel Theodor Lessings Witwe Ada, die zu Zeiten der Weimarer Republik die Volkshochschule Hannover geleitet hatte (1932 hatte sie für die SPD zum Reichstag kandidiert), auf einen Rückruf aus dem Exil in Großbritannien. Der hierfür zuständige Multifunktionär Heiner Lotze (SPD) unternahm in Hannover alles, um ihre Rückkehr zu verhindern.[10]

Die »positive Mitarbeit an dem staatlichen Wiederaufbau« (Lotze) erlaubte es offensichtlich nach 1945 nicht, auf kritische Köpfe zurückzugreifen, die zu den Kritikern der Weimarer Republik gehört hatten und jetzt vor einer Rückkehr zu den Vorkriegsverhältnissen warnten. Der national gesinnte Sozialdemokrat Heiner Lotze, lange vor 1933 mit Theodor Bäuerle, Eugen Rosenstock-Huessy, Paul Steinmetz und anderen Mitgliedern der »Neuen Richtung der Volksbildung« engagierter Anhänger des Freiwilligen Arbeitsdienstes, wandte sich als Verantwortlicher für den Wiederaufbau der Erwachsenenbildung in der britischen Besatzungszone lieber an Repräsentanten der »inneren Emigration« wie Frank Thiess, Mitglied der NS-Reichsschrifttumskammer. Dieser eröffnete am 27. Januar 1946 – als bekennender Gegner von Thomas Mann, dem verspäteten Aufklärer am deutschen Unwesen – die Volkshochschule Hannover mit einem Vortrag über Goethe. Und der schwer belastete NS-Reichsarbeitsdienstführer Paul Steinmetz konnte als Lotzes Nachfolger in der Heimvolkshochschule Hustedt leitend tätig werden.

Keine Chance auf einen Rückruf hatten vor allem die jüdischen Emigranten, die das Versagen der Arbeiterbewegung von 1933 früh zum Thema gemacht hatten und selber Opfer des Anpassungs- und Selbstgleichschaltungskurses der Gewerkschaften geworden waren. Selbst prominente einstige Reichstagsabgeordnete der SPD und Gewerkschafter wie Wilhelm Sollmann (1881-1951), Siegfried Aufhäuser (1884-1969), der bis 1933 den Allgemeinen Freien Angestellten-Bund geleitet hatte, oder Tony Sender (1888-1964) vom einstigen Vorstand des Deutschen Metallarbeiter-Verbandes warteten lange und meist vergeblich auf eine Anforderung wenigstens aus den Reihen der westdeutschen Arbeiterbewegung. Auch Willy Brandts Rückkehr war 1946 nur als Journalist in norwegischer Uniform möglich. Schumacher und Ollenhauer, die in Hannover die westdeutsche SPD-Zentrale aufbauten, waren an einer raschen Mitarbeit derjenigen Genossen, die sich wie Brandt in der Endphase der Weimarer Republik der Sozialistischen Arbeiterpartei angeschlossen hatten, nicht interessiert. »Fritz Heine, der mit Ollenhauer aus London zurückgekehrt (und jetzt für die Pressearbeit zuständig) war, meinte, Leute wie ich – er nannte auch Richard Löwenthal – könnten

---

[10] Jörg Wollenberg, Rückkehr unerwünscht. Ada und Theodor Lessing als Bildungsreformer und Volkshochschulgründer in Haubinda, Hannover und Marienbad, in: Spurensuche. Zeitschrift zur Geschichte der Erwachsenbildung und Wissenschaftspopularisierung, NF, 14.Jg, Heft 1-4, Wien 2003, S. 90-124

sich zunächst draußen nützlich machen«, berichtet Brandt über seine »Rückkehr unter Ruinen«.[11]

Noch konsequenter gestaltete sich die Abwehrhaltung der Gewerkschaftsführung. Als es um die hauptamtliche Besetzung des gewerkschaftlichen Zonensekretariats – Vorläufer des späteren DGB-Bundesvorstands – ging, verweigerten mehrere Mitglieder des Zonenausschusses der britischen Zone ihre Zustimmung zur Einstellung des Emigranten Ludwig Rosenberg (1903-1977). Albin Karl (Hannover) erklärte, es sei seiner Auffassung nach »nicht richtig (…), die Kollegen aus der Emigration sofort in führende Stellungen zu bringen, da sie mit einer ganz anderen Auffassung hier herüber gekommen (sind) und nicht das vertreten können, was wir unbedingt brauchen. Es kann und darf uns nicht daran gelegen sein, einen Mann, der eben 12 Jahre lang die Verhältnisse hier nicht verfolgt hat, in eine so wichtige Funktion zu bringen«.[12]

Konkretisieren wir diesen skandalösen Zusammenhang an zwei weiteren jüdischen Intellektuellen, die 1945 als Emigranten im Dienst des amerikanischen Außenministeriums nach Deutschland reisten und vor 1933 teilweise wichtige Funktionen in der deutschen Arbeiterbewegung innehatten: Ernst Fraenkel und Franz Leopold Neumann, die einstigen Starjuristen der deutschen Arbeiterbewegung. Neumann war mit Otto Kirchheimer und Herbert Marcuse im September 1945 zum US-State Department gewechselt und nahm beratend Einfluß auf den Aufbau der deutschen Arbeiterbewegung und die Veränderung im deutschen Parteiensystem. Fraenkel und Neumann hatten schon in der Weimarer Republik als Sozialdemokraten in den AGDB-Gewerkschaften gearbeitet, zunächst als Lehrer in gewerkschaftsnahen Heimvolkshochschulen, dann als Syndikus der Baugewerkbundes bzw. des Metallarbeiter-Verbandes. Gemeinsam hatten sie 1930 in Berlin eine Anwaltskanzlei in dem von Erich Mendelsohn erbauten neuen Gebäude des Deutschen Metallarbeiter-Verbands in der Alten Jakobstraße eröffnet. Zwischen 1943 und 1946 entwickelten sie als Deutschland-Berater der US-Regierung – getrennt – Konzepte für ein Nachkriegsdeutschland: Neumann mit anderen Mitarbeitern des von Max Horkheimer in New York geleiteten Instituts für Sozialforschung, Fraenkel mit Arbeiten zur »Zukünftigen Organisation der deutschen Arbeiterbewegung« (1943/44). Beide hatten zuvor Faschismus-Analysen erarbeitet, die bis heute grundlegend geblieben sind. Ernst Fraenkels »Der Doppelstaat« war 1940 erschienen, Franz L. Neumann »Behemoth« 1942/44. Deutsche Übersetzungen dieser Standardwerke wurden erst 1974 bzw. 1977 vorgelegt.[13]

Auch sie warteten – wie viele andere – auf einen Rückruf aus den Reihen der Gewerkschaften und der SPD. Erst 1953 erreichte Fraenkel wenigstens ein Ruf als Pro-

---

11 Willy Brandt, Links und frei, mein Weg 1930-1945, Hamburg 1982, S. 422

12 Quellen zur Geschichte der deutschen Gewerkschaftsbewegung im 20. Jahrhundert, Band 6, Köln 1987, S. 380

13 Ernst Fraenkel, Der Doppelstaat. Frankfurt/M. 1974; Franz Neumann, Behemoth, Struktur und Praxis des Nationalsozialismus, Frankfurt/M. 1977

fessor an der Deutsche Hochschule für Politik, dem späteren Otto-Suhr-Institut der Freien Universität Berlin. Neumann, der aus finanzieller Not, nicht aus politischer Überzeugung 1943 die Leitung der Deutschland-Forschungsabteilung im Geheimdienst OSS übernommen hatte, konnte wohl nach 1945 als bildungspolitischer Beauftragter des amerikanischen Außenministeriums die Einrichtung eines Seminars für politische Wissenschaften in Berlin durchsetzen. Jedoch scheiterte er zusammen mit anderen prominenten Repräsentanten des Bundes Entschiedener Schulreformer um Fritz Karsen und Paul Oestreich an dem Auftrag, das deutsche Bildungssystem durch die Einführung der Einheitsschule grundsätzlich zu reformieren und die bürgerlichen Bildungsprivilegien als entscheidendes kulturelles Hemmnis zur Überwindung des deutschen Autoritarismus abzuschaffen. Nachdem weitere seiner Versuche, mit einer Demokratisierung der Erziehung »der Linken zum Erfolg zu verhelfen«, durch die verunglückte Entnazifizierung und das unzulängliche Interesse der Gewerkschaften verhindert worden waren, verstärkte sich Neumanns Kritik am Reformismus der SPD sowie andererseits an der Moskau-Orientierung der KPD.

Die Entnazifizierung funktionierte inzwischen im Westen als Rehabilitierungsmaschine, die Nazi-Sympathisanten und politische Gegner von einst in wichtige Funktionen brachte. Westdeutschland entwickelte sich zu einer »Mitläuferfabrik« (Lutz Niethammer), ein in der BRD lange tabuisierter zeitgeschichtlicher Skandal, der die Grenzen und Unzulänglichkeiten der »Re-Education« und die Kontinuität nationalistischer Denkweisen aufzeigte. Als 1947 der Kalte Krieg eskalierte und die westdeutsche Arbeiterbewegung dem Marshall-Plan und der Truman-Doktrin zustimmte, zog sich Neumann resigniert in die USA zurück und kritisierte fortan den »sozialdemokratischen Traditionalismus«, der erneut das gefährdete, was die Weimarer Arbeiterbewegung einst erreicht und kampflos preisgegeben hatte. Die Wächterrolle des jüdischen Intellektuellen zwang ihn, sich kritisch mit der Gesellschaft auseinanderzusetzen und historische Erfahrungen einzubringen, um die Folgen der Niederlage von 1933 zu erläutern.[14]

1954 bestand noch einmal die Möglichkeit, Neumann mit einer angemessenen Position in der BRD zu betrauen. Es ging um die Benennung des Präsidenten des Bundesarbeitsgerichtshofes. Aber auch hier wurde Neumann schlichtweg übergangen. Der DGB-Vorsitzende Hans Böckler, neben Kurt Schumacher Repräsentant der von Neumann kritisierten Überhöhung der nationalen Identität in der deutschen Arbeiterbewegung, unterstützte die Wahl von Hans Carl Nipperdey. Dieser hatte als Mitglied der »Akademie für deutsches Recht« an den Gesetzesentwürfen der Nazis mitgewirkt und gemeinsam mit seinem Kollegen Alfred Hueck den Kommentar zum »Gesetz zur Ord-

---

14 Franz L. Neumann, Wirtschaft, Staat, Demokratie. Aufsätze 1930-1954, hrsg. von Alfons Söllner, Frankfurt/M. 1978; Alfons Söllner, Neumann, Hannover 1982; Rainer Erd (Hg.), Gespräche über Franz Neumann, Frankfurt/M. 1985

nung der nationalen Arbeit« von 1934 mitverfaßt. Beide hatten schon in das erste Betriebsrätegesetz von 1920 eingeführt, und sie lieferten auch den Musterkommentar zum Betriebsverfassungsgesetz von 1952, das erneut gegen den Willen der Gewerkschaften verabschiedet worden war. Diese Arbeitsrechtler waren es, die die Idee der »Betriebsgemeinschaft« als »Glied der Volksgemeinschaft« entwickelt hatten. Sie begründeten mit der »Überwindung und Synthese jeder Gegensätzlichkeit« das Prinzip der Gefolgschaft, das den Klassengegensatz leugnete. Erste Ansätze einer solchen Gemeinschaftsideologie waren schon in die Kommentierung zum Betriebsrätegesetz von 1920 eingegangen. Angesichts der Dominanz dieses »Arbeitsrechtskartells« (Roderich Wahsner) war nach 1945 von den wenigen Gegenpositionen in der Weimarer Republik, die vor allem Hugo Sinzheimer und seine Schüler Franz L. Neumann, Ernst Fraenkel oder Wolfgang Abendroth vertreten hatten, wenig zu spüren.

Vielleicht ist es exemplarisch für die Entwicklung nach 1945, daß beide Positionen nur noch einmal aufeinandertrafen, nämlich als es aus gewerkschaftlicher Sicht darum ging, im Zusammenhang des Kampfes gegen die Verabschiedung des Betriebsverfassungsgesetzes den politischen Streik als legal zu interpretieren. Im Gutachten zum Zeitungsstreik hatte Nipperdey 1952 das Recht bestreikter Unternehmen auf Schadenersatz begründet, das später dazu diente, die Möglichkeit des politischen Streiks noch mehr einzuschränken. Hier obsiegte er über den Gewerkschaftsgutachter Wolfgang Abendroth. Nipperdey zeichnete später u.a. verantwortlich für das Urteil des Bundesarbeitsgerichts zur Friedenspflicht vom 18. Juni 1955. Der Betriebsratsvorsitzende Hermann Prüser (KPD) hatte als einstiger KZ-Häftling am 9. Juli 1953 auf einer Betriebsversammlung die Belegschaft der AG Weser in Bremen dazu aufgerufen, bei der hessischen Landesregierung gegen einen für den 12. Juli 1953 geplanten Stahlhelmaufmarsch in Gießen zu protestieren. Damit hatte er gegen die Paragraphen 44 und 49 des alten Betriebsverfassungsgesetzes verstoßen und die Friedenspflicht verletzt.

Mit dem Kalten Krieg meldeten sich die alten NS-Eliten zurück, die nach einer kurzen Karenzzeit – und noch vor den Amnestiegesetzen – wieder Fuß in der Wirtschaft, in der Justiz und in der Staatsverwaltung faßten. Sie wurden Mitglieder der neuen Parteien. Sie unterwanderten die FDP 1952 mit dem »Aufruf zur Nationalen Sammlung« als »Hundertmanntruppe« ehemaliger führender Nazis um Werner Naumann, Werner Best, Alfred Six und Ernst Achenbach (»Gauleiterverschwörung«) und fanden eine neue politische Heimat in der Sozialistischen Reichspartei (SRP) und nach deren Verbot 1953 in der Deutschen Reichspartei (DRP), der Vorläuferin der NPD. 1951 zogen sie in die Landtage ein, angeführt von dem Nazi-Generalmajor Otto Ernst Remer und dem NS-Generalrichter Manfred Roeder, der allein 49 Todesurteile gegen Mitglieder der »Roten Kapelle«, der Widerstandsgruppe um Harro Schulze-Boysen und Arvid Harnack, ausgesprochen hatte. Ein Überlebender der »Roten Kapelle«, der Sozialdemokrat Adolf Grimme, der dann der erste Kultusminister Niedersachsens wurde, hatte am 15. September 1945 Strafanzeige gegen Roeder gestellt – vergeblich. Die Prozesse vor dem Reichskriegsgericht seien »ordnungsgemäß« abgelaufen und die Angeklagten seien als Landesverräter mit Recht zum Tode verurteilt worden, heißt es im Abschluß-bericht der Staatsanwaltschaft Lüneburgs vom 12. Mai 1951. Und im Remer-Prozeß vom März 1952 konnte selbst Fritz Bauer als gerade aus dem schwedischen Exil zurückgekehrter Braunschweiger Generalstaatsanwalt nicht verhindern, daß die Große Strafkammer des Landgerichtes Braunschweig ganz im Sinne Remers die nach Stalingrad dem »Nationalkomitee Freies Deutschland« beigetretenen Offiziere als Landesverräter bezeichnete.[15]

Der Aufstieg der Neonazis und die »Gauleiterverschwörung« blieben freilich nicht ohne Reaktionen: Die Bundesregierung sah sich auf Druck der Militärregierung gezwungen, die Länder zu veranlassen, zwecks besserer demokratischer Erziehung der Eliten Lehrstühle für politische Wissenschaften an den Hochschulen einzurichten und die Sozialwissenschaften auszubauen. Auf diesem Weg erhielten Anfang der 50er Jahre einige der deutschen Arbeiterbewegung verbundene jüdische Intellektuelle einen ver-späteten Ruf zur Rückkehr aus dem Exil. So kamen Ossip Flechtheim, Fritz Eberhard und Ernst Fraenkel nach Berlin, Siegfried Landshut nach Hamburg, Gerhard Leibholz nach Göttingen, Theodor W. Adorno und Max Horkheimer nach Frankfurt. Die von der Gestapo verfolgten Antifaschisten Eugen Kogon und Wolfgang Abendroth gingen nach Darmstadt bzw. nach Marburg, Hans-Joachim Heydorn nach Kiel, später nach Frankfurt.[16]

Wiederaufstieg von Nazis mit Hilfe der Gewerkschaften

Auch in den Gewerkschaften und in der Sozialdemokratie war die Rückkehr ehemali-ger Nazis nicht zu übersehen. Besonders die nationalen Sozialisten, die 1932 auf Schleicher und Strasser gesetzt hatten, gewannen wieder Einfluß, in den Hochschulen ebenso wie in Heimvolksschulen oder in der Gewerkschaftspresse und den Stäben der Vorstände. Von den »belasteten« Personen, den »Überläufern von 1933«, übernahm zum Beispiel Franz Josef Furtwängler die Leitung der Akademie der Arbeit in Frank-furt, Clemens Nörpel prägte als Theoretiker die sozialdemokratische Variante der »Sozialen Marktwirtschaft«, Walther Pahl, einer der konservativen Intellektuellen im ADGB-Vorstand, der mit dem Gestapo-Chef Rudolf Diels kooperierte und am 25. April 1933 in der Gewerkschaftszeitung schrieb: »Der Nationalsozialismus forderte

---

[15] vgl. Jörg Wollenberg, Der zensierte Widerstand – Schwarze und Rote Kapelle, in derselbe, Den Blick schärfen – Gegen das Verdrängen und Entsorgen, Bremen 1998, S. 118ff; Helmut Kramer, Als hätten sie nie das Recht gebeugt, in: Ossietzky, 23/ 2002, S. 808ff.
[16] Zur sog. Gauleiterverschwörung siehe u. a. Jörg Friedrich, Die Kalte Amnestie, München 1994, S. 317ff; Norbert Frei, Vergangenheitspolitik, München 1996, S. 361ff (Die Naumann-Affäre und die Rolle der Alliierten, 1953)

und verwirklichte jetzt die Einheit der Nation, um auf diesem breiten und festen Fundament den deutschen Sozialismus aufzubauen«, dieser Pahl wurde trotz der Warnung des ÖTV-Vorsitzenden Adolf Kummernuss Chefredakteur der *Gewerkschaftlichen Monatshefte*. Hans Böckler, der Vorsitzende des DGB, nahm Anfang April 1950 auch andere warnende Protestbriefe führender Gewerkschafter nicht zur Kenntnis. Gegen den Willen Konrad Adenauers, aber mit Zustimmung von Kurt Schumacher hatte Pahl seine neue Karriere schon 1946 als Sekretär für sozial- und kulturpolitische Fragen im Zonenbeirat der britischen Besatzungszone beginnen können. Erst Ludwig Rosenberg, der als Jude und Sozialist emigriert war, sorgte als Böcklers Nachfolger (1962 bis 1969) für die Abwahl von Walther Pahl und machte Walter Fabian, den in Frankreich und der Schweiz überlebenden Pazifisten, Juden und Sozialisten, auf Anregung von Otto Brenner zum Chefredakteur der *Gewerkschaftlichen Monatshefte*.[17]

Besonders die Arbeiterhochschulen erwiesen sich nach 1945 als Karriereleitern für NS-Belastete. Muß es nicht verwundern, daß auch unter einem ehemaligen Widerstandskämpfer wie dem niedersächsischen Kultusminister Adolf Grimme belastete Professoren an die Reform-Hochschule für Arbeit, Politik und Wirtschaft in Wilhelmshaven-Rüstersiel berufen wurden? Und das unter dem Rektorat von Wolfgang Abendroth, der kurz zuvor aus der SBZ nach Westdeutschland geflohen war. Zu den Berufenen gehörte Walter Bogs; der ehemalige Senatspräsident an der NS-Reichsversicherungsanstalt leitete ab 1949 das arbeitsrechtliche Institut in Rüstersiel. Dazu kam als Vertreter des öffentlichen Rechts Ernst Rudolf Huber, einer der Musterschüler des Nazi-Kronjuristen Carl Schmitt. In diesem Zusammenhang darf die Karriere des Gaustudentenführers Helmut Schelsky nicht vergessen werden. Ab 1935 in Königsberg im »Amt Rosenberg« als »Beauftragter des Führers zur Überwachung der gesamten geistigen und weltanschaulichen Erziehung der NSDAP« zuständig, konnte Schelsky 1948 seine kurz unterbrochene Tätigkeit als Hochschullehrer an der von den Konsumgenossenschaften und den Gewerkschaften initiierten »Hochschule für Arbeit und Wirtschaft« (Akademie für Gemeinwirtschaft) in Hamburg fortsetzen. Er lieferte mit seiner »nivellierten Mittelstandsgesellschaft« die ideologische Begründung dafür, daß die Gewerkschaften auf den Klassenkampf zu verzichten hätten und Sozialpartnerschaft anstatt Neuordnung angesagt sei. Die empirischen Materialien für die Untersuchung bezahlte der DGB-Bundesvorstand. Überhaupt haben die Soziologen neben den Historikern am stärksten dazu beigetragen, daß lange Zeit keine systema-

---

17 Jörg Wollenberg, Walter Fabian – Brückenbauer der Linken, in: Arno Klönne/ Karl A. Otto/ Karl Heinz Roth (Hg.), Fluchtpunkte. Das soziale Gedächtnis der Arbeiterbewegung, Hamburg 2003. S. 126ff; Karl Heinz Roth, Der Untergang der freien Gewerkschaften 1933, in dieselben, 2003, S. 273-279.; Karsten Linne, Walter Pahl. Eine Gewerkschaftskarriere, in: 1999. Zeitschrift für Sozialgeschichte,1990, Heft 3, S. 39-55; Ulrich Borsdorf/Karl Lauschke, Hans Böckler, Band 1 und 2, Essen 2005; Thomas Köcher, Die Auseinandersetzung des DGB mit dem Nationalsozialismus in den 50er und 60er Jahren, Münster 2004

tischen Versuche unternommen wurden, die Entstehung und den Sieg des National-
sozialismus aus den gesellschaftlichen Strukturen der Weimarer Republik zu erklären.
Das blieb den nicht zurückgerufenen jüdischen Emigranten wie Franz L. Neumann,
August Thalheimer oder Ernst Fraenkel überlassen. Eine solche programmatische
Gesinnung erleichterte die Wiedereingliederung der Schuldigen und Belasteten wie
Karlheinz Pfeffer, der zusammen mit dem Kommentator der Nürnberger Rassegesetze
und späteren Staatssekretär von Kanzler Adenauer, Hans Globke, bei der Propagierung
des Antisemitismus intensiv mitgewirkt hatte, unter anderem durch seinen Beitrag im
Handbuch der Judenfrage von 1935. Schelsky verhalf ihm 1962 zu einer Berufung an
die Universität Münster. Schelsky selber brachte es noch zum ersten Rektor der Universität Bielefeld.

Ende 1947 schrieb Otto Brenner, damaliger Bezirksleiter der Industriegewerkschaft
Metall in Hannover, in einem Brief an die alten SAP-Freunde in den USA, überall sehe
er die »marxistische Richtung in der Defensive«. In der Sozialdemokratie dominierten
auf dem kulturpolitischen Sektor die religiösen Sozialisten. Und die zunächst eng mit
dem Brenner-Kreis kooperierenden ethischen Sozialisten aus dem Internationalen
Sozialistischen Kampfbund (Eichler, Beermann, Heidorn und Kubel), die »ISK-
Freunde, mit denen wir in vieler Beziehung einen Weg gehen können und deren cha-
rakterliche Haltung bisher jeder Kritik standhielt, halten jetzt den Zeitpunkt für
gekommen, durch die Besetzung vieler Schlüsselpositionen in der Partei die Führung
zu übernehmen«. Vor allem kritisierte Brenner die unzulängliche Analyse der »faschistischen Epoche nach 1933, um zu den richtigen Schlußfolgerungen für die Zielset-
zung der Arbeiterbewegung zu kommen«[18]. Für Otto Brenner, der ein Schüler Theodor Lessings war, hieß das auch, den Rassismus und Antisemitismus als Ungeist in
den eigenen Reihen zu thematisieren, der es schon Gustav Noske erlaubt hatte, Rosa
Luxemburg als eine »ostjüdische Marxistin« zu diffamieren und ermorden zu helfen
– einen Ungeist, den dann Hitler mit dem Kampf gegen die »jüdisch-bolschewistische
Weltverschwörung« exekutierte. Dem hellsichtigen Warner Lessing schickte Hitler
1933 Mörder ins Exil nach. In Deutschland ist der Unheilsprophet bis heute ein verges-
sener Außenseiter geblieben.

---

[18] Lehrstücke der Solidarität. Briefe und Biographien deutscher Sozialisten 1945-1949, hrsg. von Helga Grebing,
Stuttgart 1983, S.151ff.

Georg Fülberth

Neuordnung oder Erhard? Nichts von beidem!

Wolfgang Schivelbusch hat kürzlich den Versuch unternommen, eine »entfernte Verwandtschaft« zwischen Hitlers Nationalsozialismus und Franklin D. Roosevelts New Deal herauszuarbeiten: bei der Organisation der Wirtschaft und der Mobilisierung der Massen.[1]

Im Lichte der Kapitalistik[2] kann ihm mit folgenden Einschränkungen zugestimmt werden:

1933 waren die USA und Deutschland Gesellschaften mit einer monopolkapitalistischen Wirtschaft und hochentwickelter Technologie, und beide befanden sich in einer langdauernden nicht nur konjunkturellen, sondern auch strukturellen ökonomischen Krise. Insofern dürfte es nicht verwundern, daß sie mit ähnlichen Mitteln Abhilfe versuchten: Kartellierung von Arbeit und Kapital sowie keynesianische Staatsnachfrage. Da auch die Propagandatechnologie auf gleichem Stand war – Rundfunk! –, nahmen die Massenmobilisierungen ähnliche Formen an. Diese wurden auch vom italienischen Faschismus und in Stalins Sowjetunion angewandt. Anders als bei Schivelbusch sollte darauf geachtet werden, daß diese beiden weniger entwickelten Gesellschaften zwar eine ähnliche Ästhetik der Machtausübung pflegten, daß aber ihre technologische und ihre ökonomische Basis sich von den Realitäten der USA und Deutschlands unterschied. Völlig zu Recht weist Schivelbusch darauf hin, daß die Krisenbewältigung in den Vereinigten Staaten in demokratischer und im Nazi-Reich in terroristischer Manier erfolgte.

Begeben wir uns nun vom Jahr 1933 ins Jahr 1945.

Die USA waren moralisch, militärisch und ökonomisch siegreich. Die Bilanz des Nationalsozialismus ist negativ. Er war eine moralische Katastrophe und endete in der totalen militärischen Niederlage. Anders stand es aber mit seiner Ökonomie. Man wird sie erfolgreich nennen müssen: Die Profite waren hoch, die Kriegswirtschaft sorgte für Vollbeschäftigung, die technologische Basis wurde modernisiert, die Produktionskapazität so erweitert, daß selbst 1945 trotz der Bombardements noch der Stand aus der zweiten Hälfte der dreißiger Jahre gehalten werden konnte. Die Luftangriffe hatten lediglich den Zuwachs beseitigt.

---

[1] Schivelbusch, Wolfgang: Entfernte Verwandtschaft. Faschismus, Nationalsozialismus, New Deal 1933 – 1939. München 2005.

[2] Vgl. Fülberth, Georg: Kapitalistik – Ein Vorschlag. In: Ossietzky. Zweiwochenschrift für Politik/Kultur/Wirtschaft. Sechster Jahrgang. 17. 23. August 2003, S. 583-585. Ebenso Ders.: G Strich. Kleine Geschichte des Kapitalismus. Zweite, verbesserte und überarbeitete Auflage. Köln 2005. S. 7-9.

Es gab Gründe für eine Entmilitarisierung und für eine völlige moralische Neuorientierung Deutschlands – eine Änderung der Wirtschaftsstruktur lag nur für diejenigen nahe, die einen Zusammenhang zwischen Faschismus und Kapitalismus sahen. Auch in den Westzonen schienen diese zunächst in der Mehrheit zu sein: Der Artikel 41 der hessischen Verfassung, der eine Überführung von Schlüsselindustrien in Volkseigentum vorsah, wurde in einer Volksabstimmung mit großer Mehrheit angenommen.

Allerdings konnte eine unmittelbare Verbindung von Faschismus und Kapitalismus für Nachkriegsdeutsche auch eine apologetische Komponente haben: Das eigene Handeln in den Jahren 1933-45 war der moralischen Beurteilung entzogen, sobald anonyme Wirtschaftsmächte als die eigentlichen Verursacher des Versagens aufgefaßt wurden. Wenn die Westalliierten demgegenüber einen demokratischen Kapitalismus verlangten, war dies bürgerliche Interessenpolitik, entsprach aber immerhin den Lehren ihrer eigenen Geschichte: Dort hatte das Privateigentum an den Produktionsmitteln nicht zu jener moralischen Katastrophe geführt, die in Deutschland stattgefunden hatte.

Machen wir jetzt einen weiteren Zeitsprung, etwa ins Jahr 1955, dann scheint das Ziel insbesondere der US-amerikanischen Reeducation erreicht: eine weiterhin monopolkapitalistische, aber nichtfaschistische Gesellschaft.

Als »Restauration« wird dies nur bezeichnen, wer fälschlich davon ausgeht, daß irgendwann vorher eine andere ökonomische Ordnung bestanden habe. Diesen Negativbegriff benutzten vor allem die Verfechter der »Neuordnung«, insbesondere Gewerkschafter und Sozialisten. Ihre Ziele waren Zerschlagung der Monopole, ausschlaggebende Beteiligung der Belegschaften an der Leitung der Unternehmen, demokratische Planung der Wirtschaft, Vergesellschaftung der Schlüsselindustrien. Daraus wurde nichts. Bald zeigte sich, daß die Ökonomie im Kern unverändert geblieben war. Wo die Unternehmer ein Zugeständnis machten, taten sie das zwecks Festigung ihrer Macht. In der Montanindustrie der britischen Besatzungszone räumten sie noch in den vierziger Jahren paritätische Mitbestimmung ein, die 1951 für diesen Industriezweig auf die gesamte Bundesrepublik ausgedehnt wurde. Sie suchten damit das Bündnis mit den Gewerkschaften gegen die von den Alliierten drohende Entflechtung und gegen Demontagen und wollten auch den Sozialisierungsforderungen die Spitze nehmen.

Im Ergebnis unterschied sich der westdeutsche Monopolkapitalismus von demjenigen der Weimarer Republik und der USA: Er trug stärker korporatistische Züge. Die Neuordner hatten Anderes gewollt, sie waren die Verlierer.

Doch nicht nur sie, auch Ludwig Erhard. Er redete sich und anderen ein, der deutsche Monopolkapitalismus werde nun durch eine wettbewerbsbestimmte freie Marktwirtschaft abgelöst. Diesem Zweck sollte das D-Mark-Bilanz-Eröffnungsgesetz von 1948 dienen. Es war Erhards einziger Erfolg. Dem Fortbestand der Monopolwirtschaft konnte er nichts entgegensetzen. Das löcherige Gesetz gegen Wettbewerbsbeschränkung von 1957 mit seinen zahlreichen Ausnahmebestimmungen besiegelte seine Niederlage. Noch härter mögen ihn die Erfolge des Korporatismus getroffen haben. Das Montanmitbestimmungsgesetz von 1951 und die Rentenreform von 1957 wurden gegen ihn durchgesetzt.

Die Verlierer der unmittelbaren Nachkriegsjahre sind heute noch präsent. Auf Ludwig Erhard beruft sich eine nach ihm benannte Stiftung, die als Think Tank für den Neoliberalismus agiert. Schwächer sind gegenwärtig die Verfechter einer demokratischen und sozialen Neuordnung der Wirtschaft. Wollen wir hoffen (und ihnen sowie uns selbst wünschen), daß sie sich recht bald berappeln!

Opposition unerwünscht

Erfahrungen aus der Adenauer-Ära

Arno Klönne

Außerparlamentarische Opposition begann nicht erst 1968

Dem derzeit gängigen Geschichtsverständnis nach ist in der Alt-Bundesrepublik eine nennenswerte außerparlamentarische Opposition erstmals in Gestalt der Studenten-bewegung um 1968 aufgetreten. In den Jahren davor, so suggeriert es diese Lesart von Geschichte, habe nachhaltiger öffentlicher Protest nicht stattgefunden; die westdeut-sche Bevölkerung habe sich in ihrem politischen Engagement aufs Wählen beschränkt und im übrigen den jeweiligen Autoritäten der parteipolitischen Lager disziplinierte Gefolgschaft geleistet. Mit den historischen Realitäten haben solche Annahmen oder Deutungen nichts gemein.

Schon in den Jahren vor Gründung der Bundesrepublik gab es in den industriellen Zentren der britischen und der US-amerikanischen Zone, mit dem Schwerpunkt im Ruhrgebiet, eine Welle von spontanen Streiks und sogenannten Hungermärschen, organisiert von Betriebsräten, örtlichen Gewerkschaftsgruppen und Aktionsausschüs-sen. Im März und April 1947 streikten in der Britischen Zone Hunderttausende von Arbeitern und Arbeiterinnen. Die Besatzungsbehörden versuchten, diese Bewegungen einzudämmen, sie drohten mit Belagerungszustand und Standrecht. Die Gewerk-schaftsführungen verhielten sich gegenüber diesem Protest aus der Arbeiterbevölke-rung reserviert, die SPD betonte ihre Distanz. Die KPD – vor allem in Nordrhein-West-falen damals noch ein relevanter politischer Faktor – unterstützte die Demonstratio-nen, aber diese waren keinesfalls Hervorbringungen kommunistischer Parteitaktik. Antreibend war vielmehr der Zorn über die unzureichende materielle Versorgung, aber auch darüber, daß die alten Inhaber unternehmerischer Macht, die »Kohle- und Stahl-Barone«, das Heft wieder in die Hand nahmen. Die demokratisch beschlossene Sozia-lisierung der Schlüsselindustrien war von den Besatzungsmächten zur Freude des west-deutschen Großbürgertums vereitelt worden; Mitbestimmungsrechte im Betrieb, die von den Belegschaften gleich nach Ende des Krieges durchgesetzt worden waren, wur-den schon wieder reduziert. Im Frühjahr und im Herbst 1948 kam es erneut zu größe-ren spontanen Streiks, im zweiten Zeitraum auch als Reaktion auf die sozialen Unge-rechtigkeiten der Währungsreform. Die Gewerkschaftsführungen sahen sich veranlaßt, im November 1948 für einen Tag zu einem Generalstreik in der gesamten Bizone (der wirtschaftspolitisch vereinigten amerikanischen und britischen Zone) aufzurufen, um den Unmut an der Basis zu kanalisieren. All diese Vorgänge zeigen: Es gab zu dieser Zeit einen hohen Grad der Bereitschaft zum sozialen und politischen Protest in der Arbei-terbevölkerung – aber zugleich entwickelte sich an der Spitze der Gewerkschaften die Fähigkeit, oppositionelle Bewegungen unter Kontrolle zu bringen, sie zu »zähmen«.

Damit ist ein Grundproblem genannt, das sich dann nach der Gründung der Bundesrepublik (1949) bis Anfang der 1960er Jahre durch die Geschichte außerparlamentarischer Opposition hindurchzog. Die wichtigsten gesellschafts- und außenpolitischen Weichenstellungen für Westdeutschland riefen jeweils heftige oppositionelle Bewegungen hervor, außerhalb des Parlaments- und Parteienbetriebs und unabhängig von den Operationen der Gewerkschaftsführung: Das gilt für die Restauration kapitalistischer Konzernmacht (in die sich auch das Betriebsverfassungsgesetz von 1952 einfügte), für die Remilitarisierung Westdeutschlands, die Einbindung in das westliche Militärbündnis und schließlich für den Griff nach atomarer Rüstung. Die außerparlamentarischen oppositionellen Bewegungen suchten dabei das Bündnis mit den Gewerkschafts-»Apparaten« und der SPD-Führung; bei diesen Versuchen aber brach sich ihre Eigendynamik, der Protest wurde gebändigt und »verwaltet«, dienstbar gemacht für Kompromiß- oder Anpassungsstrategien der Gewerkschaftsvorstände und des SPD-Vorstandes. So geschah es in den 1950er Jahren zunächst der »Ohne-mich-Bewegung«, also dem Protest gegen die Wiederbewaffnung, und dann der Bewegung »Kampf dem Atomtod«. Die Gründung der »Gesamtdeutschen Volkspartei« unter Gustav Heinemann und Helene Wessel zielte darauf ab, im Konflikt um die Deutschland- und Militärpolitik dem eben beschriebenen Dilemma durch einen eigenen parteipolitischen Weg zu entgehen; der erhoffte Wahlerfolg stellte sich aber nicht ein.

Unter dem Gesichtspunkt »politischer Sozialisation« hatten die kanalisierenden und »ruhigstellenden« Eingriffe der Führungen von SPD und Gewerkschaften in die außerparlamentarischen Bewegungen der 1950er Jahre höchst nachteilige Folgewirkungen. Insbesondere die Proteste gegen die Remilitarisierung wurden von jungen Menschen in großer Zahl getragen. Für diese waren sie auch so etwas wie »Aufarbeitung« der Nazi-Vergangenheit; es kam in ihnen die Verachtung jenes »Kommißgeistes« zum Ausdruck, der im hitlerdeutschen Krieg erlebt worden war; der durch bittere Erfahrungen zustandegekommene Widerwille gegen jede Gewaltpolitik erhielt hier seine praktische Konsequenz. Und dann die – bei vielen Menschen zur Abkehr von der Politik führende – Enttäuschung: Die Politgrößen der wiedererstandenen Arbeiterbewegung, eben noch als Volkstribunen vor zigtausenden jungen Gegnern der Remilitarisierung auftretend, machten ihren Burgfrieden mit dem militärsüchtigen westdeutschen Bürgerblock, der Nazi-Generale anwarb...

Andererseits gerieten die damaligen außerparlamentarisch-oppositionellen Aktivitäten immer wieder in Schwierigkeiten durch die deutsche Zweistaatlichkeit. Naheliegenderweise beteiligten sich westdeutsche Kommunisten (auch nach dem KPD-Verbot 1956) an diesen Aktivitäten, und die Führungsgruppen der DDR interessierten sich für die Opposition im anderen deutschen Staat. So fand der propagandistische Vorwurf der westdeutschen politischen Klasse, die hiesige Opposition betreibe nur das politische Geschäft der Kommunisten bzw. der DDR, immer wieder Anhaltspunkte. Nur zu oft liefen »Hilfsmaßnahmen« aus der DDR für die westdeutsche Opposition im Effekt auf das Gegenteil von Unterstützung hinaus, weil sie machttaktisch-instrumentell angelegt waren und eine Unabhängigkeit der außerparlamentarischen Bewegung in der Bundesrepublik nicht respektierten.

Die ab 1961 rasch Massenbeteiligung gewinnenden Ostermärsche der Atomwaffengegner (später: Kampagne für Demokratie und Abrüstung) sind ein eindrucksvolles Beispiel dafür, daß außerparlamentarische Opposition aus ihren eigenen Problemerfahrungen lernen kann. Auch in dieser neuen Phase des demokratischen politischen Protests wurde um Mitglieder, Funktionäre und Mandatsträger der SPD geworben, und es wurde eifrig daran gearbeitet, Gewerkschaftsgliederungen für die oppositionellen Standpunkte zu gewinnen. Ebenso offen wurden Kommunisten zur Unterstützung der Ostermärsche aufgefordert. Aber nach allen Seiten hin wurde die Unabhängigkeit dieser Kampagne klargestellt – da gab es nichts mehr zu kanalisieren oder zu instrumentalisieren. Die Ostermärsche regten viele Tausend von Wissenschaftlern, Pädagogen, Kirchenleuten und Schriftstellern dazu an, sich in aller Öffentlichkeit mit dieser politischen Sache zu identifizieren. Ein großer Teil der Arbeiterjugendgruppen machte bei dieser Kampagne mit, die keine »Studentenrevolte« war. Viele kleine politisch-kulturelle Zeitschriften gaben publizistische Unterstützung (so u. a. die *Stimme der Gemeinde, die werkhefte katholischer laien, pläne*), auch die Tageszeitungen *Westdeutsches Tageblatt* und *Nürnberger Nachrichten* halfen dabei, die organisierte Nichtbeachtung der meisten Medien zu durchbrechen. Schon 1964/65 hatten die Ostermärsche eine breite Öffentlichkeit erreicht. Der Protest gegen die atomare Bewaffnung weitete sich zur Kampagne für Demokratie und Abrüstung aus, andere Konfliktthemen wurden einbezogen: die Auseinandersetzung mit den geplanten Notstandsgesetzen, die Kritik der Meinungsmacht des Springer-Konzerns, der Protest gegen den Krieg der USA in Vietnam.

Insofern war »1968« keine überraschende, jähe Wende in der politischen Geschichte der Bundesrepublik. Nachzudenken ist über die Gründe dafür, daß die außerparlamentarische Opposition der Zeit vor 1968 weithin der Vergessenheit anheimgefallen ist.

Daß eine stark vom studentischen Milieu geprägte Rebellion leichter die massenmediale Aufmerksamkeit auf sich ziehen konnte als die vorhergehenden oppositionellen Bewegungen, ist plausibel erklärbar: Es galt als sensationell, daß die Kinder des Bürgertums Randale machten. Aber noch kaum diskutiert ist, ob möglicherweise der mit »1968« sich verbindende Politikstil längerfristig auch seine nachteiligen Folgen für die gesellschaftliche Opposition in Westdeutschland hatte und Chancen verschleuderte, die mit den oppositionellen Bewegungen der Jahre davor zustande gekommen waren. »Ablenkung durch Revolutionskonsum« ist das (ich weiß: verkürzende) Stichwort zu dieser Frage.

Anfänge

Nach dem Untergang des »Dritten Reiches« entstand im besetzten Deutschland eine vielgestaltige Zeitschriftenlandschaft. Vor allem junge Menschen machten den Versuch, über die historischen Fehlwege deutscher Politik öffentlich nachzudenken und Orientierungen für ein »anderes Deutschland« zu finden. Eines dieser Blätter war *Ende und Anfang – Zeitung der jungen Generation*. Das Blatt erschien von 1946 bis 1949 in Augsburg zunächst alle 14 Tage, dann (in Gestalt von »Doppelnummern«) monatlich.

Die Lizenz für *Ende und Anfang* hatte die zuständige US-Militärbehörde dem damals 21jährigen Studenten Franz Josef Bautz erteilt, der dann einer der Redakteure wurde. Um ihn scharten sich weitere denk- und schreibfreudige junge Katholiken aus Augsburg, mit jugendbewegtem Hintergrund, beeinflußt von der Ideenwelt des Jugendbundes »Quickborn«, der in der Nazi-Zeit heimlichen Zusammenhalt bewahrt hatte. Einige Monate nach der Gründung von *Ende und Anfang* schlossen die Münchener Theo Pirker und ich uns dem Redaktionskreis an – beide als junge Soldaten schwerkriegsbeschädigt und aus Erfahrung entschiedene Antimilitaristen. Wir gehörten dem »Bund Christlicher Sozialisten« an, den der Kaplan Joseph Cornelius Rossaint 1946 initiiert hatte. Rossaint war 1937 vom Nazi-Volksgerichtshof zu elf Jahren Zuchthaus wegen »Hochverrats« verurteilt worden. Aus dem »Friedensbund Deutscher Katholiken« kommend, hatte er als Jugendpräses im »Katholischen Jungmännerbund« eine Zusammenarbeit mit Funktionären des illegalen »Kommunistischen Jugendverbandes« angebahnt; gemeinsam wollten sie der Nazi-Propaganda etwas entgegensetzen. Später, in der Bundesrepublik, war Rossaint viele Jahre Vorsitzender der Vereinigung der Verfolgten des Naziregimes (VVN).

Ende und Anfang gewann rasch politische Qualität, es öffnete sich nach links hin. Wir machten das Verhalten der katholischen Amtskirche gegenüber dem Faschismus zum Thema, ebenso die Rolle des spanischen Katholizismus bei der Machtübergabe an Franco. Frühzeitig wurden die reaktionären Pläne westdeutscher Nachkriegspolitik offengelegt, die Tendenzen zu einem westdeutsch-westeuropäisch-US-amerikanischen Bündnis gegen »den Osten«, die Vorbereitung eines separaten westdeutschen Staatsgebildes. *Ende und Anfang* plädierte für die Sozialisierung der Schlüsselindustrien, für die Mitbestimmung der Arbeiterschaft in der Wirtschaft. Und die Zeitung brachte radikaldemokratische Traditionen aus der deutschen Geschichte in Erinnerung, das Jahr 1848, die feige Liaison der damaligen deutschen Bourgeoisie mit dem Obrigkeitsstaat.

Die politischen Entwicklungen, die wir kritisierten, wirkten sich auch auf das Blatt aus. Ein Teil der ursprünglichen Leserschaft wurde ihm nun untreu, auf Empfehlungen seitens der Amtskatholiken war nicht mehr zu rechnen, und den Sommer 1948 über durfte die Zeitschrift auf Geheiß der US-Besatzungsbehörde gar nicht erscheinen. Im September 1948 ging es mit einem neuen Untertitel weiter: »Eine politische Halbmonatszeitschrift für Theorie und Aktion«. In den folgenden Monaten wurde in *Ende und Anfang* kontrovers über die Konzepte der Linken diskutiert, auch über die Aussichten der sozialistischen Länder. Im Februar 1949 mußte *Ende und Anfang* sein Erscheinen einstellen. Der Versuch, unter dem Titel *Deutsche Arbeiterzeitung* mit Hilfe des Nürnberger Verlegers Joseph Drexel weiterzumachen, kam nicht über eine Null-Nummer hinaus.

Interessant sind die weiteren Lebenswege derjenigen, die als junge Leute *Ende und Anfang* redigiert hatten:

Franz Josef Bautz wurde 1958 Chefredakteur der *Deutschen Woche*, einer Zeitung, die gegen die Remilitarisierung und gegen die Einbindung der BRD in die NATO auftrat; sie erschien bis 1962. Später war Bautz als hochgeschätzter Leiter der Abteilung Kultur beim Bayerischen Rundfunk tätig. Theo Pirker redigierte 1951 das Wochenblatt *hier und heute*, das sich aber nicht halten konnte. Er wurde dann Mitarbeiter von Viktor Agartz im Wirtschaftswissenschaftlichen Institut des DGB und mit ihm zusammen dort hinausgesäubert. Pirker trat als publizistischer Kritiker des Anpassungskurses von DGB und SPD hervor und erhielt schließlich eine Professur für Soziologie am Otto-Suhr-Institut der Freien Universität Berlin. Siegfried Braun, bei *Ende und Anfang* innenpolitischer Redakteur, übernahm später die Redaktion der linkssozialistischen Zeitschrift *SoPo*, in Zusammenarbeit mit Peter von Oertzen, anschließend die Mitherausgabe der kritisch-gewerkschaftlichen *Arbeitshefte*; auch er wurde Professor für Soziologie, an der Universität Bremen. Burkhart Lutz reüssierte als Leiter eines sozialwissenschaftlichen Forschunginstituts und Professor in München. Ludwig Zimmerer begründete 1952 den heißumstrittenen »Arbeitskreis katholischer Jugend gegen die Wiederaufrüstung«, gab die Zeitschrift *Glaube und Vernunft* heraus und siedelte später als Korrespondent westdeutscher Zeitungen in die Volksrepublik Polen um. Der Benediktinerpater Eugen Brammertz, der Theologe im Redaktionskreis von *Ende und Anfang*, wurde in den Vatikan berufen; am Ende wurde ihm nachgesagt, er habe dort Aufklärung für das Ministerium für Staatssicherheit der DDR betrieben.

Was mich betrifft: Mein Weg führte zu Brecht – schon seit der Kriegszeit. Nach meiner Verwundung hatte ich in München begonnen, bei dem Theaterwissenschaftler Artur Kutscher zu studieren. Er erwähnte gelegentlich den »Halbjuden«, den »Bänkelsänger« Brecht aus Augsburg, über den ich dann nach und nach mehr in Erfahrung brachte. Nach dem Krieg stand für mich fest, daß ich über Brecht promovieren wollte. Als ich Kutscher 1946 darauf ansprach, sagte er mit besorgter und belegter Stimme:

»Aber ich bin doch noch gar nicht entnazifiziert.« Er ahnte, daß unter einer US-Militärregierung und einer sich abzeichnenden schwarzen Mehrheit in Bayern mit Brecht kein Blumentopf zu gewinnen sein werde, vor allem wenn mir vorschwebte, Brechts Entwicklung vom Anarchisten zum Kommunisten nachzuzeichnen. Als *Ende und Anfang* eingestellt war, fuhr ich nach Leipzig zu Hans Mayer, der dort, aus Frankfurt verdrängt, eine Professur bekommen hatte. Er empfahl mir, nach Berlin zu Brecht zu fahren, was ich 1949 tat. 1953 verteidigte ich meine Dissertation bei Mayer und Bloch.

Während der Promotionsarbeit hatte ich weiter journalistisch gearbeitet, und zwar als Korrespondent des Berliner Rundfunks/Deutschlandsenders für Südbayern. Im März 1953 wurde ich wegen »fortgesetzten Vergehens des staatsgefährdenden Nachrichtendienstes gemäß § 92 des StGB in rechtlichem Zusammentreffen mit einem fortgesetzten Vergehen der Agententätigkeit gem. § 100 d d. Abs. 2 des StGB« in Untersuchungshaft genommen und nach zweiwöchiger Haft für fünf Wochen unter Polizeiaufsicht gestellt. Als Beweismaterial galten Tonbänder, die der bayerische Verfassungsschutz beschlagnahmt hatte. Vor allem mit einer Reportage über Land und Leute im Bayerischen Wald, damals ein Notstandsgebiet, sollte ich belastet werden. Im Prozeß, der im August 1954 vor dem Landgericht München I geführt wurde, legte ich meinen amtlichen bayerischen Presseausweis vor, und Rechtsanwalt Kaul, Justitiar des Berliner Rundfunks/Deutschlandsenders, erklärte, meine journalistische Arbeit habe mit nachrichtendienstlicher Tätigkeit nicht das geringste zu tun. Der Staatsanwalt verwies daraufhin auf meine kommunistische Gesinnung, durch die eine »Staatsverneinung« erwiesen sei. Er forderte eine Freiheitsstrafe von fünf Monaten. Das Gericht entschied, mich »mangels sicheren Nachweises« freizusprechen. Denn: Es sei nicht anzunehmen, daß ein leitender Beamter der Bayerischen Staatskanzlei »eine gegen den Bestand der Bundesrepublik hinarbeitende Institution durch die Zulassung eines eigenen Berichterstatters unterstützt hätte«. Das Urteil bot Korrespondenten der DDR-Medien keinen grundsätzlichen Schutz vor Verfolgungen. Schon gar nicht schützte es mich davor, auf schwarzen Liquidationslisten genannt zu werden, wie sie etwa vom US-finanzierten »Technischen Dienst« für den Fall einer angenommenen »Invasion aus dem Osten« angelegt wurden. Die Veröffentlichung der Namen und Adressen der Korrespondenten des Berliner Rundfunks/Deutschlandsenders und anderer DDR-Medien in Mitteilungsblättern neonazistischer Vereinigungen reichte aus, um die Korrespondenten vogelfrei zu machen.

Ich ging dann zur *Deutschen Woche*, für die ich bis zu ihrem Ende 1962 arbeitete; sie wurde zugunsten der Düsseldorfer *Deutschen Volkszeitung* eingestellt. Ich siedelte in die DDR über, habilitierte mich 1965 in Leipzig und wurde 1966 von der Humboldt-Universität (Berlin) als Professor für Theorie der darstellenden Künste berufen.

Marianne Wilke

Mit der Picasso-Taube nach Helgoland

Mein Bericht handelt vom Kampf um die Befreiung der Nordsee-Insel Helgoland zu Beginn der 50er Jahre. Helgoland war am 18. April 1947 von der britischen Luftwaffe in einer »Big Bang« genannten Aktion bombardiert worden. 7.600 Tonnen Sprengstoff gingen auf die Insel nieder, angeblich, um dort gelagerte Munition zu sprengen. Helgoland war zu diesem Zeitpunkt unbewohnt, denn die Inselbevölkerung war schon 1945 evakuiert und auf mehr als 100 Orte, vor allem im Kreis Pinneberg, verteilt worden. Das einzige, was es nach der Zerstörung durch die Royal Air Force noch gab, war ein großer Flakbunker und – wenngleich furchtbar zugerichtet – der Friedhof.

»Helgoland wird nie wieder bewohnbar werden«, verkündete der britische Hohe Kommissar. Die Prophezeiung schien sich zu bewahrheiten, als sich die britische Regierung entschloß, die Insel fortan zum Ziel von Kriegsübungen zu machen. Tagtäglich flogen Bombenflugzeuge die Insel an und warfen ihre Last ab. Jagdflugzeuge bereiteten die Bombardierungen imaginärer Objekte vor.

Doch der Hohe Kommissar irrte sich. Die Insel wurde wieder zur Heimat der Helgoländer und zur beliebten Touristenattraktion – allerdings nur, weil damals die Proteste der deutschen und internationalen Öffentlichkeit nicht verstummen wollten und weil sich entgegen dem Verbot, Helgoland zu betreten, junge Menschen bereit fanden, mit Unterstützung von Helgoländer Fischern auf der Insel zu landen und sie friedlich zu besetzen. Zu diesen jungen Menschen gehörte ich.

Wir wollten mit unserer Landung auf Helgoland die Beendigung der Bombardierung erreichen und zugleich deutlich machen, daß wir entschlossen waren, gegen jegliche Kriegsvorbereitung zu kämpfen. Nach dem verheerenden Krieg, den wir erlebt hatten, schien uns nichts widersinniger als die Vorbereitung weiterer Kriege. Wir hißten auf dem Flakbunker, den wir uns als Schlafquartier einrichteten, die Flagge Helgolands und die blaue Flagge der Friedensbewegung mit der Picasso-Taube. Unsere Arbeit sollte darin bestehen, den Flakbunker für Fischer einzurichten, die Helgoland als Nothafen anlaufen mußten; außerdem wollten wir den Friedhof wiederherrichten. Nach unserem Wunsch sollte er ja von der Helgoländer Bevölkerung wieder in Besitz genommen werden.

Sieben Tage dauerte unsere Besetzung, dann erschien ein Polizeiboot, um uns zu verhaften und ins Gefängnis der Landeshauptstadt Kiel zu bringen. Unser Widerstand gegen die Festnahme wurde gebrochen, indem die Beamten mit Schweißbrennern die von uns verbarrikadierte Bunkertür öffneten.

Wir 13 wurden nach Kiel gebracht und am 11. April 1951 vom Gericht des Alliierten Kontrollrats wegen »unbefugten Betretens der Insel Helgoland« verurteilt. Mich bestrafte das Gericht mit zwei Monaten und zwei Wochen Gefängnis.

Vor uns hatten schon zwei andere Gruppen die Insel besetzt – als erste im Dezember 1950 die Heidelberger Studenten Georg von Hatzfeld und René von Leudesdorff. Nach unserer Aktion fanden noch drei weitere Besetzungen statt. Insgesamt waren es außer Hatzfeld und Leudesdorff 99 junge Menschen, die durch ihre Aktionen national und international für Aufsehen sorgten. Es war unser aller Verdienst, daß am 25. März 1952 ein Vertrag über die Freigabe der Insel unterzeichnet werden konnte, der den Weg zur Rückkehr der Helgoländer Bevölkerung geebnet hat.

In einem Reiseführer habe ich gelesen, die Insel sei »infolge der Erkenntnis der Siegermächte« vor dem endgültigen Untergang gerettet worden. Wir, die Mitglieder der Bewegung Helgoland, haben zu dieser Erkenntnis mitverholfen.

In den Büchern der Historiker finden sich nur die Namen der beiden Heidelberger Studenten, die – angeregt durch Hubertus Prinz zu Löwenstein – die Idee der Gewaltlosigkeit Mahatma Ghandis verbreiten wollten. Georg von Hatzfeld schrieb in einem Buch, es sei ihm um den Beweis gegangen, daß in der westlichen Welt kein Problem zu schwer sei, als daß es nicht durch einen Appell an das Gewissen der Völker und durch Verhandlungen gelöst werden könnte. Damit sollte nach Hatzfeld »auch den Ostvertriebenen ein neuer Glaube gegeben werden, wieder in ihre Heimat zurückkehren zu können«.

Hatzfeld und Leudesdorff erhielten später das Bundesverdienstkreuz 1. Klasse. Die folgenden Helgoland-Besetzer, die den Druck auf die britische Regierung so verstärkt hatten, daß sie sich zur Freigabe der Insel veranlaßt sah, werden in der Geschichtsschreibung nicht genannt. Nicht einmal die Helgoländer Lokalgeschichte hat sich bis heute dazu durchgerungen, die Wahrheit zu erwähnen. Einzig Max Heikens hat in seinem Buch »Erinnerungen eines Helgoländers« dazu aufgerufen, die Geschichtsschreibung zu korrigieren; die Tatsachen lassen sich dem 1985 im Verlag Marxistische Blätter erschienenen Buch von Herbert Szezinowski »Friedenskampf um Helgoland« entnehmen.

Wir gehörten damals verschiedenen Jugendorganisationen an. Ich zum Beispiel der Guttemplerjugend in Hamburg, andere der Europa-Jugend, der Evangelischen oder der Katholischen Jugend oder der Schreberjugend. Aber wir hatten auch junge Kommunisten an Bord, Mitglieder der Freien Deutschen Jugend. In der Deutschen Bewegung Helgoland, einer Bündnisbewegung, arbeiteten wie auch sonst in der Friedensbewegung Kommunisten mit. Das war der »Knackpunkt«.

Zweimal hat die Gemeinde Helgoland Anläufe genommen, das Tabu der Geschichtsschreibung aufzuheben. Einmal war es der Leiter des Inselarchivs, ein anderes Mal der Bürgervorsteher, der aus Anlaß des 40. Jahrestages der Befreiung Helgolands

alle Helgolandbesetzer einlud. In dem von Bürgervorsteher Horst Heikens unterzeichneten Schreiben hieß es: »Wir würden uns freuen, wenn wir Sie zu den Festlichkeiten
anläßlich des 40. Jahrestages der Unterzeichnung des Vertrages zur Wiederfreigabe
Helgolands begrüßen könnten.« Nach Auseinandersetzungen in den Gremien der
Gemeindeverwaltung entschied man sich anders. Am 12. Februar 1991 teilte mir Bürgervorsteher Heikens mit: »Aufgrund meiner Schreiben haben sich leider nur sehr
wenige Invasoren zu einem Treffen auf Helgoland angemeldet. Im Hinblick hierauf
bin ich leider gehalten, ein solches Treffen zu diesem Termin absagen zu müssen. Ich
bitte um Ihr Verständnis.«

Dieses Verständnis konnte ich allerdings nicht aufbringen. Ich wußte von fünf
Frauen und Männern, die sich über die Einladung gefreut hatten. Ich vermute, daß wir
nicht die einzigen waren.

Auch der Leiter des Deutschen Historischen Museums, Philipp Springer, der mich
um Dokumente für eine Ausstellung »Nachkriegszeit 1945-2005« bat, mußte dann
»leider« absagen, da keine ausreichenden Räumlichkeiten zur Verfügung ständen, um
die Dokumente zu zeigen. So las man wiederum nur Berichte über die Ehrung von
Georg von Hatzfeld und René von Leudesdorff.

In Abwandlung des Brecht-Gedichtes »Fragen eines lesenden Arbeiters« könnte
man fragen: Waren sie die einzigen, die die Insel befreiten? Wer waren die 99 anderen?
Die Antwort ist offenbar nicht erwünscht.

Viele der damaligen »Invasoren« leben nicht mehr. Bald werden diejenigen, die es
auf sich nehmen, die wahre Geschichte zu ermitteln, keine Zeitzeugen mehr antreffen.
Aber ich bin sicher, die historischen Tatsachen lassen sich nicht für immer unter der
Decke halten.

Horst Bethge

Meine Oppositionserfahrungen

Ich wurde über die Freigeistige Jugend und den »Einstein-Russell-Appell gegen Atomwaffen« politisiert und engagierte mich dann im Hamburger Jugendausschuß »Kampf dem Atomtod«. Damals trat ich in die SPD ein, wurde aber 1959 bereits ausgeschlossen, ohne Anhörung. (Mir wurde vorgeworfen, durch Unterzeichnung des Aufrufes zu den Wiener Weltjugendfestspielen und durch mein fortgesetztes Engagement im Jugendausschuß »Kampf dem Atomtod« gegen Parteibeschlüsse verstoßen zu haben.) Ich blieb in der Friedensbewegung (Deutsche Friedens-Union, Ostermarsch, Krefelder Appell, Lehrer für den Frieden) und der Gewerkschaft Erziehung und Wissenschaft aktiv, seit 1990 auch in der Linkspartei.PDS.

Außerparlamentarische Aktionen und Bewegungen vor 1968 – das waren in den ersten Nachkriegsjahren die Kämpfe und Streiks gegen die Demontage, für die Sozialisierung der Schlüsselindustrien, dann die vielfältigen Demonstrationen und Unterschriftensammlungen, um die Spaltung Deutschlands zu verhindern und statt dessen einen neutralen Status ganz Deutschlands zwischen den Blöcken zu erreichen, und schließlich die gesamten 1950er Jahre hindurch die Bewegung gegen die Remilitarisierung (»Ohne mich«) und gegen die atomare Bewaffnung (»Kampf dem Atomtod«, Fränkischer Kreis, Stockholmer Appell). Die Schärfe der damaligen Konflikte ist heute kaum noch in Erinnerung. Der militante Antikommunismus hatte seine höchste Konjunktur, und Konrad Adenauer sowie Franz Josef Strauß waren darauf aus, die Bundeswehr mit Atomwaffen auszurüsten.

Es gab damals ein »Anderes Deutschland« (so auch der Titel einer antimilitaristischen Wochenzeitung), das sich immer wieder im Massenprotest artikulierte. Zeitweise stellten sich SPD und DGB als Partner dieser außerparlamentarischen Opposition dar, aber das hielt nicht vor, und 1960 zog Herbert Wehner für die SPD einen Schlußstrich: Er verkündete im Bundestag den Wechsel seiner Partei hin zur Westintegration, zur NATO.

Als Reaktion darauf gründete sich die Deutsche Friedens-Union (DFU), aber sie geriet sofort ins propagandistische Trommelfeuer, ihre Aktivisten wurden als »Die Freunde Ulbrichts« verketzert. Das KPD-Verbot von 1956 hatte böse Folgen auch für nichtkommunistische Oppositionelle.

Entschiedene gesellschaftspolitische Opposition trat nach 1945 zunächst auch im Raum der Gewerkschaften auf. In vielen sozialen Konflikten wie zum Beispiel für Montanmitbestimmung oder für Lohnfortzahlung im Krankheitsfall zeigte sich eine Kampfbereitschaft in den Betrieben, wie wir sie heute nicht mehr kennen. Sie wurde dann aber durch antikommunistische personelle Säuberungen paralysiert, vor allem in der Industriegewerkschaft Bau, Steine, Erden. Gewählte Funktionäre wurden reihenweise einfach abgesetzt. Der Wirtschaftstheoretiker Viktor Agartz und seine Mitarbeiter wurden aus ihrer Arbeit für den DGB verdrängt.

1960 importierten wir aus England den Ostermarsch als neue Kampfform. Er entwickelte sich nach und nach zum Katalysator außerparlamentarischer Aktion für Abrüstung und Demokratie, gerade auch bei jungen Leuten, bei »Falken«, »Naturfreunden« und Gewerkschaften. Die Professorinnen Renate Riemeck und Klara-Maria Fassbinder als Repräsentantinnen alternativ argumentierender Intellektueller wurden dienstrechtlich unter Druck gesetzt und dann als Hochschullehrerinnen entlassen.

Einen neuen Höhepunkt erreichte die außerparlamentarische Bewegung im Kampf gegen die Notstandsgesetze. Immerhin war die »Totalrevision des Grundgesetzes« beabsichtigt. Ludwig Erhard propagierte die »Formierte Gesellschaft«. Der Widerstand vereinigte Intellektuelle unter Federführung der Professoren Abendroth, Ridder und Hofmann (der damals auch den Bund demokratischer Wissenschaftler gründete) mit aktiven Jugendlichen und Studenten (erstmals unter Federführung des SDS) und zahlreichen Gewerkschaftsmitgliedern, auch -funktionären.

Keine Experimente – Ruhe ist die erste Bürgerpflicht

Vieles, was heute selbstverständlich ist, mußte in dieser Zeit erst einmal erkämpft werden – auf der Straße, in Gerichtssälen, in der Öffentlichkeit. In Westdeutschland dominierte die Auffassung, daß man in den Schützengräben des »kalten Krieges« nicht diskutieren und keinesfalls experimentieren dürfe, wie es der CDU-Wahlslogan »Keine Experimente« ausdrückte. Demonstranten mußten die Fußwege benutzen. Während der Sonntagsgottesdienste durfte gar nicht demonstriert werden. Alle Transparente mußten einzeln genehmigt werden. Stadtzentren waren tabu, Demonstranten wurden durch Kleingärten und Parks am Stadtrand geleitet. Jede Kritik wurde abgetan: »Das klingt ja nach Ostzone«, »Geh doch nach drüben«, »Ab nach Pankow«. Schuld an Mißständen hatten immer die (in die Illegalität gedrängten) Kommunisten. Viele Demokraten wurden wegen »Kontaktschuld« verurteilt; denn Kontakt zu einem Kommunisten war nach dem Strafgesetzbuch ein Straftatbestand, der erst 1969 aufgehoben wurde. Nach dem KPD-Verbot 1956 waren in der Hamburger Staatsbibliothek von Marx nur die Frühschriften zugänglich, von Lenin gar nichts. Wer mehr lesen wollte, mußte ein polizeiliches Führungszeugnis beibringen, in dem ihm bescheinigt wurde, daß gegen ihn nicht wegen Fortführung der illegalen KPD ermittelt wurde, sowie eine Bescheinigung des Professors, daß das gewünschte Buch für eine wissenschaftliche Arbeit benötigt werde. Dann konnte man beim »Arbeitskreis Ost« aus dem verschlossenen Giftschrank Bücher von Marx, Lenin, Luxemburg ausleihen.

Beteiligt an den damaligen oppositionellen Bewegungen waren bündische und sozialdemokratische Jugendverbände, bekennende Kirchenkreise um Martin Niemöller und Hans Iwand, Gewerkschafter, vor allem in den Betrieben, linke Sozialdemokraten, KPDler (mit großer Vorsicht, zumeist nur aus dem Hintergrund) und trotzkistische Gruppen, ehemalige Sozialdemokraten wie Gerhard Gleißberg (*Die Andere Zeitung*), aber auch bürgerliche Demokraten wie Ex-Reichskanzler Wirth oder Karl Graf von Westphalen (Mitbegründer der *Blätter für deutsche und internationale Politik*) und zahlreiche Schriftsteller (von Erich Kästner bis Günther Weisenborn). Übrigens wurden Lehrlinge oft früher aktiv als die Studenten – und der SDS spielte erst später, dann aber eine wirksame Rolle.

Erfolge – Mißerfolge
Diese außerparlamentarischen Aktivitäten und Bewegungen wirkten in einzelne Länderparlamente und auch in den Bundestag hinein. Bei FDP und SPD fanden sich auf dem linken Flügel Ansprechpartner, anders als heute. So kam es zu zahlreichen begrenzten Erfolgen:
- Die demokratischen Spielräume im Demonstrations-, Versammlungs- und politischen Strafrecht sowie die Mitbestimmungsrechte in Betrieb, Hochschulen und Schulen wurden erheblich erweitert;
- Atomwaffen in Händen deutscher Militärs wurden verhindert;
- der Sozialstaat und die Mitbestimmung wurden ausgebaut, ein Burgfriedensabkommen wie in der Schweiz verhindert;
- die Totalrevision des Grundgesetzes zu einem autoritativen Staat wurde verhindert, die Notstandsgesetze wurden entschärft;
- Abrüstung wurde immer wieder zum Thema;
- immer mehr Jugendliche und Bürger vollzogen ihren Bruch mit der Staatsdoktrin des Antikommunismus. Die außerparlamentarische Opposition wurde zu einer großen Lernbewegung, sie wirkte in großem Umfang aufklärend, man kann sagen, hier wurde subversiv gelernt.

Zu den Mißerfolgen zählt zweifelsohne, daß Westdeutschland wieder aufgerüstet wurde, die deutsche Spaltung und die Integration der BRD in die NATO nicht verhindert wurden, die Vergesellschaftung der Schlüsselindustrien und Banken trotz gegenteiliger Volksentscheide und Landtagsbeschlüsse, zum Beispiel in Hessen und Nordrhein-Westfalen, nicht erfolgte, die Entnazifizierung abgebrochen wurde, vor allem die SPD verparlamentarisierte und die Funktion übernahm, »sich an die Spitze großer Protestbewegungen zu setzen, um mit dem breiten Arsch ihrer Organisation die Protestwut plattzusitzen«, wie mir der damalige SPD-Landesgeschäftsführer in Hamburg, Dieter Blötz, entgegenhielt.

Fazit

Aus diesen vergangenen Bewegungen und Aktionen, nicht nur aus denen nach 1968, gibt es gerade heute vieles zu lernen, Vieles muß dem Vergessen entrissen werden. Das Rad muß nicht immer neu erfunden werden: Da stecken Anregungen in den Aktionsformen, in den Formen und Bedingungen von Aktionseinheit, in Bündnis- und Öffentlichkeitsarbeit, in der Dialektik von Aktion und Reflexion. Die Linke steht heute, wo sich Wut in massenhaften Widerstand verwandelt – weltweit, in Europa, aber gerade auch in der BRD –, vor neuen und größeren Möglichkeiten. Es ist Zeit für die Frage, mit der mein alter Kumpel von der Werft lange Ausführungen zu kontern pflegte: »Un wat lernt uns dat«?

Gisela Notz

Alles verklemmt
Frau und Familie in der Nachkriegspolitik

Der kriegsbedingte »Männermangel« und der »Scheidungsboom« wurden nach 1945 zunächst als Zeichen der Auflösung traditioneller Familienformen gedeutet. Den Frauen, die in der Kriegs- und ersten Nachkriegszeit zwangsläufig in manche Männerrolle geschlüpft waren und ein ungebundenes Sexualleben ohne Bevormundung praktiziert hatten, wurde jedoch bald wieder der alte Platz in Küche, Kinderzimmer und Kirche zugewiesen. Schließlich waren sie laut Gesetz das »Herz der Familie«. Das Klima der Adenauer-Ära war geprägt von Prüderie und zwanghaften Moralvorstellungen, die die Emanzipation der Frauen erschwerten. Fortbestehende und neue Gesetze, verbunden mit dem Einfluß der Kirchen, sollten alte Normen immer wieder reproduzieren. Doch die gelebte Realität war schon damals eine andere als die, die Kirchen und Staat verordnen wollten.

Auseinandersetzungen im Parlamentarischen Rat

Wie schwierig es war, gleiche Rechte für Frauen und Männer verbindlich durchzusetzen, erfuhren die beiden SPD-Politikerinnen Friederike (Frieda) Nadig und Elisabeth Selbert[1] bei den Verhandlungen im Parlamentarischen Rat, der sich im September 1948 konstituierte, um die neue Verfassung für die Bundesrepublik Deutschland zu erarbeiten und zu beschließen. Sie hatten sich gegen 61 Männer aus allen Parteien und zwei Frauen aus konservativen Parteien durchzusetzen. Schließlich bedurfte es eines bundesweiten Protests von parlamentarisch und außerparlamentarisch aktiven Frauen, bis die eindeutige Formulierung »Männer und Frauen sind gleichberechtigt« in das Grundgesetz eingeschrieben wurde. Die Gleichberechtigung von Frauen und Männern war freilich noch lange nicht erreicht. Der Gleichstellungsgrundsatz im Grundgesetz stellte lediglich eine juristische Korrektur der ungleichen Chancen zwischen Frauen und Männern dar.

Ungleich waren auch die Bedingungen, die Frauen vorfanden, je nach dem ob sie ein »normales« Leben mit Ehe und Familie oder ein Leben außerhalb der festgesetzten »Normalität« führten. Als Beispiel soll der völlig aussichtslose Kampf von Frieda Nadig (SPD) um die rechtliche Verankerung der Gleichstellung des unehelichen mit dem ehelichen Kind dienen. Der konservativen Fürsorgepolitik auch der weiblichen

---

[1] Zur Arbeit von Frieda Nadig und Elisabeth Selbert siehe: Gisela Notz: Frauen in der Mannschaft, Sozialdemokratinnen im Parlamentarischen Rat und im Deutschen Bundestag. 1948/49-1957, Bonn 2003, S. 54-79 und S. 80-110.

Abgeordneten von CDU und Zentrum entgegnete Frieda Nadig bei der Begründung des SPD-Antrags mit Ausführungen über die Gefährdung der außerehelichen Kinder und damit der unehelichen Mutter, die sich aus deren rechtlicher Benachteiligung ergeben würden.[2] Während Frieda Nadig das fortdauernde Unrecht am unehelichen Kind als Ausdruck der doppelten Moral in der bürgerlichen Gesellschaft betrachtete, wurde ihr Einsatz von den bürgerlichen Parteien als Bedrohung des Familienfriedens gewertet. Die CDU und das Zentrum, unterstützt von der FDP, lehnten den Antrag ab. Deren christlich-konservative Grundeinstellung ließ verrechtlichte Beziehungen außerhalb der als Träger des Staates geltenden Institutionen Ehe und Familie nicht zu. Nur der »Familienverband« entsprach der natürlichen Ordnung. »Uneheliche Kinder«, so argumentierte Helene Wessel (damals Zentrumspartei), »können wir, selbst wenn wir wollten, nicht gleichstellen, weil wir (...) von einem anderen Ordnungsbegriff in dem Aufbau unserer staatlichen und gesellschaftlichen Gemeinschaft ausgehen.« Der Unterschied bestehe eben darin, daß ein uneheliches Kind »nicht in die Familie hineingeboren wird. Das Kind ist schuldlos, aber tragisch getroffen«, fügte Helene Weber (CDU) hinzu. Das Kind könne nicht den gleichen Rechtsstatus beanspruchen wie ein eheliches, weil es aus der »bestehenden« und »gewünschten Ordnung« herausfalle.[3] Damit widersprachen die beiden konservativen Frauen dem KPD-Abgeordneten Renner, der den beiden »frommen Helenen«[4] daraufhin vorhielt, daß sie in allen Diskussionen immer für die christlichen Grundwerte eintraten, jedoch in der Frage der Gleichstellung unehelicher Kinder weniger Nächstenliebe als vielmehr Borniertheit zeigten.[5]

Die gewünschte Ordnung

Dennoch: die beiden konservativen Politikerinnen bestimmten offensichtlich, was die »gewünschte« Ordnung war oder sein sollte. Frieda Nadig intervenierte mit dem Hinweis, daß diese verengte Sichtweise von »Familie« die gesellschaftliche Wirklichkeit und die veränderten gesellschaftlichen Rahmenbedingungen in Deutschland schlichtweg negiere. »Wir müssen damit rechnen, daß wir in Zukunft eine Mutter-Familie bekommen«, sagte sie im Hinblick darauf, daß im Nachkriegsdeutschland die Zahl der Frauen die der Männer um mehr als sieben Millionen überstieg und daß die Disparität in der Altersgruppe zwischen 22 und 45 Jahren am größten war. Auch deshalb drang sie auf eine den Tatsachen angemessene Definition von Familie. Vehement wandte sie sich gegen eine christliche Weltanschauung, die ledigen Müttern einen

---

2 Parlamentarischer Rat, 21. Sitzung HA, 7. 12. 1948, S. 240.

3 Ebd., S. 242.

4 Ein Ausspruch, den das SPD-Mitglied im Parlamentarischen Rat, Hannsheinz Bauer, in einem späteren Rundfunkinterview gebraucht hat.

5 Parlamentarischer Rat, 21. Sitzung HA, 7. 12. 1948, S. 240 und S. 242.

zweitklassigen Rechtsstatus einräumte. Die Tatsache, daß viele Frauen ihre »natürliche Berufung als Mutter« außerhalb der Ehe verfolgten, machte nach ihrer Meinung deutlich, daß traditionelle Vorstellungen von Familie der Vergangenheit angehörten. Ihr Verweis auf die Widersprüche zum eben verabschiedeten Art. 3 Grundgesetz nützte ebenso wenig wie Elisabeth Selberts Mahnung an die VertreterInnen der christlichen Parteien: »Sehen Sie das Problem nicht unter dem Gesichtspunkt der Heilighaltung der Ehe. Die Grundsätze der Familie und der Ehe sind vom Leben selbst durchbrochen. Das Leben schafft sich seine eigenen Gesetze. Gehen wir an diesen Lebensgesetzen nicht fremd vorüber!«[6] Die bürgerlichen Parteien jedoch malten den Untergang der christlich-abendländischen Kulturordnung an die Wand, wenn außerehelichen Kindern Rechte zugesprochen würden. Sie zeigten nicht das geringste Interesse, alternative Formen des Zusammenlebens auch nur zur Kenntnis zu nehmen. Der SPD-Antrag wurde mit elf zu zehn Stimmen abgelehnt. Es blieb beim Schutz von Ehe und (traditioneller) bürgerlicher Familie.

In der endgültigen Fassung schrieb das Grundgesetz letztlich vor, daß Frauen im neuen Deutschland in die Familie gehörten. Ihnen war die volle Gleichberechtigung mit den Männern garantiert, sie sollten aber Bestandteil von (»Normal«-)Familien sein. Artikel 6 GG nahm die vom Zentrum schon lange mit Nachdruck vertretene Auffassung von der Familie als dem wichtigsten Baustein einer Gesellschaft auf und verfestigte eine konservative Familienideologie, die Frauen und Männern eindeutige Rollen zuwies und die bis heute wirkt.

Auch nach dem Bürgerlichen Gesetzbuch (BGB) bestand die Ungleichheit bis 1977 weiter: Verheiratete Frauen hatten den Haushalt in eigener Verantwortung zu führen. Sie durften nur dann erwerbstätig sein, wenn sie ihre Pflicht in Ehe und Familie nicht vernachlässigten. Bis 1953 zählte zu den ehelichen Pflichten auch der Geschlechtsverkehr; Verweigerung konnte als Scheidungsgrund angeführt werden.

Die heil(ig)e christliche Familie

Trotz der Kriegsfolgen waren die fünfziger Jahre in der Bundesrepublik eine Phase der Rekonstruktion der traditionellen Familienstrukturen und der dahinterstehenden christlich geprägten Leitvorstellungen. Der 1949 gewählte Bundeskanzler Konrad Adenauer (CDU) bekannte sich in seiner Regierungserklärung – trotz der Tatsache, daß ein Viertel aller Zusammenlebensformen sogenannte Mütterfamilien waren, in denen Frauen die Rolle der »Ernährerin« übernommen hatten – klar zu seiner Vorstellung von der »heilen« christlichen Familie: Angesichts des bestehenden »Frauenüberschusses« bedauerte er die berufstätigen Frauen ohne »Familienglück«. »Familienglück« war nur für verheiratete Frauen denkbar.

---

[6] Parlamentarischer Rat, 21. Sitzung HA, 7. 12. 1948, S. 241 und 243 sowie S. 553.

Spätestens mit Familienminister Franz-Joseph Würmeling, der 1953 das neue Ministerium übernahm, wurde die Hausfrauen- und Mutterrolle systematisch finanziell gefördert und in hohem Maße ideologisiert. Er war es auch, der dafür sorgte, daß die »Zölibatsklausel«, nach der verheirateten Beamtinnen gekündigt werden konnte, aufrecht erhalten blieb. Wenn eine Frau im Beruf stand, galt die patriarchale Kleinfamilie als nicht intakt, die Kinder aus solchen Ehen hielt man für gefährdet. »Schlüsselkinder« wurden in Film, Funk und Presse in die Kategorie der Entwurzelten und Verwahrlosten eingereiht.[7] Es ging um eine Familienpolitik, die die »Normalfamilie«, vor allem bei den »besseren Leuten«, restaurieren wollte.[8] Schon damals war die geburtensteigernde Intention der familienpolitischen Maßnahmen nicht zu übersehen.

Besonders diskriminiert waren die jungen Frauen, die Beziehungen zu Soldaten der Besatzungsmächte eingingen. Merith Niehuss verweist darauf, daß in diesen Beziehungen alle Schattierungen zwischen großer Liebe und Prostitution vorkamen.[9] Das war in anderen Beziehungen freilich nicht viel anders.

Eine Umfrage des Deutschen Vereins für öffentliche und private Fürsorge ermittelte für das Jahr 1951 in den Westzonen einschließlich Berlins eine Zahl von 93.000 »unehelichen« Besatzungskindern, 3.000 von ihnen waren »Mischlingskinder«[10], das hieß, sie waren von dunkler Hautfarbe und damit sichtbares Ergebnis eines »Fehltrittes« (der Mutter). Kinder von Frauen mit als kriegsgefangen oder vermißt gemeldeten Männern, die aufgrund der Abwesenheit der Männer nicht von diesen gezeugt worden sein konnten – das Statistische Bundesamt ermittelte 20.000 solcher »Fälle« –, gingen in die amtliche Statistik als »scheineheliche Kinder« ein.[11]

Die Glorifizierung der intakten »heilen« Familie bewirkte, daß es die Kriegswaisen schwerer hatten, im Beruf und im sonstigen Leben Fuß zu fassen, als die Kinder aus vollständigen Familien; Witwen und geschiedene Frauen hatten es schwerer als Ehefrauen; zerrissene und unvollständige Flüchtlings- und Evakuiertenfamilien hatten es schwerer als einheimische vollständige Familien.

Abtreibung, »wilde« Ehen und rostige Automaten

Abtreibung war nach § 218 des Strafgesetzbuches aus dem Jahre 1871 verboten. Zwar war die unter dem Hitlerregime verordnete Todesstrafe 1945 aufgehoben worden, doch der Schwangeren drohte eine Haftstrafe von ein bis fünf Jahren, der Person, die

---

[7] Notz, Gisela: Überleben nach dem Kriege, in: Barbara Mettler-v.Meibom (Hrsg.): Alltagswelten. Erfahrungen – Sichtwechsel – Reflexionen, Münster 1996.

[8] Schmidt, Gunter: Das neue DERDIEDAS. Über die Modernisierung des Sexuellen, Gießen 2004, S. 154.

[9] Vgl. Niehuss, Merith: Familie, Frau und Gesellschaft. Studien zur Strukturgeschichte der Familie in Westdeutschland 1945-1960, Göttingen 2001, S. 123.

[10] Vgl. die Akten zur Befragung des DV im Bundesarchiv Koblenz, BA, B 153, S. 342.

[11] Statistik der Bundesrepublik Deutschland, Bd. 35, Volkszählung 1950, H. 9, S. 52.

die Abtreibung vornahm, von ein bis zehn Jahren. Auch wenn das Gesetz vielfach umgangen wurde, stellte es für die betroffenen Frauen eine unsägliche Härte dar. Circa 10.000 Frauen starben nach offiziellen Statistiken der Krankenkassen jährlich an den Folgen einer Abtreibung. Da die Preise für eine illegale Abtreibung stark variierten, erschien Abtreibung vor allem als soziales Problem. Das hatte zur Folge, daß viele Frauen ungewollt Kinder bekommen mußten. Viele Ehen wurden hauptsächlich wegen einer bestehenden Schwangerschaft geschlossen. Noch 1965 wurden 802 Frauen wegen Selbstabtreibung bestraft. Bis 1976 dauerte es, bis die soziale Indikation eingeführt wurde. Ob eine »Notlage« der Frau vorlag, mußte 19 Jahre lang ein Arzt oder eine Ärztin attestieren. Seit 1995 sieht der § 218 neben der kriminologischen und der medizinischen Indikation eine Fristenregelung von drei Schwangerschaftsmonaten mit Beratungspflicht vor. Eine wesentliche Verschlechterung für die Bürgerinnen aus der DDR: Bei ihnen galt seit 1972 die Fristenregelung ohne Zwangsberatung.

Auch die Anerkennung längst gelebter Lebensformen wie Frauenwohngemeinschaften, »wilder« Ehen und »Onkelehen«[12] – ganz zu schweigen von homosexuellen oder lesbischen Lebensweisen – stand in weiter Ferne. Wer in einer »Onkelehe« oder in einer »wilden Ehe« lebte, mußte sich selbst vor den eigenen Kindern verstecken, umgekehrt durften Eltern nichts davon erfahren, wenn sich die jungen Leute während ihres Urlaubs heimlich in ihrer Wohnung trafen. Schließlich galt der Kuppeleiparagraph (§ 180, Abs. 2 StGB), der »die gewohnheitsmäßige oder eigennützige Begünstigung der Unzucht durch Vermittlung, Gewährung oder Verschaffung von Gelegenheiten« regelte. Er galt auch für erwachsene Menschen. Also stand er auch aufgeschlossenen Vermietern oder Eltern erwachsener Kinder im Nacken. Nach dem bis 1971 geltenden Recht konnte sich eine Mutter wegen Kuppelei strafbar machen, wenn sie duldete, daß ihre erwachsene Tochter in ihrem Haus mit ihrem Freund nächtigte. Auch ein Lehrer, der während eines Schullandheimaufenthaltes die Türen nach 22 Uhr nicht schließen ließ und nicht in den Zimmern nachschaute, ob sich dort etwa Jungen und Mädchen »zum Austausch von Zärtlichkeiten« aufhielten, machte sich der schweren Kuppelei schuldig.[13]

Wie sehr Gesetzeslage und Realität auseinanderklafften, wird aus der ersten »Umfrage in der Intimsphäre« deutlich. Sie wurde 1949, im Gründungsjahr der Bundesrepublik, vom Meinungsforschungsinstitut Allensbach durchgeführt und ergab, daß schon damals 90 Prozent der Männer und 72 Prozent der Frauen nicht mehr jungmännlich oder jungfräulich in die Ehe gingen. 85 Prozent der Befragten im Alter unter 30 Jahren befürworteten ausdrücklich »intime Beziehungen zwischen unverheirateten

---

[12] In »Onkelehen« lebten Kriegswitwen, die eine neue Beziehung aufgenommen hatten, aber unverheiratet blieben, um die Kriegswitwenrente weiter zu bekommen.

[13] Vgl. SPD-Pressedienst P/XXVI/213 vom 8.11.1971, S. 3.

Menschen«[14] – und die fanden meist auf dem Rücksitz des Autos, im Wald oder anderswo heimlich zwischen Angst- und Schuldgefühlen statt. Daß allerdings in diesem politischen Klima auch die Einstellungen muffiger wurden, zeigte eine Wiederholung der Umfrage Anfang der 1960er Jahre.[15] Angst vor einer unehelichen Schwangerschaft hatten vor allem Frauen, denn das Wissen um Verhütungsmittel war begrenzt. Bezeichnend ist auch, daß sexuelle Erfahrungen von Mädchen und Jungen äußerst unterschiedlich bewertet wurden.

Sexuelle Aufklärung und Verhütung waren im Nachkriegsdeutschland tabu. »Als ich in das Alter kam, in dem man sich für Präservative interessiert, verschwanden die klapprigen und rostigen Automaten mit der Aufschrift ,Männer; schützt Eure (!) Gesundheit' gerade aus den Pissoirs der Republik,« erinnert sich der Sexualforscher Gunter Schmidt.[16] Schmidt folgert daraus, daß man während der sexuellen Restauration der Adenauer-Ära in den 1950er Jahren lieber die »Moral« der Jugendlichen schützen wollte als ihre Gesundheit. Er mußte die Präservative nun in der Drogerie kaufen – ein Vorgang, der für Jüngling wie Verkäuferin bodenlos peinlich war.[17]

Noch härter traf es schwule Männer. Homosexualität galt als »abartig und widernatürlich« und wurde bestraft. Nach 1949 galt nämlich der § 175 des Strafgesetzbuches vom 15.5.1871 in seiner während des Nationalsozialismus (28.6.1935) verschärften Form, wonach jede »Unzucht mit einem anderen Mann« mit Gefängnis zu bestrafen war. Erst nach der Strafrechtsreform vom 10.5.1969 war »einfache Homosexualität« nicht mehr strafbar. Wohl jedoch konnten Männer über 18 Jahren, die mit Männern unter 21 Jahren »Unzucht« trieben, weiter mit Freiheitsstrafen bis zu fünf Jahren bestraft werden. 1973 wurde der § 175 noch einmal neu gefaßt. Erst durch das Strafrechtsänderungsgesetz vom 31.5.1994 ist er – nachdem er in der DDR längst nicht mehr gegolten hatte – für das ganze Bundesgebiet aufgehoben worden. Lesbische Liebe hingegen war immer straflos. Sie wurde als weniger häufig und im ganzen unauffälliger betrachtet, weil sie in der Öffentlichkeit weniger in Erscheinung trat. Sicher wurde sie auch nicht ernst genommen, weil Frauen ein eigenes Sexualempfinden abgesprochen wurde und Sexualität ohne Männer nicht denkbar erschien. Akzeptiert war lesbische Liebe nach dem Zweiten Weltkrieg freilich nicht. Das einzig gültige Lebensmuster für Frauen war (heterosexuelle) Ehe, Familie und möglichst mehrere Kinder. Eltern und Arbeitgebern gegenüber wird lesbische Liebe bis heute oft verheimlicht.

---

[14] Friedeburg, Ludwig von: Die Umfrage in der Intimsphäre. Stuttgart 1953
[15] Delille, Angela/Grohn, Andrea: Blick zurück aufs Glück. Frauenleben und Familienpolitik in den 50er Jahren, Berlin 1985, S. 120.
[16] Schmidt, S. 153.
[17] Schmidt, S. 155.

Sexuelle Revolution

Es war ein weiter Weg, bis die Freiheiten, die wir heute – wenn auch immer noch in eingeschränktem Maße – haben, erreicht waren. Es waren die »68er«, die die sexuelle Heuchelei öffentlich machten und sie beiseitezufegen versuchten. Die Wohlanständigkeit der Eltern war in den Augen der Studentinnen und Studenten die Wohlanständigkeit von MittäterInnen und MitläuferInnen der Nazis, die über Sexualmoral tönten, um nicht über Kriegsschuld und Völkermord reden zu müssen.[18] Die StudentInnen lasen Wilhelm Reich[19] und handelten danach. Sie stellten die bürgerliche Kleinfamilie und die Fixierung der Geschlechterrollen in Frage, erkannten, daß Sexualunterdrückung zum Bösen, ja zum Faschismus führen, die Überwindung der Zwänge, Verbote und Tabus dagegen von Aggression, sexuellen Verirrungen und der Lust an der Unterwerfung erlösen kann.[20]

Die konservativen Widersacher sahen in der sexuellen Befreiung den Untergang des Abendlandes. Das bekam sogar die erste sozialdemokratische Bundesfamilienministerin, Käte Strobel[21], zu spüren, als sie 1969 die Erstellung eines Sexualkundeatlasses für 13- bis 15jährige SchülerInnen initiierte. Durch das Erscheinen des Atlasses und auch durch ihr Ja zur gerade auf den Markt gekommenen Anti-Baby-Pille geriet sie ins Kreuzfeuer der Kritik. Während die einen Käte Strobels politische Bemühungen um eine sexuelle Liberalisierung der Gesellschaft als längst überfällig begrüßten, sahen die anderen das Ende der Zivilisation nahen. Die Kinder stürzten sich offenbar auf den Atlas, denn nicht alle waren durch ihre Eltern aufgeklärt worden, und es gab damals viele Fälle, in denen Mädchen ihre Schulausbildung oder Lehre aufgeben mußten, weil sie schwanger waren. Die erste Auflage (100.000 Exemplare) des Atlasses war schnell ausverkauft. Mehrere Auflagen folgten, und er wurde in sechs Sprachen übersetzt. In Bayerns Schulen durfte er nicht verwendet werden. Dort beteten 1970 Christen vor dem Kultusministerium gegen die Einführung der Sexualpädagogik an den Schulen.

Sexuelle Gegenrevolution?

Lebensschützer und andere religiöse Eiferer versuchen schon wieder heftig, die alte Ordnung zu rekonstruieren. Auf dem Regensburger Kongreß »Freude am Glauben« riefen die Teilnehmer am 12.6.2005 zur »sexuellen Gegenrevolution« auf. Den »68ern

---

[18] Herzog, Dagmar: »Pleasure, sex, and politics belong together«. Post-holocaust memory and the sexual revolution in West Germany. Critical Inquiry 24/1998, S. 393-444.
[19] Reich, Wilhelm: Massenpsychologie des Faschismus, Kopenhagen 1933. Reich, Wilhelm: Die sexuelle Revolution, Kopenhagen 1936.
[20] Schmidt, S. 157.
[21] Vgl. Notz, Frauen in der Mannschaft, S. 483-502.

warfen sie vor, durch die »Beseitigung aller Beschränkungen der sexuellen Triebbefrie-digung« das moralische Fundament der Gesellschaft zerstört zu haben.

»Kinder wachsen am besten in der Geborgenheit von zwei Eltern auf. Das ist das Modell des Grundgesetzes, der Normalmaßstab. Und Normativität hängt mit Norma-lität zusammen,« sagte 1999 der Bundesverfassungsrichter Paul Kirchhof, den Angela Merkel 2005 in ihr Wahlkampfteam holte.[22] Einen »Gleichberechtigungsanspruch, der die berufliche Gleichheit überbetont«, bezeichnete er 2004 in seinem Buch »Der sanfte Verlust der Freiheit« als »mißverstandenen Gleichheitsanspruch«, weil er »den Schutz von Kind und Mutter trotz ihrer besonderen Schutzbedürftigkeit schwächt«. Es gehe daher auch im Steuerrecht eher um »eine Gleichberechtigung der Mütter als eine Gleichberechtigung der Frauen«.[23] Es gibt viele weitere Beispiele für die massiven Anstrengungen reaktionärer Kräfte, die im Kampf um Emanzipation der Frau und um sexuelle Befreiung errungenen Erfolge rückgängig zu machen. Wachsamkeit ist dringend geboten.

---

[22] Rheinischer Merkur vom 7.5.1999.
[23] Kirchhof, Paul: Der sanfte Verlust der Freiheit, München/Wien 2004, S. 119.

Horst Bethge

Reeducation?
Gescheiterte Bildungsreform

Viele sprechen von einer »versäumten Bildungsreform«, ich nenne sie eine »verhinderte«, denn es gab gesellschaftliche Gruppen, die sich ihr erfolgreich entgegenstellten. Über den bildungspolitischen Sonderweg, den Westdeutschland gegangen ist und den heute die ganze Bundesrepublik geht, wird jedoch kaum diskutiert. Das Scheitern einer demokratischen Bildungsreform gehört zu den Tabus der bundesdeutschen Geschichte.

Seit die französischen Revolution, die den »citoyen« (nicht nur den »bourgeois«) im Auge hatte, das Bildungswesen zu einer gesamtgesellschaftlichen Aufgabe erklärte, möglichst geschützt vor der Konkurrenz der Einzelkapitale, um die Erziehung zu demokratischen und mitbestimmungsfähigen Staatsbürgern zu garantieren, setzte sich nach und nach in den deutschen Ländern zwar die Staatsschule durch (»Universitäten und Schulen sind Veranstaltungen des Staates«, Allgemeines Preußisches Landrecht 1794), sie wurde aber entsprechend der Klassenspaltung dreigliedrig angelegt (höhere, mittlere und »volkstümliche« Bildung) und nationalistisch aufgeladen. Deutsche Studienräte sorgten für Kriegsfreiwillige – von Königgrätz bis Sedan, von Tannenberg bis Stalingrad. Das wirkt bis heute nach.

Aber in Lehrervereinen, unter den Demokraten, in der Arbeiterbewegung blieb auch immer die Forderung nach einem einheitlichen Bildungswesen für alle lebendig, d. h. nach der unentgeltlichen, weltlichen, wissenschaftlich fundierten Einheitsschule. So auch im zweitältesten Lehrerverein der Welt: der 1805 gegründeten Hamburger »Gesellschaft des vaterländischen Schul- und Erziehungswesens«, der heutigen GEW Hamburg, die nach wie vor um Einheitlichkeit, Unentgeltlichkeit, Wissenschaftlichkeit des Bildungswesens kämpfen muß.

Nach 1945 hofften viele auf eine demokratische Umgestaltung, die auch eine demokratische Bildungsreform mit sich bringen werde. Entsprechende Konzepte gelangten in die Verfassungen etlicher neugegründeter Länder. Auch die Besatzungsmächte drängten auf Reformen: soziales Lernen, einheitliches Schulsystem (»zweizügige Systeme ... sollen beseitigt werden«), kommunale Mitentscheidung, wissenschaftliche Hochschullehrerausbildung; Näheres darüber in einem Telegramm der US-Militärverwaltung (OMGUS) vom 10.1.1947 und in der Direktive Nr. 54 des Kontrollrats vom 25.6.1947. Die AntifaschistInnen und EmigrantInnen wollten mehr, wurden aber ausgebremst, indem die Gründung einheitlicher oder sozialistischer Gewerkschaften (wie in Hamburg) verboten wurde oder indem Auflagen, wie das Verbot für Lehrervereine, sich gewerkschaftlich zu betätigen (wie in Hamburg), politisches Eingreifen behinderten. Der Kontakt über Zonengrenzen hinweg wurde erschwert. Dennoch: Die letzte Interzonenkonferenz der Erziehungsminister in Stuttgart (19./20.2.1948) forderte im Sinne der Potsdamer Beschlüsse Reformen mit dem Ziel eines einheitlichen, demokratischen Bildungswesens »im Geiste des Friedens und der Völkerverständigung«. Reeducation nannten es die Amerikaner.

Nach 1945 kam es zu Entlassungen belasteter PädagogInnen – allerdings schon unterschiedlich konsequent: In Hamburg wurden 6,4 Prozent aller Lehrer entlassen, in der Ostzone erheblich mehr. 1948 wurde die Entnazifizierung im wesentlichen beendet. Insgesamt – also nicht nur im Bildungsbereich – endeten in Hamburg, um bei diesem Beispiel zu bleiben, 1.084 Entnazifizierungsfälle mit dem Spruch »minder belastet«; 15.052 wurden als Mitläufer eingestuft, 131.119 als entlastet. Die wiedergegründeten Lehrervereine in den Westzonen forderten unablässig die Beendigung der Entnazifizierung und die Wiederherstellung des Berufsbeamtentums, und die GEW machte diese Forderung zur Bedingung ihres Beitritts zum Deutschen Gewerkschaftsbund. Schon 1947 in Detmold auf dem Gründungskongreß des »Allgemeinen Deutschen Lehrer- und Lehrerinnenvereins« (ADLLV), des Vorläufers der GEW, waren Staatlichkeit, Einheitlichkeit (Einheitsschule) und Unentgeltlichkeit als Prinzipien des Schulwesens beschlossen worden – aber eben auch die Erhaltung des Berufsbeamtentums und der Verzicht auf das Streikrecht der Lehrer, denn Bürgerlich-Liberale und Rechtssozialdemokraten waren unter den Verbandsaktivisten in der Überzahl. Sie knüpften zumeist da an, wo sie 1933 aufgehört hatten, trafen oft eine enttäuschte Pädagogenschaft, deren idealistische Leitbilder von den Nazis mißbraucht worden waren oder sich mit der Nazi-Ideologie verwoben hatten.

Dann schlugen der sich verschärfende »kalte Krieg« und die Spaltung Deutschlands auf das Bildungswesen durch. In den Westzonen blieb die demokratische Bildungsreform in Halbheiten stecken (sechsjährige Grundschule in Bremen, Hamburg, Berlin), das Bildungsprivileg mit Dreigliedrigkeit und unterschiedlicher Ausbildung für die Lehrämter sowie mit Schulgeld wurde wieder eingeführt. In der Ostzone gestaltete man das Bildungswesen nach den Vorstellungen der »Entschiedenen Schulreformer« (Paul Oestreich) und auch nach Mustern aus der UdSSR. Überall hatte man aber bis in die 50er Jahre mit überfüllten Klassen (Dreischichtbetrieb in Hamburg), fehlendem Schulraum, schlechter Ausstattung zu kämpfen, was viel Kraft der Pädagogen absorbierte. Der Rückzug auf das »Pädagogische, Erzieherische« war unübersehbar.

Dagegen hatten es linke Schulreformer (Joachim Heydorn, Schwelmer Kreis) schwer. Andere Linke und rückkehrende EmigrantInnen wurden erst gar nicht als Lehrerausbilder wiedereingestellt oder berufen, dagegen zahlreiche Mitläufer der Nazis in diese Positionen gebracht. Kontakte in die DDR wurden früh kriminalisiert, besonders durch den Adenauer-Erlaß, der die erste Welle der Berufsverbote begründete. Der Totalitarismus-Erlaß, ein Abkommen der Kultusministerkonferenz, verpflichtete alle Lehrpläne und Schulbücher auf den Antikommunismus. Nach dem Aufbau des einheitlichen sozialistischen Bildungs- und Erziehungswesens und der Schaffung der »polytechnischen Oberschule« in der DDR setzte in Westdeutschland eine antikommunistisch begründete Absetzbewegung ein. Selbst der alte demokratische Begriff der Einheitsschule fiel ihr zum Opfer – ein neuer wurde später in bewußter Abkehr geschaffen: Gesamtschule.

Erst 1954 verkündete die GEW »Programmatische Grundsätze«, die 1960 in den »Bremer Plan« mündeten, wo eine grundlegende Reform für ein einheitliches Bildungswesen konzipiert wurde. Sofort setzte eine heftige antikommunistische Kampagne ein, so daß der »Bremer Plan« wieder in der Versenkung verschwand. In dieselbe Zeit fiel der »Plan Z« der Sozialdemokratie mit ähnlichen Forderungen – aber auch er war nicht von einer breiten Reformkampagne begleitet. In dieser Phase wurde die sechsjährige Grundschule in Hamburg wieder abgeschafft.

1958, auf dem Münchner GEW-Kongreß »Erziehung entscheidet unser Schicksal« machte die Gewerkschaft erstmals auf große Bildungsreformen in England (1944), Frankreich (1957) und Skandinavien aufmerksam – und darauf, daß »uns der Osten überholt«. Sie beklagte die Reformunwilligkeit der Bundesrepublik, in der die CDU die Wahlen mit dem Slogan »Keine Experimente« gewonnen hatte. Die danach von der GEW gegründete »September-Gesellschaft« versuchte zusammen mit Bauernverband, Wirtschaftsverbänden und Industriegewerkschaften eine Bildungsreform anzukurbeln. Alles das mündete in Bildungsreformempfehlungen des »Deutschen Ausschusses für das Bildungs- und Erziehungswesen« – aber der Lehrermangel machte viele gute Vorschläge undurchführbar.

So kam es zwischen 1954 und 1960 in Hochschulorten und »linken« GEW-Landesverbänden zu Protesten gegen den »Bildungsnotstand«, für Bildungsreformen. Der sogenannte »Sputnikschock« sorgte dafür, daß selbstherrliche Vorstellungen, das beste aller Bildungssysteme der Welt zu haben, dahinschmolzen. Als mit dem Bau der Mauer 1961 der Zustrom gut ausgebildeter, technisch versierter Facharbeiter aus der DDR ausblieb, erkannten beweglichere Kräfte des Großkapitals das Erfordernis einer Bildungsreform zwecks Qualifizierung des Arbeitnehmerpotentials. Wissenschaftler wie Picht, Edding und Dahrendorf sowie Politiker wie Hamm-Brücher oder Evers lieferten bildungsökonomische und politische Argumente. Überall wurden nun auch Schüler, Studenten und Eltern vor Ort aktiv. Hessen, Nordrhein-Westfalen, Hamburg, Berlin, Niedersachsen und Rheinland-Pfalz beschlossen erste Schulreformen, das 9. Schuljahr wurde fast überall eingeführt, die ersten Gesamtschulen entstanden, das Referendariat für alle Lehrer war ein weiterer Reformschritt. Als Instrument konsensualer Reformen entstand der Deutsche Bildungsrat. Auf dem Nürnberger Kongreß 1968 forderte erstmals die gesamte GEW die Gesamtschule. Wesentlich weiter ging die DDR, die 1963-1965 nach intensiven Diskussionen eine umfassende Schul- und Bildungsreform beschloß, die Polytechnik und Allgemeinbildung neu definierte und viele traditionelle Reformgedanken aufgriff: Kinderkrippen und Kindertagesstätten, zehnklassige allgemeinbildende polytechnische Oberschule, danach zum Teil Berufsausbildung und Abitur, neue Systematik der Ausbildungsberufe. So kam es, daß zahlreiche linke Pädagogen Studienreisen in die DDR unternahmen und versuchten, Anregungen von dort in die Gesamtschulen zu übertragen. Die FDP-Bildungspolitikerin Hildegard Hamm-Brücher nannte das Bildungswesen der DDR »ein im Prinzip richtiges«.

Die Studentenproteste, die Schülerdemonstrationen und die Lehrlingsbewegung Ende der 60er Jahre verlangten gründliche Bildungsreformen, und nun wurde auch die Verquickung der nach 1945 wiederbelebten geisteswissenschaftlichen Pädagogik mit der Nazi-Ideologie aufgearbeitet (Republikanische Klubs, Kritische Universitäten). Linke Studenten drängten in die GEW-Ortverbände, die GEW nahm in zehn Jahren um 46 Prozent zu. Willy Brandts Parole »Mehr Demokratie wagen«, der Bildungsgesamtplan und die Gutachten des Bildungsrats nährten Reformillusionen – und viele Linke verbissen sich in beachtliche Reformprojekte und bekamen nicht mit, daß schon bald die sogenannten Haushaltszwänge Reformen stocken ließen.

Ein übriges taten die Berufsverbote (Hamburg 1971, im Bund ab 1972) und die Unvereinbarkeitsbeschlüsse des DGB, die gemeinsame Aktionen mit der DKP oder maoistischen Organisationen ahndeten. Unter der Parole »Mut zur Erziehung« machten Konservative aller Couleur mobil – aber vor Ort konnten Linksbündnisse für Bildungsreformen durchaus noch manche Teilreformen durchsetzen (Aktion Kleine Klasse). SPD und FDP rückten nach und nach von ihren Reformvorstellungen wieder ab, die GEW blieb dabei.

Als der reale Sozialismus in der DDR implodierte, kam es in der kurzen offenen Phase 1989-1990 zu vielen intensiven Kontakten von Bildungsreformern; in Hamburg zum Beispiel fanden zwei Konferenzen »Voneinander lernen« statt. Da keimte die Hoffnung auf, daß jetzt endlich »die doppelt versäumten Bildungsreformen« (Oskar Negt) nachgeholt werden könnten. Aber die Überstülpung westdeutscher Staatlichkeit über die neuen Bundesländer, der virulente Antikommunismus und eine euphorische Siegermentalität verhinderten, daß eine gesamtgesellschaftliche Debatte über die Erfahrungen mit den Bildungsstrukturen der DDR in Gang kam, die altbundesrepublikanischen erschienen nun als »bewährt«. Erst in letzter Zeit nach dem PISA-Schock – im Ländervergleich schnitt Finnland mit seinem Bildungswesen am besten ab, das im wesentlichen dem der DDR gleicht – wächst die Bereitschaft, über die Zukunftsfähigkeit des traditionellen deutschen Bildungssystems neu nachzudenken.

Peter Scherer

Niederlagen und doch: Praktischer Antikapitalismus
Politische Arbeiterbewegung und Gewerkschaften in Westdeutschland

Der Weg, den die Gewerkschaften in Westdeutschland nach dem Ende der faschistischen Diktatur gegangen sind, war keine triumphale Straße des Erfolgs, und die Probleme gewerkschaftlicher Politik waren nicht allein durch Angriffe der gegnerischen Klasse bedingt, sondern auch durch Entwicklungen sowohl in der Sozialdemokratie als auch in den sozialistischen Ländern. Aber ist dabei der Antikapitalismus aus der Gewerkschaftsbewegung gleichsam hinausgesäubert worden?

Wenn wir die Jahrzehnte seit 1945 überblicken, so ist ein gegenläufiger Prozeß zu erkennen: Im Ergebnis schwerer Niederlagen der politischen Arbeiterbewegung sind die Gewerkschaften zu Trägern eines praktischen »Antikapitalismus« geworden. Bis heute haben sie Tag für Tag, von der Frittenbude bis zum Automobilwerk, einen Abwehrkampf zu führen, der ihnen nicht erlaubt, wirtschaftsfriedlichen Illusionen nachzuhängen.

Jeder weiß: In diesen sozialen Kämpfen gibt es keinen durchschlagenden Erfolg. Dieser tagtägliche Kampf ist schon jetzt das, was viele erst für die Zukunft befürchten: ein »Häuserkampf von Betrieb zu Betrieb«, von Abteilung zu Abteilung, ja innerhalb der Automobilwerke von Modell zu Modell.

Dabei wird auch Gelände preisgegeben. Aber daß dieser Kampf, 16 Jahre nach dem für die deutsche Linke größtmöglichen Unfall, überhaupt stattfindet, hat etwas damit zu tun, daß es Männern wie Otto Brenner und Willi Bleicher in den 1950er Jahren gelungen ist, der Flut antikommunistischer und schlicht gewerkschaftsfeindlicher Agitation zu widerstehen.

Natürlich wäre es nach dem Geschmack der Arbeitgeber gewesen, jeden Kampfgeist, jedes echt gewerkschaftliche Bewußtsein aus den Verbänden des DGB herauszusäubern und sie unter ein Friedensabkommen nach Schweizer Vorbild zu zwingen. Sie haben es *nicht* geschafft.

Der Arbeitgeber kommentierte im September 1958 nach dem Nürnberger Gewerkschaftstag der IG Metall: »Wenn Herr Brenner ... gewohnheitsmäßig ein durch und durch abgestandenes, in der Sache absolut revolutionäres Programm gesellschaftlicher Umgestaltung propagiert, dann kann er sich nicht über die Entstehung einer Opposition in den eigenen Reihen wundern ...«[1]

---

[1] Der Arbeitgeber v. 20.9.1958.

138

Sie ist *nicht* entstanden, diese rechte Opposition in der IG Metall, und noch weniger kam es zu einer großen Säuberung, die den Arbeitgebern und den damals mit absoluter Mehrheit regierenden Konservativen sicher gut gefallen hätte.

Niemand wird bestreiten, daß die fortdauernde politische Spaltung der Arbeiterbewegung in den 1950er Jahren auch unter Gewerkschaftern zu erbitterten Auseinandersetzungen geführt hat, aber vom Ergebnis her betrachtet zählt doch nicht das mehr oder minder ausgeprägte Gezerre, sondern die auch und gerade in diesen Jahren gewachsene Kampffähigkeit.

Das Jahr 1956 war eben nicht nur das Jahr der Wiedereinführung der allgemeinen Wehrpflicht und des KPD-Verbots, sondern auch des Schleswig-Holstein-Streiks für die Lohnfortzahlung im Krankheitsfall und der DGB-Kampagne für die Fünftagewoche.

Das waren zwar keine »systemsprengenden« Forderungen, aber sie waren ein Beweis dafür, daß der vorausgegangene Versuch einer Spaltung und Lähmung der deutschen Gewerkschaften und ihrer Fesselung in einer »berufsständischen Ordnung« ohne Erfolg geblieben war. Auch auf dem Höhepunkt der antikommunistischen Hysterie in den Tagen der sowjetischen Intervention in Ungarn verfing es nicht, die Funktionäre der IG Metall als »Agenten Ulbrichts« zu diffamieren.

Die Praxis der Verdächtigungen ging gleichwohl bis in die 70er Jahre hinein weiter, aber die bürgerliche Ideologie, die durchaus auch mit Gewalt in das nachfaschistische Deutschland eingepflanzt wurde, verlor an Integrationskraft. Heute stehen wir vor der neuartigen Situation, daß der politische Kampf auf beiden Seiten fast ohne ideologische Unterstützung geführt wird.

Auf der Seite der Arbeitnehmer gibt es nicht einmal auf dem linken Flügel der politischen Bewegung eine zusammenhängende Vorstellung von einem gesellschaftlichen Ziel jenseits der heutigen Verhältnisse. Man ist »links«, aber überläßt es dem herrschenden Kräfteverhältnis, die Mitte zu fixieren, nach der sich dieses Linkssein bemißt.

Auf der Seite des Bürgertums gelingt es nicht einmal im Wahlkampf, ein suggestives Bild der angeblichen »Herausforderungen« zu zeichnen. Das Kapital hat sich daran gewöhnt, die Welt absolut zu beherrschen, und es vertraut auf seine Macht, die allen ideologischen Komfort als überflüssig erscheinen läßt. Man mutet den Arbeitnehmern fortgesetzt neue Opfer zu, ohne irgendeine Kompensation in Aussicht zu stellen, es sei denn die befristete Fortsetzung des individuellen Ausbeutungsverhältnisses.

Die unfreiwillige Karriere der Gewerkschaften zur »letzten Bastion« der Arbeiterbewegung ist das Ergebnis eines Prozesses, den ich die Rechtsverschiebung der Sozialdemokratie nennen möchte, eines historisch langfristigen Vorgangs, der das ganze 20. Jahrhundert hindurch angedauert hat und aus der Arbeiterpartei, die 1905 den russischen Revolutionären ihre wärmste Sympathie bekundete, eine bürgerliche Ersatzgarnitur werden ließ.

Auch dieser Prozeß ist kein Ergebnis von Säuberungen nach 1945. Er war vielmehr schon damals weit fortgeschritten. Susanne Miller stellte 1978 fest: »Die Wiedergeburt der Partei, die ein halbes Jahrhundert lang stolz darauf war, auf dem sicheren Fundament des ‚wissenschaftlichen Sozialismus' zu stehen, erfolgte faktisch in einem theoretischen Vakuum«.[2]

Ein solches Vakuum blieb unter den Bedingungen des Besatzungsregimes nicht lange bestehen. Dies um so weniger, als Deutschland nach 1945 einen Vorgang erlebte, der in Europa keine Parallele hat: Die politische Spaltung der Arbeiterbewegung setzte sich in staatlicher Trennung fort. Aus Parteiflügeln wurden Staatsregierungen. Die Außenpolitik wurde zur Fortsetzung der Innenpolitik.

Wenn Kurt Schumacher die Wiederherstellung Deutschlands in den Grenzen von 1937 verlangte und eine so definierte »Wiedervereinigung« zum obersten Ziel der SPD erklärte, dann war das etwas grundsätzlich anderes als die »Unversehrtheit des Reiches«, für die man im Ersten Weltkrieg eingetreten war, denn ostwärts der Elbe standen nach 1945 nicht Truppen eines imperialistischen Konkurrenten, sondern die Rote Armee. Alle Versatzstücke der alten sozialistischen Programmatik wogen nichts im Verhältnis zu dieser »außenpolitischen« Orientierung, die in Wirklichkeit Positionsbestimmung in einem weltweiten Bürgerkrieg war.

Berücksichtigt man diese durch den Konflikt der Systeme bedingte Aufladung jeder Regung der inneren Politik in Westdeutschland, so muß man sich wundern, daß es nicht zu heftigeren Grabenkämpfen gekommen ist.

Noch 1949 boten die Programme von SPD und DGB nicht wenige Ansatzpunkte für eine antikapitalistische Politik. Kredit- und Rohstoffwirtschaft sollten demokratisch gelenkt, die Grundstoff- und Schlüsselindustrien sollten sozialisiert werden und die Gewerkschaften gleichberechtigt an der Selbstverwaltung der Wirtschaft teilnehmen. So stand es in den Dürkheimer Programm-Punkten der SPD und so ähnlich auch im Münchner Grundsatzprogramm des DGB.

Geplant und gelenkt wurde dann auch – freilich allein im Interesse der Konzerne, und das mit durchschlagendem Erfolg, seit der Koreakrieg 1950 eine weltweite Konjunktur anheizte. Auch daß die Mitbestimmung in der Montanindustrie zugestanden wurde, war ein Kompensationsgeschäft im Rahmen dieses Krieges. Als Böckler 1950 mit Adenauer verhandelte, stand über allen Beteiligten das Gespenst eines Dritten Weltkrieges. Adenauer respektierte in dieser Lage die gewerkschaftliche Bastion. Böckler sagte seine staatspolitische Loyalität zu, welche Wendung der Kalte Krieg auch immer nehmen würde.

Schon der Koreakrieg forderte Millionen Opfer, Indochina folgte, Vietnam. Die Bundesrepublik stand stets auf der Seite des »Westens«, der DGB ordnete sich dieser

---

[2] Kleine Geschichte der SPD: Die SPD vor und nach Godesberg, 3.Aufl. Bonn 1978, S.13.

Entscheidung unter. An seiner grundsätzlichen Position gab es keinen Zweifel. Auch bei der feindlichen Übernahme der DDR, diesem endlich wahr geworden Wunschtraum aller Reaktionäre, gab es Kritik allein am Detail.

Diese Politik von SPD und DGB ist nicht mit vorangegangenen Säuberungen zu erklären. Auch wenn man für eine Skandalchronik alle die großen und kleinen Schweinereien zusammensuchen würde, so käme doch nichts dabei heraus, was den fluchbeladenen Namen einer »Säuberung« verdienen würde.

Der vielzitierte Fall Agartz ist dafür eher ein Beleg als ein Gegenbeweis. Wenige Ereignisse in der Geschichte der Gewerkschaften sind so gründlich durchleuchtet worden wie der Auftritt von Viktor Agartz auf dem Frankfurter Bundeskongreß des DGB im Herbst 1954.[3] In Absprache mit Agartz ist schon 1958 unter dem Pseudonym Hans-Georg Hermann eine umfangreiche Biographie erschienen, die mit dem Passus schließt: »Viktor Agartz steht erst am Anfang der Auseinandersetzung mit der kapitalistischen Gesellschaftsmacht. Über seinem kommenden Werk leuchtet fortan das erste Wort aus dem Karlsruher Freispruchurteil wie ein Menetekel auf: ‚Im Namen des Volkes'.«[4] Dort wird auch der Auftritt in Frankfurt geschildert: »Das Dokument des gesamten gewerkschaftspolitischen Willens wird für Viktor Agartz ein Triumph ohnegleichen. Matthias Föcher spricht emphatisch von einer ‚glasklaren Analyse der ökonomischen Situation Westdeutschlands'. Die Delegierten lassen die Gefühle und Gedanken, die der Chefideologe bei den Bedrängten und Hoffenden erzeugt, im endlosen Beifall verströmen... Der DGB findet in einer einzigen Stunde durch eine einzige Persönlichkeit zu jenem Geist und jener Einheit zurück, die alle Parteien durch den Einbruch des kapitalistischen Kommerz verloren haben.«[5]

Die Delegierten brachten ihm in der Tat Ovationen dar. Zahlreiche Diskussionsredner unterstrichen seine Ausführungen. Eine Stimmung entstand, in der jede scharfe Kritik als Sakrileg aufgefaßt worden wäre. Der stellvertretende DGB-Vorsitzende, der tatsächlich nicht von Glas, sondern sogar von »Kristall« gesprochen hatte, gehörte selbst der christlich-sozialen Kollegenschaft an.

Für den Jesuiten Oswald von Nell-Breuning, den damals maßgebenden Interpreten der katholischen Soziallehre, war das der letzte Anstoß, Agartz frontal anzugreifen. Nell-Breuning hatte bis dahin erfolglos für eine »berufsständische Ordnung« geworben und suchte nun die Koalition mit der rechten Sozialdemokratie.

---

[3] Wolfgang Schroeder, Oswald von Nell-Breuning contra Viktor Agartz: ein entscheidender Konflikt um das Selbstverständnis der Einheitsgewerkschaft, in: Sozial- und Linkskatholizismus, Frankfurt 1990, S. 200-240. – Susanne Krämer: Vom Cheftheoretiker zur »Persona non grata«, in: Gewerkschaftliche Monatshefte 1995, S. 310-316.
[4] Hans-Georg Hermann (das ist: Hermann Schaefer, der in diesem Buch Agartz »nacherzählt«) »Verraten und verkauft: eine Abrechnung«, Fulda 1958. Neuauflage 1983, S. 224.
[5] Ebenda S. 126.

Noch im Vollgefühl seines Kongreßerfolgs beauftragte Agartz einen Mitarbeiter des von ihm geleiteten Wirtschaftswissenschaftlichen Instituts des DGB, eine Broschüre zu schreiben, die Nell-Breuning mit eigenen Positionen aus früheren Jahren konfrontieren sollte.

Nell-Breuning drohte nun mit der Spaltung des DGB, was angesichts des politischen Kräfteverhältnisses keine leere Rhetorik war und um so mehr Aufsehen erregte, als er bis dahin solche Überlegungen im katholischen Lager stets abgelehnt hatte.

Ohne Zögern distanzierte sich der DGB von der Broschüre, schickte Agartz in Urlaub, entließ ihn schließlich im Dezember 1955. Nell-Breuning hatte sich schon im März über den Erfolg einer von ihm in München gehaltenen Brandrede gegen Agartz gefreut: »Die Rede hat offenbar gut eingeschlagen: In ,kirchlichen' und Unternehmerkreisen hat sie mich ,rehabilitiert'; die Gewerkschaften haben sich selbst geehrt durch die Art, wie sie sie aufgenommen haben.«[6]

Wie es Nell-Breuning mit *seiner* Ehre vereinbaren konnte, einen längst entmachteten Gegner öffentlich »auszuschalten«, um sich selbst interner Kritik zu entziehen und bei den Arbeitgebern Punkte zu sammeln? Ich fürchte, diese Frage wird ihm wenig Kopfschmerzen bereitet haben.

1957 wurde Agartz verhaftet. Ein Landesverratsprozess endete noch im gleichen Jahr mit Freispruch.[7] 1964 starb er.

Sein Sturz war nicht das Fanal für eine umfassende »Säuberung«, sondern ein Beispiel für die höchst zwiespältige Funktion von Ideologie und Rhetorik in der gewerkschaftlichen Praxis. Werner Petschick hat 1970 geschrieben: »Eine marxistische Analyse wird keinen Augenblick vergessen, daß hinter dem Wortradikalismus von Forderungen und Aussagen bestimmter Führungskräfte des DGB die Absicht steckt, Dampf abzulassen, an Strömungen und Stimmungen in der Mitgliedschaft einen gewissen Tribut zu entrichten.«[8] Man muß nicht unbedingt Marxist sein, um auf diesen Gedanken zu kommen. Im Herbst 1954 entrichtete eine verunsicherte DGB-Führung diesen Tribut nicht selbst, sondern *ließ* ihn entrichten. Die bleibende Tragik des Vorgangs besteht darin, daß der »Chefideologe« zu bewegen glaubte und doch nur selbst bewegt wurde. Als Redner war er im Rahmen der Kongreßregie nützlich gewesen, als Bauernopfer im großen Spiel noch viel nützlicher.

Die SPD der ersten Nachkriegsjahre begründete die sozialistischen Elemente ihres Programms mit der Überzeugung, der Wiederaufbau eines so tiefgreifend zerstörten Landes könne nicht nach kapitalistischen Grundsätzen erfolgen. Eine solche Politik

---

6 Schroeder S. 232.

7 Zum Prozeß: Diether Posser, Anwalt im Kalten Krieg, Bonn 2000. – Jürgen Treulieb, Der Landesverratsprozess gegen Viktor Agartz, Münster 1982.

8 Werner Petschick, Josef Schleifstein, Helmut Schlüter, Der gewerkschaftliche Kampf der westdeutschen Arbeiterklasse, in: Das Argument 1970, S. 832.

müsse zwangsläufig scheitern. Wir wissen heute, daß dies ein fundamentaler Irrtum war.

Die Kommunisten setzten auf die werbende Kraft des sozialistischen Beispiels. Viktor Agartz nannte ihr Ökonomiemuster in seinem Ablehnungskatalog von 1946 wenig liebevoll »zentralisierten Staatskapitalismus in Form der marktlosen Wirtschaft«.

Wir wissen heute, daß allein die Existenz der sozialistischen Länder und besonders der DDR in jeder Tarifrunde einen gewissen Zuschlag bedingte, eine Art antisozialistischer Versicherungsprämie, die das Kapital zu zahlen bereit war. Der Sozialismus selbst ist durch diese damals kaum wahrgenommene Nebenwirkung für die meisten Arbeitnehmer nicht attraktiver geworden. Im Gegenteil: Je höher sie ihr Lebensniveau in Westdeutschland anheben konnten, um so armseliger erschien ihnen das Leben in Mittel- und Osteuropa.

Wer die Formierung der bundesdeutschen Gesellschaft auf der Basis des Antikommunismus verstehen will, der darf nicht außer Acht lassen, daß die spätestens 1929 einsetzende Deformation der sowjetischen Gesellschaft im Deutschland der Nachkriegszeit nicht etwa als akademisches Thema wahrgenommen wurde, sondern als eine Entwicklung, mit der viele Deutsche in Berührung gekommen waren: Eines der wesentlichen Merkmale der Stalin-Diktatur war ein ausuferndes System der Zwangsarbeit, und Teil dieser Arbeitsheere waren die deutschen Kriegsgefangenen.

Unter Punkt 14 des Dürkheimer Katalogs stellte sich die SPD 1949 die Aufgabe: »Unermüdlicher Appell an die moralischen Kräfte der Welt für die Freilassung der Kriegsgefangenen und Frauen. Rückführung der Verschleppten. Kampf gegen die Sklavenarbeit in jeder Form und gegen die Konzentrationslager in der sowjetischen Besatzungszone.« Die Formulierungen klingen nach antisowjetischer Propaganda und waren von dieser in allen Tonlagen begleitet, aber sie wurden gestützt durch das, was Millionen Kriegsgefangene selbst erlebten.

Der bizarre Kult um die Person Stalins ließ die sozialistische Sowjetunion vollends als eine ferne, exotische Welt erscheinen, die man fürchtete, vielleicht auch bestaunte, in der man aber nicht hätte leben wollen.

Oskar Negt hat in einer kleinen Broschüre aus dem Jahr 1998 geschrieben: »Da die Linke kein Verhältnis zur Geschichte, auch nicht zu ihrer eigenen Geschichte hat, nimmt sie teil an jenem psychologischen Mechanismus, den Alexander und Margarethe Mitscherlich als Unfähigkeit zu trauern bezeichneten. Wer über Verluste, die er erlitten hat, nicht trauern kann, hat auch keine Kraft zur Utopie.«[9]

Und da ist eine weitere historische Ereigniskette in den Blick zu nehmen: der Untergang der sozialistischen Staaten. Ist es nicht erschreckend, wie wenig wir heute trauern über das, was 1989, was 1991 zerbrochen ist ? Wie gut wir schweigen können, obwohl

---

[9] Warum SPD?, Göttingen 1998, S. 71.

uns keine Säuberung droht? Wie lange wir blind waren, als die Konterrevolution sich schon in die höchsten Ämter hinaufgearbeitet hatte?

Nun könnte man auch das Ringen um Geschichte und Geschichtsschreibung in der Arbeiterbewegung als einen skandalösen Prozeß des Verweigerns, des Zurückdrängens und endlich der Vernachlässigung beschreiben. Aber ist nicht seit den 70er Jahren doch unendlich viel über die Geschichte der Arbeiterbewegung geredet und geschrieben worden?

Das Lernen aus der Geschichte, das in den späten 70er Jahren begann, hat nicht aufgehört, auch wenn es einigen Kollegen nicht gefallen hat und die Presse Alarm schlug. Es ist weitergegangen und hat in beharrlicher Arbeit dem Prozeß gewerkschaftlicher Bewußtseinsbildung reiches Material zugeführt.

Niemand ist in den 80er und 90er Jahren daran gehindert worden, die Dokumente zur Geschichte der Arbeiterbewegung aufmerksam und kritisch zu studieren. Für das Ergebnis des Lernens war und ist freilich jeder selbst verantwortlich. Auch hier gibt es »Risiken und Nebenwirkungen«.

Ich zitiere noch einmal das Büchlein von Oskar Negt aus dem Jahr 1998: »Ich kann weder für die Partei insgesamt noch für den Kanzlerkandidaten, den Partei- und Fraktionsvorsitzenden, also konkret gesprochen für Gerhard Schröder, Oskar Lafontaine, Rudolf Scharping, Gewißheiten vermitteln. Aber was ich öffentlich von den dreien wahrnehme und was ich persönlich von ihnen weiß, bildet eine solide und aussichtsreiche Grundlage für eine neue Reformperiode.«[10]

Damit ist es nun auch vorbei.

Beim Blick in die Geschichte der Gewerkschaften nach 1945 tritt vieles hervor, was Zweifel aufkommen läßt und manchmal sogar Verzweiflung nahelegen könnte. Und doch bleibt eine Grunderfahrung, die sich ironisch so formulieren läßt: Unsere gewerkschaftliche Bewegung kann niemand kleinkriegen – nicht einmal wir selbst.

---

[10] Ebenda S.141.

Gregor Kritidis

Freie Geister im antikommunistischen Treibhaus
Sozialisten in Westdeutschland zwischen Luftbrücke und Mauerbau

In jeder Epoche muß versucht werden, die Überlieferung von neuem dem Konformismus
abzugewinnen, der im Begriff steht, sie zu überwältigen.　　　Walter Benjamin

Mit dem Zusammenbruch des Realsozialismus 1989 ist nicht nur das Scheitern der
parteikommunistischen Variante der Arbeiterbewegung offenbar geworden. Auch die
sozialdemokratische Richtung des etatistischen Sozialismus hat mit dem Fall der
Mauer ihre historische Schubkraft eingebüßt. Die Perspektive einer internationalen
demokratischen Transformation aller gesellschaftlichen Bereiche, welche die Freiheit
des Einzelnen als konstitutives Element der kollektiven Aneignung aller Lebenspro-
zesse begreift, hat wieder an Aktualität gewonnen. Aus diesem Grund ist es angesichts
der sich verschärfenden Strukturprobleme der kapitalistischen Gesellschaft von
besonderem Interesse, die ausgegrenzten sozialistischen Strömungen, die sich nicht
haben durchsetzen können, in den Blick zu nehmen, da ihre Ansätze ein Emanzipati-
onspotential beinhalten, das eng mit den historisch unerledigten Fragen der sozialistischen Arbeiterbewegung in Zusammenhang steht.

Zu diesen Strömungen gehören die Traditionslinien der sogenannten Zwischengruppen jenseits von Sozialdemokratie und Parteikommunismus. Diese Gruppen entstanden in ihrer Mehrheit dadurch, daß sie sich angesichts des erstarkenden Faschismus von den großen Arbeiterparteien abspalteten: neben der Sozialistischen Arbeiterpartei (SAP) und der Kommunistischen Partei Opposition (KPO) unter anderen die
Roten Kämpfer, der Internationale Sozialistische Kampfbund (ISK) und Neu Beginnen.[1] Ihre Konzeptionen waren historisch zwar nur in begrenztem Umfang wirk-
mächtig, ihre Kritik am Realsozialismus und an der Sozialdemokratie markierten aber
treffsicher deren strukturelle demokratische Defizite: Sowohl die Sozialdemokratie als
auch der Parteikommunismus standen Bestrebungen, die Produktionssphäre durch
direkte Aktionen zu demokratisieren, skeptisch bis ablehnend gegenüber. Das sozialistische Ziel war über die Eroberung der politischen Macht, d.h. des bürgerlichen
Staatsapparates vermittelt. Politische Initiativen jenseits ihres organisatorischen Rah-
mens waren ihnen suspekt. Innerhalb der beiden großen Arbeiterparteien war der
Raum für abweichende Positionen minimal. Die Auseinandersetzung mit den Zwi-

---

[1] Vgl. Jan Foitzik, Zwischen den Fronten. Zur Politik, Organisation und Funktion linker Kleinorganisationen im
Widerstand 1933 bis 1939/40. Bonn 1986.

schengruppen hat nach meiner Auffassung den guten Sinn, sich historisch verorten und tragfähige Sozialismuskonzeptionen für die Zukunft entwickeln zu können.

Die Traditionen eigenständig-politischen Handelns jenseits der marxistischen Orthodoxie der II. Internationale und ihrer Nachfolgeorganisationen sind in der sozialistischen Bewegung in Deutschland im Vergleich zu anderen Ländern schwach entwickelt. Es ist kein Zufall, daß diese Traditionen weitgehend verschüttet sind, mit weitreichenden Folgen.[2] Wer von den historischen Erfahrungen realer politischer Klassenkämpfe und deren theoretischer Verarbeitung abgeschnitten ist, steht in der Gefahr, Gesellschaftskritik aus überlieferten Theorien zu schöpfen, ohne deren Entstehungsbedingungen mitzureflektieren. Eine derartig basierte Gesellschaftskritik tendiert dazu, ahistorisch sich selbst als absolut zu setzen, soziale Erfahrungen zu negieren und politische Praxis jenseits theoretischer Arbeit zu diskreditieren. Ohne die Reflexion auf die historisch gewordenen Bedingungen des eigenen wie des gesellschaftlichen Denkens *und* Handelns und auf die der Gegenwart innewohnenden Handlungsmöglichkeiten bleiben Theorie und Praxis gleichermaßen beschädigt zurück: Das praktische Leben bleibt geistlos und das geistige Leben unpraktisch, wie Marx angemerkt hat.[3] Gefahr geht daher nicht nur von Verdrehungen, Fehlinterpretationen oder Geschichtsklitterungen aus, sondern auch von dem Versuch, die lebendigen Traditionen des emanzipativen Kampfes im kollektiven Gedächtnis auszulöschen.[4]

Im Mai 1950, fünf Jahre nach Kriegsende, bilanzierte Walter Dirks in den linkskatholischen *Frankfurter Heften* unter dem Titel »Der restaurative Charakter der Epoche« die sozialen und politischen Entwicklungen im geteilten Deutschland.[5] Nach der Katastrophe von Faschismus und Krieg, so Dirks, hätte eine neue Welt aufgebaut werden müssen. Stattdessen habe man die alte Welt, die den Keim des Unheils in sich trage, wiedererrichtet.[6] Im Rückgriff auf die Zeit nach dem Wiener Kongreß bezeichnete er die anbrechende Periode als Epoche der Restauration.

Diese Restaurationsphase sei durch die Rückwärtsgewandtheit der gesellschaftlich vorherrschenden Kräfte gekennzeichnet. Es überwiege die Absicht der Wiederherstellung der gesellschaftlichen Verhältnisse, jedoch müsse auch einem Teil der neuen

---

[2] Vgl. z.B. Perry Anderson, Über den westlichen Marxismus. Frankfurt/M 1978.

[3] Vgl. Gregor Kritidis, Praktischer Sozialismus und geistige Aktion. Anmerkungen zu Karl Korsch. http://www.sopos.org/aufsaetze/426ffe742e292/1.html

[4] Der Erlanger Historiker und ehemalige Kohl-Berater Michael Stürmer konstatierte 1986 in Bezug auf die Geschichte des Dritten Reiches eine eklatante Erinnerungslosigkeit in Deutschland. »Wer (...) meint, daß alles dies auf Politik und Zukunft keine Wirkung habe, der ignoriert, daß in einem geschichtslosem Land die Zukunft gewinnt, wer die Erinnerung füllt, die Begriffe prägt und die Vergangenheit deutet.« Michael Stürmer: Geschichte in geschichtslosem Land. In: FAZ v. 25.4.1986.

[5] Walter Dirks, Der restaurative Charakter der Epoche. In: Frankfurter Hefte Nr. 9, 5/1950, S. 242-954.

[6] Ebd., S. 945.

sozialen Entwicklungen Rechnung getragen werden, damit die Restauration wirksam und erfolgreich sein könne. Ein unbedingter Widerstand der fortschrittlichen Kräfte sei daher unwahrscheinlich: »Nur eine offenkundig böse und illegitime Macht fordert einen solchen unbedingten Widerstand heraus. (...) Auch gehört es zum normalen restaurativen Zustand, daß die Gegen-Möglichkeit, um derentwillen man zum offenen Kampf aufrufen könnte, nicht immer zur Übernahme der Macht und der Verantwortung bereit ist. Der restaurative Zustand ist so geartet, daß man in ihm seine Angelegenheiten betreiben kann – und ihn oft eben dadurch stützt«.[7] Restaurative Zustände könne man daher nicht stürzen, man müsse sie überwinden.

Die treibenden Mächte der Restauration, so Dirks, seien die USA sowie die UdSSR, deren hegemoniale Interessen die soziale Neuordnung in Westeuropa verhindert hätten.[8] Der Stalinismus habe die Spaltung der Arbeiterbewegung befestigt und dadurch einen politischen Neubeginn in Westeuropa – Dirks verwies besonders auf Italien und Frankreich – verhindert: »Er hat einerseits starke fortschrittliche Kräfte fehlgeleitet, isoliert, von den realen Vorgängen und Möglichkeiten getrennt, so daß die Front der Erneuerung um eben diese Kräfte schwächer wurde; er hat die nichtstalinistischen fortschrittlichen Kräfte zum Paktieren mit restaurativen Kräften gedrängt, und er hat einen Antibolschewismus provoziert, der in der ganzen Welt nicht nur eine harte Notwendigkeit, sondern leider zugleich ein Vorwand und ein günstiges Klima für alle restaurativen Kräfte geworden ist.«[9]

Die Besatzungsmächte, beklagte Dirks, hätten mit ihrer Intervention gegen die Antifaschistischen Ausschüsse (worüber Heiner Halberstadt in diesem Buch berichtet; G.K.) und für die Reorganisation der Parteiformationen nach Weimarer Muster einen Neuanfang der Arbeiterbewegung verhindert.[10] »Man verführte die Deutschen, zum Jahr 1932 zurückzukehren – unter Abzug der Nationalsozialisten und Militaristen. Die Deutschen freilich ließen es sich gefallen«.[11] Der KPD warf er vor, durch taktisches Verhalten gegenüber den anderen Strömungen der Arbeiterbewegung dazu beigetragen zu haben. So seien sie »das erste Element der Restauration« geworden. Zum »zweiten Element der Restauration« sei die SPD geworden.[12] Sie habe es an kritischer Reflexion der politischen Fehler seit dem Ausbruch des Ersten Weltkrieges fehlen lassen. Die Partei habe es vorgezogen, sich, statt als soziale Bewegung aktiv zu werden, als

---

[7] Ebd.

[8] Vgl. dazu z.B. Theo Pirker, Die verordnete Demokratie. Berlin 1977.

[9] Dirks, a.a.O. S. 952f.

[10] Zu den Antifaschistischen Ausschüssen vgl. Lutz Niethammer/ Ulrich Borsdorf/ Peter Brandt (Hrsg.), Arbeiterinitiative 1945, Antifaschistische Ausschüsse und Reorganisation der Arbeiterbewegung in Deutschland, Wuppertal 1976.

[11] Dirks, a.a.O. S. 947.

[12] Ebd.

Staatspartei, als die Partei Eberts und Scheidemanns, als die Partei der Fehler von 1914, 1918 und 1932 selbst zu restaurieren. Dirks über die SPD: »Wo sie regiert, ist sie eine Kraft der Beharrung, nicht der Änderung.«[13] Die Sozialisierung der Schlüsselindustrien, wie sie ihren programmatischen Niederschlag unter anderem in den Verfassungen von Hessen und Nordrhein-Westfalen gefunden hatte, sei verhindert worden. Ein offensiver Kampf für die Mitbestimmung, so Dirks, könne nun ein antirestauratives Moment ausmachen.

Dazu kam es nicht. Die Niederlage der Gewerkschaften in dieser Frage zeichnete den Weg der repressiven Integration der Arbeiterbewegung vor. Dirks' quer zu den politischen Lagern liegende Zeitdiagnose sollte sich bewahrheiten: Es dauerte mehr als 15 Jahre, bis das restaurative Klima der Ära Adenauer überwunden werden konnte. Eine jüngere Generation und eine veränderte weltpolitische Konstellation waren notwendig, bis die antirestaurativen Kräfte wieder in die Offensive kommen sollten.

Kennzeichnend für die von Dirks analysierten Entwicklungen war die problematische Lage, in der sich die »heimatlose Linke« (Fritz Lamm), also jene Gruppierungen, die sich in der Endphase der Weimarer Republik von der SPD und der KPD abgespalten hatten, zu Beginn der Ära Adenauer befanden. Die erneute, von den Besatzungsmächten geförderte Spaltung der Arbeiterbewegung hatte die weitreichende Folge, daß auch programmatische Konsequenzen aus der Niederlage 1932/33 nur sehr unzureichend gezogen wurden. Für die Mitglieder der Zwischengruppen ergab sich daraus eine schwierige Frage. Man betrachtete auch den eigenen politischen Ansatz für gescheitert. Aus der Erfahrung der Isolation am Ende der Weimarer Republik und im Widerstand hatte man mehrheitlich die Schlußfolgerung gezogen, daß man sich nicht jenseits der großen Parteien organisieren dürfe. In der Konsequenz bedeutete das unter dem Eindruck des beginnenden Kalten Krieges die Mitgliedschaft in der SPD, weil man in der SPD einen größeren politischen Spielraum vermutete. Und auch zahlreiche Aktivisten der Zwischengruppen, die zunächst in die KPD eingetreten oder in der SBZ tätig geworden waren, traten nach Konflikten mit der SED- bzw. KPD-Führung in die SPD über. Zwei prominente Beispiele dafür sind Leo Kofler und Wolfgang Abendroth, die nach Konflikten mit der SED aus der SBZ fliehen mußten.

Eine Ausnahme bildeten diejenigen überlebenden Kader der KPO, die sich in der Gruppe Arbeiterpolitik (GAP) zusammenfanden, und die Trotzkisten der IV. Internationale. Theoretische Basis der GAP waren die Analysen der Nachkriegskonstellation von August Thalheimer, der selbst nicht mehr aus dem Exil zurückkehren konnte. Die GAP lehnte konsequent jede Kooperation mit den Besatzungsmächten ab und agierte folglich im Halblegalen. Ihre Zeitschrift *Arbeiterpolitik* (*Arpo*) erschien ohne Lizenz. Eine besondere Hochburg der GAP war in Salzgitter, wo sie sich 1946 an die Spitze des

---

13 Ebd., S. 948.

erfolgreichen Kampfes gegen die Demontagen gestellt hatte. Die Trotzkisten der IV. Internationale blieben zunächst eigenständig und beteiligten sich an mehreren Versuchen, die sozialistische Linke auf breiterer Basis zu sammeln. Ab 1953 betrieben sie Entrismus in der SPD, das heißt sie traten der Partei nur formal bei.[14]

Für die anderen Gruppen bedeutete die Mitgliedschaft in der SPD jedoch keinesfalls ein völliges Aufgehen in ihr. Mit Hilfe von Zeitschriften wurde versucht, ehemalige Freunde und Mitstreiter, die durch die Verfolgung während des Faschismus in alle Himmelsrichtungen verstreut worden waren, zu sammeln. Eine der wichtigsten Zeitschriften, die Ende der 40er Jahre gegründet wurden, waren die *Funken*, die aus den von Fritz Lamm in Stuttgart herausgegebenen *Thomas-Müntzer-Rundbriefen* hervorgingen. Die *Funken*, zu deren Mitarbeitern neben dem ehemaligen SAP-Mitglied Lamm auch die ehemaligen KPO-Mitglieder Ludwig August Jakobson und Fritz Opel sowie der Schüler des rätekommunistischen Publizisten Otto Rühle, Henry Jacoby, gehörten, waren ein Diskussionsorgan, das sich wie kein anderes um eine Neubestimmung sozialistischer Politik jenseits der Blöcke bemühte und ein grundsätzliches Mißtrauen gegen vermeintlich kurzfristig erfolgreiche bürokratische Praktiken hegte.[15]

Die zweite wichtige Zeitschrift war die ab 1949 in Berlin von dem umtriebigen Otto Schlömer herausgegebene Zeitschrift *Pro und Contra* (*PuC*). Die Autorenschaft rekrutierte sich vor allem aus dem rätesozialistischen und trotzkistischen Spektrum. Neben Willy Huhn, Hermann Möhring und Leo Kofler schrieben hier Willy Boepple, Jakob Moneta und Ernest Mandel. Zwischen Herausgeber Schlömer und seinen Redakteuren entzündeten sich jedoch bald Konflikte, die die undurchsichtige Finanzierung und die willkürliche Verlagsleitung Schlömers zum Gegenstand hatten. Diese Konflikte gingen auf die gegensätzlichen Interessen der verschiedenen Parteien und Besatzungsmächte zurück, die Schlömer und die Redaktion von *PuC* zu beeinflussen suchten. Tatsächlich gab es praktisch keinen Geheimdienst, der nicht an der Finanzierung von *PuC* zeitweise beteiligt war oder einen Spitzel in der Redaktion hatte. Eine besonders aktive Rolle bei der Gründung von *PuC* spielten die französischen Behörden, in deren Sektor die Zeitschrift lizenziert wurde. Die Franzosen hatten auch den größten Teil des Startkapitals beschafft; sie versprachen sich von der Stärkung der linken Opposition in der SPD eine Schwächung des nationalistischen Kurses der SPD-Führung um Kurt Schumacher. Die undurchsichtige Finanzierung von *PuC* ließ geplante Kooperationen, etwa mit dem *Funken*-Kreis, bald scheitern und führte 1951 zum Ausscheiden von Willy Huhn aus der Redaktion. Zeitweise gewannen die Trotzkisten an Einfluß, bis auch sie sich mit Herausgeber Schlömer zerstritten und das Blatt Ende 1954 eingestellt wurde.[16]

---

14 Vgl. Wolfgang Alles, Gegen den Strom. Texte von Willy Boepple. Köln 1997.

15 Vgl. dazu: Karljo Kreter, Sozialisten in der Adenauer-Zeit. Die Zeitschrift »Funken«. Von der heimatlosen Linken zur innerparteilichen Opposition in der SPD, Hamburg 1986.

Daneben spielte in Berlin der um die Zeitschrift *Neues Beginnen* gruppierte gleichnamige Kreis eine gewisse Rolle, der in rätekommunistischen Traditionen verwurzelt war. Deren Protagonisten hatten sich am Vorabend des Faschismus u.a. in der Widerstandsgruppe *Neu Beginnen* um Karl Schröder gesammelt. Zeitweise kam es zu einer Kooperation von *Neues Beginnen* und den *Funken*, die jedoch bald an der sehr dogmatischen, rätekommunistisch geprägten Kritik der *Neues-Beginnen*-Macher am sozialdemokratischen Parteiapparat und der Kritik der *Funken*-Leute an den westlichen Besatzungsmächten zerbrach.[17]

Der Kalte Krieg entfaltete eine Sogwirkung, die immer mehr Sozialisten dazu brachte, sich für die eine oder andere Seite zu entscheiden. Die spezifischen West-Berliner Verhältnisse unter dem Vier-Mächte-Status waren dabei exemplarisch für Westdeutschland insgesamt: Ohne die Duldung durch zumindest eine der Besatzungsmächte ging politisch wenig, gegen die Besatzungsmächte fast nichts. In Berlin vollzog sich aus diesem Grund wesentlich früher eine tiefere und deutlichere Spaltung des linkssozialistischen Lagers. Unter dem Eindruck der Berlin-Blockade und der permanenten Bedrohung durch östliche Geheimdienste radikalisierte ein Teil der Gruppe *Neues Beginnen* um den Rätekommunisten Alfred Weiland seine antibolschewistische Position und verlegte den Schwerpunkt seiner politischen Arbeit fast ausschließlich auf die Bekämpfung der SED. Weiland wurde, da sein Kreis auch verdeckt in der DDR tätig war, 1950 nach Ost-Berlin entführt und dort zu jahrelanger Haft verurteilt.[18] Angesichts von zwei Dutzend Entführungsfällen Westberliner Publizisten und Journalisten erhob Willy Huhn die Forderung nach Revolver und Schießerlaubnis.[19] Huhn war der Protagonist derjenigen, die nach wie vor trotz erheblicher persönlicher Nachteile den Einfluß aller Besatzungsmächte bekämpften und ihre politische Arbeit nicht auf antistalinistische Aktivitäten verengen wollten. Die westlichen Besatzungsbehörden und der Senat würden sie nicht schützen, so Huhn. Ohne große Organisation im Rücken sei man Freiwild und müsse sich folglich selbst verteidigen.

Mit welchem Mißtrauen eigenständig denkende Sozialisten beäugt wurden, zeigt das Beispiel Franz-Peter Utzelmanns: Der Protagonist der Revolution von 1918 war mit der SED in Konflikt geraten und hatte nach West-Berlin flüchten müssen. Dort wurde er erst nach zähem Ringen als politischer Flüchtling anerkannt.[20] Die Bedrohung durch östliche Dienste galt jedoch nicht nur für Berlin. 1953 wurde in einem Münchener Krankenhaus der Trotzkist Werner Sicher alias Wolf Salus von einem

---

[16] Vgl. Michael Kubina, Von Utopie, Widerstand und Kaltem Krieg. Das unzeitgemäße Leben des Berliner Rätekommunisten Alfred Weiland (1906-1978). Münster u.a. 2001, S. 336ff.

[17] Vgl. Ebd., S. 374f.

[18] Vgl. Ebd.

[19] Willy Huhn, Zum Fall Alfred Weiland. PuC 12/1950, S. 3.

[20] Vgl. Kubina, a.a.O. S. 82.

GPU-Agenten ermordet.[21] Offenbar spielten dabei dessen Kontakte zu Genossen in seinem Geburtsort Prag – Salus war 1948 aus der CSSR geflüchtet – eine Rolle.

Die Furcht vor Übergriffen oder Vereinnahmungen seitens der SED wurde aber bei weitem überwogen von der Angst vor einer neuen Spielart des Faschismus. Anfang der 50er Jahre erstarkten faschistische Kräfte in allen gesellschaftlichen Bereichen und vor allem innerhalb der demokratischen Institutionen. So riet Fritz Lamm seinem Freund Fritz Kief von dem Vorhaben ab, von Amsterdam nach Westdeutschland überzusiedeln. Man sei auf dem Weg »zu einem militärisch-halbfaschistischen System klerikaler Färbung. Das bedeutet, daß bei Aufrechterhaltung des demokratischen Scheines die Gewerkschaftsbewegung entmachtet oder in den Staat eingebaut werden wird. (…) Niemals war das allgemeine Klima seit 1945 für Leute unserer Observanz ungünstiger, als es jetzt ist… Da würde ich jedem raten, eher jetzt schon von hier zu emigrieren, als herzukommen.« Und er fügte hinzu: »Ich schreibe Dir das mit einer Offenheit, die vielleicht um so brutaler wirkt, als wir das in unseren Veröffentlichungen nicht schreiben. Insofern geht es uns wie der ganzen sozialdemokratisch-gewerkschaftlichen Bewegung. Wir scheuen uns aus praktischen und taktischen Erwägungen, die Dinge mit der Offenheit auszusprechen, wie sie uns bei illusionsloser Betrachtung klar sind.«[22] Und Wolfgang Abendroth schrieb an den Kölner SPD-Genossen Hein Hamacher im Hinblick auf einen aus der DDR geflohenen ehemaligen KPO-Genossen: »Ich kenne die Schockwirkung, der aus der Ostzone geflohene Genossen hier ausgesetzt sind, wenn sie die reaktionäre Hexenjagdatmosphäre in Westdeutschland kennenlernen, in der jeder als Stalinist gilt, ohne durch genügend lange Mitgliedschaft in der NSDAP ausgewiesen zu sein, allzu gut aus bitterer eigener Erfahrung.«[23] Sozialist zu sein bedeutete, unter Generalverdacht zu stehen: »Wer die persönliche Berührung mit Kommunisten nicht scheute, wurde verdächtigt, bloß weil er Kontakt hatte (Kontaktschuld). Wer Argumente vertrat, die Kommunisten auch vertraten, dem wurde (ohne sich mit dem Argument auseinanderzusetzen) ,Konsensschuld' vorgeworfen. Jede kritische Position wurde ausschließlich daran gemessen, wem nützt sie, ,cui bono': dem Westen oder dem Osten?«[24] Die SPD betrieb eine Politik des Parteiausschlusses, die der politischen Justiz gegen Kommunisten durchaus vergleichbar war. »Über das durch diese Ausschlußpraxis erzeugte Klima sagte Peter von Oertzen 1954 (bezeich-

---

21 Interview mit Rudi Segall v. 9.4.2001. http://www.3bh.org.uk/IV%20Archive/IV330/IVP%20Apr9.htm

22 Brief Lamm an Kief v. 11.10.1953. Nachlaß (NL) Kief im Internationalen Institut für Sozialgeschichte in Amsterdam (IISG), Mappe 5.

23 Brief Abendroth an Hein Hamacher, SPD-KV Köln-Stadt, v. 9.9.1952. NL Abendroth im IISG. Allg. Schriftverkehr. Mappe 9., H – J.

24 Jürgen Seifert, Sozialistische Demokratie als »schmaler Weg«. Kooperation in der Redaktion der Zeitschrift »Sozialistische Politik« (1955-1961). In: Jürgen Seifert/Heinz Thörmer/Klaus Wettig (Hrsg.), Soziale oder Sozialistische Demokratie. Beiträge zur Geschichte der Linken in der Bundesrepublik. Marburg 1989, S. 25.

nenderweise unter Pseudonym), seit 1945 schwebe ,über dem Haupt eines jeden Linken das Damoklesschwert der Verdächtigung als Kommunist'.«[25]

Der Kalte Krieg entfaltete in dieser Phase eine Sogwirkung, der sich kaum jemand entziehen konnte. Dennoch wurde 1950 der Versuch einer Parteigründung jenseits von Parteikommunismus und Sozialdemokratie unternommen, an dem sich allerdings außer den Trotzkisten der IV. Internationale keine andere Kleingruppe beteiligte. Anlaß war die Verschärfung des Kurses in der SBZ Ende der 40er Jahre, vor allem der Konflikt zwischen der Sowjetunion und Jugoslawien. Die Unabhängige Arbeiterpartei (UAP) umfaßte zwischen 1950 und 1951 neben den Trotzkisten vor allem ausgeschlossene KPDler (unter anderen den ehemaligen Redakteur des KPD-Organ *Freies Volk*, Josef Schappe, und den ehemaligen Dozenten an der SED-Parteihochschule, Wolfgang Leonhard) und Reste unabhängiger KPO-Gruppen. Die UAP gab mit finanzieller Unterstützung von jugoslawischer Seite die *Freie Tribüne* heraus, die wöchentlich erschien und sich kritisch mit der Vergangenheit und Gegenwart der Arbeiterbewegung auseinandersetzte.

Vor allem die Frage, wie man sich dem Ostblock gegenüber positionieren sollte, führte jedoch zum schnellen Scheitern dieses Projektes. So lehnten die Trotzkisten einen westdeutschen Wehrbeitrag ab, während die ex-kommunistische Mehrheit analog zur außenpolitischen Position der VR Jugoslawien eine Wiederbewaffnung nicht ausschloß. Die Trotzkisten wurden nach einer kurzen, aber heftigen innerparteilichen Auseinandersetzung ausgeschlossen und gingen 1953 geschlossen in die SPD. Nach dieser Spaltung zerfiel die UAP Ende 1951, beschleunigt durch den Umstand, daß die jugoslawische Regierung ihre finanzielle Unterstützung eingestellt hatte.[26]

Es blieb während der Restaurationsphase ein kaum überbrückbarer Widerspruch, sich den aktuellen politischen Anforderungen nicht zu entziehen und dennoch die Perspektive einer ganz anderen Gesellschaft aufrecht zu erhalten. Kaum jemandem gelang die Vermittlung dieses Widerspruchs besser als Wolfgang Abendroth. Nach seiner Flucht aus der DDR 1948 avancierte er zur überfraktionellen Integrationsfigur der verschiedenen Zirkel, wobei er stets versuchte, mit viel taktischem Geschick den politischen Spielraum in und außerhalb der SPD zu erweitern. Er publizierte in fast allen linken Zeitschriften von der *Aufklärung* bis zur *Stimme der Gemeinde*, referierte unermüdlich vor Gliederungen der Arbeiterorganisationen und hielt Kontakt zu Sozialisten und Kommunisten unterschiedlichster Coleur. Systematisch wirkte er politisch in die SPD und die Gewerkschaften hinein und versuchte, seine Position als Direktor des

---

[25] Jürgen Seifert, Linke in der SPD (1945-1968). In: Bernhard Blanke (Hrsg.), Die Linke im Rechtsstaat Bd.1. Bedingungen sozialistischer Politik 1945-1965. Berlin 1976, S. 240.

[26] Vgl. Peter Kulemann, Die Linke in Westdeutschland nach 1945. Die erste Nachkriegszeit, zwischen sozialdemokratischer Integration und dem Stalinismus der KPD - das Scheitern der »Titoistischen« Unabhängigen Arbeiterpartei UAP 1950. Hannover 1978.

Instituts für politische Wissenschaft an der Universität Marburg zu nutzen, die demokratischen Kräfte gegenüber der Übermacht von Konservativen und ehemaligen Nazis an den Hochschulen zu stärken. Eine Art politisches Ein-Mann-Unternehmen. Oder, wie Jürgen Habermas formulierte, ein »Partisanenprofessor im Lande der Mitläufer«.[27]

Die Niederlage der Gewerkschaften im Kampf um die Betriebsverfassung und die Niederlage der SPD bei den Bundestagswahlen 1953 bildeten eine Zäsur auch für die linkssozialistischen Strömungen. Für eine Aktivierung der Arbeiterbewegung auf breiterer Basis sahen viele kaum noch Ansatzpunkte. Exemplarisch dafür ist die Positionierung des marxistischen Ökonomen Erich Gerlach, der sich 1951 noch mit dem Gedanken getragen hatte, in Kooperation mit der *PuC*-Redaktion Schriften von Rosa Luxemburg und Karl Korsch zu republizieren.[28] Aber schon Ende 1950 schrieb er an Karl Korsch in die USA: »Insgesamt ist alles ziemlich niederdrückend, aber wir müssen uns so verhalten, als ob die Lage nicht hoffnungslos wäre«.[29] Diesem Zweckoptimismus war Ende 1953 endgültig die Grundlage entzogen. Erst Anfang der 60er Jahre griff Gerlach sein Vorhaben wieder auf und nahm eine Veröffentlichung zentraler Schriften Korschs in Angriff.

Eine zweite Welle von Organisierungsbemühungen folgte aber schon Mitte der 50er Jahre unter weit besseren Bedingungen als in der Gründungsphase der Bundesrepublik. Das beginnende internationale Tauwetter nach dem Waffenstillstand in Korea und der Niederlage der französischen Kolonialtruppen in Indochina sowie die Streikbewegungen vom Sommer 1954 und das Anschwellen der Bewegung gegen die Wiederbewaffnung vergrößerten den Spielraum für eine Reorganisation der sozialistischen Linken. Für die Neugründungen dieser Phase galt, daß sie auch jüngere Aktivisten aus der Generation der Frontkämpfer umfaßten, die erst nach dem Zusammenbruch des Faschismus politisiert worden waren.

Eine dieser Gründungen ging auf trotzkistische Initiative zurück. Ein Manifest der Kölner Jungsozialisten gegen die »Reformer« vom rechten Flügel der SPD wurde 1954 zum Ausgangspunkt der Gründung der *Sozialistischen Politik* (*SoPo*), in der denkbar unterschiedliche Traditionen zusammenkamen: Neben den Trotzkisten Willy Boepple, Georg Jungclas und Ernest Mandel arbeiteten mit Theo Pirker und Siegfried Braun zwei jüngere, syndikalistisch orientierte Linkskatholiken in der Redaktion mit. Pirker und Braun waren Mitarbeiter von Viktor Agartz im Wirtschaftswissenschaftlichen Institut (WWI) des DGB, dem Vorposten einer radikal-reformistischen marxi-

---

[27] Zitiert nach Wolfgang Abendroth, Arbeiterklasse, Staat und Verfassung. Hrsg. u. eingeleitet v. Joachim Perels. Frankfurt/M 1975, S. 7. Vgl. Wolfgang Abendroth, Ein Leben in der Arbeiterbewegung. Gespräche. Aufgezeichnet und herausgegeben von Barbara Dietrich und Joachim Perels, Frankfurt/Main 1976.

[28] Brief Gerlach an Huhn und Schlömer v. 4.1.1951. NL Gerlach in der TIB der Uni Hannover. Mappe A23.

[29] Brief Gerlach an Karl Korsch v. 30.12.1950. NL Gerlach. Mappe A 35.

stischen Strömung in den Gewerkschaften. Pirker stand zudem über seine umfangreichen antimilitaristischen Aktivitäten im DGB in engem Kontakt mit Wolfgang Abendroth, der ebenfalls Beiträge für die *SoPo* verfaßte. Hinzu kamen mit Erich Gerlach und Peter von Oertzen zwei niedersächsische Landtagsabgeordnete mit marxistisch-anarchosyndikalistischem Hintergrund. Oertzen gehörte wie Pirker, Braun und Mandel zur jüngeren Generation und war wesentlich von seinem Abgeordnetenkollegen Gerlach beeinflußt worden. Die *SoPo* erschien monatlich und verband eine scharfe Kritik am Stalinismus mit einer ebenso scharfen Kritik an der SPD und den DGB-Gewerkschaften. Mit unterschiedlicher Akzentuierung bemühten sich die *SoPo*-Mitarbeiter, rätesozialistische Vorstellungen zu aktualisieren. Die *SoPo* war die Zeitschrift, die am konsequentesten die Möglichkeit einer demokratischen Transformation der Wirtschaft auslotete und damit an das spezifische Erbe der Novemberrevolution anknüpfte.[30]

1955 wurde der Chefredakteur des SPD-Zentralorgans *Neuer Vorwärts*, Gerhard Gleissberg, wegen seiner Opposition gegen die Wiederbewaffnung von seinem Posten verdrängt. Mit seinem Kollegen Rudolf Gottschalk und dem Verleger Ernst Tessloff gründete er daraufhin in Hamburg die *Andere Zeitung* (*AZ*), die wöchentlich erschien und zeitweise die Funktion eines zentralen Diskussionsorgans der Linken in der Bundesrepublik erfüllte. In der *AZ* kam auch die gesamte kulturelle Avantgarde von Wolfgang Köppen über Erich Kästner, Heinrich Böll bis zu Wolfdietrich Schnurre zu Wort.

Neben Pirker, Abendroth, Kofler und Agartz gehörten auch Linksliberale wie Gustav Wyneken, Pazifisten wie Kurt Hiller sowie religiös orientierte Sozialisten wie Hans Werner Bartsch zur Autorenschaft. Zwischen 1955 und Ende 1956 war die *AZ* mit einer Auflage von über 100.000 Exemplaren die linke Zeitung mit der größten Verbreitung. Praktisch machte die *AZ* der lahmenden SPD-Presse vor, wie man eine ansprechende, lebendige Zeitung macht, und stellte schon allein dadurch die offizielle Linie der SPD in Frage.

Die Parteiführung, die an allem anderen als an einer kontroversen innerparteilichen Debatte interessiert war, ging schließlich organisatorisch gegen die *AZ*-Herausgeber vor und schloß sie 1956 aus der Partei aus. Begleitet wurden diese Ausschlüsse von einer antikommunistischen Kampagne, die insofern nicht vollkommen unbegründet war, weil die *AZ* in dieser Hinsicht eine breite Angriffsfläche bot. »Allgemeine Redensarten von ‚den Stalinisten' usw. können nicht darüber wegtäuschen, daß dem Fehlen einer grundsätzlichen Distanzierung vom Reformismus einerseits in noch viel stärkerem Maße das Fehlen einer sozialistisch-kritischen Distanzierung vom SED-Regime andererseits entspricht«, merkte die *Arpo* an.[31] Das machte es dem SPD-Parteivor-

---

[30] Vgl. Gregor Kritidis, Die Neuorientierung der Sozialistischen Linken während des Kalten Krieges – am Beispiel der Zeitschrift Sozialistische Politik. Hannover 2000.

stand in der Folge leicht, der *AZ* kommunistische Neigungen zuzuschreiben und die Zeitung als feindliches Organ zu bekämpfen. Auch wenn Herausgeber Gleissberg subjektiv unabhängig war, ganz unbeeinflußt von der DDR war seine redaktionelle Linie nicht. 1957 kam es in der Redaktion zu einem Konflikt wegen einer verdeckten Ostfinanzierung, die zum Austritt der jüngeren Redakteure Walter Gallasch, Bernd Stark und Willi Herzog führte.[32]

Das Ende der Tauwetter-Periode mit dem Suez-Konflikt und der Niederschlagung des Ungarn-Aufstandes verengte schließlich den Spielraum der *AZ* erheblich. Zahlreiche Autoren wie Kofler, Abendroth, Pirker und Hiller stellten ihre Mitarbeit ein, während die Auflage rapide zurückging. Faktisch kam es zu einer Spaltung des linkssozialistischen Lagers: Während sich die *Funken* und die *SoPo* scharf gegen den Stalinismus abgrenzten und ihre Aktionsmöglichkeiten innerhalb der SPD und den Gewerkschaften aufrechtzuerhalten suchten, nahm der Kreis der *AZ* um Gleissberg seine Ausgrenzung in Kauf, geriet aber immer mehr ins Fahrwasser der illegalen KP und der SED. Aus diesem Kreis wirkten viele in der Vereinigung Unabhängiger Sozialisten (VUS) mit, die linke Alternativen zur SPD-Politik vertreten wollte. Die *Arpo*, die sich ohnehin an übergreifenden Kooperationen nicht beteiligt hatte, blieb bei ihrer beidseitigen kritischen Distanz.

Die langfristig bedeutendste Neuorientierung während der Bewegung gegen die Wiederbewaffnung erfolgte jedoch in den Jugendorganisationen, insbesondere im Sozialistischen Deutschen Studentenbund (SDS). Die Enttäuschungen über den Anpassungskurs der SPD führte zur Herausbildung einer heterogenen linken Strömung im SDS, die auf der Delegiertenkonferenz 1958 mit dem Mannheimer Oswald Hüller erstmals den Bundesvorsitzenden stellen konnte. Hüller war der Exponent der sogenannten *Konkret*-Fraktion, die sich lose um die gleichnamige studentische Zeitschrift gruppierte und mitunter ausgesprochen DDR-freundliche Positionen vertrat. Die andere wichtige linke Gruppierung entstand um den Tübinger Wolfgang Hindrichs und den Münsteraner Jürgen Seifert, die sich stark an der Linie Fritz Lamms, Wolfgang Abendroths und Peter von Oertzens orientierten. Als sich die inhaltlich-strategischen Differenzen beider Gruppen während der Bewegung gegen die atomare Bewaffnung der Bundeswehr unter dem Druck der Partei und der Öffentlichkeit Anfang 1959 stärker herausschälten, kam es zum offenen Bruch. Der sogenannten

---

[31] »Ein Sammelorgan der Linken«. Arpo Nr. 24 v. 22.12.1955, S. 8f. Bisher wird die AZ in der Literatur nur am Rande erwähnt oder oberflächlich abgehandelt. Vgl. Graf, a.a.O. S. 161ff. Neben den Ausgaben der AZ stellen die Berichte in der Arpo eine Quelle dar, die an Zuverlässigkeit viele andere übersteigt. Einen Einblick in die redaktionelle Arbeit geben die Briefwechsel von Fritz Kief mit Gerhard Gleißberg. NL Kief im IISG, Mappe »Korrespondenz mit AZ«. Eine neuere Darstellung gibt es von Christoph Jünke, Vorwärts und nicht vergessen. Zur Erinnerung an Viktor Agartz (1897-1964). Teil 2. SOZ Nr. 1/Januar 2005, S. 24.

[32] Mündliche und schriftliche Mitteilung von Walter Gallasch v. 4.2.2005 und 15.2.2005.

Mittelgruppe um Hindrichs und Seifert gelang es schließlich, sich auf der Delegierten-konferenz 1959 durchzusetzen und den Verband nach dem Ausschluß aus der SPD 1961 zu behaupten.[33]

Wie wenig Widerstand die älteren Protagonisten der sozialdemokratischen Arbei-terbewegung den allgemeinen Restaurationstendenzen entgegensetzen konnten, ver-deutlicht die Entwicklung einer weiteren Zeitschrift. Die Gründung der von Viktor Agartz herausgegebenen *Wirtschafts- und Sozialwissenschaftlichen Korrespondenz* (*Wiso*) ging auf eine der wichtigsten Niederlagen der sozialistischen Opposition in den Gewerkschaften zurück. Agartz gehörte nach 1945 zu den führenden sozialdemo-kratischen Wirtschaftstheoretikern und kooperierte eng mit Kurt Schumacher und Hans Böckler. Von März 1946 bis Mitte 1947 leitete er das zentrale Wirtschaftsverwal-tungsamt für die britische Zone, fungierte also als eine Art Wirtschaftsminister. Als Leiter des Wirtschaftswissenschaftlichen Institutes des DGB (WWI) kooperierte er Mitte der 50er Jahre mit Theo Pirker, Siegfried Braun, Wolfgang Abendroth, Leo Kof-ler und einer Reihe weiterer Sozialisten, die sich dem restaurativen Anpassungskurs der Gewerkschaftsbewegung entgegenstellten. Mit seiner Person verbinden sich die Niederlage des Linkssozialismus als politischer Kraft innerhalb des DGB sowie der (allerdings erfolgreich abgewendete) Versuch, marxistisches Denken in der Bundesre-publik zu kriminalisieren. 1954 hielt Agartz auf dem DGB-Kongreß ein zusammen mit Pirker und Abendroth erarbeitetes Referat, das eine scharfe Kritik an der restaura-tiven Entwicklung der Bundesrepublik zum Inhalt hatte. Die beabsichtigte Aktivie-rung der Gewerkschaften gegen den Kurs der Bundesregierung wurde jedoch von den restaurativen Kräften im DGB auf Druck der christlichen Gewerkschafter verhindert. Mit einer Intrige entledigte sich der DGB des unliebsamen Kritikers und entließ auch dessen Mitarbeiter Pirker und Walter Horn aus dem WWI. Pirker hatte sich mit seinen Aktivitäten gegen die Wiederbewaffnung, Horn mit einer Streitschrift gegen den katholischen Sozialtheoretiker Oswald von Nell-Breuning Gegner gemacht.[34]

Daraufhin gründete Agartz 1956 die *Wiso-Korrespondenz*, die sich thematisch vor allem an die Linke in den Gewerkschaften richtete. An der *Wiso* arbeiteten neben jün-geren Wissenschaftlern aus dem Kreis des Frankfurter SDS auch Pirker, Kofler und Abendroth mit. Im Gegensatz zum Mainstream der Sozialdemokratie blieb Agartz Freunden und Bekannten aus der KPD gegenüber völlig unvoreingenommen. Diese Unvoreingenommenheit bildete die Grundlage für einen, wie Wolfgang Abendroth

---

33 Zum SDS vgl. Jürgen Briem, Der SDS. Die Geschichte des bedeutendsten Studentenverbandes der BRD seit 1945. Frankfurt 1976. Tilman Fichter, SDS und SPD. Parteilichkeit jenseits der Partei, Opladen 1988. Sowie: Willy Albrecht, Der Sozialistische Deutsche Studentenbund (SDS). Vom parteikonformen Studentenbund zum Repräsentanten der Neuen Linken. Bonn 1994.

34 Zu Agartz vgl. insbesondere Hans Peter Riesche, Von der »Neuen Wirtschaftsdemokratie« zur »Expansiven Lohnpolitik«. Ein Beitrag zur Biographie von Viktor Agartz. O.O. (Hannover), o.J. (1982).

formulierte, »schweren politischen Fehler«:[35] Agartz ließ die *Wiso* – übrigens ohne seine Mitarbeiter darüber zu informieren – über ein Sammelabonnement indirekt vom FDGB mitfinanzieren. Als 1957 ein Geldbote an der innerdeutschen Grenze festgenommen wurde, wurde auch Agartz verhaftet. Ende 1957 kam es in einem zunehmend antikommunistischen öffentlichen Klima zum Prozeß. Dieser Prozeß erhielt eine herausragende Bedeutung durch den Umstand, daß Agartz stellvertretend für die gesamte sozialistische Linke angeklagt wurde, denn die vom Vertreter der Anklage inkriminierten Artikel stammten fast ausschließlich von Abendroth, Kofler und Pirker.[36] Vor allem mit Beiträgen von Abendroth versuchte die Staatsanwaltschaft, ihre Vorwürfe zu untermauern.[37] Da die Staatsanwaltschaft den Kreis der Mitarbeiter kannte, war klar, daß dieser Prozeß auf die Kriminalisierung des gesamten Spektrums außerhalb des restaurativen westdeutschen Grundkonsenses zielte.[38] Tatbestandsmäßig ließ sich Agartz nichts vorwerfen; die Form der Finanzierung der *Wiso* war weder strafbar noch unüblich. Der Vorwurf lautete vielmehr, Agartz habe sich mit der Herausgabe der *Wiso* des Landesverrats schuldig gemacht. Die Grundlage für die Anklage bildete der wegen seiner Unbestimmtheiten und Unklarheiten äußerst fragwürdige § 100d Abs. 2 (landesverräterische Konspiration) des politischen Strafrechts. Vom Charakter her handelte es sich um einen politischen Prozeß, mit dem von Seiten der obersten Strafverfolgungsbehörden beabsichtigt wurde, marxistische Theoriebildung und daran orientiertes politisches Handeln selbst zu kriminalisieren. Im Kern zielte die Anklage auf diejenigen Kräfte, die eine sozialistische Transformation nach der Vorstellungswelt des Münchener DGB-Programms anstrebten. Es ging also um nichts Geringeres als eine gezielte Aufweichung des Verfassungskompromisses des Jahres 1948 und die juristische Festschreibung der Vorherrschaft der restaurativen politischen Kräfte.

Die Verteidigung übernahm ein Studienfreund von Agartz, der frühere Bundesinnenminister und spätere Bundespräsident Gustav Heinemann. In seinem Plädoyer strich Heinemann Agartz' Kritik an der DDR und am Ostblock heraus und betonte, der Kontakt zum Osten dürfe nicht per se kriminalisiert werden.[39] Damit spielte Heinemann auf ein Gespräch an, daß er außerhalb des Gerichtssaals mit den Richtern geführt hatte. Heinemann hatte dem Gericht die Höhe der finanziellen Mittel in Erinnerung gebracht, welche die Evangelische Kirche den zur EKD gehörenden Kirchen in der DDR zukommen ließ. Diese Ostkontakte könne man nicht offiziell im Gerichts-

---

[35] Das Urteil im Prozeß Agartz. SoPo Nr. 1/1958, S. Sowie: Funken Nr. 1/1958, S. Wiederabgedruckt in: Jürgen Treulieb, Der Landesverratsprozeß gegen Viktor Agartz. Verlauf und Bedeutung in der innenpolitischen Situation der Bundesrepublik auf dem Höhepunkt des Kalten Krieges. Bd. 2. Münster 1982. S. 101-103.

[36] Vgl. Treulieb Bd. I. S. 38.

[37] Treulieb Bd. I, S. 81.

[38] Ebd.

[39] Ebd., S. 102ff.

saal thematisieren; kriminalisiere man jedoch Agartz, gefährde man auch diesen kirchlichen Zahlungsverkehr, argumentierte Heinemann.[40] Die Verteidigung machte sich somit die realen Widersprüche zunutze, die aus dem westdeutschen Selbstbild als freiheitliche Demokratie resultierten und der Ausgrenzung und Kriminalisierung von Sozialisten in Westdeutschland in diesem Fall Grenzen setzten.

Der Freispruch von Agartz war ein wichtiger Sieg in einem schwierigen Rückzugsgefecht. Dennoch bildete der Prozeß den Anfang vom Niedergang der *Wiso*, die innerhalb der Gewerkschaften keine Impulse mehr geben konnte. Agartz blieb stigmatisiert und ausgegrenzt, so daß auch ehemalige Mitstreiter nicht mehr wagten, in der *Wiso* zu publizieren.

Die Entwicklung der *Wiso* war exemplarisch für den Zerfall der aktivistischen Kerne der alten sozialistischen Arbeiterbewegung. In der zweiten Hälfte der 50er Jahre kam es zum allgemeinen Niedergang der linkssozialistischen Presse, sofern sie von den älteren, noch während der Weimarer Zeit politisierten Aktivisten getragen worden war. Immer mehr Sozialisten resignierten und zogen sich aus der aktiven Arbeit zurück. Im harten, aktivistischen linkssozialistischen Kern kam es zu teils offenen, teils unterschwelligen Konflikten. So ließ Theo Pirker innerhalb der Linken ein 14seitiges Papier kursieren, in dem er Wolfgang Abendroth mit Bitterkeit kritisierte.[41] Abendroth hatte in der vom SPD-Chefideologen Willi Eichler herausgegebenen Zeitschrift *Geist und Tat* für ein Verbleiben der Linken in der SPD plädiert. Pirker warf Abendroth »Selbstverleugnung« vor, eine solche »Debatte mit den Pharisäern der Arbeiterbewegung« zu führen.[42] Abendroth wisse, daß die Zeit längst vorbei sei, »in der eine Umgestaltung der Bundesrepublik mit dem Stimmzettel und auf den sozialdemokratischen Tendenzen des Grundgesetzes fußend noch möglich ist«.[43] Es sei abwegig, auf eine Erneuerung der SPD als Ganzes zu orientieren; der Kampf gegen die Bürokratisierung könne nur noch »halblegal« geführt werden, wobei die Sozialisten den Mut haben sollten, gegen die Bürokratie »mit allen Mitteln zu kämpfen – auch auf die Gefahr eines Ausschlusses hin«. Es sei »unfaßbar«, angesichts der politischen Lage von einer Erneuerung der SPD zu träumen. Und direkt an Abendroth gewandt schrieb er: »Dieser unglaubliche Traum ist aber in Deiner These die Voraussetzung dafür, daß die SPD in der Bundesrepublik noch eine Chance des politischen Aufstiegs hat.«[44] Der revolutionäre Sozialismus, schloß Pirker, könne nicht »in der Tarnkappe kämpfen und im Nebelland politischer Träume siegen!«[45]

---

40 Treulieb I, S. 88.

41 Theo Pirker, Die Chancen der Sozialdemokratie. Ungezeichnetes Manuskript. NL Braun im Projekt Arbeiterbewegung am Institut für Politische Wissenschaft der Uni Hannover. Ordner Politische Theorie.

42 Ebd., S. 1.

43 Ebd., S. 4.

44 Ebd., S. 13.

45 Ebd., S. 14.

Solche Konflikte wurden überlagert von den jüngeren Aktivisten im SDS, die in jeder Hinsicht das vorwärtstreibende Element Ende der 50er Jahre bildeten. Unter dem Druck der SDS-Mittelgruppe gab es 1958/59 Bemühungen, *SoPo* und *Funken* zu einer Zeitschrift zu fusionieren. Die zunehmend prekäre Lage beider Zeitschriften und die internen Differenzen über die Ausrichtung des fusionierten Blattes – Lamm plädierte für ein Diskussionsorgan nach dem Vorbild der *Funken*, von Oertzen und die Trotzkisten für ein Richtungsorgan nach dem Modell der *SoPo* – ließen das Projekt schließlich scheitern. Ende 1959 stellten die *Funken* ihr Erscheinen ein. Die *SoPo* existierte weiter, jedoch traten Anfang der 60er Jahre Braun, Oertzen und Gerlach aus der Redaktion aus und beteiligten sich an den *Arbeitsheften* (AH) der Sozialwissenschaftlichen Vereinigung e.V. Die *SoPo* wurde damit zu einem vorwiegend trotzkistischen Organ. 1966 fusionierte sie mit *Express International*, woraus wiederum die Zeitschrift *express* hervorging.[46]

Die jüngere, während der Bewegung gegen die Wiederbewaffnung politisierte Generation hatte sich ab Mitte der 50er Jahre zunächst an den älteren Sozialisten orientiert. Exemplarisch läßt sich das an Wolfgang Hindrichs zeigen, der Fritz Lamm bei dessen Bemühungen unterstützte, in der zweiten Hälfte der 50er Jahre die linken Sozialisten organisatorisch zu sammeln. Hindrichs versuchte Lamm und Abendroth im Vorfeld einer maßgeblich von Lamm initiierten Konferenz in Frankfurt 1958 zu konkreten organisatorischen Schritten zu drängen. So schrieb er an Lamm, er stehe ihm zwar in allen politischen Fragen sehr nahe, – »was nimmt das Wunder, wo wir doch alle, soweit wir hier in Tübingen überhaupt uns um sozialistische Politik bemühen, doch erst durch Dich dazu gekommen sind. Schließlich hast Du uns doch in allen wesentlichen Fragen geprägt...«[47] Man müsse aber auf der Konferenz praktische Schritte einleiten, um das Verhalten in der Partei bundesweit zu koordinieren und eine systematische Schulungsarbeit betreiben zu können. »Wenn das Fraktionsbildung ist: gut, dann kommen wir nicht dran vorbei!«[48] Ohne zentrale Koordinierung, ohne Unterstützung einer bundesweiten Organisierung könne die Linke auf lokaler Ebene nicht aktiv werden. Als Abendroth und Lamm sich diesem Vorstoß verweigerten, zeigten sich die Jüngeren enttäuscht: Angesichts des »Immobilismus« der älteren Genossen,[49] so Hindrichs, müßten die jüngeren Sozialisten nun »ihre Geschicke mit *etwas*

---

[46] Die Zeitschrift Arbeiterpolitik wird hier nicht behandelt. Innerhalb der GAP spielten sich jedoch ähnliche Konflikte ab. Vgl. Klaus Peter Wittemann, Kommunistische Politik in Westdeutschland nach 1945. Hannover 1977, S. 318ff.

[47] Brief Hindrichs an Lamm v. 3.12.57. Private Materialsammlung Hindrichs. Ordner »Briefe 1957«.

[48] Ebd.

[49] Brief Hindrichs an Lamm v. 7.9.1958. NL Lamm im Exilarchiv der Deutschen Bibliothek in Frankfurt. Mappe Hindrichs.

[50] Brief Hindrichs an Lamm v. 16.2.1958. NL Lamm, Mappe Hindrichs.

mehr Selbständigkeit in die Hand nehmen«.[50] Auf Dauer »müssen wir uns von unseren linken Mentoren aus der Generation unserer Väter, von den Abendroth, Lamm, Boepple lösen. Ihre Traditionen und bitteren Erfahrungen belasten sie so unausweichlich, daß sie oft bei bestem Willen nicht mehr in der Lage sind, das der Situation Angemessene zu tun. Wir werden einmal eigene Wege einschlagen müssen, wenn auch bis dahin noch ein weiter Weg ist".[51]

Als der SPD-Parteivorstand 1961 die Mitgliedschaft im SDS mit der in der SPD für unvereinbar erklärte, verteidigten die älteren Sozialisten, allen voran Wolfgang Abendroth, den SDS und wurden folglich aus der SPD ausgeschlossen. Diese Solidarität der älteren Generation von Sozialisten war ein wichtiger, wenn nicht sogar entscheidender Faktor für die Stabilisierung des SDS in den frühen 60er Jahren. Es waren die dissidenten Strömungen der Zwischengruppen, die sich mit den strukturellen Defiziten des Sozialstaats einerseits und des Realsozialismus andererseits nicht abfanden und der breiten sozialen Emanzipationsbewegung Ende der 60er Jahre politisch und theoretisch den Weg durch unwegsames Gebiet ebneten.

---

[51] Brief Hindrichs an Karl Hartmann v. 19.12.57. Materialsammlung Hindrichs. Ordner »Briefe 1957«.

Teile und herrsche

Machtpolitik mit Feindbildern

Heiner Halberstadt

Von wegen Einheit der Linken

Ende Oktober 1945 in Frankfurt am Main. Zusammen mit meinem Vater Benno und meiner Tante Grete, der Schwester meines Vaters, war ich in einer kleinen Zwei-Zimmer-Wohnung im Stadtteil Bockenheim angekommen. »Knechtekammer« nannte meine Tante das Zimmer, in dem ihr Bruder und ich hausten. Die Zimmerdecke war teilweise abgeplatzt. Verputzsparren lagen in großen Placken bloß, Löschwasser hatte die restliche Decke und Teile der Wände braun-gelb gefärbt. Die Fenster waren mit Drahtglasfolie abgedichtet. Im Ofen schmorte nasses Holz. Brennholz wurde damals scheitweise zugeteilt. Man holte es mit einem Leih-Drückwagen, ließ es auf der Straße von Lohnsägern schneiden.

Mit Wasser und Salz gekochter Maisgrieß, vermischt mit einer – wer weiß wo und von wem erfundenen – Bratlingspulversoße, erzeugte fade, kurze Sättigung. Solches Essen wurde von Träumen begleitet, von der Vorstellung eines langsam-genußvollen Beißens in zart braunes, innen schneeweißes Brot, bedeckt von matt schimmernder Butterschicht. So etwas, wie es die Amis hinter einem hohen Drahtzaun des im Westend eingerichteten militärischen Sperrbezirks rings um das IG-Farben-Gebäude, in dem Eisenhower residierte, vor unseren hungrig glotzenden Augen zusammen mit anderen Lebensmitteln und Pappkartons täglich verbrannten. Doch Träume blieben Träume und Maisgrieß blieb Maisgrieß. Real war dagegen das weiße Brot, das der junge GI George zusammen mit großen graugrünen Konservendosen, voll mit Chesterkäse, Milchpulver und Butter, täglich zur Nachbarin und ihren zwei Töchtern brachte. Als Gegengaben erhielt unser GI von den Nachbarinnen – neben anderem – eine große weißmarmorne Hitlerbüste und die kompletten BDM-Uniformen der beiden Mädchen als Souvenir. Little Dear George brachte mit seinem Jeep auch jede Woche einen Sack Kohlen mit, worauf der Kellerraum der Nachbarin drei Vorhängeschlösser erhielt.

Im November 45 zog große Kälte herauf. Die Lebensmittelversorgung für Normalbürger sank auf 1.500 Kalorien. Dennoch kam damals in mir keine Hoffnungslosigkeit auf.

Im Hinterzimmer der »Lehrschmiede«, einer Kneipe in der Kiesstraße, die an unseren Innenhof angrenzte, spielte irgendjemand auf einem Klavier fast jeden Abend Ragtime und Swing. Die aufregenden neuen Rhythmen und Klangformationen wirkten auf mich wie Botschaften und Wegzeichen einer ersehnten heraufziehenden neuen Welt.

Im Rundfunk las Thomas Mann täglich aus seinem Roman »Joseph und seine Brüder«. In einer faszinierenden Inszenierung von Stephan Hermlin brachte Radio Frankfurt in drei Hörfolgen »Die letzten Tage der Menschheit« von Karl Kraus. Radiohören stillte damals einen geistigen Heißhunger, der dem nach Essen und Trinken nicht nachstand. Und ich las und las, mit kältestarren Händen, von einer Decke umhüllt, beim Licht einer Kerze – denn um 22 Uhr abends war häufig Stromsperre.

Ich las mich in einen Bücherberg hinein, der um mich herum anwuchs. Mein Vater schleppte aus Dortmund-Hörde, wo wir früher gewohnt hatten, säckeweise Bücher nach Frankfurt, darunter viel bisher verbotene und verfolgte Literatur. Er hatte sie während der braunen Jahre in Persilkartons im Toilettenschacht, in der Speisekammer, im Kohlenkeller und in einem Kaninchenstall verbunkert.

*

Bereits Ende November 45 trat ich in die SPD ein. Als Dokument bekam ich aber nur einen Bestätigungszettel, kein Parteibuch. Die US-Militärregierung erlaubte damals den Parteieintritt erst ab 21 Jahren. Die Parteien waren erst zwei Monate zuvor zugelassen worden.

Und ich erlebte in diesen Tagen in vollen Zügen den berauschenden Genuß des Frei-Reden-Könnens, ein nicht enden wollendes uneingeschränktes Fragen und Diskutieren. Ich quälte meine Tante immer wieder, mir zu erklären, warum sie in der NSDAP gewesen war und wie sie den NS-Staat empfunden habe. Ich gewann – Zug um Zug – eine Vorstellung vom Deutschland vor der Nazi-Herrschaft und von der bisher weitgehend unbekannten Welt um das Großdeutsche Reich herum.

*

In der »Freßgaß«, so hieß seit alters her die Große Bockenheimer Straße zwischen Hauptwache und Opernplatz, standen noch vereinzelte Häuserreihen zwischen lang gestreckten Trümmerbergen. Manche der Häuser waren ausgebrannt, manche oben Ruine und unten, im Erdgeschoß, mit Teerpappe abgedeckte Ladenlokale. Dazwischen ragten geborstene Mauerstücke, grotesk verbogen ausgeglühte Stahlträger ins Leere. Mitten auf der »Freßgaß« standen auf der vom Schutt geräumten Straße zahlreiche offene Verkaufsstände. An einem, gleich vorn an der Ecke Hochstraße, verkaufte ein Händler Kartoffelpuffer. Er briet sie – wie er auf einem Schild bekanntgab – in »einwandfreiem Pferdefett«. Für einen 150-Gramm-Kartoffelmarkenabschnitt erhielt man drei Kartoffelpuffer. Und so man genug Marken hatte, schob man mindestens drei bis vier Portionen in sich hinein.

An den meisten anderen Ständen gab es Bücher und Zeitschriften: vergilbte, angebrannte, auch neue. Gestapelt: *Life*, *Time*, später rororo-Drucke, John Steinbeck, Ernest Hemingway, André Gide. Auch Erich Weinert, Klabund, Kurt Tucholsky, Alfred Döblin, Heinrich Heine waren wieder da. Und Schriften von Marx, Trotzki, Engels. Weiß der Himmel, von wo die alle mit mal herkamen. Dazwischen Stände zum Verkauf alter Kleider, geflickter Schuhe, zerbeulter Milchkannen und Töpfe. Ein erster Frankfurter Flohmarkt ohnegleichen. In kalter Zeit, aber doch auch als Angebot und Zeichen der Überwindung schrecklicher Vergangenheit.

So entstanden mitten im eisigen Winter, trotz immer stärker werdenden leiblichen Hungers, trotz klammer Betten, endlosen Schlangestehens, trotz alledem: beflügelnde Kopfbilder, gefühlvolle Visionen einer voraus liegenden freundlichen, freiheitlichen und – wie ich inzwischen meinte – sozialistischen Welt, über Ruinen und Not hinweg projiziert in einen heraufziehenden Morgen.

*

Da mein Vater im Bockenheimer SPD-Distrikt-Vorstand mitarbeitete, fand ich kurz nach meiner Ankunft in Frankfurt bei seinen Unterlagen ein Rundschreiben besonderer Art. Darin wurde von den bereits im Juni 45 konstituierten Frankfurter Parteivorständen der SPD und der KPD gefordert, gemeinsam örtliche antifaschistische Komitees zu gründen. Diese sollten recht bald öffentliche Veranstaltungen vorbereiten, um über die Ursachen und Folgen des NS-Regimes zu informieren und politische Schlußfolgerungen daraus bekanntzumachen. Vorrangiges Ziel sei es, die Menschen in der Trümmerwüste, in ihrer aktuellen Not nicht allein zu lassen, sondern sie für den Aufbau einer demokratischen und sozialistischen Zukunft zu gewinnen. Das Schreiben war, soweit ich mich erinnern kann, u.a. von Rudi Menzer für die SPD und von Walter Fisch für die KPD unterzeichnet. Rudi Menzer war zu dieser Zeit von der örtlichen Kommandantur der US-Army beauftragt, eine von eingefleischten NS-Mitgliedern freie Stadtverwaltung aufzubauen und in Gang zu setzen.

Dem gemeinsamen Aufruf von SPD und KPD wurde in den meisten Stadtvierteln entsprochen, allerdings mehr oder weniger ungeübt und nach außen nicht mit allzu auffallender Wirkung. Zudem waren die meisten Genossinnen und Genossen beider Parteien vor allem damit beschäftigt, die Schulspeisung, Wohnungseinweisung, Nahrungsmittel- und Brennstoffversorgung, die Wiedereröffnung von Schulen und unmittelbare Hilfe in besonderen Notfällen zu arrangieren. Dies geschah bereits in unmittelbarer Zusammenarbeit bei der ebenfalls wieder gegründeten Arbeiterwohlfahrt, wenngleich es dort intern gelegentlich Streit darüber gab, wem von der jeweils eigenen Klientel die Care-Pakete (die von der US-Army und den US-Quäkern kamen) und die Sendungen vom Schweizer Arbeiterhilfswerk (einer sozialdemokratischen Organisation) zugewendet werden sollten.

Aber immerhin, es fanden örtliche gemeinsame Sitzungen der SPD- und KPD-Vorstände statt, bei denen auch das Verhältnis zueinander vor 1933 diskutiert und als ein gewaltiger »Fehler« erkundet und beurteilt wurde. Gelegentlich wurde auch überlegt, auf welcher Grundlage möglicherweise in Zukunft eine gemeinsame Partei zustande kommen könnte.

Bei den ersten Zusammenkünften von Sozialdemokraten in den Westzonen war noch der Parteivorsitzende Otto Grotewohl aus Berlin zugegen. Doch als sich dann die SPD in Westdeutschland selbständig machte, wurde er zu deren Gründungsparteitag 1946 nicht mehr eingeladen. Schumacher wurde als Parteivorsitzender SPD-West gewählt und hielt eine scharfe Abgrenzungsrede gegen den Kommunismus und seine Vertretungen – auch in Deutschland. Diese Tendenz ging auch in die Beschlüsse des Parteitages ein.

Ich hörte in jenen Tagen bei einer Veranstaltung der KPD eine Rede von Emil Carlebach im Titania-Kino in Bockenheim – in dem gleichen Saal, in dem 1913 Rosa Luxemburg gegen den Krieg gesprochen hatte. Carlebach beschwor die Erfahrungen und die große Niederlage, die die Arbeiterparteien aufgrund ihrer Spaltung vor 1933 hatten erleiden müssen. Er erinnerte an den Schwur von Buchenwald und wies darauf hin, daß Kurt Schumacher nicht zuletzt durch Hilfe von Kommunisten im KZ Dachau überlebt habe. Die Spaltung der beiden Parteien müsse nun dringlich überwunden werden; die KPD stehe dazu bereit. Kurz danach ging ich zu einer SPD-Veranstaltung im Börsensaal. Dort sprach Wilhelm Knothe, der vorläufiger Landes- wie Bezirksvorsitzender der SPD geworden war. Auch er – so hörte ich – hatte »Lehren aus der Geschichte gezogen«, aber man merkte schon: Es waren politisch sehr unterschiedlich akzentuierte Lehren, die da zum Ausdruck kamen. Knothe sprach vor allem davon, daß die Weimarer Verfassung die beste Verfassung gewesen sei, die jemals in Deutschland zustande gekommen war. Aber nicht nur die Nazis, sondern auch die Kommunisten hätten diese Verfassung und ihren Demokratiegehalt auf äußerste bekämpft und damit gemeinsam dazu beigetragen, daß die Weimarer Republik zugrunde ging.

Bereits im November oder Dezember 1945 richtete Kurt Schumacher, der in Hannover einen provisorischen Vorstand der West-SPD unter seiner Leitung etabliert hatte, ein rigoroses Schreiben an den Frankfurter SPD-Vorstand. Darin untersagte er jegliche Zusammenarbeit mit der KPD – gleich auf welcher Ebene. Die Frage, wie sich das Verhältnis der beiden Parteien zueinander gestalten würde und wie die Rolle der KPD einzuschätzen sei, müsse auf einem Parteitag der West-SPD entschieden werden.

Die Frankfurter SPD unterwarf sich der strikten Weisung aus Hannover und forderte die Partei-Distrikte auf, die Zusammenarbeit mit örtlichen Organen der KPD einzustellen. Lediglich bei der Arbeiterwohlfahrt, beim DGB und teilweise bei den ebenfalls wiedererstandenen Naturfreunden setzte sich, unabhängig von der Parteizugehörigkeit, die Zusammenarbeit fort, allerdings unter sorgfältiger Beachtung des Prinzips, daß in den jeweiligen Vorständen die SPD die Mehrheit bzw. das Sagen hatte.

Die beiden Parteien SPD und KPD gingen organisatorisch und politisch – wie hinlänglich bekannt – ihre eigenen, immer unterschiedlicheren Wege.

Allerdings schloß sich später, Anfang der 50er Jahre, eine nicht unbeträchtliche Gruppe aus der sozialdemokratisch ausgerichteten Jugendorganisation »Die Falken« unter Einfluß von Robert Steigerwald, der zuerst auch »Falken«-Vorsitzender gewesen war und dann zur KPD übertrat, dieser Partei an. Doch dies ist ein eigenständiger politischer Abschnitt der nachfolgenden Entwicklung, als sich bereits die Remilitarisierung abzuzeichnen begann.

Zurück in die Zeit 1945/46: Auf dem von Trümmern umrandeten Römerberg sprach Kurt Schumacher. Zehntausende standen auf Schutthalden bis hin zur Domruine. Schumachers Rede war eine scharfe, gnadenlose Abrechnung mit dem Nationalsozialismus, aber auch mit dem deutschen Kapitalismus, der den Faschismus massiv gefördert und sich am Ende innig mit ihm verschmolzen hatte. Schumacher entwarf das Bild eines demokratischen, von Ost und West unabhängigen Deutschland. Die Massen waren begeistert und sangen in tausendfachem Chor: »Brüder zur Sonne zur Freiheit...«

Auf dem Römerberg sprachen kurz danach auch Wilhelm Pieck und Otto Grotewohl, Kommunist und Sozialdemokrat aus Berlin. Sie redeten von einer jetzt stattfindenden endgültigen Abkehr von Kapitalismus, plädierten für ein Bündnis aller antifaschistischen und demokratischen Kräfte und für die Aktionseinheit der deutschen Kommunisten und Sozialdemokraten, für ein neues, friedliebendes Deutschland, das in enger Freundschaft mit der siegreichen Sowjetunion und allen Völkern dieser Erde leben sollte. Die Massen waren begeistert und sangen: »Wacht auf, Verdammte dieser Erde...«

Kurze Zeit danach besuchte ich das Frankfurter SPD-Büro in der Gutleutstraße/Ecke Wiesenhüttenstraße. Dort arbeitete mein Vater. Er war inzwischen Pressesprecher der SPD und Chefredakteur der wiedergegründeten alten SPD-Zeitung *Frankfurter Volksstimme* geworden. Er sprach gerade mit zwei Männern. Er stellte mich ihnen vor und sagte zu mir: »Das sind Genossen aus der Führung der SPD in der sowjetisch besetzten Zone.«

Einer der beiden Genossen erklärte meinem Vater: »Ich sage dir, Benno, wenn der Genosse Dr. Kurt Schumacher seine Frontstellung in dieser Weise gegen die Sowjetunion fortsetzt und insbesondere, wenn er in den Westzonen eine eigenständige SPD auf die Beine stellt, dann werden wir uns dem Druck der Kommunisten bei uns und vor allem dem Druck der sowjetischen Militäradministration nicht länger widersetzen können. Wir werden in eine so von uns nicht gewollten Einheitspartei vereinnahmt werden, und dabei könnte auch die Einheit Deutschlands auf der Strecke bleiben.«

Der das sagte, war Erich Gniffke, der damalige Generalsekretär der Sozialdemokratischen Partei in der sowjetisch besetzten Zone, sein Begleiter war Max Fechner, Mitglied des Zentralausschusses der deutschen Sozialdemokratie mit Sitz in Berlin. Sie reisten beide durch alle drei Westzonen, um in wichtigen Städten und Parteizentralen für einen Zusammenschluß der SPD aller Besatzungszonen unter einem neu zu wählenden Zentralausschuß in Berlin zu werben.

Nach ihren erfolglosen Gesprächen und im Laufe der dann folgenden Entwicklung wurde mir allmählich klar: Der Aufbruch Deutschlands zum Sozialismus würde, ganz gegen meine Wünsche und Hoffnungen, wohl doch noch eine weite, ja eine sehr weite Wegstrecke vor sich haben.

Arno Klönne

Die Geschichte des einen deutschen Staates
ist ohne die des anderen nicht zu verstehen

Der Untergang der DDR hat eine besondere Spezies der Betrachtung deutscher Zeit-geschichte hervorgebracht, vom Wissenschaftsbetrieb bis zur massenmedialen Popu-larhistorie großer Beliebtheit sich erfreuend und aus öffentlichen Mitteln gesponsert: die Darstellung der »zweiten deutschen Diktatur«, des »ostdeutschen Totalitarismus«. Von der Leichtfertigkeit einmal abgesehen, mit der darin vielfach ein »rotes« Gesell-schaftssystem mit dem vorausgegangenen »braunen« gleichgesetzt (und damit bei-läufig die Nazi-Politik verharmlost) wird – höchst erstaunlich ist die methodologische Blickverengung, die bei der gegenwärtig vorherrschenden Version von Aufarbeitung der DDR-Geschichte wirksam wird: Man betrachtet die gesellschaftliche Entwicklung in Ostdeutschland nach 1945 isoliert, so als ließe sie sich von den politischen Entschei-dungen in Westdeutschland und den Interventionen westdeutscher Politik nach Osten hin getrennt beschreiben und deuten. Bei solcherart selektiver Wahrnehmung erscheint die Geschichte der DDR als ein Fehlweg, der sozusagen der bösartigen histo-rischen Willkür deutscher und sowjetischer Kommunisten zuzuschreiben ist; am Ende dieses Weges konnte aus dieser Sicht nur der selbstverschuldete Systemverfall der DDR stehen.

Demgegenüber muß dann dem unbedarften Betrachter der deutschen Geschichte nach 1945 die westdeutsche politische und wirtschaftliche Entwicklung als Erfolgs-story »aus sich heraus« vorkommen, als bewunderungswürdig richtige Entscheidung aufrechter Demokraten. Systematisch vernachlässigt wird bei einer solchen histori-schen Rückschau, daß Politik in Deutschland nach dem Ende des »Dritten Reiches« zunächst im wesentlichen von den Alliierten als Besatzungsmächten bestimmt wurde; das Einflußfeld deutscher politischer Kräfte war begrenzt. Das hatte seine historische Logik. Das Ende des Nazi-Systems war machtpolitisch allein durch den militärischen Sieg der Gegnerstaaten Hitlerdeutschlands herbeigeführt worden; der innerdeutsche Widerstand – gleich welcher Herkunft – war zu schwach gewesen, als daß er die NS-Herrschaft selbst hätte brechen können.

Eine wirklichkeitsgetreue historische Betrachtung setzt ferner die Einsicht voraus, daß die gesellschaftsgeschichtlichen Prozesse im Nachfolgeterritorium des »Deut-schen Reiches«, das zunächst in Besatzungszonen und dann in zwei Staaten geteilt wurde, in wechselseitigen Einwirkungen von West nach Ost und von Ost nach Welt verliefen, konflikthaft miteinander verbunden. Insofern war die Entwicklung in der sowjetischen Besatzungszone und später in der DDR stets auch beeinflußt von den

Weichenstellungen und Operationen der politisch tonangebenden Kräfte in Westdeutschland. Wenn im nachhinein nach »historischer Verantwortung« gefragt wird, ist sie, hier im Hinblick auf Ostdeutschland bedacht, immer auch bei der westdeutschen politischen Klasse zu suchen.

Ganz unverkennbar wirkte deren Einfluß schon bei der Entscheidung für die deutsche Zweistaatlichkeit mit. Die Gründung der DDR geschah reaktiv. Welche realistischen Chancen eine gesamtdeutsche und im beginnenden Kalten Krieg neutrale Lösung, etwa im österreichischen Verfahren, vor 1949 oder vielleicht auch noch – kurskorrigierend – Anfang der 1950er Jahre hätte haben können, ist geschichtswissenschaftlich strittig; ebenso ungeklärt ist, ob die Westmächte sich auf einen solchen Weg eingelassen hätten, wenn die einflußreichen Politiker und Parteien in Westdeutschland ihn zu akzeptieren bereit gewesen wären. Das bleibt spekulativ – und zwar deshalb, weil die westdeutsche politische Klasse damals keinerlei Neigung hatte, solche Möglichkeiten auch nur auszuloten; sie blockierte jeden derartigen Ansatz. Ironisch formuliert: Westdeutsche Kapital- und Politikinteressen hatten Urheberrechte an der Konstituierung des ostdeutschen Staates.

Die Vorteile der westdeutschen Separatstaatlichkeit – unter den Bedingungen der Nachkriegszeit – für deutsche Großunternehmen und Banken sowie für den sich herausbildenden politischen »Bürgerblock« sind identifizierbar: Sozialreformerische und auf die bitteren Erfahrungen in Deutschland bis 1945 sich berufende Vorstöße gegen die Macht des großen Kapitals konnten jetzt leichter abgewehrt, Reparationsansprüche der UdSSR auf die Ostdeutschen abgewälzt, erneute rüstungsindustrielle Ambitionen entwickelt und die Geschäftsverbindungen zum kapitalistischen Weltmarkt bequem geknüpft werden – ganz anders als in einem entmilitarisierten Gesamtdeutschland mit einer Politik »antifaschistisch-demokratischer Neuordnung«, wie sie in den ersten Nachkriegsjahren auch deutschen Kommunisten noch vorschwebte. Die Wiederbefestigung der Macht des deutschen Großkapitals nach wenigen Jahren der Verunsicherung durch die Niederlage Hitlerdeutschlands und der Griff nach der Weltmarktmacht waren erkauft durch die Teilung Deutschlands, durch die Westintegration der BRD. Für den daraufhin gegründeten ostdeutschen Staat gab es keine andere Möglichkeit als die einer engen politischen und wirtschaftlichen Einbindung in den von der Sowjetunion dominierten »Ostblock«. Zugleich hatte die DDR die materielle Last der Wiedergutmachung für Schäden zu übernehmen, die Hitlerdeutschland in der UdSSR angerichtet hatte, also gesamtdeutsche Schulden abzutragen.

Daß aus alledem bedrängende Effekte für weite Teile der ostdeutschen Bevölkerung hervorgingen, kann nicht verwundern; die in Westdeutschland herrschende Politik nutzte wiederum diese ostdeutschen Zustände, um ihre antikommunistische Stoßrichtung propagandistisch zu untermauern, nach der Methode der »Krokodilstränen«.

Allerdings gab es über etliche Jahre hin noch eine andere Seite der politischen Interdependenz im geteilten Deutschland. Der hohe Grad sozialer Sicherung und sozialrechtlicher Egalität in der DDR blieb auch Westdeutschen nicht verborgen, und angesichts einer solchen »Systemkonkurrenz« zeigte sich in der BRD bei vielen Politikern und auch bei klugen Repräsentanten der Unternehmerschaft eine gewisse Bereitschaft, sozialstaatlichen Forderungen westdeutscher Arbeitnehmerorganisationen Zugeständnisse zu machen. So zog die Unterschichtenbevölkerung in der Alt-Bundesrepublik aus der Existenz der DDR ihren Nutzen.

Was die weitere innergesellschaftliche Entwicklung der DDR angeht, so werden in der jetzt gängigen Geschichtsdarstellung insbesondere herausgestellt: die bedrückende staatliche Sekuritätspolitik, die »Abmauerung« gen Westen, die nahezu wahnhafte Kontrollmaschinerie, die Überwachung zum Zwecke der »Staatssicherheit«, die Unterdrückung oppositioneller öffentlicher Meinung, kurz: die diktaturstaatlichen Eigenschaften der DDR. Allerdings – und dies wird durchweg nicht zum Thema der Aufarbeitung deutscher Geschichte gemacht – sind auch hier operative und systemische Wirkungen westdeutscher Politik auf die ostdeutschen Verhältnisse zu entdecken Über lange Zeit hin und auf vielfältige Weise waren staatliche Institutionen, Geheimdienste, Medien und staatlich geförderte politische »NGOs« in der BRD damit beschäftigt, die wirtschaftliche Entwicklung in der DDR zu unterminieren und politische Destabilität zu organisieren, mit offenen und mit verdeckten Interventionen, deren Geschichte bis heute nur bruchstückhaft aufgedeckt ist. Direkte Sabotageaufträge waren die extreme Form dieses »stillen Krieges« der BRD gegen die DDR, der zum Teil in Kooperation mit den geheimen politischen Diensten der westlichen Partner geführt wurde.

Jahre hindurch war die BRD recht effektvoll darum bemüht, die DDR in ihren politischen und ökonomischen Außenbeziehungen einzuschnüren und um ihre Chancen bei westlichen oder neutralen Staaten zu bringen; diesem Zweck diente vor allem die Hallstein-Doktrin, nach der Staaten, die Beziehungen zur DDR aufnehmen wollten, daran mit der Drohung gehindert wurden, daß dann die BRD ihre Beziehungen zu ihnen abbrechen würde. In der DDR ausgebildete Fachkräfte wurden in großer Zahl in die BRD abgeworben. Am Bau der Mauer an der deutsch-deutschen Grenze war insofern auch die westdeutsche Politik beteiligt – die erst dann auf einen »Wandel durch Annäherung« umschwenkte, als die DDR ökonomisch zum »Einholen« oder gar »Überholen« längst nicht mehr fähig war.

Nur auf den ersten, oberflächlichen Blick scheint es paradox, daß die westdeutschen Machteliten zuerst bemüht waren, Ostdeutschland in die Eigenständigkeit abzudrängen und dann dazu übergingen, den ostdeutschen Staat zu verunsichern und in Bedrängnis zu bringen; bei näherer und in die historische Tiefe gehender Betrachtung erweist sich diese Vorgehensweise als interessenpolitisch konsequent. Die weltpolitische Situation zur Wiedereinverleibung ostdeutschen Territoriums mußte erst hergestellt werden – zu den Bedingungen des deutschen großen Kapitals.

Noch ist offenbar Genierlichkeit vorhanden, diese geschichtlichen Vorgänge offenzulegen. Und so erleben wir derzeit, seit der Öffnung der Archive der ehemaligen DDR, einen anhaltenden Boom kritischer Geschichtsschreibung zur ostdeutschen Vergangenheit. Die westdeutschen Einwirkungen auf diese historischen Vorgänge bleiben ganz überwiegend im Dunkeln, die dafür auskunftsfähigen Archivalien unter Verschluß. Und die geschichtliche Urteilskraft ist, vorerst noch, auf einem Auge blind. Diesen Zustand müssen wir ändern.

Klaus Körner

Wie die deutsch-deutsche Politik von der CIA beeinflußt wurde

In der Geschichtsschreibung über die Anfangsjahre der Bundesrepublik kommt der über nachrichtendienstliche Kanäle gesteuerte Einfluß der USA auf die Bonner Innenpolitik gewöhnlich nicht vor. Dafür gibt es mehrere Gründe. Die von der konservativen Adenauer-Forschung geprägte Geschichtsschreibung macht überhaupt um nachrichtendienstliche Verbindungen von Politikern und Journalisten einen Bogen. Wer aber geheimdienstliche Machenschaften aufdeckt wie der Autor des Buchs »Undercover. Der BND und die deutschen Journalisten«, Erich Schmidt-Eenboom[1], muß damit rechnen, selber Objekt solcher Machenschaften zu werden. Ein weiterer Grund für die Vernachlässigung des Themas Geheimdienste im Westen liegt darin, daß es kaum eine zugängliche Aktenüberlieferung dazu gibt.[2] In den großen Dokumentationen über die Deutschlandpolitik, über die Auswärtige Politik oder über die Verhandlungen der Parteivorstände und der Fraktionen tauchen die »Dienste« in der Regel nicht auf.

Im Frühjahr 1950 begann die DDR ihre Westarbeit mit einer Flut von Schriften, in denen sie für die Einheit der Nation warb. Sie forderte »Deutsche an einen Tisch!«, rief zugleich zum nationalen Widerstand gegen die als spalterisch dargestellte Bonner Politik auf und versuchte militanten Antiamerikanismus zu verbreiten. Von Sozialismus war in der Westpropaganda der DDR vor 1952 nicht die Rede, aber gegen den vorherrschenden Antikommunismus konnte sie wenig ausrichten. Andererseits entstand bei der westdeutschen Bevölkerung auch kein starkes Gefühl einer Bedrohung aus der DDR, vielmehr reagierte sie angesichts des Ost-West-Konflikts eher apathisch oder mit einem »ohne mich«, während US-Strategen von den Westdeutschen einen »fighting spirit« gegen die Propaganda aus der DDR und für die West-Integration sowie bald auch einen Verteidigungsbeitrag erwarteten.

Nach Ende der direkten Besatzungspolitik im Jahr 1949 war es nicht mehr mit direkten Befehlen und besatzungsamtlichen Schriften getan, ganz zu schweigen von der gescheiterten Reeducation. Jetzt sollten deutsche Kräfte in einer den Deutschen vertrauten Weise mobilisiert werden.

Zu diesem Zweck wurden die Westdeutschen mit den Vorteilen umworben, die der Marshall-Plan, der Beitritt Bonns zum Europa-Rat und zur Montanunion angeblich brachten. Der Staatssekretär im Bundeskanzleramt Otto Lenz sah eine seiner wichtigsten Aufgaben darin, mit Geldern, die der US-Geheimdienst ihm zur Verfügung stellte,

---

[1] Hans Leyendecker: Der Fall Pullach, in: Süddeutsche Zeitung v. 14. Nov. 2005

[2] Wolfgang Krieger: Die Bedeutung der Nachrichtendienste für die internationalen Beziehungen im Kalten Krieg, in: Diplomaten und Agenten, hrsg. v. Reinhard Doerries, Heidelberg 2001, S. 189 ff.

in großem Stil Europa-Werbung zu betreiben. So heißt es in seinem Tagebuch vom 25. April 1951: »Nachmittags war ich bei Neufville und verlangte eine halbe Million für die Schumanplanpropaganda.« (Neufville war ein CIA-Offizier, der für die Vergabe von Geheimdienstgeldern zuständig war.) Ein unausgesprochener Zweck dieser Aktionen war es, die Westdeutschen von der Orientierung auf die Wiedervereinigung mit der DDR als Primärziel oder gar auf Verhandlungen mit der DDR abzulenken.[3]

Schon bei Ausbruch des Kalten Krieges zwischen den Großmächten 1947 hatten sich amerikanische und britische Geheimdienste darum bemüht, sich das Experten-wissen ehemaliger Abwehrspezialisten der Gestapo und Nazi-Propagandisten nutzbar zu machen. Der zweite Schritt bestand darin, diese jetzt als »bewährten Kräfte« eingestuften NS-Täter auch operativ einzusetzen.

Die Großstadt Hamburg hatte 1945 vielen NS-Tätern Gelegenheit zum Untertauchen geboten. Zu den Neuhamburgern gehörte Dr. Eberhard Taubert, vor 1945 Gründer der Antikomintern, Leiter der Ostabteilung des Propagandaministeriums und Beisitzer im Volksgerichtshof. Er lebte bis 1950 unter falschem Namen, hatte sich aber schon früh den Briten offenbart, die ihn an den CIC bzw. die CIA weitergereicht hatten. Für die CIA verfaßte er 1948 eine Denkschrift »Der antibolschewistische Apparat des deutschen Propagandaministeriums«. Sie endete mit der Aussage, dieser Apparat sei der umfassendste und wirksamste gewesen und könne als Vorbild für künftige Arbeit dienen. Genau diese trug ihm die CIA im Sommer 1950 an. Unter dem Dach der CDU-nahen *Hamburger Allgemeinen Zeitung* hatte deren Verleger Konsul Paulus eine Gruppe ehemaliger NS-Propagandaschreiber und -zeichner aus dem Propagandaministerium und dem Reichssicherheitshauptamt (RSHA) zusammengebracht. Am 29. August 1950 trafen sich etwa 30 bis 40 Männer in Hamburg zur Gründung des Volksbundes für Frieden und Freiheit e.V. Dem Verein sollten, um eine Unterwanderung auszuschließen, nur acht Mitglieder angehören. Nach dem Gauleiterprinzip ernannte der Vorstand Landes- und Kreisbeauftragte, die dann weitere Mitarbeiter, zum Teil auf Honorarbasis, anwerben sollten. Die Finanzierung sah so aus, daß alle paar Wochen ein Führungsoffizier in einem Handkoffer Bargeld (20.000 bis 30.000 Mark) mitbrachte und sich über die Vorhaben berichten ließ sowie anhand einer Checkliste die Schriften- und Plakatentwürfe begutachtete. Die Belege für gezahlte Honorare und Gehaltsabrechnungen nahm er mit.[4]

In der deutschen Verwaltungspraxis ist es üblich, daß nicht einzelne Personen, sondern Organisationen Zuwendungen erhalten. Die Amerikaner hingegen suchten sich eine Vertrauensperson aus, die dann alleiniger Ansprechpartner und Verantwortlicher war. »Wenn der Kontrolloffizier zum Volksbund kam, dann mußten alle anderen ihre

---

3 Otto Lenz: Im Zentrum der Macht. Tagebuch 1951-1953, hrsg. v. Klaus Gotto u.a., Düsseldrof 1989, S. 75
4 Klaus Körner: »Die rote Gefahr«. Antikommunistische Propaganda in der Bundesrepublik 1950-2000, Hamburg 2003, S. 21 ff.

Türen schließen und er verhandelte allein mit Taubert«, erinnert sich ein früherer Mitarbeiter. Eine »Anleitung«, wie etwa bei kommunistischen Organisationen üblich, gab es nicht. Die Amerikaner suchten sich Leute aus, die über die gewünschten Qualitäten zu verfügen schienen, und ließen sie dann gewähren oder schalteten sie zu gegebener Zeit wieder ab. Einige Parallelgründungen wie der »Stoßtrupp gegen bolschewistische Zersetzung« oder das »Aktionskomitee gegen die fünfte Kolonne« sollten den Anschein von Vielfalt geben.

Die Schriften und Plakate des Volksbundes pflegten das Gefühl des unbestimmten Grauens gegenüber allem, was aus dem Osten kam. Da sah man Menschen beim Abtransport nach Sibirien oder in Lagern hinter Stacheldraht, Frauen wurden vergewaltigt, Lastwagen schmuggelten illegal Westwaren in die DDR, und die Zonengrenze wurde schon 1951 als Mauer gezeichnet. Doch es gab auch Hoffnungszeichen, zerbrechende rote Sterne oder das Plakat »Der 17. Juni – Fanal der Freiheit«. Die Werbegraphik und die Parolen erinnerten stark an die den Zeitgenossen noch wohlvertrauten Produkte der Antikomintern bzw. des NS-Propagandaministeriums der 30er Jahre, was niemanden störte. Man unterließ es jetzt allerdings, den Antibolschewismus mit Antisemitismus aufzuladen.

Das Motto einer Propagandapostkarte aus dem Jahr 1951 lautete: »Alle Wege durch den eisernen Vorhang führen in die Sklaverei!« Das war eine Abwandlung der in der Sowjetunion häufig plakatierten Molotow-Parole »Alle Wege führen zum Kommunismus«.[5] Die CDU machte daraus 1953 das Anti-SPD-Plakat »Alle Wege des Marxismus führen nach Moskau!«.[6] Die Beschwörung der »roten Gefahr« diente der Verteufelung von Verhandlungen mit der Sowjetunion oder der DDR, indirekt wirkte sie auch als Propaganda für die Remilitarisierung, die nach Besatzungsrecht eigentlich verboten war. Zielgruppen dieser Werbung waren vor allem das Bürgertum und das Kleinbürgertum, von dem man befürchtete, es könne sich auf den Nationalneutralismus à la Niemöller, Heinemann, Dehler, Sethe, Zehrer oder Augstein orientieren.

Die Umfragen des Jahres 1952 zeigten eine steigende Zustimmung zur Politik der Regierung Adenauer. Der US-Regierung schien es deshalb geraten, sich aus der direkten Einwirkung auf die westdeutsche Innenpolitik zurückzuziehen und das Feld dem Gesamtdeutschen Ministerium zu überlassen. Schon 1950 hatte es eine schwarze Abteilung des Ministeriums gegeben, die mit CIA-Geld Propagandamaterial gegen die DDR herstellte. Das Ministerium ordnete sich nach dem Rückzug der Amerikaner die von ihnen geschaffenen Vereine und Agenturen unter, deren Koordination und Finanzierung der 1952 vom Ministerium gegründete Verein zur Förderung der Wiedervereinigung Deutschlands übernahm. Hier war dann auch die SPD präsent, die

5 Edmund Stevens: This is Russia Un-Censored, New York 1951, S. 211
6 Wolfgang Hirsch-Weber und Klaus Schütz: Wähler und Gewählte. Eine Untersuchung der Bundestagswahl 1953, Berlin und Frankfurt a.M. 1957, S. 85

von dem bürgerlichen Antibolschewismus nichts hielt, aber für ihre eigenen Unternehmungen aus Bundesmitteln finanziert werden wollte.

»Nach Hitler kommen wir!« lautete 1933 die Parole linker politischer Bewegungen, die den Nazismus als kurzes Strohfeuer einschätzten. Kurt Schumacher, seit 1946 Vorsitzender der in Hannover gegründeten West-SPD, kämpfte für den Führungsanspruch seiner Partei. Das Bürgertum habe durch das Paktieren mit Hitler historisch versagt, argumentierte er, und die KPD sah er als Partei der vierten Besatzungsmacht, als Erfüllungsgehilfen Moskaus.[7] Er sprach auch – der Ausdruck stammt aus der Weimarer Zeit – von Kommunisten als »rotlackierten Nazis«.

Als Reaktion auf die Vereinigung von KPD und SPD in der sowjetischen Besatzungszone im April 1946 gründete der Vorstand der Westzonen-SPD das inzwischen legendäre Ostbüro. Es war eine Hilfsorganisation für geflüchtete Sozialdemokraten aus der Ostzone, eine Propagandaagentur, die Schriften in die Ostzone schaffte, und schließlich ein Nachrichtendienst. Für diese Aufgaben, die nach geltendem Besatzungsrecht den Deutschen verboten waren, mußte die SPD die Zusammenarbeit mit westlichen Nachrichtendiensten suchen.[8] Viele Ostbüro-Mitarbeiter hatten ihre Erfahrungen im Widerstand gegen Hitler oder im Exil gesammelt. Das Interesse der Regierungen der westlichen Exilländer an sozialistischen Emigranten war nicht sonderlich groß gewesen. Verwendung fanden sie in der Psychologischen Kriegführung der Briten (»Hier spricht London«) und beim neugegründeten US-Nachrichtendienst OSS, der von der Schweiz aus operierte. In der DDR standen Westemigranten Anfang der 50er Jahre wegen dieser Kontakte unter Generalverdacht der USA-Hörigkeit.

Die Sozialdemokraten unter Schumacher rechneten sich zu den befreiten Deutschen, die den Besatzungsmächten nicht mit der bei den besiegten Deutschen anzutreffenden Unterwürfigkeit gegenüberzutreten hätten. Die SPD war nach 1949 »national«, das heißt für den Vorrang der Wiedervereinigung vor der Europaintegration und aus diesem Grund auch gegen eine vorzeitige Wiederbewaffnung. Verhandlungen mit Vertretern der Westmächte hatten über den Parteivorstand zu laufen. Diese Position wurde vom US-Geheimdienst dadurch unterlaufen, daß er um Sozialdemokraten auf dem Umweg über Nebenorganisationen warb. So arbeiteten Sozialdemokraten in der Europabewegung mit, deren Zentrale in Paris von der CIA subventioniert wurde. Ebenfalls in Paris saß die vom selben Sponsor finanzierte Zentrale der Sozialistischen Bewegung für die vereinigten Staaten von Europa (MSEUE), deren Hauptaufgabe aus der kritischen Sicht des Parteivorstandes darin bestand, den nationalpolitisch begründeten Widerstand der SPD gegen das Projekt einer Europäischen Verteidigungsgemeinschaft (EVG) zu brechen. Der SPD-nahe Sozialistische Deutsche Studentenbund

---

[7] Heino Kaack: Geschichte und Struktur des deutschen Parteiensystems, Opladen 1971, S. 159 ff.
[8] Wolfgang Buschfort: Das Ostbüro der SPD, München 1991, S. 59 ff.

(SDS) trat dieser Bewegung 1950 bei und bestritt einen Teil seiner Verbandsarbeit mit US-Geldern.[9]

Auch der Deutsche Gewerkschaftsbund erhielt auf dem Umweg über die Vertretung der US-Gewerkschaften AFL und CIO Geheimdienstgelder, um seine Organisation aufzubauen und den Einfluß von KPD-Mitgliedern zurückzudrängen.[10] Ohne US-Unterstützung hätte es in West-Berlin 1948 nicht gelingen können, den Freien Deutschen Gewerkschaftsbund (FDGB) zu spalten und die Unabhängige Gewerkschafts-Organisation (UGO) – später Landesverband Berlin des DGB – aufzubauen.

Schumacher hatte die Parole vom Sozialismus als Tagesaufgabe ausgegeben. Nun wußten aber die Berliner Sozialdemokraten unter Reuter, Suhr und Neumann, daß mit den USA keine Art von Sozialismus aufzubauen war. Die Rückzugsposition lautete jetzt, die SPD sei die Partei der Freiheit.

Dennoch spielte der Sozialismus in der von West-Berlin aus in Richtung Osten betriebenen Propaganda eine große Rolle: In der Ostzone beziehungsweise der DDR gebe es keinen wahren Sozialismus, sondern nur eine totalitäre Diktatur. Auf dieser Linie wirkten die nach 1950 von West-Berlin aus arbeitenden etwa 50 verschiedenen Organisationen, die meist von der CIA finanziert wurden. Die offene Grenze bot hervorragende Möglichkeiten, in die DDR hineinzuwirken. Antikommunistische Arbeit wurde meist als eine Art Kleingewerbe betrieben. Wer etwas unternehmen wollte, brauchte sich nur an Westberliner Tageszeitungen zu wenden. Deren Chefredakteure oder Ostredakteure gaben dann Empfehlungen an US-Stellen, die sich daraufhin in Gaststätten mit den Aktivisten trafen. *Abend*-Chefredakteur Maximilian Müller-Jabusch hatte noch viel Erfahrung aus dem publizistischen Kampf gegen den Versailler Vertrag und gegen die Nazis in den ersten Monaten nach der NS-Machtergreifung von 1933. Mehrere Organisationen arbeiteten aufgrund seiner Anregung und Vermittlung, etwa die Aktionsgruppe B der Deutschen Union. Bei diesen Organisationen gab es viel »Befreiungsdilettantismus«, wie sich einer der Teilnehmer rückblickend ausdrückt. Viele Beteiligte liefen dem Staatssicherheitsdienst der DDR oder dem sowjetischen Geheimdienst ins Messer. Ein Veteran des von den Amerikanern als Organisation Gehlen aufgebauten Bundesnachrichtendienstes sieht den Einsatz dieser Gruppen kritisch: »Bezahlt wurden diese Organisationen nach dem Wert, den die von ihnen herbeigeschafften Nachrichten für die Amerikaner hatten. Das war ein hartes Geschäft ›Ware gegen Geld‹.«[11]

Diese Westberliner Gruppen und Organisationen, zu deren Erstgründungen die »Kampfgruppe gegen Unmenschlichkeit« gehörte, hatten nur geringe Rückwirkungen

9 Willy Albrecht: Der Sozialistische Deutsche Studentenbund (SDS), Bonn 1994, S. 159 ff.
10 Gewerkschaften im Ost-West-Konflikt. Die Politik der American Federation of Labor nach dem II. Weltkrieg, hrsg. v. Horst Lademacher, Melsungen 1982
11 Mitteilung von Gerhard Weiß v. 18. Juli 1990ï

auf das Bundesgebiet. Auf Betreiben des US-Geheimdienstes entstand deswegen eine neue, die Berlin-Kölner Linie der Propaganda, auf das engste mit dem Namen Dr. Joseph Caspar Witsch verbunden.

Der Bibliothekar und Verlagsbuchhändler Witsch gehörte nach 1945 zu den Sozialdemokraten im Osten, die gegen die Vereinigung mit der KPD opponierten. Kurz bevor seine Gruppe als Schumacher-Agenten-Gruppe aufflog, konnte er 1948 nach Berlin fliehen. Zuvor hatte er noch einen Vertrag mit seinem Arbeitgeber, dem Gustav Kiepenheuer Verlag, über den Aufbau einer Zweigstelle in Westdeutschland geschlossen. Witsch eröffnete seinen Verlag zunächst provisorisch in Hagen und überlegte, ob er den Sitz nach Göttingen verlegen sollte. Göttingen lag nahe an der Zonengrenze, dort residierte auch die westdeutsche Zweigstelle des »Kampfbundes gegen Unmenschlichkeit« (KgU). Er entschied sich nach einer Intervention des Kölner Stadtdirektors Max Adenauer, seinen Verlag in seiner Geburtsstadt Köln zu betreiben, nahe der künftigen Bundeshauptstadt Bonn.

In Berlin oder Göttingen hatten US-Kontrolloffiziere Witsch mit dem Göttinger Kampfbund-Leiter Berend von Nottbeck zusammengebracht. Nottbeck gehörte zum baltischen Adel, in den 30er Jahren hatte er in Berlin eine Ausbildung zum Ostexperten am Wannsee-Institut erhalten und war später auch als SS-Hauptsturmführer im RSHA tätig gewesen. Als nach Beginn des Kalten Krieges der US-Geheimdienst Ostexperten suchte, war Nottbeck wieder dabei. Die Aufgabe lautete, unter dem Dach des neuen Kiepenheuer und Witsch Verlages Nebenbetriebe zu eröffnen, die Schriften über die DDR und den Kommunismus herausbringen sollten. So entstand 1950 das Publizistische Zentrum für die Einheit Deutschlands, als dessen Geschäftsführer der ebenfalls aus Thüringen geflüchtete Sozialdemokrat Heinz Baumeister fungieren sollte. Mitträger des Zentrums sollten die Berliner KgU mit ihrem Leiter Ernst Tillich und der ebenfalls amerikanisch finanzierte Europäische Informationsdienst mit Eugen Kogon in Frankfurt sein. Für die Verbreitung im Bundesgebiet wurde die Zeitschrift *PZ-Archiv* gegründet, die sich später *SBZ-Archiv* und seit 1968 *Deutschland Archiv* nannte. Für die Produktion von Kleinschriften, die zur Verbreitung in der DDR bestimmt waren, entstanden der Verlag für politische Publizistik und die Schriftenreihe »Der Augenzeuge«. Die Schriften gaben zum Teil einfach Sendungen wieder, die über den ebenfalls CIA-finanzierten Rundfunksender RIAS gelaufen waren. Für die politische Kampfliteratur, die im Westen und in getarnter Form auch in der DDR verbreitet werden sollte, wurde der Verlag Rote Weißbücher gegründet. In diesem Verlag veröffentlichen anfangs KgU-Mitarbeiter, später auch zahlreiche Ex-Kommunisten.

Witsch war schon bei Gründung der Unternehmen bedeutet worden, sich mit dem Gesamtdeutschen Ministerium in Verbindung zu setzen. Als sich die US-Stellen 1952/53 aus der Direktintervention in die westdeutsche Innenpolitik zurückzogen, wurde Kiepenheuer und Witsch Hausverlag des Gesamtdeutschen Ministeriums. Das bekannteste politische Buch aus dem Verlag wurde Wolfgang Leonhards »Die Revolution entläßt ihre Kinder«.

Witsch war einer der Matadore des von der CIA 1950 gegründeten Kongresses für kulturelle Freiheit. Diese Organisation hatte die Aufgabe, sozialdemokratische, liberale und auch konservative Intellektuelle aus den USA und Westeuropa zusammenzuführen. Zugleich sollte sie ein Gegengewicht gegen die kulturelle Volksfrontpolitik der kommunistischen Staaten und Parteien bilden, insbesondere gegen den von Johannes R. Becher gegründeten Kulturbund zur demokratischen Erneuerung Deutschlands.

Die vom Gesamtdeutschen Ministerium finanzierten Bücher kamen in dem von Berend von Nottbeck geleiteten Nebenbetrieb Verlag für Politik und Wirtschaft heraus. Dort erschien 1959 auch das Buch von Karl Richter »Die trojanische Herde«. Verfasser war ein Verfassungsschutzjournalist, der die Materialien aufbereitete, die ein zum Verfassungsschutz übergelaufener früherer Funktionär des Demokratischen Kulturbundes der Bundesrepublik, Werner Sticken, geliefert hatte. Sekretär des Kulturbundes in Westdeutschland und Verleger war der NS-verfolgte Kommunist Johann Fladung. Hier kämpfte also mit Nottbeck ein früherer SS-Mann im Auftrag des Verfassungsschutzes gegen ein NS-Opfer.

Im Verlag für Politik und Wirtschaft publizierte auch der Verfassungsschutz-Abteilungsleiter Günter Nollau. Der Ehemann der Verlagslektorin Carola Stern, Heinz Zöger, gab mit Nollau die Tarnzeitschrift *Der dritte Weg* heraus.[12]

Die sowjetische Berlin-Note von 1958 führte jedoch zu einer spürbaren Ernüchterung. Die USA hatten ihre militärische Überlegenheit verloren. Vorstellungen von einer baldigen Befreiung des Ostens durch eine Politik der Stärke waren längst hinter dem Horizont versunken. Die meisten Westberliner Organisationen wurden kurzfristig abgeschaltet. Gesucht wurde eine Strategie für den Umgang mit dem Status quo. Ein Argument für das Ende der »lauten« Propaganda war, der Widerstand in kommunistischen Systemen müsse nicht von außen hineingetragen werden, sondern sich langfristig von innen entwickeln.

Die publizistische Arbeit war nur eine von vielen Tätigkeiten des US-Geheimdienstes; dazu gehörte auch die konventionelle nachrichtendienstliche Beobachtung der westdeutschen Innenpolitik. Mitarbeiter des aus der Organisation Gehlen hervorgegangenen Bundesnachrichtendienstes, der eigentlich für die Auslandsspionage zuständig ist, betrieben eine umfängliche Inlandsaufklärung. Zahlreiche Sonderverbindungen zu Journalisten und Politikern sorgten dafür, daß der BND viele Informationen gewann, aber auch viele verbreitete. Wie sich die Verbindung von BND und CIA auf die deutsche Innenpolitik ausgewirkt hat, ist weitgehend noch unbekannt.

---

[12] Klaus Körner: »SBZ von A-Z«. Die sieben Verlage des Berend von Nottbeck, in: Aus dem Antiquariat 1999, S. 159 ff.

Günter Judick

Wie aus Antifaschisten und Aufbauhelfern wieder die Staatsfeinde Nr. 1 wurden

Als die KPD sich am 11.Juni 1945 als erste der antifaschistischen Parteien nach der Zerschlagung der faschistischen Herrschaft durch die Armeen der Anti-Hitler-Koalition mit einem Aufruf an »das schaffende Volk Deutschlands« wandte, erklärte sie als ihr nächstes Ziel ein antifaschistisches, parlamentarisch demokratisches System mit allen demokratischen Rechten für das Volk. Bis 1933 hatte die KPD im Kampf um ein »Rätedeutschland« die einzige Möglichkeit gesehen, dem Faschismus den Weg zu versperren. 1935 auf der Brüsseler Konferenz stellte sie selbstkritisch fest, daß diese Strategie des unmittelbaren Kampfes um eine sozialistische Revolution – festgelegt durch das Programm der Kommunistischen Internationale – eine realistische Analyse der faschistischen Gefahr behindert, die Bedeutung der Verteidigung bürgerlich-demokratischer Freiheiten im Kampf gegen die Nazi-Diktatur unterschätzt und auch ihre Bündnismöglichkeiten in diesem Kampf eingeschränkt hatte. Damals war erkannt worden, daß für einen erfolgreichen Kampf zum Sturz der faschistischen Terrorherrschaft die Aktionseinheit der Arbeiterklasse und ein breites Volksfrontbündnis erforderlich waren, daß eben deshalb aber auf den Faschismus nicht unmittelbar eine sozialistische Ordnung folgen, sondern ein politisches System entstehen mußte, dessen Charakter den Zielen aller am Kampf gegen Hitler beteiligten Kräfte entsprechen sollte.

Die 1945er Zielstellung entsprach also einer ernsten Aufarbeitung der eigenen Geschichte und der begangenen Fehler ebenso wie der Analyse der im Nachkriegsdeutschland bestehenden Bedingungen. Sie war keine kurzfristige Taktik, sondern eine ernstgemeinte Strategie, die langfristig auch neue Wege zum Sozialismus ermöglichen sollte.

Eine Nebenbemerkung sei hier erlaubt: Die KPD war die einzige Partei, die ihre Fehler selbstkritisch eingestand und korrigierte. Die SPD der Westzonen vergaß völlig die selbstkritischen Aussagen des Prager Manifests vom Februar 1934. Schumacher betonte, die SPD könne da wieder beginnen, wo sie 1933 aufgehört habe. Hatte diese SPD nicht 1919 verhängnisvoll durch die Zusammenarbeit mit Kaisers Generälen die Revolution abgewürgt? Hatte sie den Selbstmord der Weimarer Republik nicht durch ihre Tolerierung der Notverordnungsdiktatur Brünings mitzuverantworten, hatte sie nicht 1932 ausdrücklich die Wahl Hindenburgs zum Reichspräsidenten unterstützt, angeblich als Garantie gegen Hitler? Und hatte sie 1933 nicht sogar einen »judenfreien Parteivorstand« gebildet, um sich dem Hitlerregime anzupassen? Gab es hier keinen

Grund zur Selbstkritik? Die bürgerlichen Parteien flüchteten sich in Neugründungen. Doch ihre Vorläufer, ob Zentrum, bürgerliche Demokraten oder monarchistische Nationalisten, hatten alle die Nazi-Diktatur, den Verfassungsbruch und den offenen Terror durch ihre Zustimmung zu Hitlers Ermächtigungsgesetz legitimiert. Statt Selbstkritik gab es hier nur den Mantel des Verschweigens.

Die KPD hatte für den Sturz des Hitler-Regimes die größten Opfer gebracht. Jeder zweite deutsche Kommunist war durch Hitlers Konzentrationslager, Gefängnisse und Zuchthäuser gegangen. Tausende Kommunisten waren vom Terrorsystem der Nazis ermordet worden. Es war nicht die Schuld der Kommunisten, daß das deutsche Volk nicht die Kraft aufbrachte, den Faschismus aus eigener Kraft zu stürzen.

Das Ergebnis des Krieges war nicht nur in materieller Hinsicht verheerend, ebenso schlimm war das, was zwölf Jahre Nazi-Herrschaft in den Köpfen zurückgelassen hatten. Vorrangig war, Klarheit zu schaffen, wer die Verantwortung für die Verbrechen, aber auch für die Zerstörungen und für die Not der Nachkriegszeit trug, und zumindest die Hauptschuldigen zu bestrafen, die faschistischen und militaristischen Organisationen zu zerschlagen. Den Faschismus mit seinen Wurzeln zu vernichten, wie es im Schwur der befreiten Häftlinge des KZ Buchenwald hieß, das verlangte auch, die Hintermänner, Auftraggeber und Kriegsgewinnler aus den Konzernzentralen des Kapitals zu enteignen und das Junkertum als tragende Kaste des deutschen Militarismus zu entmachten. Die Fehler von 1918, als der Kaiser ging, seine Generäle und Kriegsgewinnler aber blieben, durften sich nicht wiederholen.

Die ersten antifaschistischen Ziele waren nicht zu verwirklichen ohne Überwindung der Demoralisierung und der depressiven Stimmungen großer Teile unseres Volkes. Vom Faschismus deformiertes und verschüttetes Klassenbewußtsein der Arbeiter mußte mobilisiert, eigenverantwortliches Handeln von Demokraten auch unter den Bedingungen, die von den – unterschiedlich handelnden – Besatzungsmächten gesetzt wurden, entwickelt werden.

Diese Umstände bestimmten das Handeln Tausender Kommunisten, die aus den KZ und Zuchthäusern, aus Strafverbänden der Wehrmacht, aus der Emigration zurückkehrten. Selbst von alten Nazis und deren Mitläufern, die sich um ihre Entnazifizierung sorgten, wurden sie zunächst oft umschmeichelt, weil die darauf hofften, unstrittige Antifaschisten als Persilscheingeber zu gewinnen, was allerdings nur in Ausnahmefällen gelang. Kommunisten setzten sich in allen Zonen für ein breites Zusammenwirken der Arbeiterparteien ein, für die Zusammenarbeit mit christlichen und bürgerlich-demokratischen Persönlichkeiten, für die gemeinsame Lösung der schwierigen Alltagsprobleme.

Auch Politiker wie Adenauer oder Schumacher konnten nicht umhin, die Mitarbeit von Kommunisten in den entstehenden Verwaltungen und Behörden zu akzeptieren. In den meisten Zentren der Arbeiterschaft war es einfach selbstverständlich, daß der

Aufbau der Einheitsgewerkschaften von Sozialdemokraten, Kommunisten und Christen gemeinsam getragen wurde, auch Funktionen paritätisch besetzt wurden. Der große Einfluß von Kommunisten in den Betrieben zeigte sich bei den ersten Betriebsrätewahlen, wo z. B im Ruhrbergbau Mitglieder der KPD den stärksten Anteil erreichten. Das war die Anerkennung ihrer Arbeit beim Ingangsetzen der Betriebe, bei ihrem Bemühen, die Produktion lebenswichtiger Dinge aufzunehmen und die Versorgung mit dem Allernotwendigsten zu ermöglichen. Das zu einer Zeit, wo die Herren der Konzerne und Fabriken sich noch sehr zurückhielten.

Bei den Beispielen beschränke ich mich auf den Umkreis eigener Erfahrungen in Nordrhein-Westfalen. Sie lassen sich auf andere Gebiete übertragen. In NRW wurden die Kommunisten Heinz Renner und Gustav Flohr Oberbürgermeister von Essen und Remscheid, in Düsseldorf war der Kommunist Peter Waterkorte Bürgermeister, den Oberbürgermeister stellte hier die CDU. In den meisten antifaschistischen Verwaltungen übernahmen Kommunisten die schwierigsten Aufgaben bei der Verteilung des Elends: Sie wurden Leiter der Ernährungs- oder der Wohnungsämter. Hier wurden sie oft von anderen hingelobt, weil sie als die »Unbestechlichen« bekannt waren, allerdings wohl auch in der Erkenntnis, daß man bei der Verteilung von Elend nicht unbedingt Ansehen erlangt. Aus heutiger Sicht fällt auf, daß Kommunisten dort, wo sie am Aufbau der Polizei beteiligt waren, später nur in ganz seltenen Fällen übernommen wurden.

In den ersten ernannten Landesregierungen in den westlichen Besatzungszonen und in den Regierungen der ersten Wahlperiode waren insgesamt 19 Kommunistinnen und Kommunisten zu Ministern oder Senatoren berufen bzw. gewählt worden. Sie wurden Arbeits- und Sozialminister, verantwortlich für Gesundheit, für Wiederaufbau und Verkehr, für Wiedergutmachung und Flüchtlingsfragen. Sie wurden gezielt ferngehalten von Schlüsselbereichen der Staatsmacht wie Innen- oder Justizministerien.

Kommunisten leisteten in den Regierungspositionen beachtliche Arbeit. So war es sicher ein Verdienst des hessischen Arbeitsministers Oskar Müller, daß in der hessischen Landesverfassung ein Aussperrungsverbot verankert wurde. Auch der Artikel 41 dieser Verfassung, der die Überführung von Grundstoffindustrien in Eigentum des Landes vorsah, war Ergebnis der Mitarbeit von Kommunisten in der Regierung und der verfassungsgebenden Körperschaft. (Auf Anweisung der US-Besatzungsmacht mußten die Hessen beim Volksentscheid über die Verfassung über diesen Artikel getrennt abstimmen. Mehr als zwei Drittel der Wähler stimmten zu. Unter Mißachtung des Volkswillens setzte die Besatzungsmacht durch, daß er nicht in Kraft trat.)

In Nordrhein-Westfalen waren Hugo Paul und Heinz Renner Mitglieder der ersten ernannten und ebenso der ersten aus den Wahlen von 1947 hervorgegangenen Regierung unter Karl Arnold (CDU). Bei den langwierigen Verhandlungen über eine Koalition unter CDU-Führung bestand die KPD darauf, daß die Regierungserklärung ein

Bekenntnis zur deutschen Einheit und eine eindeutige Aussage zur Überführung der Kohle- und Montanindustrie in Gemeineigentum enthielt. Das führte unter Ausschaltung der FDP zu einer Koalition der CDU mit KPD, SPD und Zentrum, die gemeinsam diese Aussage unterstützten. Sie wurde später auch Bestandteil der Verfassung. Auch hier verhinderte die Besatzungsmacht, in diesem Fall die britische, die vom Landtag mit Mehrheit beschlossene Überführung der Kohlewirtschaft in Gemeineigentum. Bemerkenswert ist, daß zur gleichen Zeit die Labour-Regierung in Großbritannien selbst den Kohlebergbau verstaatlichte.

Hugo Paul, Minister für Wiederaufbau, konnte für die 18 Monate seiner Ministertätigkeit eine beachtliche Bilanz vorlegen. Trotz aller Versorgungsschwierigkeiten war es unter anderem gelungen, in dieser Zeit 50.000 neue Bergarbeiterwohnungen im Ruhrgebiet zu schaffen. Auch als Minister ließ sich Paul nicht daran hindern, auf öffentlichen Kundgebungen der Bauarbeiter zu sprechen und deren berechtigte Forderung nach besserer Lebensmittelversorgung zu unterstützen, für die in der damaligen Landesregierung der spätere Bundespräsident Heinrich Lübke (CDU) verantwortlich war.

Doch gute Arbeit und demokratische Aktivitäten der Kommunisten bedeuteten nichts mehr, als die Wiederherstellung der alten Besitz- und Machtverhältnisse zugunsten des Großkapitals immer eindeutiger die Politik bestimmte. Mit der Unterstützung des Marshallplans wurden Konzeptionen einer auf Gemeineigentum orientierten Wirtschaft trotz anderer Bekundungen wertlos. Nach der Ablehnung der sowjetischen Vorschläge zur Bildung einer deutschen Regierung und zum Abschluß eines Friedensvertrages auf der Londoner Außenministerkonferenz im Dezember 1947 verkündigten in Frankfurt a.M. die Militärgouverneure der USA und Großbritanniens den raschen Ausbau der Bizone zu einem westdeutschen Staat. Von Februar bis Juni berieten die USA, Großbritannien, Frankreich und die Benelux-Staaten über die Bilfung eines westdeutschen Staates. Mit den Londoner Empfehlungen durchbrach der Westen offen die Gemeinsamkeiten des Potsdamer Abkommens und nahm Kurs auf die Spaltung Deutschlands zugunsten der Sicherung von Kapitalmacht.

Paul wandte sich sofort gegen die Annahme der Weisungen der westlichen Besatzungsmächte zur Bildung eines westdeutschen Separatstaates. Als auch die Landtagsfraktion der KPD von Arnold die Absage an die Frankfurter Direktiven der Besatzungsmächte verlangte und eine Mitwirkung an der Spaltung Deutschlands als Preisgabe nationaler Interessen kritisierte, kam es zum Bruch der Landesregierung. Hugo Paul und Heinz Renner wurden »unter ausdrücklicher Anerkennung ihrer Leistungen für NRW« und unter »Bedauern« entlassen. In allen anderen Bundesländern, in denen noch Kommunisten an Regierungen beteiligt waren, schieden sie in der ersten Jahreshälfte 1948 aus. Spaltungspolitik und Restauration verdrängten antifaschistische

Gemeinsamkeiten. Der Kalte Krieg machte den Antikommunismus wieder zur Staatsdoktrin.

Trotz ihrer Ablehnung der Londoner Empfehlungen beteiligte sich die KPD mit Max Reimann und Heinz Renner an der Arbeit des Parlamentarischen Rates, um nicht nur von außen – durch vielfältige außerparlamentarische Bewegungen – die Spaltungs- und Restaurationspolitik zu bekämpfen, sondern auch innerhalb der (nicht demokratisch gewählten, sondern sich auf die Befehle der westlichen Besatzungsmächte stützenden) verfassunggebenden Versammlung. Die beiden Kommunisten kämpften dort gegen die Gründung eines westdeutschen Separatstaats, die mit der Ausarbeitung der Verfassung vorbereitet wurde, und setzten sich zugleich für möglichst weitgehende demokratische Rechte in dieser Verfassung ein. So erreichte zum Beispiel Heinz Renner in der Frage der Gleichberechtigung von Frauen und Männern die Festlegung im Grundgesetz, daß alle entgegenstehenden Gesetze innerhalb von fünf Jahren geändert werden sollten. Doch auch diese Festlegung wurde mißachtet. Die beiden KPD-Vertreter im Parlamentarischen Rat bekannten sich ausdrücklich zu den demokratischen Prinzipien des Grundgesetzes, lehnten es aber als Dokument der Spaltung Deutschlands ab. Noch während der Verhandlungen des Parlamentarischen Rates wurde Max Reimann von einem britischen Militärgericht verhaftet, weil er das Befolgen von Spaltungsbefehlen mit der Tätigkeit Quislings, der Hitler-Marionette in Norwegen während des Zweiten Weltkrieges, verglichen hatte. Das Militärgericht verurteilte ihn zu drei Monaten Haft wegen »Beleidigung von alliiertem Hilfspersonal«. Eben dieses Hilfspersonal beschloß das Grundgesetz, das nie der westdeutschen Bevölkerung zur Volksbestimmung vorgelegt wurde. Übrigens lehnten es nicht nur die Kommunisten aus den genannten Gründen, sondern auch die CSU und die Mehrheit des bayrischen Landtages aus ganz anderen Gründen ab.

Doch als »Verfassungsfeinde«, ein Gummibegriff, der jede Auslegung ermöglichte, galten bald nur die Kommunisten und jene Demokraten, die an antifaschistischen Zielen festhielten. Wurden Max Reimann und zahlreiche weitere Kommunisten, die gegen den Koreakrieg protestierten, bis 1950 noch von Militärgerichten verurteilt – einer meiner Bekannten, der sechs Jahre unter Hitler im Zuchthaus Lüttringhausen verbracht hatte, wurde 1950 von seinen alten Wärtern zu seiner sechsmonatigen Strafe freudig begrüßt –, so übernahm dann die »souveräne Bundesrepublik« die Kommunistenjagd und setzte sie noch energischer fort.

1950 erließ Adenauer den ersten Berufsverbotserlaß gegen die KPD und eine Reihe mit ihr politisch verbundener Organisationen, darunter die Freie Deutsche Jugend (FDJ), den Demokratischen Frauenbund Deutschlands (DFD) und auch die Vereinigungen der Verfolgten des Naziregimes (VVN), die größte Organisation der Widerstandskämpfer. 1951 wurde mit einer kurzfristig erlassenen Strafrechtsnovelle, dem »Blitzgesetz«, ein politisches Gesinnungsstrafrecht geschaffen. Mit dem 131er-Gesetz durften dagegen die alten Nazibeamten bevorzugt in den Staatsapparat zurückkehren. Globke, Kommentator der Nürnberger Gesetze, der die Judenverfolgung juristisch vorbereitet hatte, wurde als Staatssekretär im Bundeskanzleramt höchster Beamter der Bundesrepublik, und Kiesinger, Goebbels' Beauftragter im Außenministerium Ribbentrops, wurde, kaum aus dem amerikanischen Internierungslager entlassen, CDU-Landesvorsitzender und Ministerpräsident von Württemberg-Baden.

Vor diesem Hintergrund begann die neue Verfolgungswelle gegen Kommunisten, gerade weil sie beharrlich an den Zielen festhielten, mit denen Antifaschisten gemeinsam 1945 angetreten waren. So gehörten zu den Verfolgten bald auch jene, die sich in den ersten Nachkriegsjahren besondere Verdienste erworben hatten. Hier nur zwei Beispiele von vielen:

Der schon erwähnte Hugo Paul, 1932 einer der jüngsten Reichstagsabgeordneten der KPD, von 1933 bis 1939 im Zuchthaus und KZ Sachsenhausen, 1943 wegen seiner (von der Gestapo nicht einmal voll aufgedeckten) illegalen Arbeit erneut zu sieben Jahren Zuchthaus verurteilt, von den US-Truppen befreit, wurde dann Landtagsabgeordneter, Minister für Wiederaufbau, kurze Zeit auch Mitglied im Parlamentarischen Rat, wo ihn Heinz Renner ablöste, und Mitglied des Bundestages von 1949 bis 1953. Unmittelbar nach Ablauf der Wahlperiode wurde er am 11. Dezember 1953 verhaftet. Der Vorwurf: eine führende Rolle bei der Bildung eines deutschen Arbeiterkomitees gegen die Remilitarisierung. Paul entzog sich bei einem aus Gesundheitsgründen zugelassenen Hafturlaub der weiteren Verfolgung und lebte illegal als ein führender Funktionär der KPD. 1962 starb er an den Folgen der erlittenen Verfolgungen.

Einer seiner Weggefährten beim Neubeginn in NRW war Karl Schabrod, Kommunist seit 1923, Gewerkschafter, Redakteur kommunistischer Zeitungen, 1933 verhaftet, nach Entlassung illegale Arbeit im Ruhrgebiet, 1934 zu lebenslanger Haft verurteilt, der Staatsanwalt hatte die Todesstrafe gefordert. 1945 wurde Schabrod Stadtrat in Düsseldorf (bis 1956), Lizenzträger und Chefredakteur der KPD-Bezirkszeitung *Freiheit*, 1946 Landtagsabgeordneter, bis 1954 Fraktionsvorsitzender der KPD, einer der aktivsten Mitarbeiter an der Verfassung Nordrhein-Westfalens. 1958 nahm der Journalist Schabrod sein verfassungsmäßiges Recht wahr, einen Verlag zu gründen und eine Zeitung herauszugeben: *Die Freie Meinung.* Der Polizeipräsident – kein Gericht – verbot nach zwei Jahren das weitere Erscheinen des Blattes. Nach zehn Jahre verschlepptem Verfahren stellte 1969 ein Gericht fest, daß das Verbot unrechtmäßig war. Inzwischen jedoch war Schabrod wegen Wahrnehmung seines Rechts, als Unabhängiger zum Landtag zu kandidieren, und wegen des Versuchs, mit einer Kommunistischen Wählervereinigung zur Wahl 1961 anzutreten, zu mehrjähriger Haft und zum Entzug seiner Anerkennung als politisch Verfolgter des Naziregimes verurteilt worden.

Spaltungs- und Restaurationspolitik, Remilitarisierung gegen den Willen der Mehrheit des Volkes, Kalter Krieg und der Aufbau spezieller Unterdrückungsinstrumente wie politische Polizei, politische Sonderkammern der Justiz, Verfassungsschutz oder Militärischer Abschirmdienst, nicht zuletzt die auf Antikommunismus getrimmten Medien – all das verband sich zu einem breiten System der Einschüchterung und Verfolgung gegen Links. Der Einfluß der Kommunisten wurde zurückgedrängt. Zunächst wurde die FDJ, einige Jahre später die KPD verboten. Nicht verschwiegen sei, daß falsche und überzogene Losungen der KPD, geboren aus der Enttäuschung über die politische Entwicklung, zum Einflußverlust der Kommunisten beitrugen.

Die mit dem »Blitzgesetz« geschaffenen dehnbaren Anklagepunkte, die Gesinnung, nicht konkretes Handeln, zum Straftatbestand machten, führten in den Jahren zwischen 1951 und 1968 in der Bundesrepublik zu 138.000 Verfahren gegen Bürger unseres Landes, die es wagten, eine systemkritische Meinung zu haben. Etwa 7.000 Angeklagte wurden in politischen Prozessen verurteilt. Das ist ein Teil der unbewältigten Vergangenheit dieses Staates, dessen politische Elite mit der Etikettierung der DDR als »Unrechts- und Spitzelstaat« ihre eigene Verantwortung verdrängt und aus dem Bewußtsein tilgen möchte.

Günther Wilke

Pressefreiheit: nicht für jeden
Wie ich in zwei Jahren mit 54 Strafverfahren überzogen wurde

In der Zeit von 1950 bis zum Verbot der KPD im Jahre 1956 war ich Redakteur der *Hamburger Volkszeitung,* wo ich in der Lokal-, der Kultur- und der Sportredaktion arbeitete. Von Mitte 1952 bis Anfang 1954 zeichnete ich im Impressum verantwortlich für den redaktionellen Inhalt. In dieser Zeit stand die *HVZ* nicht nur unter dem Druck des drohenden Parteiverbots, sondern auch unter permanentem Zensurdruck. Bei der Politischen Polizei waren eigens Beamte damit beschäftigt, die kommunistische Presse Buchstaben für Buchstaben darauf abzuklopfen, ob sich daraus Strafverfahren wegen Beleidigung von Ministern der Bundesrepublik, von Polizeibeamten oder anderen »im öffentlichen Leben des Volkes stehenden Persönlichkeiten« ableiten ließen. In etlichen dieser Verfahren zeigte sich dann, daß sie noch nicht einmal bereit oder in der Lage waren, zwischen Tatsachenbehauptung und Werturteil zu unterscheiden. Der Kalte Krieg und die Konfrontation der Gesellschaftssysteme bestimmten in Westdeutschland darüber, für wen das (im Grundgesetz »jedem« garantierte) Grundrecht der Pressefreiheit galt. Darunter hatten außer mir viele Redakteure kommunistischer Zeitungen zu leiden.

Gegen mich wurden in diesen zwei Jahren 54 Strafverfahren eingeleitet. Nicht alle führten zu Prozessen. Aber einige Zeit war ich damit beschäftigt, von einem Gerichtstermin zum anderen zu fahren. Insgesamt wurden gegen mich Strafen von zweieinhalb Jahren Gefängnis verhängt, die jeweils zur Bewährung ausgesetzt wurden. Ich saß drei Monate in Untersuchungs-Einzelhaft, die mit Fluchtgefahr begründet wurde, obwohl ich keinerlei Anlaß zu diesem Verdacht gab; man argumentierte damit, daß man eines anderen, früheren Redakteurs nicht habhaft geworden sei. Die nach der Strafprozeßordnung mögliche Zusammenziehung der Einzelstrafen zu einer Gesamtstrafe wurde von der Generalstaatsanwaltschaft nicht fristgerecht beantragt, so daß ich um die Verbüßung einer Strafhaft herumkam.

Die *Hamburger Volkszeitung* und andere Zeitungen der KPD kritisierten die Politik der Adenauer-Regierung mit scharfen Worten. In den Institutionen des Staates, in der Regierung, in Polizei und Justiz trafen wir auf unverbesserliche Nazis, die sich frischfröhlich an der Kommunistenverfolgung beteiligten. Darauf reagierten wir mit Empörung und großer Besorgnis; fast alle Mitglieder unserer Redaktion hatten in der Nazizeit in Konzentrationslagern gesessen oder dem Widerstand angehört. Sie fürchteten eine Rückkehr des Faschismus, da ihre Peiniger von einst in Ämter und Würden zurückkehrten.

Die meisten gegen mich verhängten Strafen sprach die 1. Strafkammer des Landgerichts Hamburg unter Vorsitz des Landgerichtsdirektors Budde aus, der in der Nazizeit einem Sondergericht angehört hatte, was mir allerdings erst später bekannt wurde. Als der *Spiegel* Buddes NS-Vergangenheit enthüllte, wurde er in den 60er Jahren an eine Zivilkammer versetzt.

Hatte unsere Zeitung Methoden der Verfolgung von Kommunisten und Gegnern der Wiederbewaffnung mit denen der Nazis verglichen, folgte sofort ein Strafverfahren. Selbst die Enthüllung der Nazi-Vergangenheit aktuell tätiger Bundespolitiker wurde nach dem als »Blitzgesetz« bezeichneten Strafrechtsänderungsgesetz rigoros verfolgt. Ich erinnere mich besonders an ein Beleidigungsverfahren, das Bundesinnenminister Lehr angestrengt hatte. 1933 hatte er als Oberbürgermeister von Düsseldorf einen Brief an Hitler geschrieben mit der Bitte, ihn im Amt zu belassen, weil er als Mitglied der Deutsch-Nationalen Volkspartei stets im Sinne des neuen Reiches gearbeitet habe. Die *HVZ* nannte diesen Brief einen Bettelbrief, was als Beleidigung ausgelegt wurde. 1935 – er war Oberbürgermeister geblieben – hatte er dann einen Aufruf an die Bevölkerung erlassen, nicht mehr in jüdischen Geschäften zu kaufen, sich nicht mehr von jüdischen Anwälten vertreten oder von jüdischen Ärzten behandeln zu lassen. Die *HVZ* nannte diese öffentlichen Aufrufe antisemitisch. Doch einem Bundesinnenminister Antisemitismus zu unterstellen, galt als beleidigend und verunglimpfend. Und so wurde gegen mich ein Beleidigungsverfahren angestrengt, das allerdings mit der vergleichsweise milden Verurteilung zu sechs Wochen Gefängnis mit Bewährung endete. Das Strafrechtsänderungsgesetz lieferte auch dafür die Rechtsgrundlage. Die milde Beurteilung war offenbar meinem Anwalt Curt Wessig zu verdanken, einem ehemaligen Offizier, der im Prozeß erwähnt hatte, daß Lehr im 1. Weltkrieg das Eiserne Kreuz 1. Klasse wegen seiner Verdienste an der Heimatfront erhalten hatte. Amtsgerichtsdirektor Busch, der Vorsitzende Richter, hatte als Offizier an vorderer Front gestanden und mochte keine »Etappenhengste«. Unter einem anderen Richter wäre ich nicht so milde davongekommen.

Als besonders strafwürdig erschien den Justizorganen unsere Bewertung des von der Bundesregierung vorbereiteten sogenannten Generalvertrages, also des Beitritts der Bundesrepublik Deutschland zum westlichen Militärbündnis. Diesen Vertrag bezeichnete die *HVZ* als »Generalkriegsvertrag«. Tatsächlich gab es ja maßgebliche Politiker in der CDU/CSU, der Deutschen Partei und dem Bund der Heimatvertriebenen und Entrechteten (BHE), die mehr oder weniger offen auf eine militärische Befreiung der DDR setzten. Aber dem Bundeskanzler Adenauer zu unterstellen, er strebe die Teilnahme an einem Kriegsvertrag an, galt nicht als Werturteil, sondern als nicht durch das Pressegesetz geschützte Beleidigung, die mit einer Strafe nicht unter drei Monaten Gefängnis belegt war. Nicht einmal aus fremden Zeitungen durften wir zitieren, wenn sich diese gegen die NATO-Verträge aussprachen. Ich erinnere mich, daß ich einmal wegen Verleumdung der Bundesregierung angeklagt wurde, weil wir die *Hessischen Nachrichten* aus Kassel zitiert hatten, die selber nicht angeklagt, geschweige denn bestraft wurden. Tatsächlich konnten sich viele Menschen damals nicht einmal vorstellen, daß Adenauer, der nach 1945 so vehement gegen die Aufrüstung aufgetreten war, nun sieben Jahre danach plötzlich für die Schaffung einer Armee mit Hitler-Generalen an der Spitze eintrat.

Während wir also verfolgt und ins Gefängnis geworfen wurden, durften sich auf der äußersten Rechten Zeitungen wie die *Deutsche Soldatenzeitung* in revanchistischem Stil austoben und gegen die Bestimmungen des Potsdamer Abkommens wettern. Dieses Organ konnte sich auf den Bundeskanzler stützen, der im Bundestag am 11. Dezember 1952, wie die *Deutsche Soldatenzeitung* schrieb, »allen ehemaligen deutschen Waffenträgern Genugtuung angedeihen ließ«, indem er sagte: »Wir erklären vor diesem Hohen Hause, daß wir alle Waffenträger unseres Volkes anerkennen, die im Rahmen ihrer hohen soldatischen Überlieferung ehrenhaft zu Lande, zu Wasser und in der Luft gekämpft haben. Wir sind überzeugt, daß der gute Ruf und die große Leistung der deutschen Soldaten trotz aller Schmälerungen und Schmähungen der vergangenen Jahre in unserem Volke noch lebendig sind und auch bleiben werden.«

Für viele Menschen war es erschreckend zu erfahren, daß knapp ein Jahrzehnt nach dem Kriege die verhängnisvollen Kräfte von gestern ihr antidemokratisches Weltbild propagieren konnten. Unter den Gründern der *Deutschen Soldatenzeitung*, die später *Deutsche National- und Soldatenzeitung* hieß und als *Deutsche National-Zeitung* weiterhin erscheint, waren der SS-General Steiner und ein Oberst a.D. von Kalben, der in der Nazizeit Landrat in der Altmark gewesen war. Die Bundesregierung förderte sie, um die Wehrbereitschaft in der westdeutschen Bevölkerung zu wecken, während wir wegen unserer antimilitaristischen und antifaschistischen Überzeugung verfolgt wurden.

In den Nazi-Jahren hatten wir uns eine demokratische Entwicklung nach der Befreiung anders vorgestellt. Weil ein wirklicher Neuanfang unterblieb, haben wir heute noch oder wieder mit Neofaschismus und Auslandseinsätzen der Bundeswehr zu tun. Es wird also Zeit, daß die Tabus der deutschen Nachkriegsgeschichte aufgebrochen werden. Dazu möchte ich als Zeitzeuge meinen Beitrag leisten.

Friedrich-Martin Balzer

Der Düsseldorfer Prozeß und die Kriminalisierung der westdeutschen Friedensbewegung 1959/60

Der Düsseldorfer Prozeß[1] war, so der linksprotestantische Anwalt im Kalten Krieg, Diether Posser, »der bedeutungsvollste politische Strafprozeß seit Bestehen der Bundesrepublik«[2]. *Der Spiegel* schrieb 1961 von dem »bislang ungewöhnlichsten politischen Strafprozeß«, der »das Elend der politischen Justiz im liberalen Rechtsstaat« erhelle[3]. Tatsächlich machte die im Zeichen des Antikommunismus betriebene politische Strafjustiz deutlich, daß die Verfassungswirklichkeit der BRD in den 50er und frühen 60er Jahren nicht die Bezeichnung »liberaler Rechtsstaat« verdiente. Walther Ammann, Linkskatholik und Begründer des »Initiativausschusses für die Amnestie und der Verteidiger in politischen Strafsachen« (der in den 50er Jahren weitgehend die Aufgaben übernahm, »die in der Weimarer Republik die Rote Hilfe wahrgenommen«[4] hatte) sprach schließlich von dem »einmalige(n) und einzigartige(n), die Welt bewegende(n) Prozeß«.[5] Nach Alexander von Brünneck war er der »umfänglichste politische Strafprozeß *gegen Kommunisten*«[6].

Allein die Tatsache, daß sich unter den sieben Angeklagten des Düsseldorfer Prozesses drei Nichtkommunisten und vier Christen befanden, beweist, daß die Kommunistenhatz sich nicht nur gegen Parteikommunisten richtete. Gleichwohl hing von Brünneck noch 1998 dem Irrglauben an, daß sich die politische Strafjustiz »*ausschließlich gegen Kommunisten*« gerichtet habe.[7] In Wahrheit richteten sich die ca. 200.000 Ermittlungsverfahren und ca. 10.000 Verurteilungen gegen die gesamte ernsthafte und potentielle Opposition der Ära Adenauer. Die sozialpsychologischen und rechtlichen Fern-

---

[1] Siehe Friedrich-Martin Balzer (Hg.): Justizunrecht im Kalten Krieg. Die Kriminalisierung der westdeutschen Friedensbewegung im Düsseldorfer Prozeß 1959/60. Mit einer Einleitung von Heinrich Hannover. Beiträge von Walther Ammann, Friedrich-Martin Balzer, Walter Diehl, Heinrich Hannover, Rudolf Hirsch, Friedrich Karl Kaul, Diether Posser und Denis Noel Pritt. 380S., Köln 2006.

[2] Diether Posser: Der Düsseldorfer Prozeß. In: Justizunrecht a.a.O., S. 21.

[3] Titelstory des Spiegel am 5. Juli 1961: Güde. Gebrochenes Rückgrat, S. 20–31, hier S. 20.

[4] Wolfgang Abendroth: Ein Leben in der Arbeiterbewegung. Gespräche, aufgezeichnet und herausgegeben von Barbara Dietrich und Joachim Perels, Frankfurt/Main 1976, S. 234.

[5] Walther Ammann in seinem Brief an die 6 Verurteilten des Düsseldorfer Prozesses am 2. Oktober 1965. In: Privatarchiv FMBalzer (PAB).

[6] Alexander von Brünneck: Politische Justiz gegen Kommunisten in der Bundesrepublik Deutschland 1949-1968, Frankfurt/Main 1978, S. 148

[7] Alexander von Brünneck: Strafgesetzgebung der fünfziger und sechziger Jahre. In: Politische Strafjustiz 1951-1968, Düsseldorf 1998, S. 50 [Hervorhebung FMB].

wirkungen der politischen Strafjustiz und des KPD-Verbots haben nämlich »*alle* linkssozialistischen und linksdemokratischen Bestrebungen getroffen, weil sie in den Verdacht gebracht werden konnten, in der Nähe der KPD zu stehen.«[8] Hauptfunktion der Kommunistenhatz war es, »die gesamte Arbeiterbewegung, auch die SPD und die Gewerkschaften, nach rechts und in die Gleise der aus dem Dritten Reich überkommenen antikommunistischen Hysterie zu schieben, um die Wiederaufrüstung und die Restauration in der BRD abzusichern und um so lange wie irgend möglich die Wiederentwicklung von Klassenbewußtsein in der abhängig arbeitenden Klasse unmöglich zu machen und jede Erinnerung an freie demokratische Diskussionen auszulöschen«.[9]

Das Verfahren zog sich vom Beginn der Ermittlungen im Frühjahr 1952 bis zum Herbst 1965 hin, als das Bundesverfassungsgericht die Verfassungsbeschwerde der Verurteilten nicht zuließ. Der Prozeß selbst fand vom 10. November 1959 bis zum 8. April 1960 vor der Sonderstrafkammer des Düsseldorfer Landgerichts an 56 Tagen statt.

Vorausgegangen war das staatspolitisch Übliche: jahrelange Ermittlungen, Vernehmungen und Hausdurchsuchungen durch Staatsanwaltschaft und politische Polizei. Begonnen hatten die Voruntersuchungen 1952 mit der Einstufung des Friedenskomitees als »kommunistische Tarnorganisation«[10] durch den Verfassungsschutz.

Am 29.12.1958 beauftragte der Generalbundesanwalt beim Bundesgerichtshof, Max Güde (CDU), auf Weisung der Bundesregierung die Eröffnung des Hauptverfahrens. Am 2. März 1959 wurde das Friedenskomitee der Bundesrepublik nur im Bundesland Nordrhein-Westfalen verboten.[11] Das langwierige Revisionsverfahren der Verteidiger

---

8 Wolfgang Abendroth: Einige Bemerkungen zur politischen Funktion des KPD-Verbotes. Zit. nach: Justizunrecht, a.a.O., S. 345.

9 Ebenda, S. 349.

10 In einem Vermerk des Bundesamtes für Verfassungsschutz vom 9.10.1952 an den Oberbundesanwalt hieß es: »Unter der zentralen Leitung von Erwin Eckert und seinem Düsseldorfer Sekretariat stehen die einzelnen Landessekretariate der Bundesrepublik. Auch hier ist es gewöhnlich ein zuverlässiges KP-Mitglied, das zur Tarnung nach Möglichkeit prominente Persönlichkeiten des öffentlichen Lebens (...) in den Vordergrund stellt, um bewußt, aber fälschlich den Eindruck politischer Neutralität und Unabhängigkeit zu erwecken. Diese Figuren sind nicht immer nominelle Mitglieder der KPD, aber unverkennbar ihre ideologischen Trabanten.« Zit. nach: Annette Rosskopf, Friedrich Karl Kaul. Anwalt im Kalten Krieg. Berlin 2002, S. 131.

11 Siehe »Erklärung und Stellungnahme des Friedenskomitees der Bundesrepublik zu dem vom Regierungspräsidenten in Düsseldorf am 2. März 1959 ausgesprochenen Verbot seiner Tätigkeiten«. Als Manuskript gedruckt, 16 Seiten. In: PAB; Siehe Helmut Ridder: Kommentar zum Grundgesetz für die Bundesrepublik Deutschland, 2. Auflage, Art. 9 Abs.2, Neuwied und Darmstadt 1989, 2. Aufl., S. 821f., wonach nur solche Vereinigungen verfassungskonform verboten werden können, »die eine Verdichtungsstätte von Bestrebungen sind, die zu hochverräterischen Unternehmen führen können, d.h. zur Beseitigung oder zur Änderung der ›verfassungsmäßigen Ordnung‹ (= der konkreten staatlichen Ordnung auf der Grundlage der geltenden Verfassung) durch Gewalt und Androhung von Gewalt. [...] Gegen eine Vereinigung darf auch dann nicht nach Art. 9 Abs. 2 eingeschritten werden, wenn sie sich ›aggressiv-kämpferisch‹ an der gewaltfreien politischen Auseinandersetzung beteiligt.« Von Gewalt oder Androhung von Gewalt war in der Anklageschrift jedoch keine Rede.

vor dem für Strafsachen als Revisions(letzt)instanz zuständigen Bundesgerichtshof (BGH) führte lediglich zur Verringerung der Gefängnisstrafe für den Nichtkommunisten Walter Diehl von einem Jahr auf neun Monate. Im übrigen wurde das Urteil der Sonderstrafkammer des Landgerichts Düsseldorf vom 8. April 1960 am 3. Juli 1962 vom BGH[12] bestätigt.

Die Angeklagten

Der Vorwurf der »Rädelsführerschaft in einer verfassungsfeindlichen Vereinigung« gemäß §§ 88, 90a, 94, 98, 128, 129 StGB richtete sich gegen sieben Mitglieder des Friedenskomitees der Bundesrepublik Deutschland[13]. Im Düsseldorfer Prozeß saßen nicht nur Kommunisten, sondern auch parteilose Mitglieder des Friedenskomitees auf der Anklagebank: der Journalist, Dolmetscher und Theologe Walter Diehl und der Pastor und Verlagslektor Johannes Oberhof. Die Anklage richtete sich außerdem gegen die ehemalige Münchner SPD-Stadträtin Edith Hoereth-Menge, die der von Bertha von Suttner gegründeten Deutschen Friedensgesellschaft angehörte[14] und aktives Mitglied der Volksbefragungsbewegung war. Aus gesundheitlichen Gründen wurde das Verfahren gegen sie während der Hauptverhandlung ausgesetzt. Angeklagt waren ferner vier KPD-Mitglieder, darunter der ehemalige Pfarrer Erwin Eckert, der nach 20-jähriger Mitgliedschaft 1931 aus der SPD (wegen Kritik an deren Stillhaltepolitik gegenüber den Gefahren von rechts) ausgeschlossen worden und als erster amtierender Pfarrer in die KPD eingetreten war.[15] Die deutschnational orientierte Kirchenleitung entfernte ihn daraufhin fristlos und unehrenhaft aus dem Dienst.[16] Nach Gefängnis- und Zuchthaushaft im »Dritten Reich« war Eckert nach dem Kriege Staatsrat im ersten südbadischen Kabinett. 1947-1956 war er KPD-Landtagsabgeordneter zunächst in Baden, ab 1952 in Baden-Württemberg.

Drei der sechs Angeklagten waren Mitglieder des Weltfriedensrates. Sie befanden sich in guter internationaler Gesellschaft. Zu den Mitgliedern des Weltfriedensrates gehörten u.a. so namhafte Intellektuelle wie Frédéric Joliot-Curie und Irène Joliot-Curie (Frankreich), beide Nobelpreisträger für Physik; Professor John Desmond Bernal (Großbritannien), Mitglied der »Royal Society«; der ehemalige Minister und Vorsitzende der Sozialistischen Partei Italiens, Pietro Nenni; der tschechische Professor der Theologie und Mitglied des Ökumenischen Rates der Kirchen Josef Hromádka;

---

12 Siehe Urteil des Bundesgerichtshofes, auszugsweise abgedruckt in: NJW 1962, Heft 41, S. 1873-1875.

13 Anklage d. GBA v.25.1l.1958, Az. 1 StE 1/58, in: PAB.

14 Diether Posser, Anwalt im Kalten Krieg, München 1991, S. 160.

15 Literatur von und über Erwin Eckert findet sich auf der Homepage des Verfassers unter www.friedrich-martin-balzer.de.

16 Die Synode der Badischen Landeskirche bedauerte 1999 diese Entscheidung, weil damit »eine prophetische Stimme« unterdrückt worden sei. Siehe Aktuelle Kommentare 1999 unter www.friedrich-martin-balzer.de

die belgische Literaturwissenschaftlerin Isabelle Blume; der britische Kronanwalt und Präsident der Internationalen Vereinigung demokratischer Juristen D. N. Pritt (der den Londoner Gegen-Reichstagsbrandprozeß geleitet hatte); die ehemalige Vertreterin Australiens auf der konstitutiven Konferenz der UN in San Francisco 1945, Jessy Street; der chilenische Arzt und spätere Präsident Chiles, Salvador Allende; die weltberühmten Dichter und Schriftsteller Pablo Neruda, Nazim Hikmet, Bertolt Brecht, Anna Seghers, Arnold Zweig, Louis Aragon, Jean Paul Sartre und Howard Fast; der ungarische Philosoph Georg Lukacs; der Maler Pablo Picasso sowie der Sänger Paul Robeson. Sechs der internationalen Ratsmitglieder traten im Düsseldorfer Prozeß als Zeugen der Verteidigung auf. Auf »name-dropping« kann hier nicht verzichtet werden, um die einzigartig isolierte Position der BRD im internationalen Kontext zu unterstreichen. In keinem anderen westlichen Land – außer Franco-Spanien – wurde die Weltfriedensbewegung strafrechtlich verfolgt.

Die Verteidiger

In diesem bis dahin größten und langwierigsten politischen Strafprozeß in der Bundesrepublik traten die Rechtsanwälte Diether Posser, Walther Ammann, Heinrich Hannover, Friedrich Karl Kaul sowie der britische Kronanwalt Denis Pritt auf. Mit vereinten Kräften sorgten sie dafür, daß ein großer Teil der Anklagepunkte bei der Urteilsfindung keine Berücksichtigung mehr fand. Die Verteidigung argumentierte, Verfahren und Urteil seien »verfassungswidrig«. Nur wenige Kernsätze ihrer Argumentation werden herausgegriffen:

1. Die auf § 90a beruhende Verurteilung steht in Widerspruch zu den Art. 1, 3, 4, 5 und 9 GG. Die Strafvorschrift ist verfassungswidrig und damit nichtig.

2. »Wenn über die Bundesrepublik hinaus bekannte und geachtete Persönlichkeiten aus dem christlichen, liberalen wie kommunistischen Bereich, die, wie die Angeklagten, sich ihrem Gewissen verpflichtet für eine Politik der Koexistenz und die Erhaltung des Friedens untereinander einsetzen, daraus (und dafür) mit Gefängnis bestraft werden, dann ist das ein unvertretbarer und nicht mehr zu verantwortender Eingriff in die Ehre, Freiheit und Menschenwürde.«[17]

3. Das vom BVerfG in ständiger Rechtsprechung bejahte Prinzip der Verhältnismäßigkeit wurde mißachtet. Der Gesetzgeber »kann nicht einfach jedes ihm mißliebige oder auch nur unsympathische Verhalten einzelner Bürger und von deren Zusammenschlüssen oder gar bestimmten Richtlinien seiner Politik zuwiderlaufende Meinungen und politische Tendenzen pönalisieren, sondern er ist vielmehr selbst gemäss Art. 20 Abs. 3 GG an die verfassungsmäßige Ordnung gebunden.«[18]

---

[17] Ebenda, S. 150
[18] Ebenda, S.151

4. »Die Tätigkeit der Angeklagten und des Westdeutschen Friedenskomitees (WFK) (entspricht) den gemäß Art. 25 GG festgelegten allgemeinen Regeln des Völkerrechts und dem friedlichen Zusammenleben der Völker gemäß Art. 26 GG.«[19]

5. Bei Vereinigungen, die mit nicht zu beanstandenden, das heißt, erlaubten Mitteln tätig sind, kann nur die politische Tendenz das eigentliche Motiv der Pönalisierung sein. Dies reicht für eine »Strafbedürftigkeit« als unabdingbare Grundlage einer Strafvorschrift nicht aus (siehe auch BVerfG Bd. 6 S. 389 ff [434,4397]). § 90a Abs. 1 StGB verstößt somit gegen die Grundrechte der Vereinigungs- und Meinungsfreiheit und ist daher unzulässig.[20]

6. »Betrachtet man Datum und Inhalt der Anklage, so liegen die darin aufgezählten und somit dem Eröffnungsbeschluß und dem Urteil zugrundegelegten Umstände und Vorgänge alle zeitlich *vor* den ersten verwaltungsmäßigen Verbotsverfügungen.«[21] Das Landgericht konnte nach dem Verbot des FK in NRW keine strafbaren Handlungen im Sinne der politischen Strafjustiz nachweisen.

7. Die Angeklagten haben sich lediglich gegen bestimmte Maßnahmen der Regierungs*politik* auf außen- oder wehrpolitischem Gebiet geäußert, so z. B. Unterschriftensammlung zum Stockholmer Appell (Verbot der Atomwaffen und Massenvernichtungsmittel), Mitwirkung bei der Volksbefragungsaktion (gegen Remilitarisierung und Wiederaufrüstung), für den Volkskammerappell vom 15. August 1951 (Aufnahme gesamtdeutscher Beratungen), gegen das erste Strafrechtsänderungsgesetz, gegen den Generalvertrag, die Pariser Verträge und die NATO. Ein Verfassungsgrundsatz im Sinne des § 88 StGB ist damit weder in Gefahr noch angegriffen oder auch nur tangiert. Außerparlamentarische Aktionen sind eine »legitime Einwirkung auf das Parlament« und dienen und gehören »geradezu zur politischen Willensbildung des Volkes«[22], von dem laut Art. 20, Abs. 2, Satz 1 alle Staatsgewalt auszugehen hat.

8. Wenn Vereinigungsfreiheit als die »kollektive Erscheinungsform der Meinungsfreiheit« (Maunz) bezeichnet wird, so handelt es sich hier um eine Verletzung des Art. 5 Abs. 2 GG, des Grundrechts der Meinungs- und Pressefreiheit, welches nach dem Ausspruch des Bundesverfassungsgerichts (BVerfG E Bd.7, S. 208) als »eines der namhaften Menschenrechte überhaupt«[23] gilt.

---

[19] Ebenda.

[20] Ebenda, S. 152

[21] Ebenda

[22] Ebenda, S. 156 Hervorhebung FMB

[23] Zur Ambivalenz des sog. Lüth-Urteils des BVerfG siehe Helmut Ridder: Die soziale Ordnung des Grundgesetzes, Opladen 1975, 168 S. Jetzt nachzulesen auf der CD-ROM »Helmut Ridder für Einsteiger und Fortgeschrittene. Herausgegeben von Friedrich-Martin Balzer, Bonn 2004, Text 30, S. 102-105. Dort auch zahlreiche weitere juristische Expertisen zur politischen Strafjustiz und zur antirevolutionären und antidemokratischen Tradition in Deutschland.

Die Zeugen der Verteidigung

Als Zeugen der Verteidigung stellten sich unter anderen zur Verfügung: Ingeborg Küster, ehemaliges Präsidialmitglied des Friedenskomitees, Vorstandsmitglied der Westdeutschen Frauenfriedensbewegung, Christa Thomas; ehemaliges Präsidialmitglied des Bundeskomitees und Mitbegründerin der CSU; Oberbürgermeister a. D. Wilhelm Elfes, ehemaliges Präsidialmitglied des Bundeskomitees, Büromitglied des Weltfriedensrates, Vorsitzender des Bundes der Deutschen (BdD); Isabelle Blume (Brüssel), ehemalige sozialdemokratische Abgeordnete, Präsidialmitglied des Weltfriedensrates; Professor John Desmond Bernal,[24] Vorsitzender des Präsidiums des Weltfriedensrates; Professor Joshitaro Hirano (Tokio), Präsident der juristischen Sektion der Akademie der Wissenschaften Japans, Generalsekretär des Japanischen Friedensrates, Büromitglied des Weltfriedensrates; der Bonner Theologe Professor D. Hans-Joachim Iwand; der Jurist Dr. Dr. Gustav Heinemann und Kirchenpräsident Martin Niemöller. Dieser schrieb dem »kommunistischen Christen« Erwin Eckert: »Ich bin mit Ihnen und den mit Ihnen verurteilten Freunden der Meinung, daß wir in einem *Staat des Unrechts* leben, in dem kein Mensch mehr vom Staat Wahrheit und Ehrlichkeit erwarten kann. Für Sie und die mit Ihnen verurteilten Freunde wie für unser ganzes Volk warte ich auf den Tag und bete zu Gott darum, daß er rechtzeitig noch kommt, an dem unser Volk zwar nicht eine andere Verfassung bekommt, wohl aber von den Menschen befreit wird, die unter dem Schutz dieser Verfassung ihre alten nazistischen und militaristischen Sonderziele zum Verderben unseres Volkes ungehindert verfolgen können. Darum bin ich froh, daß jetzt vor der ganzen Welt offenbar wird, wie unsere Polizei und auch unsere Justiz nazistisch verseucht und beherrscht werden.«[25]

Das Urteil

Nach 56 Verhandlungstagen verurteilte die IV. Große Sonderstrafkammer beim Landgericht Düsseldorf alle Angeklagten wegen »Staatsgefährdung«. Die Angeklagten wurden des »Vergehens der Rädelsführerschaft einer ‚*verfassungsfeindlichen*' (sic) Vereinigung nach § 90a StGB« für schuldig befunden. Fallengelassen wurden die in der Anklageschrift erhobenen Anschuldigungen wegen geheimbündlerischer Tätigkeit (damaliger § 128) und »Rädelsführerschaft« in einer »kriminellen Vereinigung« (§ 129).

Das Urteil umfaßt 168 Seiten. Kennzeichnend für die nachhaltige politische Tendenz des gesamten Urteils ist die handschriftliche Korrektur auf Seite 46; beim Nachlesen muß wohl einem der beteiligten Richter aufgefallen sein, daß die ursprüngliche

---

[24] Siehe das ehrende Gedenken an das »kommunistische Universalgenie« John Desmond Bernal in der Autobiographie von Eric Hobsbawm, Gefährliche Zeiten, München 2002, S. 213f.

[25] In: Justizunrecht, a.a.O., S. 355 (Hervorhebung vom Verfasser).

Formulierung »kommunistischer Funktionär« Gesinnungsjustiz assoziiert. Also wurde sie handschriftlich durchgestrichen und durch die wohl ausgewogener klingende Formel vom Verdacht, »staatsgefährdend tätig« zu sein, ersetzt. Die »Staatsgefährdung« aber sollte nach dem Urteil darin bestanden haben, *die breite Masse des Volkes mit der Verfassungswirklichkeit der Bundesrepublik unzufrieden zu machen*«.[26]

Der italienische Rechtsanwalt Lucio Luzzatto, Mitglied des ZK der Sozialistischen Partei Italiens, des Büros des Weltfriedensrates und stellvertretender Vorsitzender des Rechtsausschusses des italienischen Parlaments, stellte als sachverständiger Prozeßbeobachter und Zeuge der Verteidigung zusammenfassend fest: »Man kann auch nicht sagen, daß es sich (beim Düsseldorfer Prozeß) um einen politischen Prozeß handelt; es handelt sich vielmehr um eine politische Operation, die man unter Inanspruchnahme juristischer Formen durchführt [...]. Man will einfach Unterdrückungsmaßnahmen im Bereich der Politik ergreifen.«[27] Mit den Worten von Heinrich Hannover: Die politische Strafjustiz »verdient nicht den Namen Rechtsprechung; sie war Durchsetzung der Adenauerschen Politik mit justiziellen Mitteln.«[28]

Ein Tabu der bundesdeutschen Geschichte

Der Düsseldorfer Prozeß und die Kriminalisierung der Friedensbewegung ist eines der bemerkenswertesten Tabus der bundesdeutschen Geschichte. »Es gibt kein Standardwerk zur Geschichte der BRD, in dem [...] auf den Düsseldorfer Prozeß eingegangen worden ist.«[29] Während die Archive der SED und des DDR-Ministeriums für Staatssicherheit offengelegt wurden, bleiben die des Bundesamtes für Verfassungsschutz bisher vollständig verschlossen und selbst wissenschaftlichen Forschern nach der üblichen 30jährigen Sperrfrist, wenn überhaupt, nur in Teilen zugänglich.

Während früherer Recherchen zum Düsseldorfer Prozeß lehnte das Bundesamt für Verfassungsschutz mit Schreiben vom 20.10.1992 eine Einsichtnahme ab. Eine »Übermittlung personenbezogener Daten an Privatpersonen« könne nur dann erfolgen, »wenn dies zum Schutz der freiheitlichen, demokratischen Grundordnung, des

---

[26] Urteil im Düsseldorfer Prozeß, AZ: IV-1044/59, (KLs 10/59, S. 149f. Auf Seite 156 des Urteils wird als strafwürdig angesehen, daß der Zweck des WFK darin bestanden habe, sich in »irreführender Weise auf das Grundgesetz, insbesondere die Grundrechte«, berufend, «die Verfassungswirklichkeit in der Bundesrepublik einseitig und ausschließlich herabzuwürdigen«. (Hervorhebung FMB)

[27] Zit. nach: Joachim Henker/Joachim Noack: Der Frieden stand vor Gericht. Zum Düsseldorfer Urteil gegen die Friedensbewegung in Westdeutschland. In: Neue Justiz. Zeitschrift für Recht und Rechtswissenschaft, Berlin/DDR, 14. Jg., Nr. 11, 5. Juni 1960, S. 453.

[28] In: Analysen und Kommentare. www.Heinrich-Hannover.de »Richten Sie Ihrem Chef bitte aus, daß er sich schämen möge«. Ein Briefwechsel zwischen Rechtsanwalt Heinrich Hannover und dem Bundeskanzler (Gerhard Schröder) über die Rehabilitierung und Entschädigung der westdeutschen Justizopfer des Kalten Krieges.

[29] Manfred Weißbecker: Auf der Anklagebank des Kalten Krieges, In: Friedrich-Martin Balzer (Hrsg.) Ärgernis und Zeichen, Bonn 1993, S. 311.

Bestandes oder der Sicherheit des Bundes oder eines Landes erforderlich ist.«[30] Das Staatsarchiv Düsseldorf verfügt über keinerlei Unterlagen zum Düsseldorfer Prozeß, wie Manfred Weißbecker, dem ersten wissenschaftlichen Bearbeiter des Düsseldorfer Prozesses, am 24.7.1992 mitgeteilt wurde. Die Staatsanwaltschaft Düsseldorf verwies nach einer entsprechenden Anfrage am 10.9.1992 lakonisch darauf, daß die Akten »nach Ablauf der Aufbewahrungsfrist vernichtet«[31] worden seien. Damit dürfte »der Schaden unermeßlich sein, und das ausgerechnet in einem Land, das im Augenblick auf Akten fixiert zu sein scheint.«[32]

Fazit

In der DDR wurde der Düsseldorfer Prozeß politisch und rechtswissenschaftlich[33] in den Medien aufmerksam verfolgt. Von Rudolf Hirsch erschien eine Gerichtsreportage als Buch.[34] Das Urteil wurde als »Ausweitung des Justizterrors auf die gesamte ernsthafte Opposition in Westdeutschland« kommentiert. Annette Rosskopf schreibt in ihrem Buch über »Friedrich Karl Kaul. Anwalt im geteilten Deutschland«[35], in der DDR sei die Urteilsbegründung als Beleg gewertet worden, »daß die bundesdeutsche Strafjustiz Gesinnungsverfolgung praktizierte und für eine Verteidigung gegen den Anklagevorwurf *verfassungsfeindlicher* Betätigung bei Kommunisten oder vermeintlichen Kommunisten von vornherein kein Raum war. Das Auftreten prominenter Politiker und Theologen als Zeugen und die Aufmerksamkeit, die das Verfahren in der ausländischen Presse erhielt, ließen den Prozeß zu einem internationalen Forum werden.«[36]

Im Ausland löste das Urteil eine solche Irritation aus, daß das Auswärtige Amt sich genötigt sah, allen bundesdeutschen Vertretungen eine »Handreichung« zur Erläuterung zu schicken.[37] An der »Kriminalisierung der Friedensbewegung als Ausfluß eines

---

30 Ebenda, S. 312.

31 Zit. nach Manfred Weißbecker, a.a.O., S. 309. Zu den vernichteten Akten gehören auch »etwa 600 Dokumente zum neuen Rüstungswettlauf nach dem Ende des Zweiten Weltkriegs, die wir dem Gericht mit unseren Beweisanträgen übergeben hatten«. In: Heinrich Hannover: Die Republik vor Gericht, 1954-1974. Erinnerungen eines unbequemen Anwalts, Berlin 1998, S. 80.

32 Manfred Weißbecker, Auf der Anklagebank... a.a.O, S. 309.

33 Siehe u.a. Gerhard Kühlig/Heinz Müller: Freiheit für die Kräfte des Friedens in Westdeutschland. In: Neue Justiz, 1959, S. 808-811.

34 Rudolf Hirsch: Dr. Meyers Zaubertrick. Eine Gerichtsreportage vom Düsseldorfer Prozeß gegen Mitglieder des westdeutschen Friedenskomitees, 1960 in der DDR erschienen, ist jetzt nachgedruckt in: Justizunrecht, a.a.O., S. 174-263. Wie in der DDR durch das Deutsche Institut für Zeitgeschichte über den Düsseldorfer Prozeß berichtet wurde, siehe ebenda, S. 264-305.

35 Annette Rosskopf: Friedrich Karl Kaul. Anwalt im geteilten Deutschland, a.a.O., S. 128-138.

36 Ebenda, S. 138. Das Grundgesetz enthält keinen Begriff der »Verfassungsfeindlichkeit«, sondern verweist auf das Entscheidungsmonopol des BVerfG bei der Feststellung der »Verfassungswidrigkeit« in Art. 18 und 21.

37 Diether Posser: Anwalt im Kalten Krieg, a.a.O., S. 256.

repressiven Antikommunismus in der Bundesrepublik«[38] konnte und kann unter Demokraten, Sozialisten und Kommunisten jedoch kein Zweifel bestehen. Der einzige noch lebende Angeklagte im Düsseldorfer Prozeß drückt es in der ihm eigenen ironischen Art aus: »Exekutive und Justiz der alten Bundesrepublik waren wahrlich keine Gralsritter mit weißem, unbeflecktem Schild.«[39]

Walter Diehl selbst hielt sich nicht an die Auflage des Gerichts, wonach die auf Bewährungsstrafe Verurteilten »sich in Zukunft ruhig verhalten« sollten. Er blieb aktiv im Bundesvorstand der Deutschen Friedensgesellschaft und im Sekretariat des Weltfriedensrates.

Es ist an der Zeit, sich der vergessenen Justizopfer des Kalten Krieges in der bundesdeutschen Geschichte nicht nur zu erinnern, sondern sie zum Gegenstand auch der Gesetzgebung zu machen, wie es bereits mit den Justizopfern des Kalten Krieges in der DDR geschehen ist. Es kommt darauf an, die Geschichte der alten Bundesrepublik aufzuarbeiten – ohne Scheu davor, daß dann deutlich wird, wie einerseits die Falschen in Amt und Würden blieben[40] und andererseits die Falschen verurteilt und verfolgt wurden.[41] Die Erinnerung an die Schande des Düsseldorfer Prozesses im »*Staat des Unrechts*« (Martin Niemöller) ist nur fruchtbar, wenn sie daran erinnert, was noch zu tun ist. Aber was heißt das? *Wir* müssen es tun, um am Ende mit den Worten von Friedrich Hölderlin sagen zu können: »Wir, so gut es uns gelang, haben das Uns're getan.«

---

[38] Ebenda.

[39] Walter Diehl: Der Düsseldorfer Prozeß. In: Justizunrecht, a.a.O.; S. 339.

[40] Siehe Joachim Perels: Entsorgung der NS-Herrschaft. Konfliktlinien im Umgang mit dem Hitler-Regime. Hannover 2004, S. 11-36; Ernst Klee: Das Personenlexikon zum Dritten Reich. Wer war was vor und nach 1945, 2. Aufl., Frankfurt/Main 2003.

[41] Siehe das Begleitheft zur Ausstellung »Die vergessenen Opfer des Kalten Krieges«. Hrsg. von ver.di, Fachbereich Medien, Kunst und Industrie, Berlin-Brandenburg, Berlin 2005.

Wolfgang Wippermann

Feindbild Osten

»Alle Wege des Marxismus führen nach Moskau!«, hieß es auf einem Plakat der CDU aus dem Bundestagswahljahr 1953.[1] Mit »Marxismus« war keineswegs nur die (damals noch nicht völlig verbotene) KPD, sondern auch die SPD gemeint. Antikommunismus und Antisozialismus waren also miteinander verbunden. Antikommunismus tritt selten oder nie allein auf.[2] Schon deshalb ist es nicht angängig, einen sog. »demokratischen« von einem »antidemokratischen Antikommunismus« zu differenzieren.[3]

Das auf dem Plakat erwähnte »Moskau« bedeutete nicht etwa allein die Hauptstadt der kommunistischen Weltbewegung. »Moskau« stand auch für ein »slavisches«, bzw. »panslavisches« und »asiatisch« konnotiertes Rußland und galt zudem als Sitz des »jüdischen Bolschewismus«. Letzteres wurde aber auf dem Plakat der CDU kaum angedeutet. Der abgebildete Rotarmist sah »asiatisch-bolschewistisch«, nicht mehr »jüdisch-bolschewistisch« aus.

»Moskau« lag im »Osten«. In einem stereotypisierten Raum, der von vielen Deutschen als bedrohlich empfunden wurde (und immer noch wird), weil aus ihm ständig »asiatische« und »slavische«, »jüdische« und »ostjüdische«, »bolschewistische« und »jüdisch-bolschewistische« (heute: »Asylanten«- und »Zigeuner«-) Fluten« heranbranden würden, gegen die man »Dämme und Deiche« errichten müsse, was gleichzeitig der Legitimierung des eigenen, des »deutschen Dranges nach Osten« diente und immer noch dient.

»Osten« war und ist ein aus Angst und Aggression zusammengesetztes Feindbild. In ihm bündeln sich die Ideologien des Antikommunismus, Antisemitismus, Antislavismus und Rassismus generell. Das Feindbild Osten diente und dient der Legitimierung direkter und indirekter Aggression im außenpolitischen und der Delegitimierung des Gegners im innenpolitischen Bereich. Auf den Plakaten der CDU waren es nur Kommunisten und Sozialdemokraten. Später waren es andere Linke und 68er, die aufgefordert wurden, »rüber«, d.h. nach Osten zu »gehen«. Heute sind es die oder

---

[1] Abgebildet in: Reiner Dietrich u.a, Die »rote Gefahr«. Antisozialistische Bildagitation 1918-1976, Westberlin 1976; Deutsches Historisches Museum (Hrsg.), Deutschland im Kalten Krieg 1945-1963, Berlin 1992.

[2] Dies wird in den – ohnehin wenigen kritischen – Studien zum Antikommunismus meist übersehen. Vgl.: Werner Hofmann, Stalinismus und Antikommunismus, Frankfurt/M. 1967; Klaus Körner. Die »rote Gefahr«. Antikommunistische Propaganda der Bundesrepublik 1950-2000, Hamburg 2004.

[3] So: Gesine Schwan, Antikommunismus und Antiamerikanismus in Deutschland. Kontinuität und Wandel nach 1945, Baden-Baden 1999.

zumindest viele »Ossis«, die falsch wählen und generell zu unser aller »Verostung« (Arnulf Baring[4]) oder »Verproletarisierung« (Jörg Schönbohm) beitragen.

Wann ist dieses Feindbild Osten entstanden? Welche politische Funktionen und Zielsetzungen hatte es vor, während und nach der NS-Zeit? Warum ist seine Geschichte so unzureichend aufgearbeitet worden?

»Osten« war schon immer keineswegs nur eine Himmelsgegend, sondern ein stereotypisierter Raum, ein Geostereotyp.[5] Aus dem »Osten« soll zwar auch das (religiöse) Heil und (kulturelle) Licht (ex oriente lux) gekommen sein, woran noch Goethe in seinem »West-östlichen Diwan« erinnert hat, doch weit mehr das Unheil. Im Mittelalter in Gestalt der Hunnen, Mongolen, Slaven und weiterer »Völkerfluten«. Schon damals war diese Angst vor dem »Osten« mit einer deutlich erkennbaren Aggressionsabsicht verbunden. Dies hat ein unbekannter Geistlicher aus dem Erzbistum Magdeburg 1108 folgendermaßen ausgedrückt. Auf die Beschreibung der gräßlichen Untaten der heidnischen Elb- und Ostseeslaven, die Trinkgelage mit »Krügen voller Menschenblut« veranstalteten, fügte er die nüchterne Bemerkung an: »Die Heiden sind schlimm, aber ihr Land ist sehr gut an Fleisch, Honig, Mehl und Vögeln und, wenn es bebaut wird, voller Reichtum der Ernten vom Lande, so daß ihm keines verglichen werden kann.«[6] »Blühende Landschaften« lockten also – im Mittelalter!

In der frühen Neuzeit waren oder sollen es dann die Türken gewesen sein, die, aus dem Orient kommend, Deutschland und die Deutschen bedrohten.[7] Die durch das Läuten spezieller »Türkenglocken« geschürte und zugleich durch Extra-«Türkensteuern« ausgenutzte Angst war allgegenwärtig. Und scheint es noch heute selbst im biederen Bielefeld zu sein, wo mein Kollege Hans-Ulrich Wehler noch jüngst vor dem Beitritt der Türkei zur EU mit dem unschlagbaren Argument warnte, daß »sie Wien belagert« hätten. Dabei haben diese bösen Türken (eigentlich Osmanen, die mit den heutigen Türken kaum etwas zu tun haben) Wien sogar zwei Mal belagert, nämlich 1529 und 1683. Doch dies scheint dem geschätzten Kollegen entgangen zu sein.

Zur Schürung der Türkenangst wurde schon in jener Zeit die erwähnte Fluten-Metapher benutzt. So heißt es in einem Pamphlet aus dem 16. Jahrhundert: »Denn die

---

4 Arnulf Baring, Deutschland, was nun? Ein Gespräche mit Dirk Rumberg und Wolf Jobst Siedler, Berlin 1993, S. 58 und 76.

5 Wolfgang Wippermann, Ost und West und Nord und Süd: Zur Ideologisierung der Windrose, in: Krzystof Glass u.a. (Hrsg.), Erweiterung Europas, Wien-Poznan 1998, S. 23 - 34; ders., Vom Feindbild zum Traumland. Die Deutschen und der Osten, in: Peter Gerlich u.a. (Hrsg.), Verwestlichung Europas, Wien-Poznan1999, S. 153 - 172.

6 Herbert Helbig/Lorenz Weinrich (Hrsg.), Urkunden und erzählende Quellen zur deutschen Ostsiedlung im Mittelalter, Erster Teil, Darmstadt 1975, S. 96-103.

7 Zur Türkenangst: Gernot Heiss/Grete Klingenstein (Hrsg.), Das Osmanische Reich und Europa 1683 - 1789. Konflikt, Entspannung und Austausch, München 1983; Franz-Reiner Erkens (Hrsg.), Europa und die Osmanische Expansion imausgehenden Mittelalter, Berlin 1997; Bodo Guthmüller/Wilhelm Kühlmann (Hrsg.), Europa und die Türken in der Renaissance, Tübingen 2000.

Türcken sind schier einem großen Wasser zu vergleichen, dieselbe wenn sie wachsen, anlaufen und endlich wie durch einen Tamm die Erde durchbrechen, überschwemmen sie gantze Lender.«

Nachdem die »Türkenflut« (die uns immerhin den Kaffee gebracht hat) bei Wien gebrochen (1683 durch Mithilfe der Polen!) war und sich »Deutsche« und/oder Österreicher unter Führung des Franzosen Prinz Eugen auf ihren Zug nach Südosten begeben hatten, verschwand die Türkenangst. Aus dem gräßlichen Türken wurde der »kranke Mann am Bosporus«, den die europäischen Großmächte gerne heilen wollten – durch Kolonisation.

Gesucht wurde ein neuer Feind, und gefunden wurde er in Gestalt der Russen, die nicht selten als »junge« oder »doppelte Türken« bezeichnet wurden.[8] Ihnen wurden zum Teil in den gleichen sog. »Neuen Zeitungen« und mit den gleichen Bildern die gleichen Verbrechen vorgeworfen wie den Türken. Vor allem das Vergewaltigen von Frauen. Neu war, daß »die Russen« angeblich ihre eigenen Frauen ständig verprügelten, was diese aber zu schätzen wüßten, außerdem ihre Lust am Wodka-Saufen (was »die Russen« übrigens nach Baring und Siedler den »verosteten« »Ossis« beigebracht haben sollen).

»Die Russen« und keineswegs nur der sprichwörtlich »schreckliche« Zar Ivan IV. galten als so »barbarisch«, daß sich ein Rußlandreisender – es war der Dichter Paul Fleming – darüber wunderte, »daß in der Barbarey auch was zu finden sei, daß nicht barbarisch ist«.[9] »Die Russen« mußten schon deshalb »barbarisch« sein, weil ihr Land inzwischen von den zeitgenössischen Kartographen nicht mehr im Norden, sondern im Osten angesiedelt worden war, teilweise in Asien. Folglich wurde Rußland als »asiatisch« konnotiert.[10] Das »asiatische« und im »Osten« gelegene Rußland war jedoch zugleich ein slavisches Land. Und »die Slaven«, bzw. das »Slaventum«, das von Herder entdeckt und positiv gezeichnet worden war, wurde schon in der ersten Hälfte des 19. Jahrhunderts als negativ und bedrohlich empfunden. Hegel rechnete »die Slaven« zu den »geschichtslosen Völkern«, weil sie »bisher nicht als ein selbständiges Moment in der Reihe der Gestaltungen der Vernunft in der Welt aufgetreten« seien.[11] Der Junghegelianer Arnold Ruge (1803-1880) war noch radikaler und slavenfeindlicher. Für ihn gab es nur den Gegensatz zwischen dem »romanisch-germanischen« Prinzip der Freiheit und dem »slavischen Prinzip« der Unfreiheit.

---

8 Zur Russophobie die Sammelbände von: Mechthild Keller (Hrsg.), Russen und Rußland aus deutscher Sicht, München 1985 ff.

9 Zitiert nach: Monika Hueck, »Der wilde Moskowit«. Zum Bild Rußlands und der Russen in der deutschen Literatur des 17. Jahrhunderts (Überblick), in: Keller (Hrsg.), Russen und Rußland aus deutscher Sicht, S. 289-340, S. 319.

10 Ekkehard Klug, Das »asiatische« Rußland. Über die Entstehung eines europäischen Vorurteils, in: Historische Zeitschrift 245, 1987, S. 265-289.

Das Feindbild Osten wurde vor allem in den Polenliedern der deutschen Liberalen beschworen. So heißt es in dem 1830 verfaßten »Aufruf an die Deutschen« August Graf von Platens: »Wenn der blut′ge Strauß beginnt, / Weiß ich, wer den Kranz gewinnt. / Wo Germane gegen Slave / Wo der Knecht bekämpft das Brave, / Sollte Freiheit unterliegen? / Deutsche siegen!« Die deutschen Fürsten ermahnte Platen, »Wehr und Damm« gegen »Slaven«, »Moskowiten«, »Türken« und »Asiaten« zu bilden. Denn: »Aus Europa muß hinaus / Jeder absolute Graus! / Moskowiten oder Türken / Wollen uns entgegenwürken? / Kehrt nach Osten eure Taten, / Asiaten!«.

Die Fluten-und-Dämme-Metapher wurde von Ernst Ortlieb in seinem »Großen Polenlied« bemüht, in dem es heißt: »Kommt denn immer, Russenheere! / Wälzt die ungeheuren Meere, / Wälzt sie nur auf unser Land! / Felsen halten wir euch Stand.« In einer 1832 veröffentlichten »Geschichtlichen Darstellung über das höchst gefährliche Wachstum Rußlands für die übrigen Staaten Europas« wurde die Gefahr einer neuen slavischen »Völkerwanderung« beschworen, die Europa »überschwemmen« und den gesamten Kontinent in die »Barbarei« zurückstoßen werde. Gotthilf August von Maltitz meinte in seiner utopischen Schrift »Reisen in den Ruinen des alten Europas im Jahr 2820«, daß Europa »durch die Überschwemmung östlicher Völker völlig verwüstet und zu einer Einöde gemacht« worden sei. Und in einem Zeitungsartikel vom Ende der 1830er Jahre hieß es gar, »daß hinter unserem Rücken in dem Ocean der slavischen Völkerschaften sich Elemente gestalten, deren weiter Schoß alle vereinzelte Civilisation des europäischen Lebens in sich verschlingt«.

Das Feindbild des »slavischen« und »asiatischen« »Ostens« diente den deutschen Liberalen in der Paulskirche dazu, ihre bisherige Polenfreundschaft aufzugeben und sich einem aggressiven deutschen Nationalismus zuzuwenden.[12] Da die Polen ebenfalls Slaven und damit »Stammverwandte« der Russen seien, würden sie keineswegs zusammen mit den Deutschen »eine Mauer gegen die östliche Barbarei« bilden,[13] sondern, »sobald sie frei geworden, sich lieber mit Rußland als mit uns verbünden (...), sich lieber dem asiatischen Despotismus in die Arme werfen, als an die deutsche Freiheit anschließen«[14]. Der Abgeordnete Löw aus Posen benutzte in diesem Zusammenhang ein neues, in den 1840er Jahren geprägtes, Schlagwort: »Der Slawismus, meine Herren,

---

[11] Georg Wilhelm Friedrich Hegel, Vorlesungen über die Philosophie der Geschichte, in: ders., Sämtliche Werke, hrsg. von Hermann Glockner, Bd. 11 Stuttgart 1928, S. 447.

[12] Dazu: Wolfgang Wippermann, »Gesunder Volksegoismus«. Vorgeschichte, Verlauf und Folgen der Polendebatte in der Paulskirche, in: Heiner Timmermann (Hrsg.), 1848. Revolution in Europa. Verlauf, politische Programme, Folgen und Wirkungen, Berlin 1999, S. 351-365.

[13] Stenographischer Bericht über die Verhandlungen der deutschen constituierenden Nationalversammlung zu Frankfurt am Main, hrsg. von Franz Wigard, Frankfurt/M. 1848,E S. 1141,

[14] So der Abgeordnete Ostendorf aus Soest. Vgl. Ebenda S. 1173.

klopft gerüstet von mehr als einer Seite an unsere Thür, lassen sie es im Hause ertönen wie im trojanischen Roß.«[15]

Der »Slavismus« oder »Panslavismus« und der »Osten« generell wurden zum bevorzugten Feindbild der deutschen Linken. Allen voran Marx und Engels.[16] Engels hatte schon 1842 im »Slawentum« den Feind der »deutschen Nationalität« erkannt, weshalb er meinte, daß Preußen »als Vertreter Deutschlands gegen die Barbarei des slawischen Ostens geachtet zu werden« verdiene.[17] 1848 kritisierte er zwar den Beschluß des Paulskirchenparlaments, einen großen Teil der preußischen Provinz Posen zu behalten und nicht an Polen fallen zu lassen,[18] doch nur ein Jahr später, 1849, wetterte er wieder gegen »die Slaven«. Die kleineren slavischen Völker rechnete Engels zu den „Völkerruinen", die niemals als »Trägerinnen der geschichtlichen Entwicklung« aufgetreten seien. Sie gehörten zu den »reaktionären Völkern«, die beim »nächsten Weltkrieg« zu verschwinden hätten.[19]

In seinem antislavischen Eifer vergaß Engels fast seine propolnischen Sympathien und schlug in einem Brief vom 23.5.1851 an Marx folgendes vor: »Den Polen im Westen abnehmen, was man kann, ihre Festungen unter dem Vorwand des Schutzes mit Deutschen okkupieren, besonders Posen, sie wirtschaften lassen, sie ins Feuer schicken, ihr Land ausfressen, sie mit der Aussicht auf Riga und Odessa abspeisen«.[20] Diese Ostverschiebung Polens sei notwendig, weil sonst »unsere« (!) »ohnehin schon miserabel schwache (Ost-) Grenze« »ruiniert« und die »ganze Ostseeküste bis nach Stettin bloß« gelegt werde. Andernfalls werde die Grenze zwischen »Germanentum und Slawentum«, zwischen »Kultur und Barbarei« einmal »von Stettin an der Ostsee bis Triest an der Adria« verlaufen.[21] Strebe doch der »Panslavismus« danach, »ungeschehen zu machen, was eine Geschichte von tausend Jahren geschaffen hat«, nämlich »die Türkei, Ungarn und die Hälfte Deutschlands von der Karte Europas wegzufegen«.[22]

Wenn man auf die ehemaligen polnischen Territorien verzichte, dann führe, so sorgte sich Marx, der »direkte Weg von Wien nach Berlin durch Rußland«. »Unsere Stellung gegenüber den Slawen wäre im Süden wenigstens dieselbe wie vor Karl dem Großen«.[23] Auch Marx fürchtete sich also keineswegs nur vor der »russischen Despo-

15 Ebenda S. 1195.

16 Vgl. dazu: Wolfgang Wippermann, Das Bild der mittelalterlichen deutschen Ostsiedlung bei Marx und Engels, in: Wolfgang H. Fritze (Hrsg.), Germania Slavica I, Berlin 1980, S. 41-69.

17 Friedrich Engels, Glossen und Randzeichnungen zu Texten aus unserer Zeit (1842) in; MEW Erg. Bd. II, S. 258-262.

18 Friedrich Engels, Die Polendebatte in Frankfurt vom 9. 8. bis 7.9.1849, in; MEW Bd. 5, S. 319-363.

19 Friedrich Engels, Der magyarische Kampf (13.1. 1849), in; MEW Bd. 6, S. 165-176.

20 Engels an Marx vom 23.5.1851, in; MEW Bd. 27, S. 262-268.

21 Friedrich Engels, Worum es in der Türkei in Wirklichkeit geht, (12.4.1853), in: MEW Bd. 9, S. 13-17.

22 Friedrich Engels, Der demokratische Panslavismus (15./16.2.1849), in: MEW Bd. 6, S. 270-286.

tie«, deren »asiatischen Ursprünge« er in seiner 1856/57 verfaßten »Geschichte der Geheimdiplomatie des 18. Jahrhunderts«[24] in geradezu verschwörungshypothetischer Weise meinte bewiesen zu haben, er hatte entsetzliche Angst vor dem »Panslavismus« und generell vor den »Fluten aus dem Osten«. Der Gegensatz zwischen »Deutschtum und Slaventum«, zwischen dem »barbarischen Osten« und dem »zivilisierten Westen« bestimmte Marx' und Engels' politisches Denken.

Damit standen Marx und Engels keineswegs allein da. Viele andere Linke und dann auch Rechte beschworen den Antagonismus zwischen Ost und West oder wie Jakob Philipp Fallmerayer (1790-1861) den zwischen »Orient und Occident«[25] und riefen wie Gustav Diezel (1817-1858) zum Kampf der »Freiheit gegen die Sklaverei, der Zivilisation gegen die Barbarei« auf.[26] In diesem Zusammenhang wurde immer wieder die Fluten-und-Dämme-Metapher bemüht. Zahlreiche Beispiele dafür findet man vor allem in der Belletristik. Die ethnische Zusammensetzung der »Fluten aus dem Osten« änderte sich jedoch. Mal waren es die mittelalterlichen Hunnen, Wenden und Mongolen; mal die neuzeitlichen Türken, dann Russen und Slaven allgemein. Im ausgehenden 19. Jahrhundert kamen noch Treitschkes »hosenverkaufende Jünglinge« hinzu, die »Jahr für Jahr aus der unerschöpflichen polnischen Wiege« nach Deutschland herein drängen würden.[27] Gemeint waren Juden, denen nichts vorzuwerfen war – das Verkaufen von Hosen war schließlich kein Verbrechen –, als daß sie Juden waren, die noch dazu »aus dem Osten kamen«.[28] Diese jüdischen Immigranten, die wegen des seit 1842 in Preußen geltenden Blutrechts (ius sanguinis) kein Bürgerrecht erhielten, wurden ebenso kurz und bündig wie absolut negativ »Ostjuden« genannt. Tatsächlich handelte es sich um die Nachfahren deutscher Juden, die Mitte des 14. Jahrhunderts aus Angst vor den grassierenden Pogromen während der Pest ihre deutsche Heimat verlassen und nach Osten, genauer nach Polen gezogen waren, von wo sie jetzt, d.h. im ausgehenden 19. Jahrhundert, wiederum aus Furcht vor Pogromen in das Land ihrer Väter zurückkehrten.

[23] Karl Marx, Herr Vogt, (1860) in: MEW Bd. 14, S. 381-686, S. 503.

[24] Karl Marx, Die Geschichte der Geheimdiplomatie des 18. Jahrhunderts. (1856/57) hrsg. von Ulf Wolter, Berlin 1977

[25] Jakob Philipp Fallmerayer, Fragmente aus dem Orient, Bd. 1-2 Berlin 1845.

[26] Gustav Diezel, Deutschland und die abendländischen Civilisation. Zur Erläuterung unserer politischen und socialen Begriffe, Stuttgart 1852.

[27] Heinrich von Treitschke, Ein Wort über unser Judentum, zitiert nach: Boehlich (Hrsg.), Der Berliner Antisemitismusstreit, S. 5 ff.

[28] Zu den »Ostjuden« immer noch wichtig die mit Dokumenten versehene Studie des Zeitzeugen: Shlomo Adler-Rudel, Ostjuden in Deutschland 1880 bis 1940. Zugleich eine Geschichte der Organisationen, die sie betreuten, Tübingen 1959: Ferner: Trude Maurer, Ostjuden in Deutschland 1918-1933, Hamburg 1986; Steven E. Aschheim, Brothers and Strangers: The East European Jews in Germany and German Jewish Consciousness, 1800-1923, Madison 1982; Jack L. Wertheimer, Unwelcome Strangers. East European Jews in Imperial Germany, New York 1987.

Hier wurden sie jedoch keineswegs mit offenen Armen aufgenommen. Auch von ihren jüdischen Glaubensgenossen nicht, die in den jüdischen Einwanderern »unwillkommene Fremde« sahen. Fremd und fremdartig wirkten viele von ihnen tatsächlich. Sprachen sie doch Jiddisch oder Deutsch mit einem erkennbaren jiddischen Akzent. Die Orthodoxen unter ihnen trugen zudem noch die im damaligen Osteuropa, aber nicht mehr in Deutschland übliche »jüdische« Kleidung (Kaftan und schwarzer Hut) und hielten ebenfalls aus religiösen Gründen an der traditionellen Haar- und Barttracht fest. Außerdem waren sie anders als die meisten alteingesessenen, inzwischen emanzipierten deutschen Juden in der Regel sehr arm, weshalb sie sich nur billige Wohnungen in heruntergekommenen Bezirken der deutschen Großstädte wie dem Berliner »Scheunenviertel« leisten konnten. Doch eins waren die »Ostjuden« mit Sicherheit nicht: eine Gefahr. Mit 78.000 Personen erreichte die ostjüdische Einwanderung im Jahr 1910 ihren Höchststand, das war etwas mehr als 0,01 Prozent der deutschen Gesamtbevölkerung. Eine soziale Belastung stellten sie schon deshalb nicht dar. Zudem hatten sie nahezu alle ihr, allerdings sehr bescheidenes, Auskommen als Händler, Handwerker oder Arbeiter.

Dennoch wurden Antisemiten aller Couleur nicht müde, die »ostjüdische Gefahr« an die Wand zu malen und vor weiteren »ostjüdischen Fluten aus dem Osten« zu warnen. Schon 1881 forderte der von Nietzsches Schwager Bernhard Förster (1843-1899) gegründete und geleitete »Deutsche Volksverein« (neben der Rückgängigmachung der Emanzipation) die Ausweisung aller nach Deutschland eingewanderten »polnischen Juden«. Diese »Antisemitenpetition« war zumindest teilweise erfolgreich. 1885/86 wurden neben 25.000 Polen, die aus dem russischen und österreichischen Teil ihres Vaterlandes in den preußischen eingewandert waren, auch etwa 10.000 Juden aus Preußen ausgewiesen. Doch dies war den Antisemiten nicht genug. Sie setzten ihre Kampagne gegen die »Ostjuden« fort, in der sich Ideologien des Antisemitismus und Antislawismus mit dem Geostereotp Osten mischten.

Als die deutsche Reichsleitung nach Beginn des Ersten Weltkrieges weitere 35.000 »Ostjuden« anwarb, um sie in der deutschen Rüstungsindustrie einzusetzen, verfaßte Georg Fritz, Funktionär des »Alldeutschen Verbandes«, eine Broschüre über die »Ostjudenfrage«, in der er einen sofortigen Einwanderungsstopp forderte, um »unsere Reichsgrenzen vor der Überflutung durch die ostjüdischen Massen zu verschließen«.[29] Dies wurde mit folgenden eindeutig rassistischen Argumenten begründet: Der von Deutschland geführte »Entscheidungskampf (...) gegen die Rassenbastarde im Westen und Süden« sowie gegen die »entarteten Slawen und die nachrückenden Mongolen im Osten« sei nur dann zu gewinnen, wenn das »germanische Gepräge unseres Volkes« möglichst rein gehalten werde.[30]

---

[29] Georg Fritz, Die Ostjudenfrage. Zionismus & Grenzschluß, München 1915, S. 45.
[30] Ebenda S. 4 und 10.

Stil und Inhalt dieser Broschüre verweisen bereits auf die NS-Zeit, in der eine noch viel größere Gefahr ausgemalt wurde: der Bolschewismus, der im »asiatischen Rußland« entstanden sei, das von »minderwertigen Slaven« bewohnt werde, und der eine Ideologie vertrete, die von dem »Juden Marx« erfunden und von »Ostjuden« wie Trotzki exekutiert werde. Folglich wurden die Nationalsozialisten nicht müde, vor diesen „asiatisch-slavisch-jüdischen Fluten aus dem Osten» zu warnen. Gleichzeitig riefen sie aber auch zu einem neuen »deutschen Drang nach Osten« auf.[31]

Dieses Schlagwort entstammt ebenfalls der deutschen Historiographie und Publizistik des 19. Jahrhunderts und diente zunächst der Rechtfertigung der Teilungen Polens: Sie seien die Folge eines naturwüchsigen Prozesses gewesen, wobei »die Deutschen« wie schon im Mittelalter zur Zeit der sog. »Ostkolonisation« nach Osten gezogen seien, um den »primitiven Slaven« die Segnungen der – natürlich – deutschen Kultur und Zivilisation zu bringen. So heißt es in dem 1843/1844 veröffentlichten Buch von Wilhelm Christian Binder »Der Untergang des Polnischen Nationalstaates pragmatisch entwickelt«: »Die Zivilisation hatte in den letzten Jahrhunderten ihren Gang von Westen nach Osten befolgt und so den Deutschen die Überlegenheit über die Polen, den Polen über die Russen, den Russen über die Tataren verschafft.«[32] Nüchterner und brutaler urteilte Moritz Wilhelm Heffter 1847.[33] Der von ihm konstatierte »Weltkampf der Deutschen und Slawen seit dem Ende des 4. Jahrhunderts nach christlicher Zeitrechnung« sei deshalb mit einem klaren Sieg des »Germanenthums« zu Ende gegangen, weil die Deutschen »Civilisation und Cultur« gebracht hätten.[34] Folglich gehöre »den Deutschen« das Land, das sie während und durch die »mittelalterliche Ostkolonisation« wie bei den Teilungen Polens den »Slawen« abgerungen hätten.

Mit diesen Drang-nach-Osten- und Kulturträger-Ideologien operierten die Liberalen in der Paulskirche, als sie sich weigerten, alle den Polen geraubten Gebiete wieder herauszugeben. Zur ihrem Sprecher machte sich Wilhelm Jordan. In einer extrem chauvinistischen Rede[35] warf er »den Polen« »polnische Wirtschaft« vor und sprach ihnen die Fähigkeit ab, »sich selbst zu regieren«.[36] Erst »der Deutsche« habe »den Polen« die »Kultur« gebracht und ihr Land kultiviert, weshalb man es nicht an die

---

31 Dazu: Wolfgang Wippermann, Der »deutsche Drang nach Osten«. Ideologie und Wirklichkeit eines politischen Schlagwortes, Darmstadt 1981.

32 Wilhelm Christian Binder, Der Untergang des Polnischen Nationalstaates pragmatisch entwickelt, B. 1-2 Stuttgart 1843-44, Bd. 1, S. 87.

33 Moritz Wilhelm Heffter, Der Weltkampf der Deutschen und Slawen seit dem Ende des 4. Jahrhunderts nach christlicher Zeitrechnung, nach seinem Ursprunge, Verlaufe und nach seinen Folgen dargestellt, Hamburg und Gotha 1847.

34 Ebenda S. 467.

35 Rede Jordans in: Stenographischer Bericht über die Verhandlungen der deutschen constituierenden Nationalversammlung zu Frankfurt am Main, hrsg. von Franz Wigard, Bd. 2, Frankfurt / M. 1948, S. 1143-1150.

36 Ebenda S. 1151.

Polen ausliefern dürfe, eben weil es sich um »Eroberungen der Pflugschar« handele.[37] Zu dieser Kulturträgerideologie kam das Bekenntnis zu dem, was Wilhelm Jordan »Volksegoismus« nannte: »Ich sage, die Politik, die uns zuruft: Gebt Polen frei, es koste, was es wolle, ist eine kurzsichtige, eine selbstvergessene Politik, eine Politik der Schwäche, eine Politik der Furcht, eine Politik der Feigheit. Es ist hohe Zeit für uns, endlich einmal zu erwachen aus jener träumerischen Selbstvergessenheit, in der wir schwärmten für alle möglichen Nationalitäten, während wir selbst von aller Welt mit Füßen getreten wurden, zu erwachen zu einem gesunden Volksegoismus, um das Wort einmal gerade heraus zu sagen, welcher die Wohlfahrt und Ehre des Vaterlandes in allen Fragen oben anstellt.«[38]

Einigen großdeutschen Historikern war der Besitz der den Polen geraubten Territorien nicht genug. Sie forderten mehr »Land im Osten« und riefen zu diesem Zweck zu einem neuen »deutschen Drang nach Osten« auf. So Gustav Höfken in seinem 1850 veröffentlichten Buch »Die deutsche Auswanderung und Kolonisation mit Hinblick auf Ungarn«:[39] Man müsse den »sich immer stärker und mächtiger ergießenden Strom der Auswanderung (...) nach Osten« lenken.[40] »Wenn sich dieser Auswanderungsstrom (...) in die unteren Donauländer ergösse, wenn zugleich Einheit, Ordnung und Energie dort in die ganze Kolonisation gebracht würde«, dann könnten nicht nur die »überschüssigen Volkskräfte« aus Deutschland abgelenkt werden, dann würde auch für die Donauländer selber eine glorreiche Zukunft anbrechen.[41]

Als historisches Vorbild dieses Dranges nach Südosten pries Höfken die »mittelalterliche deutsche Ostkolonisation«, in der er eine Art Fortsetzung der germanischen Völkerwanderung sehen wollte, die selber eine »Art gewaltige Colonisationsbewegung« gewesen sei. Nachdem sich die neuen germanischen Reiche gefestigt hätten, sei „die deutsche Colonisation nach Osten in die mittlerweile von den Slaven überfluteten Gebiete zurück« gedrungen, wobei es zu einer »Wiederverdeutschung des Ostens« gekommen sei.[42] Die »deutsche Colonisationsbewegung nach dem Osten« sei auch in der Neuzeit nicht zum Stillstand gekommen. Dies bewiesen die »deutschen Ansiedlungen« in Rußland sowie die »Niederlassungen (...) in slavischen Gebieten«, welche Friedrich der Große, Maria Theresia und Joseph II. gegründet hätten.[43]

Die »kleindeutschen« Historiker übernahmen diese Vorschläge ihrer ansonsten erbittert bekämpften »großdeutschen« Kollegen. Den Anfang machte Heinrich von

---

37 Ebenda S. 1148.
38 Ebenda S. 1145.
39 Gustav Höfken, Deutsche Auswanderung und Kolonisation mit Hinblick auf Ungarn, Wien 1850.
40 Ebenda S. 4.
41 Ebenda S. 195.
42 Ebenda S. 13.
43 Ebenda S. 127.

Treitschke, der in seinem zuerst 1862 veröffentlichten Essay über das »deutsche Ordensland Preußen« die »deutsche Ostkolonisation« als das »reißende Hinausströmen deutschen Geistes über den Norden und Osten« und »das gewaltige Schaffen unseres Volkes als Bezwinger, Lehrer, Zuchtmeister unserer Nachbarn« charakterisierte.[44] Die schon während des Mittelalters geführten »schonungslosen Rassenkämpfe« würden »im preußischen Volk geheimnisvoll fortleben«, denn: »Es weht ein Zauber über jenem Boden, den das edelste deutsche Blut gedüngt hat im Kampfe für den deutschen Namen und die reinsten Güter der Menschheit.«[45]

Eine noch deutlichere Verbindung zwischen »Blut und Boden« und »Raum und Rasse« zog Karl Lamprecht.[46] In seiner viel gelesenen, aber von den borussischen Historikern auch angefeindeten »Deutschen Geschichte« ging er ausführlich auf die »deutsche Ostkolonisation« ein.[47]: Sie sei als »Großtat unserer Nation« anzusehen, weil sie zu einer »Germanisation der Lande zwischen Elbe und Oder« und generell zu einer »Ausdehnung der Deutschen im Osten« geführt habe.[48] Der deutsche »Zug nach Osten« sei im Zusammenhang eines epochenübergreifenden Wechsels von Völker-Fluten und -Ebben geschehen.[49] Zunächst seien die Germanen während der »ersten großen Völkerwanderung« bis zum Rhein »vorgedrungen«. Doch während sich das »germanische Wesen« an den Grenzen des römischen Imperiums »staute«, sei es weiter im Osten zu einer »zweiten Völkerwanderung« der Slaven gekommen, die in die von den Germanen aufgegebenen Gebiete »eingedrungen« seien. Nach dieser slavischen »Oszillation nach Westen« sei es im Mittelalter wieder zu einem deutschen »Zug nach Osten« gekommen. Dabei »strömten« und »drangen« »Mengen deutscher Ansiedler«, von einem unaufhaltsamen »Wandertrieb« bewegt, in einem »ununterbrochenen Strome durch mehr als zwei Jahrhunderte in die Länder des Ostens«.[50] Im Verlaufe dieses »Vordringens deutschen Wesens« sei der »gesamte Osten von der Adria bis zur Ostsee (...) durch germanische Wanderungen überflutet und bedeckt« worden.[51] In diesen »Wonnetagen nationalen Lebens im Mittelalter« sei ein »koloniales Deutschtum« entstanden, das sich durch einen »Egoismus« auszeichne, der sich »in den Kämpfen gegen die unterlegenen Slawen gelegentlich bis zur Brutalität gesteigert«

---

44 Heinrich v. Treitschke, Das deutsche Ordensland Preußen (1862), in: ders., Historische und politische Aufsätze vornehmlich zur neuesten deutschen Geschichte, 2. Aufl. Leipzig 1865, S. 1-67, S. 7.

45 Ebenda S. 19.

46 Lamprecht wurde lange Zeit wegen seiner kulturhistorischen Methode, die auf die scharfe Kritik der politikgeschichtlich orientierten borussischen Historiker gestoßen ist, als »fortschrittlich« klassifiziert. Tatsächlich war er mehr als Treitschke und die übrigen borussischen Historiker der Vater der deutschen »Ostforschung«.

47 Karl Lamprecht, Deutsche Geschichte, Bd. 3, 5. Aufl. Berlin 1922, bes. S. 309 ff.

48 Ebenda S. 316, 312, 313.

49 Ebenda S. 311.

50 Ebenda S. 310, 312, 377.

51 Ebenda S. 399.

habe.[52] Dies gelte vor allem für die Bewohner Brandenburgs als »Zentrum der deutschen Angriffsstellung«, des preußischen Ordensstaates als »Nordbastion germanischen Wesens nach Osten« und Schlesiens, das sich schon immer als »großes Bollwerk Deutschlands« gegen die »Unkultur der östlichen Steppen« bewährt habe.[53]

Derartige organizistische Metaphern über die Völker-«Fluten« aus dem »Osten«, die man »eindämmen« oder denen man mit einem erneuten »deutschen Drang nach Osten« begegnen müsse, findet man auch bei anderen Autoren. Ähnlich wie Lamprecht meinte Alexander Wäber, daß die ursprüngliche »germanische Besiedlung« des Ostens in einer »slavischen Flut« untergegangen sei, bis es dann im Mittelalter zu einem »erneuten (deutschen) Drang nach Osten« gekommen sei, wobei sich ein »Strom einwandernder (deutscher) Ackerbauern« in diese Gebiete »ergossen« hätte.[54] Max Beheim-Schwarzbach bezeichnete die mittelalterliche »deutsche Ostkolonisation« als »zweite germanische Völkerwanderung« und behauptete, daß »keine körperliche Kraft (...) die Wellen des Deutschtum (...), die sich bereits über die Flächen des Ostens ergossen« hätten, »zurückstauen« könne.[55] Ernst Seraphim lobte in seiner »Geschichte Liv-, Est- und Kurlands« die (deutsche) »Besiedlung des Ostens« als »Großtat des deutschen Mittelalters« und pries die deutschen »Pioniere der Axt und des Pfluges«, die mit »Kreuz, Schwert und Pflugschar« »in das Dunkel der Wälder drangen« als »zielbewußte Germanisatoren«, weil sie »unbarmherzig unter den slavischen Bevölkerungsgruppen aufräumten«.[56]

Die Reihe der Beispiele (auch Max Weber sprach in seiner Freiburger Antrittsrede von 1894 von polnischem »Vordringen« und »slavischer Flut«[57]) ließe sich lange fortsetzen. Sie deuten darauf hin, daß es keineswegs mehr nur um den Besitz ehemals slavischer Territorien, sondern um mehr, um einen neuen »deutschen Drang nach Osten« ging. Einer der ersten, der dies deutlich aussprach, war Paul de Lagarde, der in seinen »Deutschen Schriften« aus dem Jahr 1885 nicht nur über die Juden schimpfte und sie als »Bazillen und Trichinen« bezeichnete, sondern dazu aufforderte, das im Mittelalter begonnene große »Kolonisationswerk« »nicht in fremden Welttheilen, sondern in unserer nächsten Nähe« fortzusetzen.[58] Dabei dachte Lagarde einmal an die »dünn bevölkerten« Gebiete in den »slovakischen und magyarischen Theilen

[52] Ebenda S. 313.

[53] Ebenda S. 426 und 403.

[54] Alexander Wäber, Preußen und Polen. Der Verlauf und der Ausgang eines zweitausendjährigen Völkergrenzstreites und deutsch-slawischer Wechselbeziehungen, München 1907; S. 111 und 205.

[55] Max Beheim-Schwarzbach, Die Besiedlung Ostdeutschlands durch die zweite germanische Völkerwanderung, Berlin 1882, S. 29.

[56] Ernst Seraphim, Geschichte Liv-, Est- und Kurlands von der »Aufsegelung« des Landes bis zur Einverleibung in das russische Reich. Bd. 1, Real 1895, S. 4, 7 und 9.

[57] Max Weber, Gesammelte politische Schriften, München 1921, S. 8-30.

[58] Paul de Lagarde, Deutsche Schriften, Göttingen 1892 (zuerst: 1885), S. 25.

Ungarns«, zum anderen aber auch an das »russische Polen«, das sich »wie eine Bastion zwischen Ost- und Westpreußen (...) drängt«. Auch diese Territorien müßten »über die Weichsel hinaus bis an die Pinsker Sümpfe« annektiert und mit »vom Wehrdienst befreiten gesunden Männern« kolonisiert werden.[59]

Solche ostimperialistische Forderungen sind dann von den Ideologen des Alldeutschen Verbandes aufgegriffen worden, obwohl oder gerade weil die Reichsleitung sie noch nicht teilte, zumindest nicht öffentlich, um das ohnehin schon schwierige Verhältnis zu Rußland, aber auch zu Österreich-Ungarn, nicht noch mehr zu belasten. Schon 1894 konnte man in den *Alldeutschen Blättern* den programmatischen Satz lesen: »Der alte Drang nach Osten soll wieder lebendig werden.« 1905 rief der Führer des Alldeutschen Verbandes, Ernst Hasse, offen zur Annektion der baltischen und polnischen Provinzen Rußlands auf, wiederum legitimiert mit dem Hinweis auf die »mittelalterliche deutsche Ostkolonisation«[60], die Hasses Nachfolger Heinrich Claß im gleichen ostimperialistischen Zusammenhang als »größte Tat der mittelalterlichen Geschichte« pries.[61]

Die Kriegsziele der Reichsleitung beschränkten sich im Ersten Weltkrieg auf die Gewinnung der baltischen Provinzen des Zarenreiches und großer Teile von, wie es meist verächtlich hieß, »Russisch Polen«.[62] In großen Teilen der deutschen Publizistik und nun auch der Historiographie war jedoch von weit mehr die Rede. Das Schlagwort vom »deutschen Drang nach Osten« wurde jetzt ganz unbefangen verwendet. Die diesem Begriff von Anfang an innewohnende organizistische Komponente war inzwischen ausgebaut und gewissermaßen verwissenschaftlicht worden – durch eine Wissenschaftsdisziplin, die aus der Geographie kam und »Geopolitik« genannt wurde.[63]

Ihr Schöpfer war der deutsche Geograph Friedrich Ratzel (1844-1904), der den Begriff »Geopolitik« erfunden hat.[64] Ähnlich wie die bisher erwähnten Historiker sah Ratzel in Völkern und Staaten Wesen, die hierhin und dorthin »drängten«, um »Raum« zum Leben zu gewinnen. Diesen, wie Ratzel sich ausdrückte, »Lebensraum« benötigten sie, um den Darwinschen »Kampf ums Dasein« zu gewinnen.[65] Dies gelte vor allem für das deutsche Volk. Sein »Lebensraum« müsse das gesamte Gebiet umfas-

---

59 Ebenda S. 27-31.

60 Ernst Hasse, Deutsche Politik, Bd. 1. Das Deutsche Reich als Nationalstaat, München 1905.

61 Heinrich Claß (unter dem Pseudonym: Einhart), Deutsche Geschichte, Leipzig 1909.

62 Fritz Fischer, Griff nach der Weltmacht. Die Kriegszielpolitik des kaiserlichen Deutschlands 1914/18, 3. Aufl. Düsseldorf 1967, bes. S. 132 ff, 155 ff und 208 ff.

63 Bester Überblick ist: Klaus Kost, Die Einflüsse der Geopolitik auf Forschung und Theorie der Politischen Geographie von den Anfängen bis 1945, Bonn 1988.

64 Sein wichtigstes Werk ist: Friedrich Ratzel, Politische Geographie, Leipzig 1897.

65 Friedrich Ratzel, Über den Lebensraum, in: Die Umschau 1, 1897, S. 363-367; ders., Der Lebensraum. Eine bio-geographische Skizze, in: Festgabe für Albert Schäffle, Tübingen 1901.

sen, das vor und während des Ersten Weltkrieges von Friedrich Naumann und vor ihm bereits von einigen »großdeutschen« Publizisten als »Mitteleuropa« bezeichnet worden war. Insofern stand auch Ratzel in der ideologischen Kontinuität der geschilderten Drang-nach-Osten-Publizistik. Doch dieser spezifisch deutsche Kontext wurde lange Zeit nicht erkannt, weil Ratzels geopolitische Lehren auch von einigen Ausländern aufgegriffen wurden.

An erster Stelle ist hier der Schwede Rudolf Kjellén (1864-1922) zu nennen, der sich in seinen Schriften nicht nur zu seinem Lehrmeister Ratzel, sondern generell zu Deutschland und dessen geopolitisch begründeten imperialistischen Ansprüchen bekannte.[66] Kurz nach Beginn des Ersten Weltkrieges begründete er das in der kleinen Schrift »Warum ich es mit Deutschland in diesem Krieg halte« mit dem Hinweis auf die geographische »Mittellage« Deutschlands. Sie legitimiere den deutschen Anspruch auf die Herrschaft in ganz »Mitteleuropa«.

Eine derartige prodeutsche Parteinahme kann man dem Schotten Halford Mackinder (1861-1947) nicht vorwerfen.[67] Im Gegenteil. Schon vor und dann wieder nach dem Ersten Weltkrieg warnte er die demokratischen Staaten vor dem deutschen und russischen Imperialismus. Beide Länder strebten nämlich nach der alleinigen Herrschaft im »Osten« bzw., wie Mackinder präzisierte, in ganz »Eurasien«. Wer dieses »heartland« besitze, der verfüge über den »geographical pivot«, den Dreh- und Angelpunkt, um die Herrschaft in Europa, ja der ganzen Welt zu erringen.[68]

Es war der Deutsche Karl Haushofer (1869-1945), der als einer der ersten die Bedeutung der geopolitischen Lehren Mackinders erkannte, sie übernahm und popularisierte und Mackinder als den »am meisten logischen geopolitischen Erzieher zu einer Kontinentalpolitik der alten Welt« lobte.[69] Der gelehrigste Zögling dieses »geopolitischen Erziehers«, mit dessen Ideen er durch Haushofer vertraut gemacht wurde, war Hitler, der zugleich die Drang-nach-Osten-Ideologien rezipierte, die von deutschen Historikern zu einer eigenen, »Ostforschung« genannten Wissenschaftsdisziplin ausgebaut wurden.[70] Sie war es dann auch, die Hitlers ostimperialistische Politik

---

[66] Rudolf Kjellén, Die Großmächte der Gegenwart, Berlin 1914.

[67] Zu Mackinder: William Henry Parker, Mackinder: Geography as an aid to statescraft, Oxford 1982; Brian Blouet, Halford John Mackinder: A Biographey, Austin 1987.

[68] Halford John Mackinder, The Geographical Pivot of History, in: The Geographical Journal 23, 1904, S. 421-444.

[69] Karl Haushofer, Der osteurasiatische Zukunftsblock, in: Zeitschrift für Geopolitik 2, 1925, S. 87.

[70] Dies ist von der (west-) deutschen Historiographie lange Zeit verschwiegen und verdrängt worden. Erste Hinweise bei: Karl Ferdinand Werner, Das NS-Geschichtsbild und die deutsche Geschichtswissenschaft, Stuttgart 1967. Die erste wirklich kritische Studie stammt von: Michael Burleigh, Germany turns Eastwards. A Study of Ostforschung in the Third Reich, Cambridge 1988. Burleighs erst völlig vernachlässigte Studie führte zu einer neuen Bewertung der Rolle der Geschichtswissenschaft im »Dritten Reich« im allgemeinen, der »Ostforschung« im besonderen. Vgl. unter anderen: Gerhard F. Volkmer, Die deutsche Forschung zu Osteuropa und zum osteuropäischen Judentum in den Jahren 1933-1945, in: Forschungen zur osteuropäischen Geschichte 42, 1989, S. 109-214;

ideologisch vorbereitete und legitimierte.[71] Nicht nur die »Rassen«-, auch die »Ostforschung« war eine »tödliche Wissenschaft«.[72]

»Ostforschung« ist als Begriff zwar erst in der zweiten Hälfte der 1920er Jahre erfunden worden,[73] doch ihre wissenschaftlichen und ideologischen Ursprünge sind bereits im 19. Jahrhundert anzutreffen. Die »Ostforschung« arbeitete mit zwei Paradigmen. Einmal mit dem des Volkes. Nach dieser auf die Romantik zurückgehenden und von Karl Lamprecht weiterentwickelten Auffassung soll Geschichte nicht von Staaten und Staatsmännern oder gar von Klassen, sondern von Völkern gemacht worden sein. Dazu benötigten sie Raum. Raum ist das zweite Paradigma, das Friedrich Ratzel und die von ihm entwickelte »Geopolitik« übernahmen. Landeshistoriker wie der Lamprecht-Schüler Rudolf Kötzschke, der zunächst in Bonn, dann in Breslau lehrende Hermann Aubin, die Königsberger Professoren Gunter Ipsen und Hans Rothfels, der Danziger Archivar Erich Keyser sowie vor allem dann der Direktor des Preußischen Geheimen Staatsarchivs Albert Brackmann fügten die beiden Paradigmen zusammen. In Abkehr von der immer noch herrschenden Schule des Historismus (zu der auch die meisten Osteuropahistoriker gehörten) ging es ihnen nicht mehr um Staat und Nation, sondern um »Raum« und »Volk« bzw. dann um »Lebensraum« und »Rasse«. Der ideologische Charakter der gesamten »Ostforschung« ist lange Zeit nicht erkannt worden. Gaben sich doch die »Ostforscher«, zu denen neben Mediävisten auch Neuzeit-Historiker sowie Geographen, Linguisten und Anthropologen gehörten, als ernst zu nehmende, zur Objektivität verpflichtete Wissenschaftler aus.

Ihr bevorzugtes Forschungsfeld war die »deutsche Ostkolonisation« oder »Ostbewegung«, zu der einige auch die germanische Völkerwanderung und die neuzeitliche Kolonisation rechneten. Im Anschluß an die Kulturträger- und Kulturgefälletheorien entwickelten sie ihre »Volks- und Kulturbodentheorie«: Der »Osten«, worunter sie

---

Karen Schönwälder, Historiker und Politiker. Geschichtswissenschaft im Nationalsozialismus, Frankfurt/M. 1992; Peter Schöttler (Hrsg.), Geschichte als Legitimationswissenschaft 1918-1945, Frankfurt/M. 1997; Winfried Schulze (Hrsg.), Deutsche Historiker im Nationalsozialisms, Frankfurt/M. 1998; Ingo Haar, Historiker im Nationalsozialismus. Deutsche Geschichtswissenschaft und der »Volkstumskampf« im Osten, Göttingen 2000. Knapper, aber instruktiver Forschungsüberblick bei: Eduard Mühle, »Ostforschung«. Beobachtungen zu Aufstieg und Niedergang eines geschichtswissenschaftlichen Paradigmas, in: Zeitschrift für Ostmitteleuropa-Forschung 46, 1997, S. 317-350.

[71] Vgl. vor allem; Hermann Aubin u.a. (Hrsg.), Deutsche Ostforschung. Ergebnisse und Aufgaben seit dem ersten Weltkrieg, Bd. 1-2 Leipzig 1942/1943. Dieser als Leistungsbilanz gedachte Sammelband liest sich heute wie eine einzige Anklageschrift gegen die »Ostforscher«:

[72] Benno Müller-Hill, Tödliche Wissenschaft. Die Aussonderung von Juden, Zigeunern und Geisteskranken, Reinbek 1982. Dazu der Forschungsüberblick von: Michael Burleigh/Wolfgang Wippermann, Hilfloser Historismus. Warum die deutsche Geschichtswissenschaft bei der Erforschung der Euthanasie versagt hat, in: Ludwig Rost u.a. (Hrsg.), Thema: Behinderte. Wege zu einer sozial verpflichtenden Medizin, Stuttgart 1971, S. 11-24.

[73] Mühe, »Ostforschung«, S. 325 vermutet, daß dies aufgrund einer Anweisung der Reichsministerialbürokratie geschah.

keineswegs nur das Gebiet der preußischen Ostprovinzen, sondern den gesamten ostmitteleuropäischen Raum verstanden, sei für alle Zeiten vom deutschen Volk und der deutschen Kultur geprägt worden. Es handele sich um einen »deutschen Osten«.

Der germanische Anspruch auf den gesamten »Osten« wurde durch die Unbestimmtheit der zentralen Begriffe (deutsches) »Volk« und (deutsche) »Kultur« erleichtert. Zum »deutschen Volk« wurden nämlich keineswegs nur die Angehörigen der deutschen »Staats«-, sondern auch der »Kulturnation« insgesamt gerechnet, also alle Personen, die irgendwo und irgendwie deutsch sprachen. Dies traf auf die sogenannten Volksdeutschen zu, die in einigen osteuropäischen Ländern als Minderheiten lebten, teilweise nur auf kleinen sogenannten Sprachinseln. Deren Umgebung wurde aber ebenfalls als »deutsch« angesehen, weil sie von der »deutschen Kultur« geprägt sei. Als Indikatoren dienten zum Beispiel Kirchen im gotischen Stil, denn die Gotik galt per se als deutsch. Falls keine vorhanden waren, verwies man auf germanische Stämme, die dort einst gesiedelt hätten. Deren Nachfahren wurden auch dann als »deutsch« angesehen, wenn sie kein Deutsch sprachen.

Mit der gleichen geradezu aberwitzigen Begründung wurden slavische Minderheiten in Deutschland wie die Sorben gewissermaßen germanisiert: Es handele sich um Nachfahren nur sprachlich slavisierter Germanen. Zum Beweis dieser Theorie untersuchten Anthropologen die Köpfe der Sorben. Waren sie lang und schmal, galten sie als deutsch. Nur Rundköpfe wurden als slavisch angesehen.

All dies ist – wissenschaftlich betrachtet – grotesk. Dennoch wurden die „Ostforscher" ernstgenommen. Da die von ihnen angewandten Methoden der Schule des Historismus so nicht bekannt waren, attestierte man hat ihnen sogar eine »methodische Innovation« (Willi Oberkrome),[74] die von den späteren Sozial- und Strukturhistorikern fortgeführt worden sei.[75] Tatsächlich waren einige von diesen frühere »Ostforscher«. Zu nennen sind vor allem Werner Conze und Theodor Schieder.

Die »Ostforschung« war eine dezidiert politische Wissenschaft. Dazu haben sich die meisten »Ostforscher« auch mehr als einmal und mehr als deutlich bekannt. In der Zeit der Weimarer Republik ging es vornehmlich darum, die angestrebte Revision der durch den Versailler Vertrag gezogenen Ostgrenze Deutschlands historisch zu legitimieren. Zu diesem Zweck wurden neue Forschungsinstitutionen geschaffen. So schon 1926 die »Stiftung für Volks- und Kulturbodenforschung«[76], die dann als »Mittelstelle des großen Kreises der hierbei zur Mitwirkung berufenen und tätigen Forscher« »auf allen Gebieten der Deutschtumsforschung« fungieren sollte.[77] Zur wichtigsten Insti-

---

[74] Willi Oberkrome, Volksgeschichte. Methodische Innovation und völkische Ideologisierung in der deutschen Geschichtswissenschaft 1918-1945, Göttingen 1993.

[75] Zu dieser sehr kontrovers geführten Debatte zusammenfassend: Mühle, »Ostforschung«, S. 334 ff.

[76] Dazu: Michael Fahlbusch, »Wo der Deutsche ... ist, ist Deutschland!«. Die Stiftung für deutsche Volks- und Kulturbodenforschung in Leipzig 1920 - 1933, Bochum 1994.

tution der »Ostforschung« entwickelte sich jedoch die 1932 beim Geheimen Staatsarchiv in Berlin-Dahlem angesiedelte »Publikationsstelle«, die im Dezember 1933 die »Nordostdeutsche Forschungsgemeinschaft« ins Leben rief.[78] Ihr politisches Ziel war keineswegs nur die Rückgewinnung der an Polen gefallenen ehemaligen preußischen Ostprovinzen, sondern weit mehr: die ideologische Begründung der deutschen Hegemonie im gesamten ostmitteleuropäischen Raum und darüber hinaus. Die Gewinnung und Germanisierung dieses Raumes wurde schließlich detailliert in einem Plan entwickelt, der schlicht »Generalplan Ost« genannt wurde. Er war das Hauptprodukt der deutschen »Ostforschung«. Seine Anfänge gehen auf das Jahr 1939 zurück:

Am 19. September 1939 schrieb der »Ostforscher« und Leipziger Anthropologie-Professor Otto Reche an seinen Kollegen, den Berliner Historiker und Direktor der »Publikationsstelle Dahlem« Albert Brackmann einen Brief, in dem er einige Gedanken über die Zukunft Polens unterbreitete:[79] Bei der künftigen Grenzziehung müsse die Kenntnis »rassischer Fragen« berücksichtigt werden, über die er – Reche – verfüge. In den zu annektierenden polnischen Territorien dürfe es kein »Volkstum« geben, das nur im linguistischen Sinne germanisiert, tatsächlich jedoch ein »rassisches Mischmasch« mit starken asiatischen Elementen sei. »Wir Deutsche«, erklärte Reche ebenso drastisch wie flapsig, benötigen »Raum«, aber »keine polnischen Läuse im deutschen Pelz«.

Brackmann antwortete postwendend am 22. September 1939: Er stimme mit Reches Grundprinzip vollständig überein.[80] Es gebe jedoch Leute, die darüber anders dächten. Daher schlug Brackmann Reche vor, ein Positionspapier zu erarbeiten, das er dann an die zuständigen Stellen weiterleiten werde. Reche machte sich sofort an die Arbeit und übersandte Brackmann bereits am 24. September ein mehrseitiges Manifest über »Leitsätze zur bevölkerungspolitischen Sicherung des deutschen Ostens«,[81] das Brackmann dem Reichsminister des Innern und am besten gleich »dem Führer« selber überreichen sollte.

In diesem Papier führte Reche seine Grundidee, wonach man nur »Raum« und keine »polnischen Läuse im deutschen Pelz« brauche, näher aus. Der zu annektierende Raum solle ausschließlich dem deutschen Volk zur Verfügung stehen. Neben den ca. zwei Millionen Juden und jüdischen Mischlingen sowie den »Zigeunern«, die alle so

---

[77] Carl Peters/Hans Schwalm, Dem 3. Jahrgang zum Geleit, in: Deutsche Hefte für Volks-und Kulturbodenforschung 3, 1933, S. 1, zitiert nach: Mühle, »Ostforschung«, S. 331.

[78] Ausführlich dazu: Burleigh, Germany turns eastwards, S. 70 ff.

[79] Brief Otto Reches an Albert Brackmann vom 19.9.1939, in: Bundesarchiv Berlin (BArchB) R 153/288. Dazu und zum folgenden: Michael Burleigh, Germany turns eastwards. A Study of Ostforschung in the Third Reich, Cambridge 1988, S. 167ff.

[80] Brief Brackmanns an Reche vom 22.9.1939, in: ebenda.

[81] Otto Reche, Leitsätze zur bevölkerungspolitischen Sicherung des deutschen Ostens vom 24.9.19139, in: BArchB R 153/288.

schnell wie möglich vertrieben werden müßten, sei auch an die Deportation großer Teile der polnischen Bevölkerung zu denken, weil es sich bei ihr um eine sehr »unglückliche Mischung« aus »prä-slavischen«, »ostbaltischen« und »ostischen Rassen« mit mongolischen Charakterzügen handele.[82] Nur diejenigen Polen, die von ausgebildeten Rasseexperten als »rassisch wertvoll« eingestuft worden seien, weil es sich um nordisch aussehende Nachkommen von nur sprachlich slavisierten Germanen handele,[83] dürften bleiben. Die restlichen Polen sollten in einem »Bevölkerungs-Transfer« nach Osten gebracht und gegen die Volksdeutschen in der Ukraine, an der Wolga, im Kaukasus und auf der Krim ausgetauscht werden.

Unter Hinweis auf die Griechen, denen es immerhin gelungen sei, Anfang der 1920er Jahre 1,5 Millionen anatolischer Griechen umzusiedeln,[84] obwohl sie über einen äußerst schwachen Staat verfügten, meinte Reche abschließend, daß es dem mächtigen Deutschland mit seinen ausgezeichneten organisatorischen Fähigkeiten ohne weiteres gelingen müsse, in wenigen Jahren zehn Millionen Menschen oder sogar noch mehr »umzusiedeln«.

Brackmann reichte Reches Memorandum zwar wie versprochen an das Reichsinnenministerium weiter und setzte auch die Korrespondenz mit Reche fort, wobei es vor allem um die Frage – so wörtlich Reche – »wohin mit den Polacken« ging,[85] favorisierte jedoch intern ein anderes Papier, das ungefähr zur gleichen Zeit, also noch im September 1939, von dem damals 31jährigen Historiker Theodor Schieder verfaßt worden war.[86] Schieders Denkschrift über die »ostdeutsche Reichs- und Volkstumsgrenze« stimmte konzeptionell weitgehend mit dem Reche-Papier überein. Wie Reche setzte sich auch Schieder für die Herstellung eines »geschlossenen deutschen Volksbodens« ein. Um die »Gefahren einer völkischen Vermischung« zu vermeiden, sei eine

---

[82] Reche hat das Ergebnis seiner »rassenkundlichen« „Forschungen" über die Polen in einem Aufsatz zusammengefaßt, der 1942 erschien. Vgl.: Otto Reche, Stärke und Herkunft des Anteils nordischer Rasse bei den Westslawen, in: Hermann Aubin u.a. (Hrsg.), Deutsche Ostforschung. Ergebnisse und Aufgaben seit dem ersten Weltkrieg, Leipzig 1942, Bd. 1, S. 58-89. Dazu auch: Wolfgang Wippermann, Der »deutsche Drang nach Osten«. Ideologie und Wirklichkeit eines politischen Schlagwortes, Darmstadt 1981, S. 114f.

[83] Diese sog. Urgermanenthese hat Reche auch auf die Sorben angewandt, in denen er ebenfalls nur sprachlich slavisierte Nachkommen der »germanischen Urbevölkerung« sehen wollte. Vgl. dazu: Wolfgang Wippermann, Sind die Sorben in der NS-Zeit aus »rassischen« Gründen verfolgt worden?, in: Letopis 43, 1996, S. 32-38.

[84] Der Hinweis auf die »Umsiedlung« der Griechen und Türken zu Beginn der 20er Jahre taucht dann in den weiteren Dokumenten zur nationalsozialistischen »Umsiedlungs«-Politik häufiger auf. Vgl. dazu: Götz Aly/Susanne Heim, Vordenker der Vernichtung. Auschwitz und die deutschen Pläne für eine neue europäische Ordnung, Hamburg 1991.

[85] Zur weiteren Korrespondenz zwischen Brackmann und Reche: BArchB R 153/288. Vgl.: Burleigh, Germany turns eastwards, S. 172.

[86] Theodor Schieder, Entwurf einer volkstumspolitischen Denkschrift, in: BArchB R 153/291. Dieser äußerst wichtige Denkschrift-Entwurf wurde entdeckt von: Burleigh, Germany turns eastwards, S. 165. Knapp erwähnt von: Karl Heinz Roth, »Generalplan Ost« – »Gesamtplan Ost«. Forschungsstand, Quellenprobleme, neue Ergebnisse,

»klare Abgrenzung von polnischem und deutschem Volkstum« notwendig. Dies sei wiederum ohne »Bevölkerungsverschiebungen allergrößtem Ausmaßes« nicht möglich. Besonders vordringlich sei die »Entjudung Restpolens und der Aufbau einer gesunden Volksordnung«.

Schieders Denkschrift wurde am 28. September von der Breslauer Arbeitsgruppe der Publikationsstelle Berlin-Dahlem diskutiert und geringfügig verändert.[87] An dieser Beratung nahmen neben Schieder die Professoren Hermann Aubin, Walter Kuhn, Ernst Birke und Ludwig Petry teil. Das von dieser illustren Runde abgesegnete Schieder-Papier wurde an die Publikationsstelle Dahlem gesandt, dort noch einmal beraten und schließlich unter dem harmlos klingenden Titel »Bevölkerungsfragen in Polen« am 1. November 1939 an die zuständigen politischen Institutionen versandt.[88] Dazu gehörte auch das am 7. Oktober 1939 durch Führererlaß neu geschaffene »Reichskommissariat für die Festigung deutschen Volkstums«.[89] Eine der Planungsabteilungen dieses Reichskommissariats unter der Leitung des Agrarwissenschaftlers Konrad Meyer legte dann im Januar 1940 einen Plan vor, der in der Folgezeit noch mehrmals ergänzt, radikalisiert und schließlich »Generalplan Ost« genannt wurde.[90]

Sein Grundgedanke beruhte auf Reches Diktum, wonach man nur »Raum«, aber keine »polnischen Läuse« und Angehörige anderer »rassisch minderwertiger Ostvölker« benötige.[91] Allerdings dachten Meyer und seine Mitarbeiter nicht wie Reche an die Umsiedlung von zehn, sondern von 30, ja schließlich sogar von über 50 Millionen Menschen. Man ging davon aus, daß etwa 20 Millionen die »Umsiedlung« nicht überleben würden und dürften. Dabei waren Juden nicht mitgezählt. Die, wie sie von Schieder (und ebenso von Werner Conze[92]) genannt wurde, »Entjudung« des deut-

---

in: Mechthild Rössler/Sabine Schleiermacher (Hrsg.), Der »Generalplan Ost«. Hauptlinien der nationalsozialistischen Planungs- und Vernichtungspolitik, Berlin 1993, S. 25-117, S. 91. Die Mitwirkung Schieders wurde dargestellt und zugleich angeprangert von: Angelika Ebbinghaus/Karl Heinz Roth, Deutsche Historiker und der Holocaust, in: 1999. Zeitschrift für Sozialgeschichte des 20. und 21. Jahrhunderts 6, 1991, H. 3, S. 7-10. Obwohl der Denkschriftentwurf Schieders dann in dieser Zeitschrift auch publiziert wurde, nahm die Öffentlichkeit wenig Notiz davon. Dies änderte sich erst, als Götz Aly dazu in der taz einen Artikel schrieb, der in seine Aufsatzsammlung aufgenommen wurde. Vgl.: Götz Aly, Macht, Geist, Wahn. Kontinuitäten deutschen Denkens, Berlin 1997. Dazu dann: Peter Schöttler, Schuld der Historiker. Götz Aly über Vordenker der »Entjudung«, in: Die Zeit Nr. 14, 28.3.1997.

87 Protokoll der Sitzung in: BArchB R 1153/291. Vgl.: Germany turns eastwards, S. 165.

88 In: BArchB R 153/291. Vgl. Burleigh, Germany turns eastwards, S. 166.

89 Dazu die bahnbrechende, in Deutschland aber wenig rezipierte Arbeit von: Robert L. Koehl, RKFDV: German Resettlement and Population Policy 1939-1945. A History of the Reich Commission für the Strengthening of Germandom, Cambridge 1957.

90 Dazu jetzt: Mechthild Rössler/Sabine Schleiermacher (Hrsg.), Der »Generalplan Ost«. Hauptlinien der nationalsozialistischen Vernichtungspolitik, Berlin 1993.

91 Tatsächlich hat es zwischen Meyers Planungsamt und den Historikern von der Publikationsstelle Dahlem eine intensive Zusammenarbeit gegeben. Vgl. dazu: Burleigh, Germany turns eastwards, S. 163ff

schen »Lebensraums« wurde als bereits vollzogene Tatsache angesehen und tauchte in den Kalkulationen der Opferzahlen gar nicht mehr auf.

In den »entjudeten« und sonstwie entvölkerten Räumen im Osten sollten neben sechs Millionen Deutschen aus dem Reich,[93] dem Baltikum,[94] der Sowjetunion[95] und Rumänien[96] Angehörige von Völkern »artverwandten Blutes«, also Holländer,[97] Flamen, Dänen und Norweger angesiedelt werden. Dies sollte in geschlossenen »Siedlungsgebieten« und entlang der projektierten Autobahnlinien in Form von »Siedlungsstützpunkten« geschehen, wobei man sich auf die Vorstellungen des Geographen Walter Christaller berief.[98] Bei der Planung der für diese Siedlungspläne als unverzichtbar geltenden Autobahnen wurde auch der Rat von Landschaftsgärtnern eingeholt, die sich bereits Gedanken darüber machten, welche »arteigenen« Pflanzen und Sträucher auf den Seiten- und Mittelstreifen dieser Autobahnen wachsen sollten.[99]

All diese detaillierten und immer wieder veränderten und aktualisierten Pläne[100] unterstreichen, daß die deutsche Okkupations- und Vernichtungspolitik von deutschen Wissenschaftlern fast aller Fachrichtungen bis ins Detail vorgeplant und begleitet wurde. Der „Rassenkrieg» des nationalsozialistischen »Rassenstaates«[101] war der vielleicht barbarischste, auf jeden Fall aber der wissenschaftlichste Krieg der Weltgeschichte.

Wie ist man nach 1945 in der westdeutschen Wissenschaft damit umgegangen? Zunächst einmal gar nicht. Man machte einfach so weiter wie bisher. Die »Ostforschung« hieß weiter »Ostforschung« und wurde wie selbstverständlich von den gleichen »Ostforschern« betrieben. Und dies in den alten Instituten, die nur ihren Namen und zum Teil den Ort wechselten. Aus der »Publikationsstelle Dahlem« und der »Nordostdeutschen Forschungsgemeinschaft« in Berlin wurden das »Herder-Institut« und der »Herder-Forschungsrat« in Marburg. Aus der »Volksgeschichte« wurde die

---

92 Vgl.: Werner Conze, Die ländliche Überbevölkerung in Polen, in: Arbeiten des XIV. Internationalen Soziologen Kongresses Bucaresti, Mitteilungen, Abteilung B - Das Dorf I. Bd. D, Bucaresti 1940, S. 40. Zu diesen Forschungen deutscher Historiker: Gerhard F. Volkmer, Die deutsche Forschung zu Osteuropa und zum osteuropäischen Judentum in den Jahren 1933 bis 1945, in: Forschungen zur osteuropäischen Geschichte, Bd. 42, Berlin 1989. Zur Zusammenarbeit von Mitarbeitern der Publikationsstelle Dahlem und der Gestapo auch: Michael Burleigh, Die Stunde der Experten, in: Rössler/Schleiermacher (Hrsg.), Generalplan Ost, S. 346-349.

93 Allgemein zu diesen »Umsiedlungsplänen«: Hans Mommsen, Umvolkungspläne des Nationalsozialismus und der Holocaust, in: Helge Grabitz u.a. (Hrsg.), Die Normalität des Verbrechens. Bilanz und Perspektiven der Forschung zu den nationalsozialistischen Gewaltverbrechen. Festschrift für Wolfgang Scheffler zum 65. Geburtstag, Berlin 1994, S. 68-84; sowie die bereits erwähnte Studie von Aly/Heim, Vordenker der Vernichtung.

94 Jürge v. Hehn, Die Umsiedlung der baltischen Deutschen. Das letzte Kapitel baltischdeutscher Geschichte, Marburg 1982.

95 Rolf-Dieter Müller, Hitlers Ostkrieg und die deutsche Siedlungspolitik. Die Zusammenarbeit von Wehrmacht, Wirtschaft und SS, Frankfurt/M. 1991.

96 Dirk Jachomowski, Die Umsiedlung der Bessarabien-, Bukowina- und Dobrudschadeutschen. Von der Volksgruppe in Rumänien zur Siedlungsbrücke an der Reichsgrenze, München 1984.

»Sozialgeschichte« und zum Teil selbst die »Kulturgeschichte«. »Volksgeschichte, Sozialgeschichte und Kulturgeschichte« sollten, wie es in den »Empfehlungen zur Ostkunde« aus dem Jahr 1956 heißt, zu einer den »Raum« einbeziehenden »Geschichtsbetrachtung« zusammengefaßt werden.[102] Und mit diesem »Raum« war der »deutsche und europäische Osten« gemeint: »Ostforschung« und »Ostkunde« seien für eine »fruchtbare Auseinandersetzung auch mit dem System (...) notwendig«, das diesen »Raum« »gegenwärtig beherrscht«. Mit diesem »System« war das bis 1945 »jüdisch-bolschewistisch«, jetzt aber nur noch »bolschewistisch« bzw. »kommunistisch« genannte im »Osten« gemeint.

Seiner Bekämpfung im innen- und außenpolitischen Bereich dienten die 1963 erlassenen »Richtlinien für die Behandlung des Totalitarismus im Unterricht«.[103] Unter »Totalitarismus« waren der »kommunistische« und der »nationalsozialistische« zu verstehen, über deren »enge Verwandtschaft« die »Tatsache« nicht »hinwegtäuschen« dürfe, »daß die beiden System einander bekämpft haben«. Welches dieser »beiden Systeme« das schlimmere und gefährlichere sei, wurde auch gleich mit dekretiert: das kommunistische, denn der »Bolschewismus« erhebe einen »weltweiten Anspruch« und stelle eine »Gefahr für die Menschheit« dar. Beim »Nationalsozialismus« dagegen habe es die »innere Notwendigkeit der Katastrophe« gegeben, die aus der »Maßlosigkeit Hitlers« hervorgegangen sei.

Die verordneten »Ostkunde-« und »Totalitarismus«-Empfehlungen sind zwar niemals offiziell aufgehoben, aber im Schulunterrichte der (alten) Bundesrepublik immer weniger beachtet worden. Die Richtigkeit der Totalitarismus-Doktrin wurde seit den 60er Jahren sowohl in der NS- wie in der Kommunismusforschung zunehmend

97 Zu den wissenschaftlich bis ins Detail vorbereiteten Plänen für eine »Umsiedlung« der Holländer: Koos Bosma, Verbindungen zwischen Ost- und Westkolonisation, in: Rössler/Schleiermacher (Hrsg.), Generalplan Ost, S. 198-214.
98 Dazu: Mechthild Rössler, Wissenschaft und Lebensraum. Geographische Ostforschung im Nationalsozialismus, Hamburg 1990.
99 Gerd Gröning/Joachim Wolschke-Bulmahn, Die Liebe zur Landschaft, Teil III, Der Drang nach Osten, München 1987; Gerd Gröning, Die »Allgemeine Anordnung Nr 20/VI/42« – Über die Gestaltung der Landschaft in den eingegliederten Ostgebieten, in: Rössler/Schleiermacher (Hrsg.), Generalplan Ost, S. 131-147.
100 Ausführlich dazu: Karl Heinz Roth, »Generalplan Ost« – »Gesamtplan Ost«. Forschungsstand, Quellenprobleme, neue Ergebnisse, in: Rössler/Schleiermacher (Hrsg.), Generalplan Ost, S. 25-117.
101 Zu diesem Begriff und der damit verbundenen Deutung des NS-Staates: Michael Burleigh/Wolfgang Wippermann, The Racial State. Germany 1933-1945, Cambridge 1991.
102 »Empfehlungen zur Ostkunde« der Ständigen Konferenz der Kultusminister der Länder vom 13./14. Dezember 1956, abgedruckt in: Günter Berndt/Reinhard Strecker (Hrsg.), Polen – ein Schauermärchen oder Gehirnwäsche für Generationen, Reinbek 1971, S. 96-99.
103 »Richtlinien für die Behandlung des Totalitarismus im Unterricht« der Kultusministerkonferenz vom 5.7.1962, abgedruckt in: ebenda, S. 99-104. Zur Kritik der Totalitarismus-Doktrin: Wolfgang Wippermann, Totalitarismustheorien. Die Entwicklung der Diskussion von den Anfängen bis heute, Darmstadt 1997

bezweifelt. Die »Ostforschung« wurde ebenfalls kritisiert. Allerdings erst seit den 80er Jahren.

Doch nach der sogenannten Wiedervereinigung erfreuen sich diese Ideologien und das ihnen zugrunde liegende Feindbild Osten einer bemerkenswerten Renaissance. Wieder wird zu einem »antitotalitären Grundkonsens« aufgerufen, vor dem man sich wie vor einem Geßlerhut verneigen soll – und jetzt gehen diese Zumutungen auch von Linken oder Ex-Linken wie Wolfgang Kraushaar und anderen Mitarbeitern des Hamburger Instituts für Sozialforschung aus.[104] Wieder wird die »Gefahr aus dem Osten« oder die allgemeine »Verostung« beschworen und in diesem Zusammenhang zu einer »neuen deutschen Ostkolonisation« aufgerufen.[105] Allerdings sind die Rufe, eine deutsche »Vorherrschaft in jenen unabsehbaren Räumen zwischen Weichsel, Bug, Dnjepr und Don« zu erringen[106] und Deutschland »wieder« zur »Großmacht« zu machen,[107] etwas leiser geworden. Deutschland ist mehr mit sich selber beschäftigt und kann noch nicht einmal die Maastricht-Kriterien erfüllen, anstatt mit und durch Maastricht Europa beherrschen. Doch was etwas kleinlaut geworden ist, kann wieder dröhnend werden. Auf jeden Fall ist die Geschichte des deutschen Feindbildes Osten, mit dem der innenpolitische Gegner delegitimiert, der »deutsche Drang nach Osten« dagegen legitimiert wurde, keineswegs vorbei. Die Angst vor dem »Osten« ist tief in der Mentalität vieler Deutscher verwurzelt. Diese Angst kann wieder in Aggression umschlagen.

---

[104] Wolfgang Kraushaar, Linke Geisterfahrer. Denkanstöße für eine antitotalitäre Linke, Frankfurt/M. 2001.
[105] Baring, Deutschland, was nun, S. 51 und 113.
[106] Ebenda S. 33.
[107] Gregor Schöllgen, Angst vor der Macht, Berlin 1993. Ähnlich auch: Wolf D. Gruner, Die deutsche Frage in Europa, München 1993.

Kurt Pätzold

Über die Produktion von Geschichtsbildern

»Es gibt Spiegel, welche so verschoben geschliffen sind, daß selbst ein Apollo sich als eine Karikatur abspiegeln muß.« So Heinrich Heine in der Vorrede zu »Atta Troll«. Die Beobachtung des Dichters kann für viele Spiegel gelten, die heute benutzt werden. Nur daß sich dabei zumeist das Umgekehrte zuträgt: Es blickt eine Mißgestalt hinein, und ein Apollo, also ein Gott der Reinheit, des Lichtes und der Sonne, schaut heraus.

I.

Wiewohl der Begriff Geschichtsbild in der deutschen Sprache durchaus geläufig war, findet er sich im Brockhaus Konversations-Lexikon, Revidierte Jubiläumsausgabe des Jahres 1902, die den Begriff Geschichtsklitterung vermerkt, mit einem eigenen Beitrag nicht. Dabei existierten Geschichtsbilder im Sinne von weit verbreiteten Vorstellungen über Ereignisse und Prozesse und sich mit ihnen verbindende Personen im Deutschen Kaiserreich nicht nur in den sogenannten gebildeten Kreisen in erheblicher Zahl. Besonders beliebt waren die aus der Zeit der napoleonischen Besatzung und der Befreiungskriege überlieferten und die den anfänglichen Benutzern des Lexikons noch erinnerlichen des deutsch-französischen Krieges und der Reichseinigung.

Besagtes Lexikon enthielt aber unter dem Stichwort Historienmalerei (Verweis: von Geschichtsmalerei) eine längere Abhandlung (diese wiederum mit dem Verweis auf Schlachtenmalerei) und erklärte sie mit den Worten: »Im weiteren Sinne die malerische Vorführung thatsächlicher Ereignisse der Weltgeschichte, der biblischen Geschichte und Heiligenkunde, der Sage und des Märchens in einem monumentalen oder idealisierenden Stil.« Im engeren und zugleich auch moderneren Sinne sei sie jedoch richtiger als Geschichtsmalerei zu bezeichnen. Und da behandle sie »geschichtliche Stoffe (aus der Staats- und Kriegsgeschichte) in erhabenster Auffassung und möglichster Treue«.

Am Ende des längeren Beitrags ist von der Notwendigkeit der Förderung der Historienmalerei auch durch Staat, Kirchen und Städte die Rede, und dann wird bedauert, daß deren Subventionen »zumeist nur den zur Vaterlandsliebe oder Religiosität anregenden bildlichen Darstellungen« zuteil würden. Mehr noch, den »Meistern der monumentalen Malerei« werde »eine gewisse Einschränkung in Bezug auf Stoffwahl und Darstellungsweise auferlegt«. Da ist von Interessen die Rede, und das führt uns näher an unser Thema, läßt diese Erwähnung doch an die Situationen in Zeitungs-, Zeitschriften- und Fernsehredaktionen sowie in Filmgesellschaften denken, den wichtigsten heutigen Produktionsstätten von Geschichtsbildern. Ins Aktuelle weist auch die Erwähnung einer »Vorliebe der Laienkreise für gemüthvolle Geschichtsdarstellungen«, die nach Befriedigung verlange.

II.

Geschichtsbilder sind so alt wie Kenntnisse und Vorstellungen der Menschen von sich und ihren Vorfahren. In ihrem Zentrum können einzelne Personen, Personengruppen, soziale, nationale und ethnische Gemeinschaften stehen, aber auch bestimmte Epochen. Geschichtsbilder werden in der wissenschaftlichen wie der politischen Literatur verbreitet, auch – und vielfach wirksamer noch – durch Romane und Filme und auf Theaterbühnen. Parteien, andere politische Organisationen, Gesellschaften und Vereine schaffen sich Geschichtsbilder von sich selbst und pflegen sie sorgsam.

Die historisch ältesten dieser Bilder waren bis zur Ununterscheidbarkeit mit Mythen verbunden oder bestanden ganz und gar aus ihnen. Sie wurden verbreitet, aufgenommen, von Generation zu Generation weitergegeben und dabei auf diese oder jene Weise verändert. Es wurde hinzugefügt und weggelassen, oft auch ausgeschmückt. Wer sich auf die Spur solcher Bilder setzt und zu ihren Ursprüngen und Urfassungen gelangen will, hat mitunter weite und gewundene Wege zurückzulegen. Was Geschichtsbilder über Denkweisen, Hoffnungen und Wünsche der jeweils Lebenden aussagen, bildet längst einen eigenen Gegenstand der Geschichtsforschung. In sozialen und politischen Kämpfen haben Geschichtsbilder stets eine Rolle gespielt.

Mit der Entwicklung der Geschichtsschreibung zu einer Wissenschaft begann sich nicht selten ein Widerspruch zwischen denjenigen Geschichtsbildern zu entwickeln, die mit Hilfe der sich qualifizierenden wissenschaftlichen Methoden gewonnen worden waren, und jenen anderen, mit denen sich aktuelle politische und ideologische Bedürfnisse der Herrschenden befriedigen ließen. Und dies um so mehr, je größer das Verlangen wurde, die eigene Innen- und Außenpolitik nicht nur mit dem Blick in die Gegenwart und auf die Zukunft zu begründen, sondern ihr gleichsam eine höhere Weihe dadurch zu geben, daß sie historisch gerechtfertigt und umgekehrt die der Gegner und Feinde als illegitim hingestellt wurde. Davon bekommen wir derzeit rund um den Erdball unausgesetzt Kostproben.

III.

Ist in unseren Tagen von Geschichtsbildern die Rede, sind ihrer Herkunft nach zwei Gruppen zu unterscheiden. Die einen entstehen in der Zunft, in Werkstätten der Historiker, vorwiegend an Akademien und Universitäten, und führen eine Vielzahl in langwierigen und weitläufigen Untersuchungen gewonnene Kenntnisse (gleichsam Puzzles) zu einem Gesamtbild eines Ereignisses oder einer Person zusammen. Die der anderen Gruppe zugehörenden sind von Publizisten gefertigt, von Redakteuren in den Medien, beruhen zumeist nicht auf eigenen Forschungen, sondern bedienen sich des von der Historiographie bereitgestellten Tatsachenmaterials. Historiker vermögen diese Verwertung ihrer meist unfreiwilligen Zuarbeit nicht zu verhindern. Zudem sind die Grenzen zwischen beiden Werkstätten und den dort Beschäftigten fließend, wie insbesondere am Abspann von Dokumentationsfilmen zu lesen ist. Da erscheinen als »Berater« der Regie angesehene Historiker. Und die sogenannten Printmedien bieten Experten der Geschichtswissenschaft Raum, ihr Wissen allgemeinverständlich darzulegen. Herkunft wie Ort der Präsentation von Geschichtsbildern sagen nichts über wahr oder falsch. Sicher aber neigt die Publizistik nicht nur stärker zu unvermeidlichen Vereinfachungen, sondern bedient mit ihren Bildern direkter und unbekümmert politische Interessen.

Das kann zu weitem Auseinanderklaffen konkurrierender Geschichtsbilder führen. Bekanntes Beispiel aus jüngerer Zeit sind die von Feldmarschällen und Generälen in ihren Memoiren gelieferten Darstellungen der deutschen Wehrmacht, deren Heeresgruppen und Armeen, Luft- und Seekriegsflotten sie einst befehligt hatten. In der Zunft, vornehmlich durch Arbeiten, die im Institut für Militärgeschichte der DDR und im Militärgeschichtlichen Forschungsamt der Bundeswehr, aber auch in anderen wissenschaftlichen Einrichtungen geleistet worden waren, war längst ein reales, keine Fakten auslassendes Bild von den Kriegsverbrechen der Wehrmacht entstanden, die während des Zweiten Weltkrieges an und hinter den Fronten begangen worden waren, die Mithilfe beim Judenmorden eingeschlossen. In der Öffentlichkeit aber hatte sich das falsche Bild von der »sauberen Wehrmacht« erhalten, ungeachtet der Tatsache, daß gegen sie schon während der Nürnberger Prozesse – dem gegen die sogenannten Hauptkriegsverbrecher wie den beiden gegen das Oberkommando der Wehrmacht und die Südostgenerale – unabweisbares Faktenmaterial vorgelegt worden war. Es waren dann nicht Buchpublikationen, sondern es war 1995 und in den folgenden Jahren die vom Hamburger Institut für Sozialgeschichte veranstaltete Ausstellung »Verbrechen der Wehrmacht 1941-1944«, die das verfälschte Geschichtsbild bei Zehntausenden Besuchern zerstörte und die weithin einen Punkt des Geschichtsumdenkens bezeichnet, hinter den es kein Zurück mehr gibt.

Dies war eher ein Glücksfall, ein Fall mit Seltenheitswert, hervorgebracht auch aufgrund der Tatsache, daß innerhalb der Historikerschaft niemand mehr bezweifelt oder verschweigt, was auf das Verbrechenskonto der Wehrmacht geht. Insofern ließe sich von einer »Einheitsfront« der Fachleute sprechen. Dies aber ist nicht die Regel, sondern die Ausnahme, wie sich an den weit voneinander abweichenden Urteilen der Historiker ausmachen läßt, die über die im Film »Der Untergang« offerierte geschichtliche Momentaufnahme abgegeben wurden. Von diesen Differenzen, die in der Mehrzahl der Fälle nicht erkenntnisbedingt sind, und der Produktion abweichender Geschichtsbilder innerhalb der Historikerschaft profitiert die außerwissenschaftliche

Publizistik. Sie vermag sich in einer Art Selbstbedienungsladen mit dem zu versorgen, was die jeweiligen politischen Interessen der Auftraggeber bedient.

Wiederum ein jüngeres Beispiel: Götz Alys Interpretation des faschistischen Regimes als »Hitlers Volksstaat« und des Sozialstaates als Schöpfung der Nazis läßt dessen gegenwärtige Demontage als antinazistische Tat erscheinen. Sie bedient das Rechtfertigungsbedürfnis der Regierenden auf einzigartige Weise. Folglich fand diese Deutung in der bürgerlichen Presse weithin die wärmste Aufnahme. Gleiches gilt für die Erklärung der Gefolgschaftstreue der deutschen Volksgenossen unter und hinter dem Hakenkreuz, die auf schlichte materielle Korruption zurückgeführt wird, was wiederum nur geschehen kann, wenn die damalige soziale Wirklichkeit hochgradig verfälscht wird. Diese Darstellung der Bindungen zwischen Führern und Geführten besitzt den Vorzug, daß sie die Scheinwerfer auf die Massen ausrichtet und daß sie sich – ähnlich wie die zehn Jahre voraufgegangene und ebenfalls abwegige Interpretation dieses Verhältnisses durch Daniel Jonah Goldhagen – leicht merken läßt. Denn wie die »Laienkreise« einst mit »gemüthvollen Darstellungen« versehen werden sollten und wollten, so sind ihnen heute unterhaltende und vor allem leicht einzuprägende Bilder und deren Ausdeutung zugedacht und auch willkommen.

IV.

Zur Reklame für derlei Geschichtsbilder, für deren Verbreitung Autoren und Verlage werben, unterstützt von Rezensenten, gehört häufig, daß sie als Tabubruch ausgegeben werden, was besagen soll: Hier wird euch etwas vollkommen Neues, bisher absichtsvoll oder aus Nachlässigkeit Beschwiegenes geboten. So kam 1992 eine Gesamtdarstellung des Luftbombardements auf deutsche Städte daher, unbekümmert um die Tatsache, daß darüber eine umfängliche Literatur existierte bis hin in die Kapitel vieler Stadtgeschichten. Der Band bildete zusammen mit der Erinnerung an das damals gerade 60 Jahre zurückliegende Ereignis der Stalingrader Schlacht den Auftakt für eine Korrektur des Geschichtsbildes von den Deutschen im Kriege und insonderheit bei Kriegsende. Sie erschienen nun als die Opfer von Naziherrschaft und Krieg schlechthin. In der Opferhierarchie wurde allenfalls den Juden der Vortritt noch gelassen.

Diese Perspektive verfestigte sich 2005 in der Kampagne des Gedenkens an den 60. Jahrestag des Kriegsendes. Neu war auch das nicht und zum wenigsten ein Tabubruch. Diese von Selbstmitleid, wofür es unstreitig massenhaft Gründe gab, geprägte Sicht kam schon in der Endphase des Krieges auf, wovon die letzten Berichte des faschistischen Sicherheitsdienstes zeugen. Sie setzte sich in ersten Verlautbarungen der neuen Verwaltungen in der Nachkriegszeit fort. Nicht: »Was haben wir angerichtet?«, sondern: »Wie sind wir zugerichtet?« lauteten die Fragen und die Klagen. Das Gerede, daß nun – am Beginn des neuen Jahrhunderts – von den Opfern der anderen genug geredet und dadurch das Recht erworben worden sei, von den eigenen zu sprechen, war vielleicht Selbst-, sicher aber Fremdbetrug. So bekam auch das Bild des 8. Mai 1945 eine neue Einfärbung. Befreit war die Masse der Deutschen an diesem Tage von der Gefahr, weiter Opfer im Luftkrieg oder an den Fronten zu werden – so hatte Richard von Weizsäcker schon 1985 den Begriff Befreiung gedeutet, und zu dieser Deutung bekannte er sich auch in einem Interview 2005, ungeachtet der Tatsache, daß seine eigene und die Biographie seiner Familie Fakten bietet, die zu einer realitätsnäheren Auffassung des Begriffs Befreiung mehrfach Anstoß geben könnten. Weit in den Hintergrund geraten ist die Grundtatsache, daß die Deutschen damals von der Rolle moderner Sklavenhalter befreit wurden, die sie in Europa weithin gespielt hatten.

Dieses Geschichtsbild vom Jahre 1945 ist ein Rückschritt um mehr als ein halbes Jahrhundert. Zum Beweise sei aus einem Artikel zitiert, der unter der Überschrift »Flucht aus der Wirklichkeit« am 5. Dezember 1945 in der *Stuttgarter Zeitung* gedruckt wurde: »Am schlimmsten aber treiben es jene, die nur das ‚deutsche' Leid, den ‚deutschen' Hunger, die ‚deutsche' Obdachlosigkeit der Welt zum Vorwurf machen und gleichgültig bleiben, wenn die Völker im Westen und Osten des Kontinents seit 12 Jahren dahinsterben. Erregt wird auf jene abgezehrten, wassersüchtigen Kriegsgefangenen hingewiesen, die aus dem Winter und der endlosen Verwüstung heimkehren, sie fragen nicht, wie leben in den von uns zerstörten und mit Krieg überzogenen Ländern die Millionen Frauen und Kinder der fremden Nationen.«

Während die Deutschen als befreite Opfer in die Mitte des Geschichtsbildes vom Kriegsende 1945 gerückt wurden, sind einige Millionen von ihnen aus diesem Bild ganz verschwunden. Für die Ostdeutschen nämlich, so war bei Historikern und historisierenden Publizisten zu lesen, brachte der Maitag den Sturz von einer Diktatur in die andere, die zweite, und erst das Jahr 1990 spät die Befreiung. Zudem und folglich: Weit in den Hintergrund gerückt ist die Rolle der Sowjetunion und ihrer Armee bei der Herbeiführung des Sieges. Schon anläßlich des 60. Jahrestages der Landung auf dem französischen Festland hieß es: Die Befreiung begann in der Normandie. Kurzum: In jüngster Zeit ist ein erheblich verändertes Geschichtsbild des Zweiten Weltkrieges und namentlich seiner Endphase produziert und verbreitet worden. Dieses Bild drängt in die Geschichtsbücher der Schulen. Nirgendwo sonst kann mit ihm eine größere Langzeitwirkung erreicht werden.

V.

Während uns Autoren, Verlage, Rezensenten immer wieder einmal glauben machen wollen, daß wir in einer Zeit der Tabubrüche angelangt seien und Zug um Zug der Schleier von geschichtlichen Ereignissen entfernt wird, die bisher verhüllt waren, redet und schreibt kaum jemand darüber, daß zur gleichen Zeit auch neue Tabus verhängt und in der Gesellschaft weithin respektiert werden. Zwei Beispiele dafür seien genannt, das eine betrifft die Frühgeschichte der Bundesrepublik, das andere charakterisiert die

Situation nach dem Jahre 1990. Dabei wird sich zeigen, daß die Tabuisierung auch methodisch Fortschritte gemacht hat. Nicht mehr Antworten werden unter ein Tabu gestellt, sondern bereits das Fragen, gleichsam in einer Übersetzung des Rates: Wehret den Anfängen. Denn bekanntlich beginnt der Weg zur Wahrheit eben mit Fragen, nicht selten solchen, die zweifelnd im Hinblick auf vorliegende Antworten gestellt werden.

Beispiel 1: Je mehr Tatsachen die Geschichtswissenschaft über die politischen Kräfte zutage gebracht hat, die an der Wiege des westdeutschen Staates standen, je eingehender von den beteiligten Personen und deren Biographien in den Jahren zwischen 1933 und 1945 gehandelt worden ist, desto unrühmlicher stellt sich diese Nachkriegszeit dar, was wiederum die Frage aufdrängt, ob sich von diesem Geburtsvorgang her – etwa wie inzwischen unumstritten im Falle des 1871 gegründeten Deutschen Kaiserreiches – nicht manches bis in die Gegenwart tradiert habe. Dem wird seit längerem mit einer apologetischen Aussage begegnet, die alles Fragen blockieren soll und als abwegig, weil die vergangene historische Wirklichkeit verkennend qualifiziert. Sie besagt: Einen anderen geschichtlichen Weg als den nach dem Mai 1945 eingeschlagenen erfolgreichen gab es nicht. Die Nachkriegsgesellschaft hätte kein anderes Vorgehen ausgehalten, weil es Kräfte absorbiert hätte, die für die Überwindung von Elend, Not, Trümmern usw. unentbehrlich waren und ohne deren Mobilisierung das Wirtschaftswunder nicht hätte bewirkt werden können.

Daß in der ostdeutschen Gesellschaft und im Staate DDR ein anderer Weg gegangen wurde, der in eine Sackgasse führte, erscheint – gleich wird davon die Rede noch sein – als zusätzlicher Beweis für die Richtigkeit der These von der Alternativlosigkeit. Und daß es Kommunisten waren, die den Weg im Osten projektiert und zu verantworten hatten, erledigt die Frage ohnehin restlos. Freilich nur, wenn unterstellt wird, daß nicht auch andere Kräfte alternative Vorstellungen besaßen. Eine von vielen äußerte damals General Joseph T. McNarney, Nachfolger Eisenhowers als Oberkommandierender der US-amerikanischen Streitkräfte in Deutschland, der bei seinem Amtsantritt sich so erklärte: »Das Programm der Säuberung vom Nationalsozialismus wird restlos ... durchgeführt werden ... Kein ehemaliger Nazi wird eine verantwortliche Stellung einnehmen. Die Nazis werden bei allen Arten von Arbeit als letzte an die Reihe kommen. Ich möchte jeden einzelnen von ihnen als gewöhnlichen Tagelöhner sehen.« Und dem Einwand begegnend, daß bei diesem Vorgehen die Industrie und die Verwaltung leiden würden, sagte der General militärisch knapp: »Niemand ist unentbehrlich.« Mit der These von der Alternativlosigkeit des Weges, der zur Restauration des Kapitalismus führte und in die gegenwärtigen Zustände mündete, wird – und das ist das Wesen der Sache – jede Erörterung gesellschaftlicher Möglichkeiten, die mit Brüchen einhergehen, zum Schweigen gebracht. Das war nicht immer so.

Beispiel 2 findet sich in einem westdeutschen Schulbuch, das am Beginn der siebziger Jahre in Gebrauch war. also benutzt wurde von Schülern, die inzwischen 45 bis 50 Jahre alt geworden sind. Ohne daß darin die Parteinahme der Autoren anders ausfallen könnte als zugunsten der Bundesrepublik, wird die Aufgabe gestellt, die beiden deutschen Staaten und ihre gesellschaftlichen Zustände zu vergleichen. Auf eine Gegenüberstellung Sebastian Haffners (aus: *Stern*, 19. September 1970) sich stützend, werden zunächst die in der Bundesrepublik vorhandenen Freiheiten aufgezählt, als da sind: die des Gewerbes, der öffentlichen Kritik, der Wahlmöglichkeit zwischen mehreren Parteien, des Reisens und des Auswanderns, die Freiheit von Versorgungsschwierigkeiten und aufdringlicher Propaganda. Dann folgt die Reihung der DDR-Freiheiten, als die angesehen werden: die Freiheit von Furcht um den Arbeitsplatz, vor Mietwucher, vor Dauerinflation, vor beruflicher Benachteiligung von Frauen, die Freiheit von »Arbeitersöhnen« (unerfindlich, warum hier die Töchter fehlen), studieren zu können, und schließlich die Freiheit von aufdringlicher Reklame. Danach werden die Schüler gefragt: »Welche Freiheit ist mehr wert: die Freiheit der öffentlichen Kritik oder die Freiheit von Mietwucher?«

Darauf zitieren die Autoren Ernst Bloch aus einem Interview, das er der *Zeit* am 10. Oktober 1969 gab, mit der Dachzeile: »Die beiden Staaten könnten manches voneinander lernen«. Auch der marxistische Philosoph, als der Bloch vorgestellt wird, zählt für die Bundesrepublik auf: offene Atmosphäre, keine Angst vor Apparatschiks, keine Mauer, keine Schüsse an der Mauer, Diskutierbarkeit von Problemen, das Vorhandensein einer unruhigen Jugend mit ihrem Kampf gegen Unmündigkeit, dem Streben nach aufrechtem Gang, die Möglichkeit des Wechsels in der Regierung. Zu den Positiva der DDR zählte Bloch auch: den gleichen Lohn für gleiche Arbeit, die kostenlose ärztliche Betreuung, den kostenlosen Erhalt von Medikamenten, den geringen Prozentsatz von Kriminalität. Abschließend werden die Schüler aufgefordert: »Sammelt Ausschnitte, die über das Leben in der DDR berichten. Erst eine Vielzahl von Informationen kann ein sachgerechtes Urteil über das Leben in der DDR ermöglichen.« Schwer denkbar, daß sich heute in einem Schullehrbuch eine ähnlich formulierte Aufgabe findet.

Was immer sich über diesen Leitfaden im einzelnen sagen läßt, es handelt sich um die Gegenüberstellung von zwei Geschichtsbildern und die Aufforderung, dazu eine eigene Meinung und Position zu gewinnen. Das liegt dreißig Jahre und mehr zurück und verglichen mit diesem Stand kann die Reduzierung des einen Bildes auf Unrechtsstaat, Staatssicherheit, Stalinismus, Leistungsunfähigkeit, zweite deutsche Diktatur intellektuell nur ärmlich erscheinen, freilich auch politisch zweckvoll und moralisch unredlich. Die Vorzüge der DDR, ihr Sozial- und Arbeitsrecht zumal, sind nach ihrer Beseitigung längst zur geistigen Tabuzone erklärt.

VI.

Was verbindet diese beiden Tabus, das gegen Fragen nach Alternativen zur Frühgeschichte der BRD und das gegen Fragen nach der Geschichte der DDR und den widerspruchsvollen Qualitäten des untergegangen deutschen Staates? Beide richten sich darauf, das geschichtlich-politische Denken in den Bahnen der vom Kapital dominierten Gesellschaft zu fixieren, und beide argumentieren »historisch« gegen alle Überlegungen, die sich auf eine mögliche Welt »nach dem Kapitalismus« richten. Geschichtsbilder, verfestigt in den Köpfen von Millionen, können wie Felsblöcke wirken, die jeden Gedankenweg versperren. Nur wenn sie beiseite gewälzt werden, wird sich die zu konkretisierende Idee verbreiten lassen, die zu dem ermutigenden Aufruf gerann: »Eine andere Welt ist möglich.«

Eckart Spoo

Ein neues Deutschland sollte es sein – Was ist daraus geworden?
Nachbemerkungen zu diesem Buch

Über Entstehen und Vergehen der DDR wird seit den 1990er Jahren viel geforscht und publiziert. Unterbelichtet, fast ausgeblendet ist dagegen die Vor- und Frühgeschichte des übrig gebliebenen deutschen Staates, dem der andere beigetreten ist. Aber müßten sich die Bürger der heutigen, vergrößerten Bundesrepublik nicht eigentlich vor allem dafür interessieren, wie sich die politischen und gesellschaftlichen Verhältnisse entwikkelt haben, unter denen sie jetzt gemeinsam leben?

Verleugnete Geschichte war für Generationen von Bundesbürgern die Nazi-Vergangenheit Deutschlands und millionenfach auch die der eigenen Familien. Trotz vieler literarischer und wissenschaftlicher Veröffentlichungen, die oft einigen Mut erforderten, ist da bis heute vieles tabuisiert geblieben. Auch manche hochangesehenen Institutionen, beispielsweise die Max-Planck-Gesellschaft (s. den Beitrag von Rüdiger Hachtmann in diesem Buch) stellen sich erst in jüngster Zeit – lange nachdem die Täter gestorben, deren Kinder, Schüler und Amtsnachfolger in den Ruhestand getreten sind – ihrer historischen Verantwortung, andere bis heute noch nicht, so das Bundesverfassungsgericht (s. den Beitrag von Otto Köhler). Wenn sich Behörden, Firmen, Berufsorganisationen überhaupt auf Nachforschungen einlassen, geschieht das nach wie vor meist widerwillig, oft nur zum Zweck der Schadensbegrenzung, etwa wenn der Anteil ihrer Mitschuld an Nazi-Verbrechen durch Veröffentlichungen von außen bekannt geworden ist und sie größeren Nachteil fürs heutige oder morgige Geschäft befürchten.

Eben diese Tradition des Nichtwahrhabenwollens, des Beschweigens, des Verleugnens gehört zur Geschichte der Bundesrepublik Deutschland. Ohne die sogenannten Persilscheine, die man sich gegenseitig ausstellte, wäre die »Wiederherstellung der alten Macht- und Besitzverhältnisse«, die der Deutsche Gewerkschaftsbund schon in seinem ersten Grundsatzprogramm konstatierte, nicht möglich gewesen.

Ein paar persönliche Erinnerungen zur Illustration: 1945 war ich acht Jahre alt und hatte viel Anlaß zu staunen. Die Menschen, unter denen ich aufwuchs, hatten angeblich allesamt von Nazi-Verbrechen nichts gewußt. Aber ich. Vieles. Fast alles. Als mich Kasimir, der polnische Vorarbeiter der russischen Zwangsarbeiter auf dem Forsthof meines Onkels, einmal an einem der KZ-Außenlager, von denen es mehrere in der Stadt gab, entlanggeführt hatte, um über die Mauer hinweg einige Worte mit den Häftlingen zu wechseln, und als ich dann am Essenstisch arglos davon erzählt und die Frage angeschlossen hatte, was das denn für eigenartig dünne Menschen seien, da hinter der Mauer, war nach einem winzigen Moment des Augenbrauenzusammenziehens die

Antwort gewesen: Das seien »schlechte Menschen«, und es sei nicht recht von Kasimir, daß er da mit mir vorbeigegangen sei.

Viele, die nach dem »Zusammenbruch« jedes Wissen über das zusammengebrochene Regime und seine Verbrechen leugneten, hatten immer möglichst wenig von den Einzelheiten wissen wollen. Sie hatten die Augen gelegentlich fest geschlossen und das dennoch Gesehene schnell zu verdrängen versucht. Aber sie mußten mindestens das gesehen haben, was ich gesehen hatte; vermutlich hatten sie viel mehr gesehen als ich und noch mehr gehört. Manche von den »besseren Menschen«, zu denen wir gehörten, mußten auch an Entscheidungen beteiligt gewesen sein.

Meine Eltern waren Mitglieder der NSDAP gewesen – wie die meisten deutschen Mediziner (75 Prozent, wie Kurt Franke in seinem Beitrag schreibt). Mein Vater war 1942 als Offizier in Rußland »den Heldentod gestorben«. Welche Taten hatten ihn zum »Helden« werden lassen? Als die US Army einrückte, sortierte meine Mutter Dokumente und vernichtete viele. Ich sah zu. Jahrzehnte später, nach ihrem Tod, fand ich unter anderem einen Zeitungsartikel aus dem Jahre 1942, in dem mein Vater gewürdigt wurde. Eine Passage war weggeschnitten – eine allzu verräterische.

In den ersten Monaten und Jahren nach dem, was wir »Zusammenbruch« nannten, führte ich oft Gespräche mit meinem toten Vater, den meine Mutter und alle Verwandten und Bekannten mir immer als großes Vorbild hinstellten. Ich befragte ihn nach dem, was er getan oder unterlassen hatte, vor allem aber wollte ich wissen, wie er sich nun unter den veränderten Umständen verhalten würde. Meine Vorstellungskraft erlaubte mir am Ende keine andere Antwort als die, daß wahrscheinlich auch er wie all die Menschen um uns lügen und leugnen, vertuschen und verschweigen würde. Alles andere wäre ihm schlecht bekommen. Um sich in den »besseren Kreisen« unserer Stadt, in denen er hoch angesehen war, zu behaupten, hätte er selbstverständlich Kollegen, Nachbarn, alten Bekannten »Persilscheine« ausgestellt, um sich von ihnen gleichfalls entlasten zu lassen – so wie es meine Mutter sehr großzügig tat. Nie vorher und nie nachher war der Zusammenhalt in dieser »gutbürgerlichen Gesellschaft« so eng und fest wie in dieser ersten Nachkriegszeit, als sie noch die Rückkehr jüdischer Konkurrenten, Forderungen nach Rückgabe »arisierten« oder in den überfallenen Ländern geraubten Gutes, Reparationen, Entmachtung, Enteignung, Bestrafung, Entrechtung fürchtete. Unser von Bomben zerstörtes Haus und die Praxis mußten wiederaufgebaut werden. Das kostete meine Mutter viel Kraft, und dazu brauchte sie gute Beziehungen, die alten, bewährten.

Was war eigentlich aus Tanja und Nadja geworden, den beiden 16jährigen, die ihr mein Patenonkel, ein hoher Militärarzt, »aus der Ukraine mitgebracht« hatte, damit sie nach dem Tod meines Vaters genug Hilfe hatte, um die Praxis weiterführen zu können? Als ich viele Jahre später danach fragte, wollte ihr zunächst nicht einmal mehr einfallen, wer Tanja und Nadja waren. Mir klangen die schönen, sehnsuchtsvollen Lieder der beiden immer noch im Ohr. All ihre Sanftheit, ja Liebe hatten sie mir, dem Kind, zugewandt. Zwei von etlichen Millionen Zwangsarbeitern.

Aber daß »die Russen«, gegen die mein Vater gekämpft hatte, schlechte, schlimme, urböse Menschen, nein Unter- oder Unmenschen waren, stand fraglos fest. Als in Thüringen, wo wir 1945 als »Evakuierte« (Flüchtlinge vor den Bombenangriffen auf Westdeutschland) wohnten, nach der US Army im Sommer die Rote Armee einrückte, verkrochen sich fast alle Leute in die Keller. Einige Tage später kam meine Mutter aus der Praxis mit einem großen Stück Rindfleisch, in Zeitungspapier eingepackt. Als sie erzählte, sie habe einen russischen Soldaten behandelt, war ich empört: »Einen Russen?« Das, so fühlte ich tief und heftig, hätte sie nicht tun, namentlich meinem toten Vater nicht antun dürfen. Auch und schon gar nicht für ein Stück Fleisch.

Meine Mutter heiratete wieder: einen Mann, der ebenfalls Offizier gewesen war und in Mecklenburg »beim Einmarsch der Russen«, wie wir erfuhren, seine Frau und vier Kinder verloren hatte; viel Mitleid floß ihm ob der Grausamkeit, der Unmenschlichkeit der Russen zu. Erst viele Jahre später, als ich mich in der Friedensbewegung engagierte, was sie mit Wohlwollen begleitete, sagte sie, daß die Frau sich und die Kinder vor dem Einmarsch der Roten Armee vergiftet hatte – in der Vorstellung, damit im Sinne ihres Mannes zu handeln.

Die Gespräche und manchmal scharfen Diskussionen mit meinem toten Vater waren mir fürs Leben nützlich, weil sie meinen Sinn für gesellschaftliche Widersprüche schärften. Sie endeten erst, als mir klar war, wozu herrschende Propaganda Menschen befähigen kann, die an Besitz und gesellschaftlicher Stellung hängen und keinesfalls abgehängt werden möchten. Sie befähigt sie vor allem zum Nachplappern, das die Propaganda verstärkt. Sicher schien mir, daß mein Vater in die Katholische Kirche, die er als Nazi verlassen hatte, zurückgekehrt wäre, um dann gemeinsam mit Adenauer, Strauß, Franco und Salazar an der Seite der USA »das Abendland« gegen »den Osten« zu »verteidigen«, am besten mit Atomwaffen.

Nachdem ich 1956 das Abitur gemacht und zum Studieren an die Freie Universität in West-Berlin gegangen war, durfte ich mir von einem Onkel ein Buch wünschen. Anläßlich Heinrich Heines 100. Todestags bot eine Privatdozentin ein Heine-Seminar an. Heines alter Verlag Hoffmann und Campe brachte eine einbändige Heine-Ausgabe auf den Markt – die erste in Westdeutschland; in der DDR waren zu diesem Zeitpunkt schon zwei mehrbändige erschienen. Ich wünschte mir dieses Buch. Der Onkel lehnte empört ab. In seinem Brief vermied er es, Heine beim Namen zu nennen.

Ich kaufte Bücher über Bücher in Ost-Berlin. Preiswerte Bücher, gute, humanistische Bücher, die besten der Weltliteratur. Viele, die Goebbels hatte verbrennen lassen und die in meinem Elternhaus unbekannt waren. Auch neue Bücher emigrierter Autoren. Etliche namhafte Emigranten waren inzwischen in die DDR gegangen – bewußt nicht in die BRD, wo inzwischen alte Nazis in höchste Positionen gelangt waren, wo

1956 die KPD verboten wurde und wo Franz Josef Strauß unablässig für die atomare Bewaffnung der Bundeswehr trommelte – zwecks »Befreiung« »des Ostens« (s. den Beitrag von Wolfgang Wippermann).

Wer weiß heute noch, daß der Bundestag am 25. März 1958 tatsächlich beschloß, die Bundeswehr mit Atomwaffen auszurüsten? Wer erinnert sich und welche Jüngeren haben je davon gehört, daß damals zum Beispiel auf dem Hamburger Rathausmarkt und den anschließenden Straßen 150.000 Menschen dagegen demonstrierten? Welches Geschichtsbuch gibt ein realistisches Bild von den damaligen Auseinandersetzungen: von den lautstarken territorialen Forderungen an Polen, die Tschechoslowakei und die Sowjetunion, von der massiven bundesdeutschen Unterstützung für faschistische Regime, von der harten Unterdrückung sozialistischer und pazifistischer Opposition (s. die Beiträge von Friedrich Martin Balzer, Horst Bethge, Günter Judick, Arno Klönne und Günther Wilke) oder vom Umsteuern der SPD – deren damaliger Hamburger Landesvorsitzender Karl Vittinghoff mir, als ich wieder einmal bat, auf einem seiner Geräte Flugblätter unseres studentischen Aktionskreises gegen Atomwaffen hektografieren zu dürfen, nach einem Blick auf die Vorlage sagte: »Naja, aber eines muß klar sein: Wir machen das alles nur, um den Kommunisten den Wind aus den Segeln zu nehmen.« Damals hingen noch überall an den Straßen die Plakate mit den Unterschriften des SPD-Bundesvorsitzenden Erich Ollenhauer und seiner beiden Stellvertreter unter der dicken Überschrift »Kampf dem Atomtod!« Eine Volksabstimmung wurde vom Bundesverfassungsgericht abgelehnt. An der Hamburger Universität war es aufgrund ihrer Satzung immerhin möglich, mit den von zehn Prozent der Studenten geleisteten Unterschriften eine Vollversammlung zu erzwingen, die dann in die größte Halle auf dem Messegelände »Planten un Blomen« einberufen wurde und mit etwa zwei Dritteln der Stimmen gegen die Atombewaffnung votierte.

Auch Westdeutsche wissen inzwischen viel mehr über allerlei Auseinandersetzungen in der DDR – zum Beispiel mit einzelnen Schriftstellern – als über die westdeutsche Geschichte. Und wenn man etwa an Gymnasien nach der Spaltung Deutschlands fragt, kommen – ich habe mehrmals solche Versuche gemacht – nicht nur von Schülern, sondern auch von Lehrern falsche Antworten. Daß die Währungseinheit vom Westen gespalten wurde, die Gründung der BRD der der DDR voranging, zuerst im Westen, dann im Osten eine eigene Armee aufgestellt wurde und die beiden Staaten in immer derselben Reihenfolge auch den gegeneinander gerichteten Militärblocken beitraten, ist zwar den Büchern zu entnehmen, aber die 1961 errichtete Mauer gilt als hinreichender Beweis, daß Deutschland vom Osten gespalten wurde. Die Kämpfe der Vierziger und Fünfziger Jahre um die deutsche Einheit sind vernebelt, verdrängt, vergessen wie so vieles, was nicht ins erwünschte Bild paßt.

Dringend müßte einmal durchgerechnet werden, was das Embargo und viele andere Methoden der BRD und ihrer Verbündeten, der ökonomisch ohnehin unterlegenen DDR zu schaden, alles bewirkt haben.

*

Die Tabuierung wichtiger Kapitel der bundesdeutschen Geschichte erscheint mir besonders bedrohlich, wenn ich mir in Erinnerung rufe, welche Vorstellungen von einem neuen, sozialen, demokratischen, friedlichen Deutschland einst diejenigen hatten, die von den Nazis verfolgt wurden, ihnen Widerstand leisteten oder sie militärisch niederkämpften.

In Feiertagsreden würdigen Politiker und Publizisten gelegentlich das Vermächtnis des antifaschistischen Widerstands. Aber wie lautet eigentlich dieses Vermächtnis? Wer kennt es? Bis die Bürgerinitiative für Sozialismus 1995 an der Universität Marburg den Kongreß »Was aus Deutschland werden sollte – Konzepte des Widerstands, des Exils und der Alliierten« veranstaltete, hatte sich 50 Jahre lang niemand um eine zusammenfassende Darstellung oder gar Dokumentation bemüht. Dabei blieb es, obwohl dort noch großer Forschungsbedarf festgestellt worden war. Wie erklärt sich dieses Desinteresse? Ich wage eine sehr knappe, einfache Antwort: weil das Vermächtnis des Widerstands für die Mächtigen und Tonangebenden im Lande gar zu peinlich ist. Fast alle Gruppen in Deutschland, die Widerstand gegen das Naziregime geleistet haben, konnten sich Deutschland nach Hitler nur als sozialistisches Land vorstellen und strebten es an. Das gilt nicht nur für die tapfere jüdische Widerstandsorganisation um Herbert Baum und kommunistische Organisationen wie die Saefkow/Jacob/Bästlein-Gruppe, es gilt auch für die eher bildungsbürgerliche Schulze-Boysen/Harnack-Gruppe, von Goebbels »Rote Kapelle« genannt, und für die »Weiße Rose«. Außer einigen Offizieren und Adligen, die sich erst sehr spät, als der Ausgang des Krieges längst absehbar war, zum Widerstand aufrafften – bei ihnen gab es zum Teil reaktionäre, elitäre, aristokratische Vorstellungen –, war trotz aller Unterschiedlichkeit der Gruppen klar: Die Wirtschaft muß demokratisiert werden. Diejenigen, die die Nazis finanziert hatten und aus der faschistischen Unterdrückungs-, Eroberungs-, Versklavungspolitik Profit gezogen hatten, sollten entmachtet werden. Ähnlich dachten die meisten exilierten Politiker und Gewerkschafter, Wissenschaftler und Schriftsteller – auch Thomas Mann, der Großbürger in Person, der sich in seinen von *BBC* ausgestrahlten Reden eindeutig in diesem Sinne äußerte. Oder Albert Einstein, von dem die Öffentlichkeit vielleicht weiß, daß er Pazifist war, während seine entschiedenen Forderungen nach sozialistischer Umgestaltung der Gesellschaft geradezu tabuiert scheinen. Wie aktuell wirkt doch zum Beispiel diese Äußerung Einsteins aus dem Jahre 1949: »Der Arbeiter lebt ständig in der Angst, seine Arbeit zu verlieren. Der technische Fortschritt führt zu

---

[1] Buchveröffentlichung unter gleichem Titel im gleichen Jahr, hg. von Reinhard Kühnl und Eckart Spoo

Arbeitslosigkeit, anstatt die Arbeitslast aller Menschen zu erleichtern. Das Profitmotiv ist in Verbindung mit dem Konkurrenzkampf der Kapitalisten verantwortlich für die unbeständige Anhäufung und Verwertung des Kapitals, was dann wachsende schwere Wirtschaftskrisen verursacht (...) Ich bin überzeugt: Um diesen schlimmen Mißständen abzuhelfen, gibt es nur ein Mittel, nämlich die Errichtung einer sozialistischen Wirtschaft, in der die Produktionsmittel der Gemeinschaft gehören, die sie nach einem festgelegten Plan nutzt.« Daß Einstein ein sehr kluger Mann war, weiß jedes Kind. Daß er ein so kluger Mann war, soll möglichst kein Kind erfahren.

Max Horkheimer, der ebenso wie Einstein und Thomas Mann in die USA emigriert war, sagte, man solle über den Faschismus schweigen, wenn man nicht bereit sei, über den Kapitalismus zu reden. Manche emigrierten Wissenschaftler versuchten, Einfluß auf die Besatzungspolitik zu nehmen, womit sie zeitweilig durchaus einigen Erfolg hatten (s. den Beitrag von Jörg Wollenberg).

Was Stalin, Roosevelt und Churchill im Potsdamer Abkommen festlegten, war selbstverständlich kein sozialistisches Programm, aber die Hauptsiegermächte verständigten sich dort auf die Zerschlagung der Rüstungsindustrie und anderer Monopole und Konzerne und auf die Entmachtung derjenigen Unternehmer, die mehr als nominell an Nazi-Aktivitäten teilgenommen hatten. In diesem Sinne – mit dem Ziel einer durchgreifenden demokratischen Erneuerung – wurden beispielsweise die ersten Zeitungen in dem besiegten Lande gegründet. Selbstverständlich durfte keiner der Verleger und leitenden Redakteure daran mitwirken, die in den vorangegangenen zwölf Jahren Goebbels-Propaganda verbreitet hatten. Die Presse wurde überhaupt nicht in die Hände von Verlagsunternehmern gegeben, sie sollte nicht dem Kommerz, dem Profit dienen, sondern in die Hände von Journalisten, und zwar solchen, die als bewährte Demokraten galten, darunter Kommunisten wie zum Beispiel in der US-amerikanischen Besatzungszone Emil Carlebach, einem Überlebenden des KZ Buchenwald. Das war im August 1945. 1947 entließ der US-amerikanische Militärgouverneur Lucius Clay im Zeichen des inzwischen aufgekommenen Kalten Krieges Carlebach als Lizenzträger der *Frankfurter Rundschau*, und gleich nachdem 1949 die Bundesrepublik Deutschland gegründet, Deutschland also gespalten war, konnten Altverleger und einige übelste Schreibmaschinentäter der Nazi-Propaganda sich zurückmelden.

In den Jahren des vermeintlichen, erhofften Neuanfangs wurden auch die ersten Parteiprogramme formuliert, zum Beispiel das wirklich demokratische, menschenfreundliche, sozialstaatliche, für Sozialismus offene Ahlener Programm der CDU. Und es wurden Länderverfassungen ausgearbeitet und beschlossen – durchweg mit antimonopolistischer Tendenz, und es gab auch klare Mehrheiten für Bestimmungen zur Sozialisierung von Unternehmen – so in den durch Volksentscheide angenommenen Verfassungen Hessens und Bayerns.

Ich möchte ein wenig daraus zitieren. Zum Beispiel lautet Artikel 24 der nordrhein-westfälischen Verfassung: »Im Mittelpunkt des Wirtschaftslebens steht das Wohl des Menschen. Der Schutz seiner Arbeitskraft hat den Vorrang vor dem Schutz materiellen Besitzes. Jedermann hat ein Recht auf Arbeit.« Schön, nicht wahr? Artikel 26: »Entsprechend der gemeinsamen Verantwortung und Leistung der Unternehmer und Arbeitnehmer für die Wirtschaft wird das Recht der Arbeitnehmer auf gleichberechtigte Mitbestimmung bei der Gestaltung der wirtschaftlichen und sozialen Ordnung anerkannt und gewährleistet.« Artikel 27: »Großbetriebe der Grundstoffindustrie und Unternehmen, die wegen ihrer monopolartigen Stellung besondere Bedeutung haben, sollen in Gemeineigentum überführt werden. Zusammenschlüsse, die ihre wirtschaftliche Macht mißbrauchen, sind zu verbieten.« Ich kenne in Nordrhein-Westfalen etliche Pressemonopole und Energiekonzerne, die nach dieser Bestimmung längst in Gemeineigentum überführt worden sein müßten. Angeblich gilt die Verfassung noch…

Aus der Verfassung des Freistaates Bayern vom 2. Dezember 1946: »Bayern ist ein Freistaat.« – »Bayern ist ein Volksstaat.« – »Bayern ist ein Rechts-, Kultur- und Sozialstaat.« – »Jeder Bewohner Bayerns hat Anspruch auf eine angemessene Wohnung.« – »Staat und Gemeinde sind verpflichtet, der Allgemeinheit die Zugänge zu Bergen, Seen, Flüssen und sonstigen landschaftlichen Schönheiten freizuhalten und allenfalls durch Einschränkungen des Eigentumsrecht freizumachen.« – »Die gesamte wirtschaftliche Tätigkeit dient dem Gemeinwohl, insbesondere der Gewährleistung eines menschenwürdigen Daseins für alle und der allmählichen Erhöhung der Lebenshaltung aller Volksschichten … Die wirtschaftliche Freiheit des Einzelnen findet ihre Grenze in der Rücksicht auf den Nächsten und auf die sittlichen Forderungen des Gemeinwohls. Gemeinschädliche und unsittliche Rechtsgeschäfte, im besonderen alle wirtschaftlichen Ausbeutungsverträge sind rechtswidrig und nichtig.« Artikel 155 sieht zur möglichst gleichmäßigen Befriedung der wirtschaftlichen Bedürfnisse aller Bewohner die Bildung von Genossenschaften vor, mit dem Recht auf Selbstverwaltung. Artikel 156: »Der Zusammenschluß von Unternehmungen zum Zweck der Zusammenballung wirtschaftlicher Macht und der Monopolbildung ist unzulässig. Insbesondere sind Kartelle, Konzerne und Preisabreden verboten, welche die Ausbeutung der breiten Massen der Bevölkerung oder die Vernichtung selbständiger mittelständischer Existenzen bezwecken.« – »Eigentum an Bodenschätzen, die für die allgemeine Wirtschaft von größerer Bedeutung sind, an wichtigen Kraftquellen, Eisenbahnen und anderen der Allgemeinheit dienenden Verkehrswegen und Verkehrsmitteln, an Wasserleitungen und Unternehmungen der Energieversorgung steht in der Regel Körperschaften oder Genossenschaften des öffentlichen Rechtes zu.« Ein Märchenbuch – nicht wahr? Noch ein paar Sätze daraus: »Die Verteilung und Nutzung des Bodens wird von Staats wegen überwacht. Mißbräuche sind abzustellen. Steigerungen des Bodenwertes, die ohne besonderen Arbeits- oder Kapitalaufwand des Eigentümers entstehen, sind der Allgemeinheit nutzbar zu machen.« Artikel 168: »Männer und Frauen erhalten für gleiche Arbeit den gleichen Lohn.«

Die hessische Verfassung, vom Volk mit Dreiviertelmehrheit beschlossen, schrieb die Sozialisierung von Schlüsselindustrien sogar zwingend vor – was dann allerdings der US-Besatzungsmacht mißfiel. Sie setzte den diesbezüglichen Willen des Volkes außer Kraft. Aber viele andere schöne Paragraphen blieben gültig, zum Beispiel ist dort die Unentgeltlichkeit des Studiums vorgeschrieben, denn es galt ja das Bildungsprivileg der besitzenden Klassen zu brechen. Also: keine Studiengebühren, keine Privatisierung von Hochschulen. Man sollte sich gelegentlich ans Verfassungsrecht erinnern, das damals in der historischen Stunde des Sieges über den Hitlerfaschismus, der Niederlage der deutschen Machteliten formuliert werden konnte. Übrigens ist wohl auch vielen heute gegen Studiengebühren kämpfenden Studierenden unbekannt, daß sich die Bundesrepublik noch 1973 völkerrechtlich zur Unentgeltlichkeit des Studiums als bildungspolitischem Ziel verpflichtet hat.

Eine andere fortschrittliche Bestimmung der hessischen Verfassung, das Verbot der Aussperrung, wurde nach Gründung der Bundesrepublik durch das Prinzip »Bundesrecht bricht Landesrecht« hinfällig. Im Jahre 2004 wurde im hessischen Landtag eine Enquete-Kommission tätig, um die Verfassung zu reformieren. Sie beschloß: Das Verbot der Aussperrung, das da immer noch herumsteht, muß verschwinden. Statt dessen soll nun in die Landesverfassung das Bekenntnis zur Marktwirtschaft aufgenommen werden. Und das Tarifvertragsrecht soll durch ein Recht zu betrieblichen Vereinbarungen aufgeweicht werden. Die FDP jubelte: Die Verfassung werde »von planwirtschaftlichen Ansätzen entrümpelt«, und auch die Grünen empfanden das als einen »großen Tag in der Verfassungsgeschichte des Landes«.

Das Grundgesetz der Bundesrepublik Deutschland, 1948/49 entstanden, war schon längst nicht mehr so fortschrittlich wie die ersten Länderverfassungen. Aber umso wertvoller ist jede einzelne Errungenschaft. Zum Thema Volkssouveränität sagt das Grundgesetz, die Staatsgewalt werde »vom Volke in Wahlen und Abstimmungen« ausgeübt. Der Bundestag schuf dann auch ein Wahlgesetz, um wiedergewählt werden zu können, unterließ es jedoch in nun weit mehr als 50 Jahren, ein Abstimmungsgesetz zu beschließen; bisher ist es dem Volke trotz Artikel 20,2 GG verwehrt, die Staatsgewalt in Abstimmungen auszuüben. Initiativen für Volksabstimmungen über die Pläne der Bundesregierung zur Wiederaufrüstung und zur Atomrüstung waren in Bonn gefürchtet und wurden abgewehrt. Ebenso wurde verhindert, daß beim Beitritt der DDR zur BRD das deutsche Volk in freier Entscheidung eine Verfassung beschloß, wie es Artikel 146 GG forderte; dieser Artikel wurde glatt mißachtet.

Mehr als 50 mal wurde das Grundgesetz geändert – in der Regel nicht zum Besseren, im Gegenteil: Im Zuge der Remilitarisierung, der Notstands- und der Anti-Terror-

Gesetzgebung wurden die in der Verfassung garantierten Grundrechte zum Teil drastisch eingeschränkt. Eine besondere Errungenschaft nach den Erfahrungen der Nazi-Verfolgten, die einst im Ausland Zuflucht gesucht hatten, war das Grundrecht auf Asyl. Inzwischen ist es durch Zusätze dermaßen eingeschränkt, daß es faktisch nicht mehr gilt.

Artikel 3,3 sagt: »Männer und Frauen sind gleichberechtigt.« Aber alljährlich am 8. März, dem Internationalen Frauentag, monieren Frauenverbände und Gewerkschaften: Frauen verdienen im Durchschnitt 30 Prozent weniger und haben wesentlich geringere Aufstiegschancen (s. den Beitrag von Gisela Notz).

Artikel 5,1: »Die Pressefreiheit und die Freiheit der Berichterstattung durch Rundfunk und Fernsehen werden gewährleistet. Eine Zensur findet nicht statt.« Aber schon unter Adenauer wurde die kommunistische Presse verboten, und inzwischen ist dieses Grundrecht weitgehend von einigen Großkonzernen monopolisiert.

Artikel 8,1: »Alle Deutschen haben das Recht, sich ohne Anmeldung oder Erlaubnis friedlich und ohne Waffen zu versammeln.« Aber es kann passieren, daß sie dann von der Polizei eingekesselt und viele Stunden festgehalten werden, folglich auch ihre Notdurft im Kessel verrichten müssen.

Artikel 10: »Das Briefgeheimnis sowie das Post- und Fernmeldegeheimnis sind unverletzlich.« Aber die Zahl der Abgehörten geht weit in die Hunderttausende. Deutschland gilt heute als Weltmeister im Abhören. Große und kleine Lauschangriffe sind alltäglich.

Artikel 13,1: »Die Wohnung ist unverletzlich.« Aber zum Anbringen von Wanzen darf sie betreten werden.

Artikel 19,2: »In keinem Falle darf ein Grundrecht in seinem Wesensgehalt eingeschränkt werden.« Aber nicht nur das Asyl-, sondern auch andere Grundrechte wurden inzwischen durch zahlreiche gesetzliche Relativierungen grausig entstellt.

Artikel 26,1: »Handlungen, die geeignet sind und in der Absicht vorgenommen werden, das friedliche Zusammenleben der Völker zu stören, insbesondere die Führung eines Angriffskrieges vorzubereiten, sind verfassungswidrig. Sie sind unter Strafe zu stellen.« Aber der grundgesetzliche Auftrag zur Landesverteidigung wird inzwischen so exzessiv ausgelegt, daß ein zuständiger Minister von »Landesverteidigung am Hindukusch« sprach. Und die Bundesrepublik beteiligte sich am Krieg gegen Jugoslawien, der völkerrechtlich ein Angriffskrieg war. Auslandseinsätze der Bundesrepublik finden jetzt sogar schon ohne Bundestagsbeschluß statt. Verteidigungspolitische Richtlinien der Bundesregierung propagieren den Präventivkrieg. Einflußreiche Politiker arbeiten beharrlich auf Bundeswehreinsätze im Innern hin.

---

[2] s. den alljährlich von der Humanistischen Union und anderen Bürgerrechtsvereinigungen veröffentlichten Grundrechte-Report)

Noch steht in Artikel 15: »Grund und Boden, Naturschätze und Produktionsmittel können zum Zwecke der Vergesellschaftung durch ein Gesetz, das Art und Ausmaß der Entschädigung regelt, in Gemeineigentum oder in andere Formen der Gemeinwirtschaft überführt werden.« Aber die FDP brachte schon einen Antrag ein, diesen Artikel aufzuheben.

Laut Artikel 20 ist die Bundesrepublik Deutschland ein Sozialstaat, aber laut Bundesverband der Deutschen Industrie (BDI), dem prompt viele Politiker nachschwätzen, ist der Sozialstaat »nicht mehr finanzierbar« – als wäre die Bundesrepublik seit ihrer Gründung immer ärmer geworden. Der mächtige Bundesverband des Groß- und Außenhandels forderte die Streichung von Artikeln, die u. a. den Neu- und Ausbau von Hochschulen und den Küstenschutz als Gemeinschaftsaufgaben benennen und den Bund verpflichten, zur Herstellung gleichwertiger Lebensverhältnisse beizutragen. Der SPD-Politiker Klaus von Dohnanyi warb für eine »Ökonomisierung der Verfassung«.

Bezeichnend für all diese Tendenzen war eine Serie im *Spiegel* im Jahre 2003, die sich auf Forderungen von Hans-Olaf Henkel, dem langjährigen BDI-Präsidenten, und Josef Ackermann (Deutsche Bank) bezog: Das Blatt verlangte größere Handlungsspielräume für die Regierung, beklagte eine blockierte Republik, rief nach Einschränkung der Tarifautonomie und monierte, die Rechtsweggarantie gehe zu weit; mit weniger Justiz würde der Staat beweglicher.

Neuerdings finden sich sogar mehr und mehr Politiker, die entgegen Artikel 2 GG die Verwertung erfolterter Aussagen für sinnvoll oder gar notwendig erklären.

Bundesregierung und Bundestag bewiesen auch mit ihrem Drängen nach einer Verfassung für die Europäische Union (mit Aufrüstungsgebot, Recht auf unternehmerische Freiheit und Herabstufung von Grundrechten zu bloßen Grundsätzen), wie leichtfertig sie bereit sind, die Errungenschaften preiszugeben, die wir den gesellschaftlichen Kräfteverhältnissen nach dem Sieg über den Hitlerfaschismus zu verdanken haben. Die von den Vereinten Nationen verkündeten sozialen Menschenrechte sind von der BRD bis heute nicht ins nationale Recht aufgenommen worden; die von der Machtelite gewollte Massenarbeitslosigkeit mit immer mehr Dauerarbeitslosen, zunehmender Massenverarmung und wachsendem Druck auf die abhängig Beschäftigten ist ein einziger Hohn auf die sozialen Menschenrechte.

Im Grundgesetz steht noch der Artikel 139: »Die zur ‚Befreiung des deutschen Volkes von Nationalsozialismus und Militarismus‘ erlassenen Rechtsvorschriften werden von den Bestimmungen dieses Grundgesetzes nicht berührt.« Ausdrücklich berief sich die Bundesregierung auf ihn, als sie die Aufnahme in die UNO beantragte. Aber der spätere Bundespräsident Roman Herzog erklärte ihn schon in seiner Amtszeit als Präsident des Bundesverfassungsgerichts für »obsolet«, was nun herrschende Lehre ist. Niemand erinnert sich an die Rechtsvorschriften, die dort erwähnt sind.

Dieser Prozeß der Entrechtung, der Aushöhlung vor allem des Verfassungsrechts, der Verschleuderung des gelegentlich beschworenen Vermächtnisses des Widerstands gegen das Nazi-Regime ist nicht Gegenstand öffentlicher Debatte. Er ist ein Tabu-Thema. Ebenso wie der permanente Demokratieabbau. Oder die Relativierung des Völkerrechts im Zeichen imperialistischer, auf Eroberung von Ressourcen und Absatzmärkten ausgerichteter Außenpolitik. Das große Tabu hinter all diesen Tabus aber sind die Produktions-, Besitz- und Herrschaftsverhältnisse. Daran darf nicht gerührt werden.

Dieses Buch soll daran rühren.

Es geht zurück auf den Kongreß »Tabus der bundesdeutschen Geschichte«, der am 21. bis 23. Oktober 2005 an der Universität Hamburg stattgefunden hat, veranstaltet von der Bürgerinitiative für Sozialismus (gegründet am 14. Juli 1989 in Hannover unter dem Motto »Freiheit, Gleichheit, Mitmenschlichkeit«) gemeinsam mit der Gewerkschaft Erziehung und Wissenschaft Hamburg, der Geschichtswerkstatt St. Georg und dem Allgemeinen Studierenden-Ausschuß der Universität Hamburg. Referenten waren Historiker, Juristen, Publizisten, Zeitzeugen, aber auch junge Wissenschaftler, die jetzt die Vor- und Frühgeschichte der Bundesrepublik Deutschland erforschen.

In den Vorträgen – schon im Hauptreferat von Heinrich Hannover – und in den Diskussionen unter den 250 Teilnehmern erwies sich die antikommunistische Staatsdoktrin als ein Schlüssel zum Verständnis der hier skizzierten Prozesse. Der Antikommunismus richtete sich nicht etwa hauptsächlich gegen den Stalinismus, nicht gegen Perversionen der von Karl Marx und Friedrich Engels oder später von den KPD-Gründern Karl Liebknecht und Rosa Luxemburg formulierten kommunistischen Bestrebungen, sondern gegen diese Bestrebungen selbst, vor allem gegen den spätestens seit der Französischen Revolution virulenten Gedanken der Gleichheit aller Menschen.

Der Antikommunismus – den Thomas Mann einst so charakterisierte: Er komme »nicht umhin, in dem Schrecken der bürgerlichen Welt vor dem Wort Kommunismus, diesem Schrecken, von dem der Faschismus so lange gelebt hat, etwas Abergläubisches und Kindisches zu sehen, die Grundtorheit unserer Epoche« – war den »besseren Kreisen« in Westdeutschland und vor allem dem Großkapital auf vielerlei Art nützlich: sich den Westmächten als Verbündete gegen die Sowjetunion anzudienen, ihren Besitz einschließlich mancher Kriegsbeute und der dem faschistischen Terror zu verdankenden Extraprofite zu behaupten, fast alle Straf- und großenteils auch die Entschädigungsansprüche abzuwehren, ihre Schuld totalitarismustheoretisch zu relativieren und vergessen zu machen, politische Macht und gesellschaftliches Prestige

---

3 s. Norman Paech/Eckart Spoo/Rainer Butenschön (Hg.) Demokratie – wo und wie?, Hamburg 2002

zurückzugewinnen, die zähesten Kräfte sowohl des Antifaschismus als auch des Anti-kapitalismus, eben die Kommunisten, gesellschaftlich zu isolieren und dadurch an den Rand zu drängen, die Sozialdemokratie unter permanenten Zwang zur Abgrenzung nach links zu setzen, die Wiederaufrüstung zu begründen, die DDR auch noch nachträglich zu delegitimieren, und mehr. An allen Übeln der Welt waren angeblich immer die Kommunisten schuld.

Gerade das zu suggerieren wird aber immer schwieriger, auch wenn man zum Beispiel noch so großzügig Kino- und Fernsehfilme fördert, die den von Thomas Mann geschilderten Schrecken verlängern sollen. Auf Dauer wird sich das Publikum nicht einreden lassen, an gegenwärtigem Elend sei der Kommunismus von einst schuld. Der Gleichheitsgedanke wird immer wieder auftauchen: etwa wenn arme Eltern für ihre Kinder Bildungschancen fordern, die ihnen gerade das deutsche Schulwesen versagt. Wie Thomas Mann erkannte, ist »die Verwirklichung der Fernziele der Menschheit: Weltregierung, gemeinsame Verwaltung der Erde und ihrer Güter, Völkerfriede, ohne kommunistische Züge kaum vorzustellen«. Der Antikommunismus hat sich als fort-dauerndes Hindernis für die Entwicklung gesellschaftspolitischer Alternativen erwiesen. Er ist als Staatsdoktrin nicht länger geeignet.

Die Autoren

Dr. Friedrich-Martin Balzer, Jg. 1940, zahlreiche Veröffentlichungen zur Geschichte der Weimarer Republik, des »Dritten Reiches«, der Bundesrepublik und der DDR (www.Friedrich-Martin Balzer.de). Mitte November 2005 erschien bei PapyRossa: Friedrich-Martin Balzer (Hrsg.) »Justizunrecht im Kalten Krieg. Die Kriminalisierung der Friedensbewegung im Düsseldorfer Prozess 1959/60. Ein historisches Lesebuch. Mit einem Geleitwort von Heinrich Hannover und Texten u.a. von Walther Ammann, Friedrich-Martin Balzer, Walter Diehl, Heinrich Hannover, Rudolf Hirsch, Friedrich Karl Kaul, Diether Posser und Denis Noel Pritt.

Horst Bethge, Lehrer, seit 1959 im Hamburger Schuldienst an Grund-, Haupt- und Realschulen und nationalen Übergangsklassen, seit 1957 in der GEW aktiv. 1959 Ausschluß aus der SPD, seitdem in der Friedensbewegung tätig. 1990 Mitbegründer der Linken Liste/PDS im Westen. Zur Zeit Sprecherrat der AG Bildungspolitik beim Parteivorstand der Linkspartei.PDS. Mitglied der Internationalen Assoziation der Pädagogen für den Frieden und des International Network Against Merchandizising of Education.

Prof. Dr. sc. phil. Ludwig Elm, Jena, geb. 1934, Historiker, Mitglied der Volkskammer (1971-1981), Mitglied des Bundestags (1994-1998), Obmann der PDS in der Enquete-Kommission »Überwindung der Folgen der SED-Diktatur im Prozeß der deutschen Einheit« (1995-98), Vorsitzender des Thüringer Verbandes VdN-BdA und Mitglied des Bundesausschusses der VVN-BdA; Veröffentlichungen zur Geschichte der bürgerlichen Parteien in Deutschland, zur Zeitgeschichte und zur Ideologiekritik (besonders Konservatismus).

Prof. Dr. Kurt Franke, geb. 1926 in Berlin, 1943-45 Flakhelfer mit Notabitur und Marinesoldat, 1946-51 Medizinstudium an der Humboldt-Universität. 1951 Promotion, 1958 Facharzt für Chirurgie, 1964-91 Chefarzt im Städtischen Krankenhaus Berlin-Pankow, 1969 Habilitation, 1977 Professor für Chirurgie/Unfallchirurgie, 1961-80 Chefredakteur der Zeitschrift *Medizin und Sport*, Autor von fünf Büchern und zahlreichen weiteren Publikationen, in den letzten Jahren zur Medizingeschichte.

Prof. Dr. Georg Fülberth, geb. 1939 in Darmstadt, lehrte bis 2004 Politikwissenschaft in Marburg. Neuere Veröffentlichung: Georg Fülberth: G Strich – Kleine Geschichte des Kapitalismus.

Prof. Dr. Rüdiger Hachtmann, geb. 1953, apl. Prof. am Institut für Geschichte und Kunstgeschichte der Technischen Universität Berlin, seit Ende 2002 Max-Planck-Institut für Wissenschaftsgeschichte/Berlin, Forschungsprogramm der Präsidentenkommission zur Erforschung der Geschichte der Kaiser-Wilhelm-Gesellschaft im Dritten Reich, seit April 2005 Leiter des Forschungsprogramms. Veröffentlichungen: Industriearbeit im Dritten Reich. Untersuchungen zu den Lohn- und Arbeitsbedingungen 1933 bis 1945 (Göttingen 1989); Berlin 1848. Eine Politik- und Gesellschaftsgeschichte der Revolution (Bonn 1997); Epochenschwelle zur Moderne. Einführung in die Revolution von 1848/49 (Tübingen 2002). Zahlreiche Aufsätze zur Politik- und Begriffsgeschichte, zur Wirtschafts- und Sozialgeschichte des 19. und 20. Jahrhunderts sowie zur Geschichte der Erinnerungspolitik und des Arbeitsrechts. Laufende Projekte: Geschichte der Generalverwaltung der Kaiser-Wilhelm-Gesellschaft im »Dritten Reich« (Ms. abgeschlossen). Gesamtdarstellung der Deutschen Arbeitsfront 1933-1945.

Heiner Halberstadt, geb. 1928 in Dortmund-Hörde, Volks- und Mittelschule, Labor-Lehrling bei Hoesch-Benzin, Kontakt zu »Edelweiß-Piraten«, nach Einberufungsbefehl im November 1944 »untergetaucht« bis Kriegsende, seitdem in Frankfurt am Main, 1947 Postbeamter, 1956 Geschäftsführer der städtischen Kinder- und Jugendhäuser, entlassen wegen »sozialistischer Umtriebe«, von 1963 bis 1991 städtischer Angestellter, 1976-1989 Vorsitzender des Gesamtpersonalrats der Stadt Frankfurt. Freiberufliche publizistische Tätigkeit. 1945 Gründungsmitglied der Sozialistischen Jugend Die Falken, 1963 ausgeschlossen wegen Mitgliedschaft im Zentralen Ausschuß des Ostermarsches. 1946 Eintritt in die SPD, ausgeschlossen wegen Unterstützung des Sozialistischen Deutschen Studentenbundes (SDS). Mitglied im Arbeitsausschuß Sozialistisches Büro. Seit 1997 Mitglied der PDS, ab 2001 Stadtverordneter.

Dr. Heinrich Hannover, 1925 in Anklam (Pommern) geboren. 1943 bis 1945 Soldat in der Wehrmacht. Fronteinsatz 1944 in Italien und 1945 in Schlesien und Sachsen. Rückkehr aus dem Krieg als Pazifist und Antimilitarist. Seit 1954 Rechtsanwalt in Bremen, vorwiegend als Strafverteidiger und Anwalt von Kriegsdienstverweigerern. Autor von Sachbüchern (u.a. »Die Republik vor Gericht 1954 bis 1995«) und Kinderbüchern (u.a. »Das Pferd Huppdiwupp« und »Was der Zauberwald erzählt«).

Günter Judick, geboren 1929 in einer kommunistischen Arbeiterfamilie; Vater acht Jahre im KZ, Zuchthaus und Strafbataillon 999. 1945 Mitglied der KPD und der FDJ, 1949/50 Volontär bei der KPD-Zeitung *Freies Volk*, 1950 Lokalredakteur in Wuppertal, 1951 Parteischule, bis 1953 Lehrer an Parteischulen der KPD und Fernstudium an der Karl-Marx-Hochschule; danach in Parteifunktionen der KPD. 1968 DKP, vorwiegend in der Bildungsarbeit tätig. 1966-1971 Fernstudium der Geschichte an der Humboldt-Universität. Diplom-Historiker. Leiter der Geschichtskommission beim Parteivorstand der DKP.

Prof. Dr. Arno Klönne, Jg. 1931, lehrte Politische Soziologie, zuletzt an der Universität Paderborn. Buchveröffentlichungen über das »Dritte Reich« und die Sozialstruktur/Politische Kultur der Bundesrepublik, über die Arbeiter- und Gewerkschaftsbewegung und (zusammen mit Werner Biermann) über kapitalistische Globalpolitik. In den 1960er Jahren einer der Initiatoren der Ostermarschbewegung. Seinerzeit Mitgründer und -Herausgeber der Zeitschrift *links*. Jetzt Mitherausgeber der Zweiwochenschrift *Ossietzky*.

Otto Köhler, Mitherausgeber der Zweiwochenschrift *Ossietzky*, Autor zahlreicher Bücher, schrieb zuletzt die kritische Biographie »Rudolf Augstein. Ein Leben für Deutschland«.

Klaus Körner, Jg. 1939, Studium der Rechts- und Politikwissenschaft in Berlin, Bonn und Kiel, Assistent für Politische Wissenschaft an der Universität Hamburg, ab 1975 freier Autor für Zeitgeschichte. Zahlreiche Buchbeiträge zur Geschichte der Bundesrepublik und ihrer politischen Kultur. Letztes Buch: »Die rote Gefahr«. Antikommunistische Propaganda in der Bundesrepublik 1950-2000, Hamburg 2003.

Dr. Helmut Kramer, Richter am Oberlandesgericht i.R., Hochschullehrer, Vorsitzender des Forum Justizgeschichte e.V., letzte Veröffentlichung gemeinsam mit Wolfgang Wette: »Recht ist, was den Waffen nützt«.

Gregor Kritidis, geb. 12.3.1971 in Hameln. Studium der Sozialwissenschaften in Hannover mit Schwerpunkt Theorie und Geschichte der Arbeiterbewegung. Von 2000 bis 2002 tätig als Bildungsreferent bei der Junge Presse Niedersachsen e.V. Seit 1999 Geschäftsführer der Loccumer Initiative Kritischer Wissenschaftler, seit 2000 Mitarbeiter des Online-Magazins *Sozialistische Positionen*. Arbeitet gegenwärtig an einer Dissertation über die sozialistischen Oppositionsgruppen in der Ära Adenauer.

Dr. Gisela Notz, Sozialwissenschaftlerin. Seit 1979 wissenschaftliche Referentin in der Friedrich-Ebert-Stiftung Bonn, Forschungsabteilung Sozial- und Zeitgeschichte. Von 1985 bis 1997 Redakteurin der Zeitschrift *beiträge zur feministischen theorie und praxis*. Lehrbeauftragte an der Universität Marburg. Forschungsprojekte zu verschiedenen Formen von bezahlt und unbezahlt geleisteter (Frauen)arbeit, zur Alternativen Ökonomie, zur historischen Frauenforschung.

Prof. Dr. Norman Paech, geboren 1938, lehrte öffentliches Recht an der Hochschule für Wirtschaft und Politik in Hamburg. Zahlreiche Veröffentlichungen vor allem zu völkerrechtlichen Themen. Im September 2005 in den Deutschen Bundestag gewählt.

Prof. Dr. Kurt Pätzold, Historiker, Berlin. Jüngste Buchveröffentlichung: »Der Führer ging, die Kopflanger blieben«.

Dr. Peter Scherer, Jg. 1943, hat in Tübingen und Heidelberg Sozial- und Wirtschaftsgeschichte studiert sowie Archivwissenschaft in Marburg. 1973 trat er in die Abteilung Bildungswesen/Bildungspolitik beim Vorstand der IG Metall ein, wo er u.a. für die Geschichte der Arbeiterbewegung zuständig war. Die Kampagne »Aus der Geschichte lernen« hat er wesentlich mitgestaltet. 1987 bis 2004 war er Leiter der Zentralbibliothek der IG Metall. Auf seine Initiative gehen zahlreiche Quelleneditionen zur lokalen und regionalen Geschichte der Arbeiterbewegung zurück, so u.a. für Hannover, Köln, Frankfurt a.M., Mannheim, Augsburg und Nürnberg. Scherer schreibt regelmäßig in der Zeitschrift *Sozialismus* zu historischen und gewerkschaftspolitischen Themen. Veröffentlichungen u.a.: »Der Kampf gegen das Sozialistengesetz« (1978) und »Freie Hand im Osten: Ursprünge und Perspektiven des Zweiten Weltkrieges« (1989).

Erich Schmidt-Eenboom, Jahrgang 1953, Studium der Pädagogik und Neueren Geschichte an der Universität der Bundeswehr in Hamburg , trat 1985 nach zwölfjähriger Dienstzeit in das Forschungsinstitut für Friedenspolitik e.V. ein. Nach seiner Wahl zum Leiter des Instituts 1990 spezialisierte er sich auf die Erforschung der Arbeit der westlichen Nachrichtendienste – voran des BND – und veröffentlichte eine Vielzahl von Büchern, Aufsätzen, Artikeln und Fernsehbeiträgen zur Rolle der Geheimdienste in der internationalen Politik.

Dr. des. Julia Schulze Wessel, Studium der Sozialwissenschaften an der Carl-von-Ossietzky-Universität Oldenburg. Von Anfang 1999 bis Ende 2000 Mitarbeiterin im Hannah Arendt Archiv, Oldenburg. Seit 2001 am Lehrstuhl für Politische Theorie und Ideengeschichte der TU Dresden. Dissertation über Hannah Arendts »Eichmann in Jerusalem« im Kontext ihres Antisemitismus- und Ideologiebegriffs. Jüngste Veröffentlichung: Arendt und Adorno. Frankfurt a.M. 2003, hrsg. zusammen mit Dirk Auer und Lars Rensmann.

Prof. Dr. Ernst Schumacher, geb. 1921 in Urspring am Lech, nach Kriegsdienst und Verwundung Studium in München, 1953 Promotion in Leipzig bei Hans Meyer über die dramatischen Versuche Bertolt Brechts, Theaterkritiker, Hochschullehrer, von 1966 bis 1987 Professor für Theorie der Darstellenden Kunst an der Humboldt-Universität zu Berlin. Letzte Veröffentlichung: »Mein Brecht – Erinnerungen 1943 bis 1956«, Berlin 2006.

Eckart Spoo, Jg. 1936, Journalist, Gewerkschafter, Mitgründer der Bürgerinitiative für Sozialismus, seit Ende 1997 Mitherausgeber und verantwortlicher Redakteur der Zweiwochenschrift *Ossietzky*, zahlreiche Buchveröffentlichungen. Lebt in Berlin.

Reinhard Strecker, geb. 1930, Initiator der Ausstellung »Ungesühnte Nazi-Justiz« und der deutsch-polnischen Schulbuchrevision. Buchveröffentlichungen unter anderem über Adenauers Staatssekretär Globke und dessen Tätigkeiten im Nazi-Regime. Übersetzungen zeitgeschichtlicher Literatur aus west- und osteuropäischen Sprachen.

Günther Wilke, geb. 1930 in Hamburg, von 1950 bis 1956 Redakteur der kommunistischen *Hamburger Volkszeitung*, 1958-1966 Redakteur für Lokales und Sport beim *Pinneberger Tageblatt*, anschließend Sportredakteur beim *Hamburger Abendblatt*, später freier Journalist und Chefredakteur eines lokalen Wochenblattes in Hamburg. Vorsitzender der Vereinigung der Verfolgten des Naziregimes – Bund der Antifaschisten im Kreis Pinneberg.

Marianne Wilke, geb. 1929 in Hamburg, wurde in der NS-Zeit als sogenannte Halbjüdin verfolgt. Schulverbot. Großeltern und mehrere Verwandte von den Nazis deportiert und ermordet. Kindergärtnerin. Landesvorsitzende der Vereinigung der Verfolgten des Naziregimes – Bund der Antifaschisten in Schleswig-Holstein.

Prof. Dr. Wolfgang Wippermann, geboren 1945 in Bremerhaven; Studium der Geschichte, Germanistik und Politischen Wissenschaft in Göttingen und Marburg; Promotion 1975 über »Der Ordensstaat als Ideologie«; Habilitation 1978 über »Die Bonapartismustheorie von Marx und Engels«; lehrt Neuere Geschichte an der FU Berlin; Gastprofessuren in Innsbruck, Peking, Bloomington, Minneapolis und Durham. Veröffentlichungen zur Geschichte der deutsch-slawischen Beziehungen, der Juden und Sinti und Roma sowie des Bonapartismus, Faschismus und Nationalsozialismus. Zuletzt: »Wie die Zigeuner«. Antisemitismus und Antiziganismus im Vergleich, Berlin 1997; Wessen Schuld? Vom Historikerstreit zur Goldhagen-Kontroverse, Berlin 1997; Totalitarismustheorien, Darmstadt 1997; Umstrittene Vergangenheit. Fakten und Kontroversen zum Nationalsozialismus, Berlin 1998; »Auserwählte Opfer«? Shoha und Porrajmos im Vergleich. Eine Kontroverse, Berlin 2005; Raffenwahn und Teufelsglaube, Berlin 2005.

Prof. Dr. Jörg Wollenberg, geboren 1937, Studium an den Universitäten Hamburg, Göttingen und Paris. Seit 1965 pädagogischer Mitarbeiter bei »Arbeit und Leben« in Hannover und Göttingen, danach Leitung der Volkshochschule der Stadt Bielefeld (1971-1978), der Heimvolkshochschule Heinrich Hansen e.V. in Lage-Hörste (1974/75) und des Bildungszentrums der Stadt Nürnberg (1985-1992). Ab 1978 Professor für Weiterbildung mit dem Schwerpunkt politische Bildung an der Universität Bremen – bis zum Ruhestand am 1. Mai 2002.